KB274048

꼭 알아야 할

베트남 생활법률 가이드

베트남 교민·여행자·사업가가
꼭 알아야 할 법률 가이드

김유호 지음

주의 사항 및 참고 사항

본 도서를 구매한 독자분께는 로투비(LAW2B) 상담 할인 쿠폰을 제공합니다(558 페이지 참조).

1. 2025년 개정 형법 및 형사소송법 반영에 관한 사항

본서의 법령 기준일은 2025년 6월 20일입니다. 다만 2025년 6월 25일 베트남 국회가 형법(Law 86/2025/QH15)과 형사소송법(Law 99/2025/QH15) 일부 개정을 의결하고, 이 책의 편집이 마무리되는 시점인 2025년 7월 1일부터 개정된 법이 발효됨에 따라, 일부 내용에 변화가 있을 수 있음을 알려드립니다. 본서에 수록된 내용 중 답변의 결론이 달라지는 사항은 가능한 한 새 법에 맞춰 반영했으나 출간 일정상 모든 변경 사항을 담지는 못했습니다. 대신, 주요 변경 사항은 제1장「형사법 PART 1: 2025년 개정 형법·형사소송법 핵심 요약」에 정리했으니 참고하시기 바랍니다. 법령은 수시로 개정되므로 실제 사건에 적용할 때에는 최신 법령을 확인하고 법률 전문가와 상의하시기 바랍니다.

2. 이 책에 등장하는 인물과 단체에 대한 고지

사례는 실제 사건을 바탕으로 재구성하였으며, 등장하는 인물, 상호, 기관 및 단체 등은 모두 가명으로 처리되었습니다. 실제의 인물이나 단체와는 관련이 없습니다.

3. 베트남어와 관련된 표기 사항

베트남어에는 'f'와 'j'가 존재하지 않습니다. 즉, 로마자 알파벳 a, b, c, d, e, f, g, h, i, j, k…차례가 아니라 a, b, c, d, d, e, g, h, i, k…의 차례입니다. 관련 법령을 찾을 때 혼동을 줄이기 위해, 법령도 원어대로 a, b, c, d, d, e, g, h, i, k 또는 영문 번역인 a, b, c, d, dd, e, g, h, i, k로 표기하였습니다. 이는 오타가 아니라 베트남어의 특성에 따른 표기 방식입니다.

4. 베트남에서 숫자 표기 방식

베트남에서는 위조 방지 및 중요한 문서나 법적 문서에서 숫자를 보다 정확하고 일관되게 기록하기 위해 숫자 앞에 0을 붙이는 방식이 일반적입니다. 예를 들어, '03'과 같이 표기되며, 이는 베트남에서의 표기 관습에 따른 것입니다. 이 책에서는 상황에 따라 숫자 앞에 0을 붙이는 방식과 붙이지 않는 방식을 혼용하여 사용했습니다.

5. 베트남 동(VND)의 혼용 사용

본서에서는 '베트남 동'과 'VND'를 혼용하여 표기하였습니다. 독자의 이해를 돕기 위해 원화 금액을 함께 병기한 부분도 있습니다. 실제 사례에 적용할 때에는 그 시점의 환율 변동 등을 고려하여 정확한 금액을 재확인하시기 바랍니다.

꼭 알아야 할 베트남 생활법률 가이드

김유호 지음

한 통의 전화로 삶이 뒤집힌 가족을 여러 번 보았습니다. 오해에서 비롯된 6천만 원 남짓의 횡령으로 24년 형을 선고받은 한국인 직원도 있었고, 현지 사정을 몰라 수출 전용 물품을 내수로 전환했다가 밀수죄로 구속된 법인장도 있었습니다. 생소한 베트남의 법과 절차, 언어의 벽 앞에서 가족들은 절박하게 묻습니다. "지금 무엇을 해야 합니까?" 그 막막한 질문에 실질적인 답을 드리고자 이 책을 썼습니다.

지난 17년간 교민 사회와 함께하며 수많은 사건·사고 현장을 지켜보면서, 같은 문제로 당황하고 비슷한 질문 앞에 좌절하는 분들을 위해 언제든 곁에 두고 펼칠 수 있는 지침서가 절실하다고 느꼈습니다.

이 책이 여러분의 책상 위 '법률 구급상자'가 되고, 예기치 못한 문제 앞에서 방향을 잃지 않도록 돕는 나침반이 되면 좋겠습니다. 베트남에서 갑자기 법적인 문제에 연루되면 누구나 두렵고 불안하며 분노하게 됩니다. 그러나 정확한 사실을 알면 불안은 차분해지고, 진실을 이해하면 분노는 가라앉습니다. 여러분의 손에 '정확한 사실'을 가리키는 나침반을 쥐여드릴 수 있기를 바랍니다.

누구를 위한 책인가요?

장기 거주 교민과 주재원, 유학생과 사업가는 물론 여행자까지, 베트남 땅을 밟는 우리 모두를 위한 실용 지침서입니다. 일상과 비즈니스, 사소한 온라인 활동까지 모든 것은 법의 테두리 안에 있으며 작은 실수가 언제든 형사 사건으로 비화될 수 있기 때문입니다.

어떻게 구성되어 있나요?

각 장은 실제로 많이 받은 질문으로 시작합니다. 한 줄의 즉답으로 결론을 먼저 확인하고, 이어서 형사처벌 해당 여부, 처벌 수위, 향후 진행 절차, 필요 서류와 예상 쟁점을 단계별로 따라갈 수 있도록 했습니다. 형량·벌금 등 복잡한 내용은 표와 차트로 정리해 한눈에 파악할 수 있게 했고, 'KEY POINTS'로 핵심을 요약했습니다. 급한 상황에서는 색인과 목차에서 필요한 항목을 바로 찾을 수 있도록 구성했습니다. 평상시에는 예방 차원에서 먼저 읽고 자신의 생활과 업무와 관련 있는 항목을 표시해 두면 활용도가 높아질 것입니다.

무엇이 다른가요?

단순한 법률 해설서를 넘어, 베트남 현지에서만 겪을 수 있는 생생한 사례를 중심으로 관련 법률과 실무 경험을 녹여 절차와 결과를 구조화했습니다. 일부 사안은 한국과 베트남의 핵심 지표를 비교해 차이를 직관적으로 보여주려 했습니다. 첫 연락, 첫 진술, 첫 서류 준비에 초점을 맞춘 실행 가이드를 제시하며, "누군가에게 일어났고 일어날 수 있는 일은 누구에게나 일어날 수 있다"라는 원칙을 바탕으로 위험과 대응을 현실적으로 설명하려 노력했습니다.

마지막으로 출간을 위해 도움을 주신 모든 분께 감사드립니다. 주베트남 대한민국대사관 대사님과 사건·사고 현장에서 밤낮없이 수고해 주신 영사님들, 실무관님들의 노고가 이 글의 뼈대가 되었습니다. 또한 이 책의 취지에 공감하며, 베트남에서 법을 몰라 힘들어하는 한국인이 없기를 바라는 마음으로 함께해 주신 도서출판 참 오세형 대표님께 진심으로 감사드립니다. 언제나 첫 번째 독자가 되어 세심한 조언을 아끼지 않은 아내에게도 고마움을 전합니다.

끝이 없는 터널은 없습니다. 빛이 있는 곳까지 여러분과 함께 걷는 조력자가 되겠습니다.

— 2026년 베트남에서 김유호

아는 것이 힘입니다. 베트남을 아는 것이 큰 힘인 시대가 왔습니다.

1만 개 이상의 우리 기업들이 진출해 있고, 1천억 달러 가까운 연간 교역이 이루어지며, 매주 1만여 명의 우리 국민이 1천여 편의 직항편 항공기로 왕래하는 나라. 그리고, 남북부 각각 10만 명씩, 총 20만 명의 우리 교민들이 살고 있는 나라. 이것이 바로 오늘날 베트남입니다.

·이렇게 중요해진 베트남을 몰라서는 안 되는 시대가 왔습니다. 하지만, 베트남은 너무 어렵습니다. 비슷한 것 같지만 다른 것 같고, 알 것 같지만 모르겠습니다. 특히 베트남에 대한 투자, 베트남과의 거래, 베트남에서의 생활에 기본이 되는 베트남 법률들을 정확히 이해하기란 더욱 어렵습니다. 우리와는 다른 정치·행정 체제, 법 문화는 물론, 하루가 다르게 제·개정되는 법령들이 우리를 어렵게 합니다.

이러한 시점에 김유호 변호사의 "꼭 알아야 할 베트남 생활법률 가이드"가 출간된 것은 정말 긴 가뭄에 단비와 같습니다. 오랜 기간 베트남 현지에서 생활하고 활동하며 직접 쌓은 경험과 전문성이 녹아 있습니다. 실제 맞닥뜨릴 수 있는 현실적 사례들을 중심으로 베트남 법제의 핵심이 알기 쉽고 체계적으로 정리되어 있습니다. 무엇보다도, 실제 삶에서 자주 발생하지만 정작 꼭 필요한 정보는 부족해 어려움을 겪는 주요 분야들을 엄선해 구체적인 절차와 대응 방안을 제시하고 있습니다. 개론서가 아닌 실용 지침으로서 베트남에서 거주하거나 진출하려는 모든 분들께 실질적인 도움을 줄 수 있을 것입니다.

베트남을 아는 "힘"을 보탬으로써 우리 국민과 기업에 큰 도움을 준 김유호 변호사의 노고에 깊은 감사를 표하며, 아무쪼록 이 책이 베트남과 함께 살아가려는 모든 분들께 유용하게 활용되고, 나아가 건전한 한국−베트남 관계의 발전에도 기여할 수 있기를 기대합니다.

최영삼 (주베트남 대한민국 대사)

“

　　한국과 베트남, 두 나라의 인연은 경제와 문화, 그리고 일상 전반에 걸쳐 이어지고 있으며, 축구를 통해 그 관계는 더욱 가까워지고 있습니다. 제가 베트남에서 지내며 느낀 것은, 이곳의 따뜻한 사람들과 빠르게 변화하는 사회 속에서도 법과 질서를 이해하는 것이 얼마나 중요한가 하는 점이었습니다. 낯선 환경에서 작은 오해가 큰 문제로 번지지 않으려면, 생활 속 법률 지식이 든든한 수비수 역할을 해줍니다.

　　『꼭 알아야 할 베트남 생활법률 가이드』는 그런 의미에서 꼭 필요한 책입니다. 실제 사례와 명확한 설명을 통해, 현지에서 생활하거나 비즈니스를 하는 분들이 부딪힐 수 있는 법적 상황을 쉽게 이해할 수 있게 돕습니다. 선수들이 경기 규칙을 숙지해야 최고의 플레이를 할 수 있듯, 베트남에서 성공적인 생활을 하려면 이 책이 제시하는 기본 원칙부터 알아야 합니다.

　　이 책이 한국과 베트남을 잇는 또 하나의 다리가 되길 바랍니다. 베트남에서 도전하는 모든 분들에게 든든한 동반자가 되기를 기대합니다.

박항서(베트남 축구대표팀 감독)

”

“

　　법을 올바로 이해하는 일은 상호 신뢰의 출발점입니다. 이 책은 베트남의 주요 생활법률을 실제 사례와 절차 중심으로 정리하여, 한국 교민과 투자자, 여행자, 유학생 모두에게 실질적인 길잡이가 되어 줄 것입니다. 현장에서 바로 활용할 수 있는 실용적인 안내서로서 큰 도움이 되리라 믿습니다.

팜 띠엔 번Pham Tien Van(前 주한·주북한 베트남 대사)

”

“

　　현지 법률 이해 부족으로 인한 어려움을 가까이에서 지켜본 사람으로, 이 책의 출간을 반갑게 맞이한다. 베트남에서 안전하고 합리적으로 생활하기 위한 모든 이들에게 꼭 필요한 안내서다.

김민철(주베트남 대한민국 대사관 사건·사고 담당 영사)

”

 꼭 알아야 할 베트남 생활법률 가이드

“

　　한국상공인연합회(KOCHAM) 회장으로서 특히 기업인들에게 많이 추천하고자 합니다. 성공적인 비즈니스와 안전한 생활이 최우선인 해외 생활에서 이 책은 많은 한인들에게 한인들의 든든한 법률 동반자가 되어줄 것이라 보며, 베트남을 알고 싶은 분들과, 머무는 모든 한인들에게 안전하고 편안한 생활을 보장하는 든든한 지침서가 되어줄 것입니다.

고태연(코참(주베트남 한국상공인연합회)회장)
”

“

　　베트남에 오래 살며 익힌 김유호 변호사님의 오랜 경험으로 교민들이 마주해야 하는 당황스러운 현실을 쉽고 이해하기 쉽게 풀어낸 삶의 길잡이입니다.

장우연(한베가족협회 회장)
”

“

　　베트남 동포들이 현지 생활 속에서 마주치는 법률 문제를 이해하고 법적 딜레마를 예방하기 위해 쉽게 풀어 놓았습니다. 생활속 법률 지식이 필요한 모든 분들께 이 책을 자신 있게 추천합니다.

김경록(민주평화통일자문회의 베트남 협의회장)
”

“

　　이 책은 베트남에서의 삶과 사업을 누구보다 깊이 이해한 저자의 통찰이 담긴 귀중한 결과물입니다. 베트남에서 새롭게 사업을 시작하는 젊은 차세대 예비 사업가들에게 신뢰할 수 있는 동반자가 되어줄 것입니다.

윤휘(세계한인경제무역협회OKTA 하노이 지회장)
”

목차

COMPLIANCE

1

형사법

PART 1.
2025년 개정 형법 · 형사소송법 핵심 요약

Q 2025년 7월 1일, 개정 형법과 형사소송법이 시행되었다고 들었습니다. 주요 사항을 간단히 알려주세요.

A 베트남 국회는 2025년 6월 25일 일부 개정 형법(Law 86/2025/QH15)과 6월 27일 일부 개정 형사소송법(Law 99/2025/QH15)을 의결했으며, 두 법은 2025년 7월 1일부터 즉시 시행되었습니다. 본 개정의 주요 사항은 다음과 같습니다.

1) 형법 주요 변경 사항(Law 86/2025/QH15)

A. 사형제 적용 축소 – 8개 범죄에서 사형 폐지

다음 8개 범죄는 최고형이 종신형으로 바뀌어 사형이 삭제되었습니다.

- 국가 전복 활동(제109조)

- 간첩(제110조)

- 국가의 물적 · 기술적 기반 파괴(제114조)

- 의약품 위조(치료 · 예방용) 제조 · 판매(제194조)

- 마약 불법 운반(제250조)

- 횡령(제353조)

- 뇌물수수(제354조)

- 평화 파괴 · 침략전쟁 유발(제421조)

경과규정: 위 범죄들로 2025년 7월 1일 이전에 선고된 사형(미집행)은 종신형으로 전환됩니다. 또한 마약 제248조(불법 제조) · 제251조(불법 매매)에 대해서도, 판결이 확정되었더라도 정해진 최고형 기준(개정 후 5항의 최소량 등)에 미달하거나 주모자가 아닌 등의 요건에 부합하면 사형을 종신형으로 전환합니다(법 제4조 경과규정).

B. 사형 집행 예외 사유 확대(형 집행 면제)

- 제40조 제3항: 사형 집행 제외 대상에

① 임신 중이거나 36개월 미만 자녀를 양육하는 여성

② 75세 이상

③ 말기 암 환자가 명시되었습니다(③ 신설)

C. 형 감경·집행 관련 일반조항 보완

- 제49조(강제 치료) 전면 정비: 수사 · 재판 · 형 집행 단계에서 강제 치료의 요건 · 절차를 명문화하고, 치료 기간을 형기 산입

꼭 알아야 할 베트남 생활법률 가이드

하도록 규정.

- 제63조(형의 감경): 종신형을 선고받은 횡령(제353조)·뇌물수수(제354조) 범죄인은 횡령·수수 자산의 3/4 이상을 자발 반납하고 수사 협조·공로가 있어야 감형 심사 대상이 됩니다. 또한 사형 감형자·사형집행예외자는 최초 감형 심사까지 25년 경과, 누적 감형을 하더라도 실제 복역 30년 이상을 보장해야 합니다(제63조 제1·6항).

D. 마약 범죄 체계 전면 개편

- 제248·249·250·251·252조를 전면 수정: 케타민(Ketamine), 펜타닐(Fentanyl) 등 신종 약물을 명시하고, 질량·체적 기준(g·ml·kg)별로 형량을 세분화했습니다. 일부 유형(예: 제조·매매의 최상위 범주)에는 종신형 또는 사형이 유지됩니다(최고형 구간 분리).

- 제256a조 신설: '마약의 불법사용' – 원칙적으로 치료·재활 중(또는 직후)인데도 재사용하는 경우 등 특정 범위에 한해 형사 처벌하도록 새로운 구성요건을 도입했습니다.

E. 위조상품·식품·의약 등 경제범죄의 처벌·벌금 상향

- 제192~195조 등에서 개인·법인 모두에 대한 벌금 상한을 크게 상향(수십억~수백억 동 범위)하고, 영업정지·영구정지 등 법인에 대한 처벌 규정이 강화되었습니다.

F. 환경범죄 규정의 수치화·엄격화

- 제235~239조를 대폭 수정하여 불법 매립 · 배출 · 방사선 등을 정량 기준(kg, m³, mSv 등)으로 세분 · 명확화하고, 법인에 대한 처벌 규정이 강화되었습니다.

2) 형사소송법 주요 변경 사항(Law 99/2025/QH15)

A. 검찰(인민검찰)의 역할·용어 명확화

- 제4조: "관할 검찰(competent procuracy)" 정의 신설.
- 제20조: 공소제기권 행사 및 적법성 감독에 관한 검찰의 책임을 명문화.

B. 수사주체·특별수사 권한의 정비

- 제35조 제2항: 국경수비대, 세관, 산림감시, 해양경비대, 수산감시 등 특정 수사활동 담당자의 범위를 구체화.
- 제36조 제4항: 수사기관장의 책임과 권한 위임 제한을 명시.
- 제225조 제1항: 특별수사(통신감청 등) 적용 결정을 내릴 수 있는 기관장 범위를 상향 · 명시.

C. 체포·구속·수색 등 강제처분의 통제 강화

- 제110 · 113조: 긴급체포 · 구금 시 검찰에 즉시 송부 및 12시간 이내의 절차 준수 의무 등 절차를 명문화.
- 제193조 제2항: 긴급 수색 영장 발부 · 통지 방식 정비.
- 제474 · 476조: 체포 · 구금 · 구치 관련 불복(불만) 처리 권한

과 3·7·15일 등 기한을 체계화.

D. 공소제기·공판 전 절차의 문서화·기한화

- 제233조(신설), 제239·243조 개정: 수사종결 의견서와 기소장에 포함해야 할 범죄사실·증거·적용 조문 등을 구체적으로 규정하고, 기소 결정을 할 수 있는 요건을 명문화.
- 제132조 제2항 후단: 소송 문서의 전자서명 활용을 명시.
- 제135·137·141조: 소송비용 규율과 공고·통지의 디지털화(국가데이터센터·전자포털·방송·신문 공고 등)를 도입·정비.

E. 법원 조직·관할·불복제도 정비(신 법원체계 반영)

- 제268조(신설) 등: 지역법원(Regional People's Court) 등 새 법원 체계에 맞춰 1심 관할을 재배치(국가안보·전쟁범죄 등 특정 사건은 상급관할).
- 제269·344·346·347조: 관할 법원 지정, 항소심 개시·연기·구금 유지 등의 기한·절차를 세분화.
- 제372·373·382·400조: 항고·재심(감사·감독 심사/*giám đốc thẩm*) 절차와 검찰·법원의 항고권·기간을 계층별로 정비.

F. 구속기간 연장·이송·수사위탁 등 수사관리

- 제171~173조: 수사위탁 시 검찰의 공소권 행사·감독 책임과 구속기간 연장 권한을 보다 명확히 규정.
- 제262조 제2항: 항소심 판결문 송달기한(10일) 명문화.

- 사형제: 위 8개 범죄에서는 사형이 삭제되어 최고형이 종신형으로 일원화. 종전 사형 선고자는 경과규정에 따라 종신형 전환 가능. 다만 일부 마약범죄(제248·251)는 최고형 구간에서 종신형 또는 사형이 유지됨(물량 기준 상향·세분).
- 부패범죄 감형 요건 강화: 횡령·뇌물수수 종신형의 감형에는 재산 3/4 이상 반환+적극 협력이 필수(제63조).
- 환경·위조·식품·의약: 벌금형 대폭 상향 및 법인에 대한 처벌 규정 강화.
- 절차보장 강화: 긴급체포·수색 등에서 검찰 통제를 강화하고, 전자서명·온라인 공고 등 디지털 절차를 도입.
- 관할 재편: 지역법원 신설 등 조직개편 절차 규정(관할·기한) 전반에 반영.

※실제 적용은 사건 성격·행위 시점·경과규정에 따라 달라질 수 있습니다.

POINT 1

마약(형법): 신종물질·정량기준 도입, 일부 종신/사형 유지, 재사용 처벌 신설.

POINT 2

경제·환경(형법): 벌금·법인 제재 상향, 환경범죄 수치화·강화.

POINT 3

강제치료(형법): 수사·재판·집행 단계 강제치료 요건·절차 명문화, 치료 기간 형기 산입.

POINT 4

부패범죄 감형(형법): 횡령·뇌물 종신형 감형 요건 강화(자산 3/4 이상 반납+수사 협조 등).

POINT 5

형소법: 검찰 권한 명문화, 긴급체포 12시간 통제, 디지털화·관할/기한 정비.

PART 2.
체포에서 판결까지

Q 베트남에서 사업 중이던 김철수 씨는 예상치 못한 형사 문제로 인해 공안(경찰)에 체포되었습니다. 이 갑작스러운 소식을 접한 가족은 인터넷 검색을 통해, 사건이 베트남 형법과 형사소송법에 따라 진행된다는 사실을 알게 되었습니다. 이에 가족은 "철수 씨가 경찰과 검찰에서 얼마나 오랜 기간 조사를 받게 되며, 법원에서 1심 판결을 받기까지의 구속 기간은 얼마나 될지"에 대해 문의하였습니다.

A 베트남의 형법과 형사소송법은 일상생활에서 법적 분쟁이나 범죄 문제를 이해하고 대처하는 데 중요한 역할을 합니다. 쉽게 풀어서 설명하면 다음과 같습니다:

1. 형법: "무엇이 범죄인가?"

형법은 어떤 행위가 범죄인지, 그에 따른 처벌은 무엇인지를 정한 법입니다. 예를 들어, 절도, 사기, 폭행 등 일상에서 접할 수 있는 범죄가 이에 포함됩니다. 범죄의 심각성에 따라 벌금, 사회봉사, 또는 감옥형과 같은 처벌이 내려집니다. 특히 초범이나 미성년자의 경우, 사회 복귀를 돕기 위해 처벌이 완화될 수도 있습니다.

현재 유효한 베트남 형법 법령은 다음과 같습니다.

	법 령	법 령 번 호	발 효 일
1	형법	Law 100/2015/QH13	2018년 1월 1일
2	수정 형법	Law 12/2017/QH14 [형법 Law 100/2015/QH13의 일부 조항을 수정]	2018년 1월 1일

2. 형사소송법: "문제가 생기면 어떻게 처리되나?"

형사소송법은 범죄가 발생한 후 수사, 기소, 재판, 처벌까지의 과정을 규정한 법입니다. 이 법은 피해자와 피의자의 권리를 보호하면서 사건이 공정하게 처리되도록 돕습니다. 예를 들어, 경찰 조사에서의 절차, 법원에서 변호사를 선임할 권리, 판결 이후의 항소 절차 등이 이에 포함됩니다.

현재 유효한 베트남 형사소송법 법령은 다음과 같습니다.

	법 령	법 령 번 호	발 효 일
1	형사소송법	Law 101/2015/QH13	2018년 1월 1일
2	수정 형사소송법	Law 02/2021/QH15 [형사소송법 101/2015/QH13의 일부 조항을 수정]	2021년 12월 1일

경찰이 현행범을 영장 없이 긴급하게 체포해야 하는 경우에는 12시간 안에 조사해야 하고, 필요하면 검찰에 영장을 신청합니다. 긴급 구금이 필요하면 검찰이 12시간 안에 승인 여부를 정해야 합니다. 따라서, 영장 없이도 최대 24시간 조사할 수 있는데, 법에 송부 시간에 대한 규정이 없어 실제로는 이 시간이 더 늘어나는 경우도 있습니다. 이후 검찰이 긴급 구금을 결정하면 3일간 구금할 수 있고, 두 번 연장해 최장 9일까지 가능합니다.

체포 · 구속 중 수사 기간은 범죄의 위중 여부에 따라 다른데, 대략적인 소요 기간은 경찰 조사 2~4개월(검/경 허가에 따라 연장 가능), 검찰에서의 기소 기간은 1~2개월, 법원의 1심 판결은 1~4개월입니다.

체포 · 구금 · 구속된 피의자 범죄의 위중 여부에 따른 세부 기간을 표로 정리하면 다음과 같습니다.

단계	수 사			검 찰	1심 재판				
관할 당국	경찰	경찰*과 검찰*	경찰*과 검찰*	검찰	법 원	법 원*	법 원	
기 간	수사를 위한 구금 기간 1차 조사 최대 기간	구금 기간 연장 2차 조사 (=1차 연장) 최대 기간	수사 재개, 추가 수사, 재수사를 위한 구금 기간 3차 조사 (=2차 연장) 최대 기간	기소 최대 기간	공판 준비 최대 기간	추가 조사 최대 기간	재판 기간	최대 기간
범 죄 경범죄	2개월	1회, 1개월	1회, 1개월	1개월	1.5개월	5개월	재판 진행 속도에 따라 다름	13.5개월
중범죄	3개월	1회, 2개월	1회, 2개월	1개월	2개월	5개월	재판 진행 속도에 따라 다름	17개월
심각한 중범죄	4개월	1회, 3개월	1회, 2개월	1.5개월	3개월	5개월	재판 진행 속도에 따라 다름	21.5개월
매우 심각한 중범죄	4개월	1회, 4개월 (2회, 총 8개월)	3개월	2개월	4개월	5개월	재판 진행 속도에 따라 다름	29개월

*임의적 절차: 관할 당국이 필요하다고 판단하는 경우.

※ 이 표는 법상 각 절차에 걸리는 대략적인 기간을 보여주기 위한 것으로, 절대적으로 정확한 기간은 아닙니다. 실무적으로는 경찰과 검찰이 비공식적으로 협의해, 검찰이 사건을 다시 경찰에 돌려보내 보완 수사를 요청하는 경우 등, 상황이나 구체적인 사실관계에 따라 기간이 달라질 수 있습니다.

※ 범죄의 분류(형법 제9조)
- 경범죄: 사회에 대한 위험성이 크지 않고, 최대 형량이 벌금, 비구금형 교정 또는 3년 미만의 징역형인 범죄
- 중범죄: 사회에 대한 위험이 중대하고, 최대 형량이 3년 이상에서 7년 미만의 징역형인 범죄
- 심각한 중범죄: 사회에 대한 위험이 심각하게 중대하고, 최대 형량이 7년 이상에서 15년 미만의 징역형에 해당하는 범죄
- 매우 심각한 중범죄: 사회에 대한 위험이 매우 심각하게 중대하고, 최대 형량이 15년 이상 20년 이하의 징역, 무기징역 또는 사형에 해당하는 범죄

제110조 긴급 구금

***

4. 긴급 구금 또는 긴급 구금자 수용 시, 수사기관과 수사 전담 부서는 12시간 이내에 신속하게 진술을 받아야 하며, 본 조 제2항 제a호 또는 제b호에 명시된 자는 임시 구류 명령을 실행하고, 체포 영장을 발급하며 구금자에게 석방 명령서를 발부한다. 긴급 구류 명령과 관련 서류는 동급 검찰 또는 승인을 위해 관할 담당자에게 전달된다.

긴급 구금 시, 본 조 제2항 제c호에 따라 개인은 비행기나 선박이 착륙하거나 정박하는 첫 번째 공항이나 항구에 인접한 수사기관에 구금자들을 강제로 인도하고 긴급 구금 서류를 제출해야 한다.

구금된 자를 인계받은 수사 당국은 12시간 이내에 신속하게 진술을 받아야 하며, 본 조 제2항 제a호에 따라 긴급 구금자에 대한 임시 구금 명령, 체포 영장 또는 석방 명령서를 발부해야 한다. 긴급 구금 명령과 관련 서류는 승인을 위해 해당 검찰에 전달한다.

***

6. 검찰은 본 조 제1항에 따른 구금/구속의 사유를 엄격하게 관리해야 한다. 검사는 필요한 경우 긴급구속 명령을 승인 또는 기각하기 전에 긴급구속 피의자를 접견해야 한다. 검사가 작성한 긴급구속 피의자의 진술에 대한 서면 기록은 사건 문서에 보관되어야 한다. 검찰은 긴급 구속 명령 승인에 대한 서면 요청을 받으면 12시간 이내에 해당 명령의 승인 또는 거부를 결정해야 한다. 검찰이 긴급구속 명령을 기각하는 경우, 긴급구속 명령을 청구한 자와 피구금자를 수용한 수사기관은 즉시 피구금자를 석방해야 한다.

제118조 임시 구금 기한

1. 임시 구금 기한은 수사기관과 수사 전담 부서가 강제로 구금자와 체포자를 소속 부대로 인계 또는 인도하거나 수사 당국이 자백 또는 자수하는 피의자에 대한 임시 구금 결정 후 3일이다.

2. 임시 구금을 결정하는 개인은 필요한 경우 최대 3일까지 임시 구금 기간을

연장할 수 있다. 임시 구금을 결정하는 개인은 특별한 경우에 최대 3일까지 임시 구금 기간을 두 번 연장할 수 있다.

임시 구금 연장은 동급 검찰이나 관할 검찰에 의해 승인되어야 한다. 검찰은 임시 구금 연장 요청서를 받은 뒤 12시간 이내에 해당 요청을 승인 또는 거부해야 한다.

3. 공소제기의 근거가 임시 구금 기간 동안 충분하지 않은 경우, 수사기관 및 담당 부서는 임시 구금된 자를 즉각 석방해야 한다. 그렇지 않은 경우 임시 구금을 연장한 검찰이 즉각 해당 구금자를 석방한다.

4. (임시) 구금 기간은 총 구속 기간에서 차감된다. 구치소에서 보낸 하루는 교도소 수감일로 간주하여 차감된다.

제173조 수사를 위한 구금 기간

1. 피의자 수사를 위한 임시 구금 기한은 경범죄의 경우 2개월, 중범죄의 경우 3개월, 매우 극악무도한 중범죄의 경우 4개월을 초과할 수 없다.

2. 사건의 여러 가지 복잡한 사실관계로 인해 혐의나 구금종료 근거를 찾지 못해 수사를 장기화해야 하는 경우, 수사기관은 구금 기간 만료 10일 전에 구금 기간 연장을 요청하여야 한다.

구금은 다음과 같이 연장된다;

    a) 경범죄 사범(事犯)에 대한 구금 기간은 총 1회, 1개월 연장할 수 있다.

    b) 중범죄 사범에 대한 구금은 총 1회, 2개월 연장할 수 있다.

    c) 극악무도한 중범죄 사범에 대한 구금은 총 1회, 3개월 연장할 수 있다.

    d) 매우 극악무도한 중범죄 사범에 대한 구금은 총 2회, 4개월 연장할 수 있다.

3. 구금 연장 관련 검찰의 권한은 다음과 같다:

    a) 구 인민 검찰 또는 지방 군사검찰은 경범죄, 중범죄, 매우 극악무도한 중범죄 사범의 구금을 연장할 권한이 있다. 지방 수사기관이나 군사 구역의 군 수사 부대가 수사를 담당할 경우, 동급 지방 인민 검찰 또는 군사 구역의 군 사검찰이 경범죄, 중범죄, 극악무도한 중범죄 사범의 구금을 연장할 권한이 있고 중범죄 사범 1차 구금 연장을 결정할 수 있다.

    b) 본 항 제a호에 명시된 1차 연장 만료 시점에도 수사가 완료되지 않아 임시 구금 변경이나 종료 근거를 찾지 못한 경우, 지방 인민 검찰 또는 군사 구

 꼭 알아야 할 베트남 생활법률 가이드

역의 지방 검찰은 매우 극악무도한 중범죄 사범의 2차 구금 연장을 결정할 수 있다.

4. 공안부, 국방부, 중앙인민 검찰의 수사기관이 수사를 담당하면, 최고 인민 검찰이나 중앙군사검찰이 수사 연장을 결정한다.

5. 최고 인민검찰총장은 국가안보 위반 사범에 대한 구금 기간을 1회, 최대 4개월 연장할 권한이 있다. 이 항에 명시된 1차 연장 만료 시점에도 수사가 완료되지 않아 임시 구금 변경이나 종료 근거를 찾지 못한 경우, 최고 인민검찰총장은 중범죄에 대해 1개월, 극악무도한 중범죄에 대해 2개월, 매우 극악무도한 중범죄에 대해 4개월 연장을 허가할 권한이 있다. 국가안보를 침해하는 극악무도한 흉악범의 특수사건 관련 구금 종료 사유가 없는 경우, 최고 인민검찰총장은 수사가 종결될 때까지 구금유지를 결정한다

6. 국가안보 침해와 관련이 없는 극악무도한 중범죄의 특수사건 관련 구금 변경이나 종료 사유가 없는 경우, 최고 인민검찰총장은 총 1회, 4개월 연장할 수 있다. 특수 사건에 대해 구금종료 사유가 없는 경우, 최고 인민검찰총장이 수사 기간 전체만큼 구금 기간을 연장해야 한다.

7. 구금할 필요가 없다고 판단될 경우, 수사기관은 검찰에 구금 종료를 요청하여 구금자를 적시에 석방하거나 필요한 경우 다른 조치를 이행해야 한다. 구금자는 구금 기간이 만료되면 석방되어야 한다. 필요한 경우, 관할 절차 기관은 다른 예방 조치를 이행해야 한다.

제240조 기소 결정 기한

1. 검찰은 사건 문서 및 서면 조사 종결서를 받은 후 경범죄 및 중범죄의 경우 20일 이내에 또는 중범죄의 경우 30일 이내에 다음 중 하나를 결정해야 한다;

    a) 법원에 피의자를 기소한다;

    b) 추가 수사를 위해 문서를 반환한다;

    c) 사건을 기각 또는 중지한다; 피의자에 대한 소송을 기각 또는 연기한다; 필요한 경우 검찰총장은 경범죄 또는 중범죄 기소 결정 발행 기한은 10일, 극악무도한 중범죄는 15일, 매우 극악무도한 중범죄의 경우 최대 30일 연장할 수 있다.

2. 검찰은 본 조 제1항에 명시된 사항 중 한 가지 결정 후 3일 이내에 추가 수사

를 위해 피의자, 변호인, 대리인 및 범죄피해자에게 문서 반환을 알려야 한다. 또한, 3일 이내에 피의자 또는 그 대리인, 수사기관 및 변호인에게 기소 문서, 연기, 기각 또는 기소 결정에 대해 통지해야 한다. 더 나아가 범죄피해자, 소송 당사자 및 그들의 합법적인 권리와 이익의 보호자에게도 통지서를 송부해야 한다.

해당 문서 전달은 본 법 제133조에 따라 서면으로 실행해야 하고 사건 문서에 입력돼야 한다.

사건이 복잡할 경우 피의자 또는 그 대리인에 대한 기소 문서, 사건 중지 및 기각 결정 기한을 최대 10일까지 연장할 수 있다.

3. 본 조 제1항에 명시한 결정은 결정한 즉시 상급 검찰에 송부해야 한다. 상급 검찰총장은 근거가 없거나 위법하다고 판단되는 결정을 취소, 종결 또는 무효화하고 하급 검찰에 적법한 결정을 요청할 권한이 있다.

제277조 재판 준비 기간

1. 판사는 사건을 접수한 후 경범죄의 경우 30일, 중범죄의 경우 45일, 극악무도한 중범죄의 경우 2개월, 매우 극악무도한 중범죄의 경우 3개월 이내에 다음 중 어느 하나를 결정해야 한다;

    a) 사건 심리;

    b) 추가 수사를 위해 문서 반환;

    c) 사건 중지 또는 기각.

법원장은 재판 준비 기한을 복잡한 경범죄 및 중범죄의 경우 15일, 극악무도한 중범죄와 매우 극악무도한 중범죄의 경우 최대 30일 연장을 결정할 수 있다. 동급 검찰에 재판 준비 기간 연장에 대해 신속히 통보해야 한다.

2. 추가 수사를 위해 사건이 환송될 경우, 주심 판사는 문서를 회수한 후 15일 이내에 사건 심리 여부를 결정해야 한다. 사건을 재개할 경우, 재판 준비 기한은 본 법의 보편적인 규정을 준수해야 하며, 법원의 사건 재개 결정 날짜로부터 시작된다.

3. 법원은 사건 심리 여부 결정 후 15일 이내에 재판을 열어야 한다. 불가항력적 또는 객관적인 방해 요소가 발생하면 법원은 30일 이내에 재판을 시작할 수 있다.

POINT 1

형법은 어떤 행위가 범죄인지, 그에 따른 처벌은 무엇인지를 정한 법이다.

POINT 2

형사소송법은 범죄가 발생한 후 수사, 기소, 재판, 처벌까지의 과정을 규정한 법이다.

POINT 3

임시 구금 기간은 임시 구금 결정 후 3일이며, 최대 2회, 각 3일까지 연장할 수 있어, 총 최대 9일이다.

POINT 4

수사 및 기소 후 1심 판결까지 수개월이 소요될 수 있다.

PART 3.
체포 · 구속적부심사와 보석

Q 구속 수사를 받고 있는 한국인 피의자 관련 문의드립니다. 한국인 A 씨는 베트남에서 사기 및 횡령 사건과 관련되어 체포 · 구속되어 조사를 받게 되었습니다. 그는 무죄를 주장하며, 불구속 수사도 아닌 구속 수사를 하는 것은 부당하다고 생각하고 있습니다. 한국에서는 구속적부심사(拘束適否審查)를 통해 보증금을 납입하면 석방될 수 있는 경우도 있다고 알고 있는데, 베트남에서도 비슷한 제도가 있는지요? 형사절차가 진행되어 피고인이 되면 보석 제도가 어떻게 적용되는지도 알고 싶습니다. 마지막으로, 중병이나 가족의 장례 등의 사유로 구속 집행이 정지될 수 있는 제도가 베트남에 있는지도 궁금합니다.

A 한국 형사소송법에서는 기소 전에는 '구속적부심' 청구, 기소 후에는 '보석' 청구로 구분합니다. 즉, 기소 이전에 구속을 풀어달라는 것이 구속적부심, 보석은 기소가 이뤄진 뒤 '피고인' 신분일 때, 불구속 상태에서 재판받게 해달라고 요청하는 것으로 구분합니다.

그러나 베트남 형사소송법 제121조(보증; Bảo lĩnh)와 122조(보증금 예치; Đặt tiền để bảo đảm)에서는 피의자(被疑者, Suspect)와 피고인(被告人, Defendant)이 모두 동일한 조항에 명시되어 있습니다. 따라서 본 답변에서는 한국 형사소송법에서의 개념인, '구속적부심사' 청구와 '보석' 신청의 엄밀한 구분 없이, 구속 상태를 불구속 상태로 변경해달라는 의미로써의 '보석'으로 보아도 무난하기 때문에 이를 혼용하여 사용하겠습니다.

사안별로 답변드리겠습니다.

Q (1) 베트남에 한국과 같은 체포·구속적부심사 제도가 있는지에 대해 궁금합니다.

A (1) 예 있습니다. 베트남 형사소송법에 따라 임시로 구금된 자, 피의자 및 피고인은 구속이 적법한지 여부와 구속을 계속할 필요가 있는지에 대한 구속적부심사를 요청할 권리가 있습니다. (형사소송법 제59.2.g조, 제60.2.k조 및 제61.2.n조).

청구의 근거(형사소송법 제469.1조), 청구 기간(형사소송법 제471.1조), 구속적부심사 기간(형사소송법 제474조) 등 구체적인 법적 근거는 다음과 같습니다.

제59조 임시 구금된 자

1. 임시로 구금된 자는 긴급 감금되거나 현행범으로 체포되거나 지명 수배 또는 자백 또는 자수 및 임시 구금 명령에 직면한 사람이다.

2. 임시 구금자는 다음과 같은 권리를 가진다;

a) 사유를 통지받고, 임시 구금의 서면 연장 및 결정, 임시 구금의 서면 승인과 본 법에 따른 법적 절차의 기타 결정을 받을 권리;

b) 본 조에 따라 자신의 의무와 권리에 대해 통지받고 설명받을 권리;

c) 진술과 의견을 제시하고, 자신에게 불리한 증언을 하거나 범죄사실을 자백하지 않을 권리;

d) 자신을 방어하거나 방어 받을 권리;

dd) 증거, 문서, 물건을 제시하고 요청할 권리;

e) 관련 증거, 문서 및 물건에 대해 협의하고 권한이 부여된 절차 담당자에게 검증 및 평가를 요청할 권리;

g) 관할 절차 기관과 담당자의 결정 및 임시 구류에 대한 법적 절차에 대해 이의를 제기할 권리.

제60조 피의자

1. 피의자는 범죄 혐의를 받는 개인 또는 법인이다. 피의자로서 법인의 권리와 의무는 본 법에 따라 그 법률 대리인이 집행한다.

2. 피의자는 다음과 같은 권리를 가진다;

a) 자신에 대한 기소 사유를 통지받을 권리;

***

d) 진술과 의견을 제시하며 본인에게 불리한 증언을 하거나 범죄사실을 자백하지 않을 권리;

dd) 증거, 문서, 물건을 제시하고 요청할 권리;

***

h) 자신을 방어하거나 방어 받을 권리;

***

k) 권한이 부여된 절차 담당자의 결정 및 법적 절차 조치에 대해 이의를 제기할 권리;

제61조 피고인

1. 피고인은 법원의 결정에 따라 재판받는 자연인 또는 법인이다. 피고인의 권리와 의무는 본 법에 따라 그 법정 대리인이 집행한다.
2. 피고인에게는 다음과 같은 권리가 있다;
    a) 소송 심리 결정, 예방 및 강제 조치의 집행, 변경 또는 종료 결정, 사건 중지 결정, 이 법에 따른 법적 절차에 대한 판결, 법원의 판결 및 기타 결정을 받을 권리

***

    g) 자신을 변호하거나 변호를 받을 권리;
    h) 진술 및 의견을 제시하고, 자신에게 불리한 증언을 하거나 유죄를 인정하지 않을 권리;

***

    n) 관할 절차 기관과 담당자의 결정 및 소송에 이의를 제기할 권리;

제469조 이의신청을 제기할 권리를 가진 자

1. 기관, 단체, 개인은 소송절차 진행 권한을 가진 기관과 개인이 소송절차의 진행상 행한 행위 또는 결정이 위법하거나 자신의 적법한 이익을 침해한다고 생각될만한 근거가 있는 경우에, 해당 행위 또는 결정에 대해서 이의를 제기할 수 있다.

***

제471조 이의신청 기간

1. 이의신청인이 위법하다고 생각하는 소송 절차의 결정에 대해 인지한 날로부터 15일 이내에 이의신청하여야 한다.
2. 기간 내에 이의신청인이 이의신청 권리를 행사할 수 없는 불가항력의 사유 또는 객관적인 방해 요소가 있는 경우에 그 불가항력의 사유 또는 객관적인 방해 요소가 지속된 기간은 이의신청 기간에서 제한다.

제474조 긴급 구금, 체포, 임시 구금, 구속에 관한 이의신청 처리 권한 및 기한

1. 긴급 구속영장, 체포영장, 임시 구금, 임시 구금 영장, 구속 결정, 체포 승인 결정, 임시 구금 연장 결정, 구속 연장 결정과 그 명령과 결정의 실행 행위에 대한 이의신청은 이의신청을 받은 때부터 24시간 이내에 즉시 처리해야 한다. 추가 입증 시간이 필요한 경우에 그 기간은 이의 신청일로부터 3일을 초과하지 않는다.

2. 검찰총장은 수사 및 기소 단계에서 긴급 구금, 체포, 임시 구금, 구속의 소송 행위 및 결정에 관해 이의신청을 처리할 책임이 있다. 긴급 구금, 체포, 임시 구금 및 구금에 대한 권한을 가진 기관 및 개인은 이의신청을 접수한 후 24시간 이내에 체포 또는 구금 또는 구금된 사람과 관련된 사건 및 고소 사안을, 기소권을 행사하고 수사를 관리하는 검찰에 즉시 이송해야 한다.

긴급 구금, 체포, 임시 구금, 구속 조치에서 수사기관의 장, 부장, 수사관, 수사 간부, 검찰, 감독관, 여러 수사 활동을 진행하는 자의 소송 행위, 결정에 관한 이의신청은 검찰총장이 처리한다.

체포, 임시 구금, 구속에서 검찰부장의 소송행위, 결정에 관한 이의신청은 검찰총장이 처리한다.

만약 검찰총장의 이의신청 결정에 동의하지 않는다면, 이의신청 결정을 받은 날부터 3일 이내에, 첫 번째 이의신청이 지방 인민검찰총장에 의해 처리된 경우에는 이의신청인은 직속 상급 검찰총장 또는 최고 인민검찰총장에게 이의신청할 권한이 있다. 이의신청을 받은 날부터 7일 이내에, 직속 상급 검찰총장, 최고 인민검찰총장은 심의하고 결정해야 한다. 직속 상급 검찰총장, 최고 인민검찰총장의 결정은 법적 효력이 있는 결정이다.

만약 이의 신청된 소송행위, 결정이 지방 인민검찰총장의 것일 경우에 체포, 임시 구금, 구속에서 검찰총장의 소송행위, 결정에 관한 이의신청은 직속 상급 검찰총장이 심의, 결정하거나 최고 인민검찰총장이 심의하고 결정한다. 이의신청을 받은 날부터 7일 이내에 직속 상급 검찰총장, 최고 인민검찰총장은 심의하고 결정해야 한다. 직속 상급 검찰총장, 최고 인민검찰총장의 결정은 법적 효력이 있는 결정이다.

3. 법원은 재판 단계에서 체포, 임시 구금, 구속 결정을 처리할 책임이 있다.

체포, 임시 구금에서 법원 부장의 소송행위, 결정에 대한 이의신청은 법원장이 심의, 결정한다. 법원장의 이의신청 결정에 대해 동의하지 않을 시 이의신청 결정을 받은 날부터 3일 이내에 이의신청인은 상급 법원장에 이의신청을 제기할 권한이 있다. 상급 법원장은 이의신청을 받은 날부터 7일 이내에 심의, 결정해야 한다. 상급 법원장의 결정은 법적 효력이 있는 결정이다.

체포, 구속에서 법원장의 소송행위, 결정에 관한 이의신청은 상급 법원장이 심의, 결정한다. 이의신청을 받은 날부터 7일 이내에 상급 법원장은 심의, 결정해야 한다. 상급 법원장의 결정은 법적 효력이 있는 결정이다.

Q (2) **베트남에서 수사 중이거나 재판 중인 경우, 보석 신청이 가능한지에 대해 알고 싶습니다.**

A (2) **결론부터 말씀드리면, 피의자와 피고인 모두 보석 신청이 가능합니다. 베트남에서의 '보석(保釋, bail/bond)'은 형사 사건에서 구속된 자를 잠시 풀어주는 제도로, 보증금을 내거나 신뢰할 만한 보증인을 세우면 가능합니다.**

먼저, 보석 제도가 적용되는 신분에 대한 개념을 구분하면 다음과 같습니다.

- 용의자(容疑者, Suspect): 범죄와 관련된 의심을 받는 초기 단계의 대상자로, 범죄 혐의가 공식적으로 인정되지 않은 상태입니다.
- 피의자(被疑者, Suspect): 수사기관으로부터 범죄 혐의가 인정되어 조사를 받고 있는 단계의 신분입니다. 이는 재판에 회부되지 않은 초기 단계입니다.
- 피고인(被告人, Defendant): 검찰이 수사를 마치고 법원에 공소를 제기한 이후, 정식 재판을 받고 있는 신분입니다.

베트남에서도 보석 제도는 존재하며, 이는 구속된 피의자나 피고인, 또는 그 변호인이 구속된 상태에서 보석을 신청할 수 있게 합니다. 하지만 보석이 승인되기 위해서는 피의자나 피고인이 도주의 우려가 없는지, 증거를 인멸할 가능성이 없는지, 어떤 종류의 범죄인지, 전과(前科), 자산 등의 여러 사항을 검토합니다.

이는 베트남 형사소송법 제121조와 122조에 명시되어 있으며, 해당 조항에 따르면 제삼자 보증 또는 보석금 납입을 조건으로 구속된 자를 잠시 풀어주는 것이 허용될 수 있습니다.

실무적으로, 외국인의 경우는 비자나 임시거주증으로 베트남에 체류하고 있기 때문에, 기본적으로 주거가 일정하지 않고 언제든 베트남을 (불법적이라도) 떠날 수 있는 사람으로 보고, 보석 허가가 되는 경우가 많지 않다는 점도 염두에 두어야 할 것 같습니다.

▶ 베트남 형사소송법 121조(보증, Bảo lĩnh)와 122조(보증금 예치, Đặt tiền để bảo đảm)의 차이점은 아래와 같습니다.

1. 보증 (Bảo lĩnh, 121조)

• 정의: 보증인이 피의자나 피고인이 재판에 출석하고 법적 의무를 이행하도록 보증하는 제도.

• 요건 및 조건

  · 보증 주체: 기관, 조직, 또는 개인(친족 등).

    – 개인 보증은 18세 이상, 법률 준수, 안정적 소득, 신뢰성을 갖춘 2명 이상의 보증인이 필요.

    – 기관/조직 보증 시 해당 조직 책임자의 확인이 필요.

  · 보증인 의무: 피의자의 의무 이행을 보증해야 하며, 위반 시 법적 책임 또는 벌금 부과 가능.

  · 보증인의 책임: 피의자의 의무 위반이 발생하면 보증인을 처벌할 수 있음 (벌금 부과).

　　　　　꼭 알아야 할 베트남 생활법률 가이드

•보증 방식: 금전적 담보가 필요하지 않으며, 보증인만으로 의무를 보장.

2. 보증금 예치 (Đặt tiền để bảo đảm, 122조)

• 정의: 피의자나 피고인이 금전적 담보를 제공하여 구속을 대체하는 제도.
• 요건 및 조건:
  · 금전 예치 주체: 피의자, 피고인, 또는 그 가족.
    – 금전 예치 수준은 행위의 사회적 위험성, 피의자/피고인의 신상, 재산 상황 등을 고려하여 결정.
  · 금전 예치자의 의무: 피의자는 금전 예치를 통해 출석 의무와 기타 법적 의무를 준수해야 하며, 위반 시 금전은 몰수됨.
  · 금전 반환 조건: 피의자가 의무를 모두 이행하면 예치된 금전은 반환됨.

주요 차이점 비교

항 목	(신원)보증(121조)	보증금 예치(122조)
보증 방식	보증인의 서면 신원 보증	금전 예치
보증 주체	개인(친족), 기관, 조직	'피의자/피고인' 또는 그 가족
담보 유형	신뢰와 서면 보증	금전
위반 시 조치	보증인이 법적 책임 또는 벌금 부과	예치금 몰수, 재구속 가능
적용 대상	피의자와 보증인 간의 신뢰를 기반	금전적 담보를 제공할 수 있는 경우

요약

보증(121조)은 금전이 아닌 보증인의 신뢰와 책임을 기반으로 하며, 보증금 예치(122조)는 금전적 담보를 통해 피의자의 출석과 법적 의무 이행을 보장하는 방식입니다.

형사소송법 **(Law 101/2015/QH13+Law 02/2021/QH15)**

제121조 보증(Bảo lĩnh)

1. 보석은 구금을 대신하는 예방 조치이다. 수사기관, 검찰 및 법원은 사회에 대항한 행위의 성격 및 경중, 피의자 또는 피고인의 전적을 고려하여 보석 여부를 결정한다.

2. 기관은 피고용인인 피의자 또는 피고인에 대해 보석 신청할 수 있다. 보석을 청구하는 기관은 기관장의 서명이 있는 서약서를 제출해야 한다.

18세 이상이고, 전과가 없고, 법을 엄격히 준수하며, 안정적인 수입이 있고, 보석 중인 사람을 감독할 능력이 있는 개인은 친족인 피의자나 피고인에 대해 보석 신청할 수 있다. 이 경우 보석은 최소 2명 이상의 동의가 있어야 한다. 보석을 신청하는 개인은 자신의 직장, 교육시설 또는 그 자신이 거주하는 코뮌, 구, 마을이 보증하는 서면을 제시해야 한다.

보석을 신청하는 단체 또는 개인의 서면 약속은 피의자 또는 피고인이 본 조 제3항에 규정된 의무를 위반하지 않도록 보장해야 한다. 보석을 신청하는 기관 및 개인은 보석 신청과 관련해 사건 관련 사실관계를 통보받아야 한다.

3. 피의자 및 피고인의 보석 허가 시 서면으로 다음 의무 이행을 보장한다;

　a) 불가항력 또는 객관적 방해 요소가 발생하는 경우를 제외하고 소환장에 　따라 출석한다;

　b) 도주하거나 범죄행위를 계속하지 않는다;

　c) 다른 개인에게 뇌물을 주고, 거짓 진술이나 거짓된 문서를 주도록 강요하거나 선동하거나, 사건 증거, 문서 및 물건을 파괴하고 위조하는 행위, 사건 관련 재산을 이전하는 행위, 증인, 범죄피해자, 고발자 및 그의 친족을 위협, 억압 또는 보복 행위를 하지 않는다. 만약 피의자 및 피고인이 이 항에 보장된 의무를 위반하는 경우, 구속된다.

4. 본 법 제113조 1항에 정의된 개인과 주심 판사는 보석에 대한 결정을 내릴 권한이 있다. 본 법 제113조 1항에 정의된 개인에 의해 내려진 결정은 이 결정 집행 전 동급 검찰의 비준을 받아야 한다.

5. 보석 기간은 본 법에 따라 수사, 기소, 또는 판결의 기간을 초과하지 않는다. 징역 처벌된 자의 보석 시간은 유죄 판결 후 징역형 집행까지의 기간을 초과하

지 않는다.

6. 보석 중인 피의자 또는 피고인이 의무를 준수하게 하겠다는 서약을 지키지 못한 보증 기관과 개인은, 법률에 따라 위반의 성격과 심각성에 따라 벌금이 부과된다.

제122조 보증금 예치(Đặt tiền để bảo đảm)

1. 보석은 구금에 갈음하는 예방적 조치이다. 수사 당국, 검찰 및 법원은 사회에 대한 행위의 성격과 심각성 및 피의자 또는 피고인의 개인 기록을 고려하여 피의자 또는 피의자의 친족에 대해 보석금을 허용할지 여부를 결정한다.

2. 보증 피의자 및 피고인은 서면으로 다음 의무 이행을 보장한다;

   a) 불가항력 또는 객관적인 방해 요소가 있지 않는 한 소환장에 따라 출석한다;

   b) 도주하거나 범죄 행위를 계속하지 않는다;

   c) 다른 사람에게 거짓 진술이나 문서를 주도록 뇌물을 주고, 강요하거나, 선동하는 행위, 사건 증거, 문서 및 물건을 파괴 또는 위조하는 행위, 사건 관련 재산을 이전하는 행위, 증인, 범죄피해자, 고발자 및 그 친족에게 협박, 억압 또는 보복 행위를 하지 않는다. 피의자 및 피고인이 이 항에 보장된 의무를 위반할 경우 구속되며 보석금은 국고로 몰수된다.

3. 본 법 제113조 1항에 정의된 권한 있는 자와 주심 판사는 보석에 대한 결정을 내릴 권한이 있다. 본 법 제113조 1항 a호에 정의된 개인이 내린 결정은 해당 결정 집행 전 동급 검찰의 비준을 받아야 한다.

4. 보증 기간은 본 법에 따라 수사, 기소 또는 판결 기간을 초과하지 않는다. 징역형을 선고받은 자의 보석 기간은 유죄 판결부터 징역형 집행까지의 시간을 초과할 수 없다. 검찰 또는 법원은 보장된 모든 의무를 준수한 피의자 및 피고인에게 보석금을 반환할 책임이 있다.

5. 수사기관, 검찰 또는 법원에 의해 보석금을 허가한 피의자 및 피고인의 친족은 피의자 및 피고인이 본 조 제2항에 따른 의무를 위반하지 않도록 서면 약속을 해야 한다. 위반이 발생한 경우, 보석금은 국고로 몰수된다. 해당 개인은 보증서를 작성한 후 피의자 또는 피고인과 관련된 사건 사실을 통지받는다.

6. 공안부 장관은 최고 인민검찰총장, 법원장, 국방부 장관과 협력하여 관련 절

차, 보석금 수준, 압수, 반환, 국고로의 몰수에 관한 세부 사항을 규정한다.

20. 구금 조치를 받고 있는 피의자 및 피고인에 대한 구금 조치의 대체, 변경 및 취소에 관한 조항은 어떤 경우에 적용되는가?

답변:

2015년 형사소송법 제121조, 제122조, 제123조의 규정에 따르면, (신원) 보증 및 보증금 예치는 구속을 대체하는 예방조치이고(즉, 보증 및 보증금 예치는 구속 중인 피의자 및 피고인에게만 적용됨), 주거지 이탈 금지는 구속과는 별개의 예방조치로서 구속을 대체할 수 없다. 따라서 피의자 및 피고인이 구속되어 있는 경우에는 2015 형사소송법의 규정에 따라 모든 요건이 충족되면 (신원) 보증 또는 보증금 예치로 구속 처분을 갈음하거나 주거지 이탈 금지처분(구속 처분을 취소하고 주거지 이탈 금지명령을 발령)으로 변경하여 구속 처분을 갈음할 수 있다.

2015 형사소송법 제125조의 규정에 따라 현재 적용된 모든 예방 조치(임시 구금 포함)는 다음 중 하나의 경우에 취소되어야 한다: (1) 형사 절차를 개시하지 않기로 결정, (2) 수사 중지, 사건 중지, (3) 피고인에 대한 수사 중지, 피고인에 대한 사건 중지, (4) 피고인이 법원에서 무죄를 선고받거나 형사 책임이 면제되거나 처벌이 면제된 경우, 징역형 대신 선고유예 또는 경고, 벌금, 비구금형을 받은 경우, (5) 더 이상 필요하지 않은 경우.

 (3) 베트남 형소법 등에 중병, 출산, 가족의 장례 참석 등의 사유로 구속집행정지를 하는 제도가 있는지 궁금합니다.

 (3) 베트남 형사소송법에서 가족의 장례 참석의 사유로 구속집행정지를 할 수 있다고 명시되어 있지는 않습니다.

그러나 베트남 형사소송법 제119.4조에서는 거주지가 명확한 피의자나 피고인이 임신하고 있거나 36개월 미만의 아이를 키우고 있는 여성, 노인, 중병에 걸린 경우에는 구속 대신 다른 조치(예: 보석)가 취해질 수 있습니다.

따라서 체포·구속 당시에는 건강했으나 구속 중에 중병이 걸린 경우에는 구속집행정지가 가능할 것으로 보입니다. 형사소송법에서 '중병'의 명시적인 정의는 없지만, 최고 인민 법원 판사위원회(Judge Council of the Supreme People's Court)의 결의서를 참조하면, '중병'은 말기 암, 에이즈, 3기 심부전증과 같이 치료하기 어렵거나 사망에 이르게 할 수 있는 병으로 이해할 수 있을 것으로 보입니다.

형사소송법 (Law 101/2015/QH13+Law 02/2021/QH15)

제119조 구속

1. 끔찍하거나 극도로 심각한 중범죄를 저지른 피의자 및 피고인은 구속할 수 있다.
2. 다음과 같은 근거가 있는 경우 형법에 따라 2년 이상 경범죄 혹은 중범죄를 범한 피의자 또는 피고인을 구속할 수 있다;

a) 해당인이 다른 예방 조치에도 불구하고 범죄를 저지른 경우;

b) 거주지가 불명확하거나 신원이 확인되지 않은 경우;

c) 그러한 사람이 도주하여 수배령에 따라 체포되었거나 도주할 것이 명백한 경우;

d) 해당인이 범죄 행위를 계속하거나 범죄를 계속할 것이 명백한 경우;

dd) 해당인이 다른 개인에게 뇌물을 주고, 거짓 진술이나 거짓된 문서를 주도록 강요하거나 선동하거나, 사건 증거, 문서 및 물건을 파괴하고 위조하는 행위, 사건 관련 재산을 이전하는 행위, 증인, 범죄피해자, 고발자 및 그 친족을 위협, 억압 또는 보복 행위를 한 경우.

3. 형법에 따라 최대 2년의 징역형에 처할 수 있는 경범죄를 저지른 용의자 또는 피의자가 범죄 행위를 계속하거나 수배령에 따라 체포된 도주자의 경우 구금/구속될 수 있다.

4. 피의자 또는 피고인의 거주지와 신원이 명확하고, 임신 중이거나 36개월 미만의 자녀를 양육 중이거나 노약자 또는 중병을 앓고 있는 경우, 구금 외에 다른 예방적 조치를 취하되, 다음의 경우는 예외로 한다;

a) 도주하여 지명 수배에 의해 체포된 경우;

b) 범죄 행위를 계속하는 경우;

c) 다른 사람에게 뇌물을 주고, 거짓 진술이나 거짓된 문서를 주도록 강요하거나 선동하거나, 사건 증거, 문서 및 물건을 파괴하고 위조하는 행위, 사건 관련 재산을 이전하는 행위, 증인, 범죄피해자, 고발자 및 그의 친족을 위협, 억압 또는 보복 행위를 한 경우;

d) 피의자 또는 피고인이 국가 안보를 위반하였고, 구속을 통해 명백히 국가 안보를 침해하는 것을 막을 수 있는 경우.

5. 본 법 제113조 1항에 정의된 권한 있는 자는 구금/구속 명령 및 결정을 내릴 권한이 있다. 본 법 제113조 1항에 정의된 권한 있는 자가 내린 구금 명령은 해당 명령 집행 전에 동급 검찰에 의해 승인되어야 한다. 검찰은 구금 명령, 승인 신청서 및 관련 서류를 받은 3일 이내에 해당 요청을 승인하거나 거부해야 한다. 검찰은 전자의 승인 절차 완료 후 수사기관에 서류를 반환해야 한다;

6. 수사기관은 구금/구속된 자의 신분증을 검사하고, 그러한 자의 가족 구성원, 직장, 교육 시설 또는 그러한 자가 거주하는 코뮌 구, 또는 마을의 지역 기관에 통지한다.

KEY POINTS

체포·구속 수사 중인 피의자는 공소 제기 전에 체포·구속적부심사를 청구할 수 있다.

베트남 형사소송법 제121조(신원 보증; Bảo lĩnh)는 신뢰할 만한 개인이나 단체의 보증을 통해 피의자 또는 피고인을 임시 석방하는 제도이고, 제122조(보증금 예치; Đặt tiền để bảo đảm)는 피의자 또는 피고인 또는 그 가족이 금전을 예치하여 임시 석방을 보장하는 제도이다.

피의자/피고인이 주거가 명확하여 도주할 염려가 없고 증거를 인멸할 우려가 없으며, 공공질서를 해치지 않을 것으로 판단되면 보석을 승인할 수 있으나, 외국인은 보석 허가가 되는 경우가 매우 드물다.

임신 중이거나 36개월 미만 자녀를 양육하는 여성, 노인, 중병을 앓는 피의자/피고인은 구속 대신 다른 조치가 취해질 수도 있다.

PART 4.
재심 및 국제 수용자 이송

Q 친구가 베트남에서 억울하게 유죄 판결을 받았다고 합니다. 재판이 2심에서 끝났는데, 베트남 재판 제도도 한국과 같은가요? 이후 진범이 밝혀지면 재심을 통해 무죄로 될 수 있을까요? 그리고 재심을 통해 감형도 가능한지 궁금합니다. 만약 베트남에서 받은 형을 한국에서 살게 되면 한국에서 감형받을 수 있나요?

A 베트남의 형사법 체계는 한국과 유사한 점도 있지만, 세부적으로는 차이가 있습니다.

1. 베트남 재판 심급제도

- 1심과 항소심의 2심제입니다.

심급제도란 하나의 소송 사건에 대해 여러 차례 재판을 받을 수 있도록 설계된 제도로, 법원을 단계별로 구분하여 하급 법원의 판결이나 결정에 이의가 있으면 상급 법원에서 다시 판단을 요청할 수 있도록 하는 제도입니다.

우리나라는 1심, 항소심, 상고심(대법원)까지 최대 3번의 재판을 받을 수 있는 3심제도를 운영하고 있습니다. 반면, 베트남은 1심과 항소심의 2심제를 기본 구조로 하고 있습니다.

2. 재심 제도

■ 확정된 판결이라도 사실인정에 중대한 오류가 있거나 새로운 증거가 발견된 경우에는 재심을 받을 수 있습니다.

베트남에서 1심 판결에 대한 항소는 판결 후 15일 이내에 제기해야 하며, 이 기간이 지나면 판결은 확정됩니다. 피의자는 2심 판결 확정 후 실형을 받았을지라도, 진범이 발견될 만한 새로운 증거나 사실 등이 있을 시, 무죄를 입증할 재심을 받거나, 원심을 파기하고 사건을 종결지을 수 있습니다.

즉, 확정된 판결이라도 다음 경우에는 다시 재판받을 기회가 주어집니다:

1. 감독심 절차: 판결에 법률 위반이 있었을 경우.

2. 재심 절차: 사실인정에 중대한 오류가 있거나 새로운 증거가 발견된 경우.

이러한 절차를 통해 베트남의 사법 체계는 3심제와 유사하게 보일 수도 있지만, 주로 형사 사건에서 법적 절차의 적법성을 다투는 경우로 제한됩니다.

또, 이미 1심에서 실형을 받은 피고인은 무죄 판결을 받은 후 1심 재판을 진행한 법원에 범죄 기록 삭제 요청서를 발송해야 한다는 점도 염두에 두시기를 바랍니다.

제27조 1심 및 항소 절차의 확인

1. 1심 및 항소심 재판에 의해 판결이 확정된다.

1심 법원의 결정 또는 판결은 본 법에 따라 항소할 수 있다. 1심 법원의 결정 또는 판결은 본 법에 정의된 기한까지 항소하지 않을 경우 효력이 발생한다.

1심 법원의 판결은 항소할 경우, 항소심에 의해 다시 심리된다. 항소심의 결정 또는 판결은 효력을 발생한다.

2. 법원의 효력 있는 판결 또는 판결에 중대한 법리 오해가 있거나 이 법에 따라 새로운 사실이 발견된 경우, 파기환송 또는 재심 절차를 통해 각각 재검토해야 한다.

제369조 범죄 기록 말소 절차

1. 범죄 기록 데이터베이스 관리기관은 범죄 기록 말소 대상자의 신청을 받은 날로부터 5일 이내에 형법 제70조에 따른 요건을 심사하여 범죄 기록 말소 증명서를 발급한다.

2. 법원은 형법 제71조 및 제72조에 규정된 사건에 대하여 말소를 결정한다.

형을 선고받은 사람은 자신이 거주하는 지역, 구 또는 마을의 지방 당국 또는 직장 또는 교육 기관의 의견서가 첨부된 청원서를 1심 법원에 제출해야 한다.

1심 재판을 진행한 법원은 수감자의 청원서를 받은 날로부터 3일 이내에 전과 말소에 대한 서류를 동급 검찰에 송부해야 한다. 법원이 송부한 서류를 받은 날로부터 5일 이내에, 동급 검찰은 서면으로 의견을 제시하고 문서를 법원에 반환해야 한다.

모든 조건이 충족된다고 인정되는 경우에, 1심 법원장은 검찰에서 송부한 자료를 받은 날로부터 5일 이내에 전과 말소 결정을 내린다; 조건이 충족되지 않았을 경우 전과 말소 청원서는 파기된다.

전과 말소 결정이 내려지거나 전과 말소 청원서가 파기되는 날로부터 5일 이내에, 결정을 내린 법원은 수감자, 동급 검찰, 수감자가 거주하는 지역의 정부 기관, 근무 기관, 교육 기관 및 단체에 이 결정문을 송부해야 한다.

제398조 재심절차에 따른 항소의 근거

항소가 된 법적 효력이 있는 법원의 선고 및 판결은 다음 중 하나에 해당하는 경우 재심절차에 따른다:

1. 증인의 진술, 전문가 검사 결과, 재산 평가 결과, 통역인의 통역 내용, 서면 통역에서 중요한 세부 사항의 허위성을 알아낼 수 있는 근거가 있는 경우;

2. 수사관, 검사, 판사 및 일반 평가자들이 특정 사실에 대한 지식이 없었기 때문에 결과적으로 법원의 유효 형량과 판결이 사건의 객관적 진실에서 벗어나는 부정확한 결론을 도출한 경우;

3. 수사 활동, 기소, 재판, 소송 활동 재판기록에 대한 물증, 재판기록 또는 그밖의 증거, 문서, 물건이 위조되거나 사실이 아닌 경우;

4. 그밖에 법적 효력이 있는 법원의 선고 및 판결이 객관적이지 않고 사실이 아닌 경우.

제400조 재심절차에 따라 항소할 수 있는 권리를 가진 자

1. 최고 인민검찰총장은 최고 인민법원 판사위원회의 결정을 제외하고, 각급 법원의 법적 효력을 가진 선고 및 판결에 대해서 재심절차에 따라 항소할 수 있다.

2. 중앙군사검찰총장은 군사 구역 군사법원의 법적 효력이 있는 선고 및 판결에 대해 재심절차에 따라 항소할 수 있다.

3. 상급 인민검찰총장은 지역에 따른 권한 범위에 소속되는 지방 인민법원, 구 인민법원의 법적 효력이 있는 선고 및 판결에 대해 재심절차에 따라 항소할 수 있다.

제401조 재심절차에 따른 항소기간

1. 선고받은 자에게 불리한 재심은 형법 제27조에서 규정된 형사책임이 있는

시효 내에 실행되어야 하고, 항소기간은 검찰에서 새로 발견된 사항 신고일로부터 1년을 초과해서는 안 된다.

2. 선고받은 자에게 유리한 재심은 소멸시효가 없으며, 선고받은 자가 사망한 경우에도 무고함을 밝힐 필요가 있으면, 재심을 실행할 수 있다.

3. 형사사건에서 소송 당사자의 민사 관련 항소는 민사소송에 관한 법률에 따라서 진행된다.

제402조 재심위원회의 권한

1. 항소를 받아들이지 않고 항소가 되는 법적 효력을 가진 선고 및 판결을 그대로 유지한다.

2. 재수사 또는 다시 재판하도록 법적 효력을 가진 법원의 선고 및 판결을 파기한다.

3. 법원의 법적 효력을 가진 선고 및 판결을 파기 환송한다.

4. 재심 재판을 중지한다.

---

3. 재심을 통한 감형 가능 여부에 대해

■ 재심 판결을 통해 감형받을 가능성이 있습니다.

재심 절차에서는 다음과 같은 결과가 나올 수 있습니다:

1. 재심 청구가 거부됨.

2. 기존 판결이 파기되고 새로운 판결이 내려짐.

3. 기존 판결이 파기되며 사건이 종결됨.

4. 재심 절차 자체가 기각됨.

재심 과정에서는 감형 자체가 즉시 이루어지지 않지만, 이전 재판에서 중대한 사실인정 오류가 밝혀질 경우 이를 바로잡아 재심 판결 결과로 감형이 이루어질 수 있습니다.

또한, 이미 1심에서 실형을 받은 피고인이 무죄 판결을 받았다 하더라도, 범죄 기록 삭제를 위해 별도로 1심 재판을 진행한 법원에 범죄 기록 삭제 요청서를 제출해야 한다는 점도 유념하시기 바랍니다.

4. 국제 수형자 이송과 형량

■ 베트남에서 선고된 형량이 원칙적으로 유지되지만, 한국 법원의 결정에 따라 조정될 수 있습니다.

한-베트남 국제 수형자 이송 조약과 국제수형자이송법에 따르면, 수형자가 베트남에서 한국으로 이송되면 한국 법원이 형 집행 방식을 결정할 수 있으며, 경우에 따라 한국 법률에 맞춰 형량이 조정될 수도 있습니다. 다만, 이송 자체만으로 감형이 자동 적용되는 것은 아닙니다.

*대한민국과 베트남사회주의공화국 간의 수형자이송조약이 "조약 제 2020호"로 2010년 8월 30일에 발효되었습니다.

*주요 내용
-수형자의 이송은 이송 당사국이나 수용 당사국 모두 요청할 수 있고, 이 조약을 이행하기 위한 중앙기관을 우리나라는 법무부 장관 또는 법무부 장관이 지정한 관리로, 베트남사회주의공화국 은 공공안보 장관 또는 공공안보 장관이 지정한 관리로 함.
-이송의 요건으로, 형이 선고된 작위 또는 부작위가 수용 당사국 에서 범죄를 구성하여야 하며, 이송 당사국에서의 잔여형기가 최 소한 1년 이상이어야 하고, 수형자가 자국민이어야 함.

-수형자 이송 시 본인의 자발적 동의가 필요하며, 수용 당사국 당국의 관리가 이러한 자발적 의사를 확인하여야 함

-형의 집행은 수형자 이송 후에도 계속 이루어져야 하나, 수용 당사국이 형을 변경할 수 있음

출처: 외교부, (조약 제2020호) 한·베트남 수형자이송조약 발효, 2010.08.30., https://bel.mofa. go.kr/www/brd/m_3825/view.do?seq=332226&page=75

대한민국과 베트남사회주의공화국 간의 수형자이송조약 (2010년 8월30일 발효)

제8조 형의 계속

1. 수용 당사국은 자국이 형을 부과한 것과 같이 형을 집행하거나 또는 제3항에 기술한 조건에 따라 형을 변경하여야 한다.

2. 이송 후 형의 계속 집행은 수용 당사국의 법과 절차에 따른다. 동 법과 절차는 자유형·금고형 및 그 밖의 자유박탈 제재에 대한 조건, 가석방·조건부 석방·감형 등을 통한 자유형·금고형 및 기타 자유박탈 제재의 감경에 대한 조건을 포함한다.

3. 형의 성질 및 기간이 수용 당사국의 법률과 양립하지 아니한다면, 수용 당사국은 유사 범죄에 대하여 자국 법령이 정한 형에 따라 해당 형을 변경할 수 있다. 형을 변경함에 있어 수용 당사국의 관계 기관은 관련 모든 의견·유죄선고·판결 및 부과된 형에서 나타나는 사실의 발견에 구속 받는다. 변경된 형은 성질 및 기간으로 볼 때, 이송 당사국에 의하여 부과된 것보다 과중하여서는 아니 된다. 그러나 형을 변경함에 있어 수용 당사국의 권한 있는 기관은 자유박탈 관련 제재를 금전적 제재로 전환할 수 없다.

4. 수용 당사국은 이송 당사국으로부터 수형자의 사면 결정 또는 선고의 취소 또는 감형 관련 결정 및 조치에 대하여 통보를 받을 경우, 즉시 형을 변경하거나 형의 집행을 종료한다.

꼭 알아야 할 베트남 생활법률 가이드

5. 이송 당사국이 요청할 경우 수용 당사국은 형 집행과 관련하여 어떠한 자료도 제공하여야 한다. 어느 한쪽 당사국은 언제든지 개별 형 집행 상황에 대한 특별보고서를 요청할 수 있다.

제15조(외국법원 판결의 효력)

국내이송에 의하여 국내이송대상수형자에게 선고된 자유형을 국내에서 집행함에 있어서 그 외국법원의 판결은 대한민국 법률에 의한 대한민국 법원의 판결과 동일한 효력이 있는 것으로 본다.

제16조(집행할 자유형의 형기 및 집행방법)

①제14조제2항의 규정에 의하여 국내에 인도된 국내이송대상수형자(이하 "국내이송수형자"라 한다)에 대하여 집행할 자유형의 형기는 외국에서 선고하여 확정된 형기로 한다. 다만, 자유형이 유기인 때에는 50년을 초과하여 집행하지 못하며, 외국에서 선고하여 확정된 자유형이 종신형인 때에는 형기가 무기인 것으로 본다. <개정 2011. 4. 5.>

②제1항의 규정에 의하여 자유형을 집행하는 때에는 외국에서 구금되거나 형이 집행된 기간(형의 집행을 감경받은 기간을 포함한다)과 국내이송에 소요된 기간을 형기에 산입한다. <개정 2010. 7. 23.>

③외국에서 선고되어 확정된 자유형이 징역에 상당하는 형인 때에는 형법 제67조의 규정에 의하여 집행하며, 금고에 상당하는 형인 때에는 형법 제68조의 규정에 의하여 집행한다.

***

제19조(외국법원 판결의 취소 등)

①법무부장관은 외국으로부터 국내이송수형자에 대한 외국법원의 확정판결이 취소되거나 선고된 자유형을 집행하지 아니하기로 확정되었다는 취지의 통지가 있는 때(외국법원의 확정판결이 수 개인 경우에는 그 전부가 취소되거나 집행할 수 없게 된 때에 한한다)에는 지체없이 서면으로 제13조제1항에 따른 국내이송명령을 철회하고, 국내이송수형자가 수용되어 있는 교도소·소년교도소·구치소 또는 그 지소(이하 "교도소등"이라 한다)의 소재지를 관할하는 검사장등에게 그 국내이송수형자의 석방을 명하여야 한다. <개정 2009. 3. 25.>
②검사장등은 제1항의 규정에 의하여 법무부장관으로부터 석방명령을 받은 때에는 즉시 소속 검사에게 국내이송수형자의 석방을 명하여야 한다.
③검사는 제2항의 규정에 의한 석방명령을 받은 때에는 즉시 국내이송수형자가 수용되어 있는 교도소등의 장에 대하여 그 국내이송수형자의 석방을 지휘하여야 한다.

  꼭 알아야 할 베트남 생활법률 가이드

POINT 1

베트남은 1심과 항소심으로 이루어진 2심제이며, 1심 판결 후 15일 이내에 항소할 수 있다.

POINT 2

확정된 판결이라도 법률 위반, 중대한 오류, 또는 새로운 증거 발견 시 재심 또는 감독심 절차를 통해 다시 심판받을 수 있다.

POINT 3

재심을 통해 중대한 사실인정 오류가 바로잡힐 경우 감형이 가능하며, 무죄 판결 시 별도로 범죄 기록 삭제를 요청해야 한다.

POINT 4

한-베트남 국제수형자이송 조약에 따라 베트남에서 선고된 형량은 한국으로 이송 후에도 그대로 유지된다.

PART 5.
베트남의 범죄피해자 보호

Q 베트남 출장 중 예상치 못한 사건에 휘말리며 피해를 보았습니다. 한국에서는 범죄피해자를 보호하기 위해 범죄피해자보호법이 있어, 상담, 의료 지원, 법적 지원을 받을 수 있다고 알고 있는데, 베트남에도 이러한 제도가 있는지 알 수 없어 답답합니다. 그리고 피해자가 범죄의 2차 피해를 보지 않도록 보호하거나 보상받을 수 있는 체계가 있는지도 알고 싶습니다.

A 베트남은 한국처럼 범죄피해자를 위한 신변 보호, 경제적 · 정신적 · 법률적 지원 및 형사 절차상 정보 제공 등을 모두 포함한 체계적인 단일 법률은 없습니다.

베트남에도 피해자 보호를 위한 다양한 법적 장치와 제도가 마련되어 있으나, 한국처럼 단일화된 형태는 아니므로 피해 상황에 맞는 법률을 활용하거나 현지 전문가의 조언을 받아 적절한 지원

     꼭 알아야 할 베트남 생활법률 가이드

을 요청하는 것이 중요합니다.

예를 들어, 가정 폭력 예방 및 퇴치를 위한 법률(Law 13/2022/QH15)은 가정 폭력 피해자를 보호하기 위해 보호 명령, 긴급 구조 및 보호 서비스, 피해자 전용 쉼터 제공, 의료 지원 등을 포함하고 있습니다.

한편, 인신매매 방지 및 퇴치에 관한 법률(Law 66/2011/QH12)은 인신매매 피해자를 위한 지원과 보호를 규정하고 있으며, 피해자는 기본 생활 및 여비 지원, 의료 및 심리적 지원, 법률 지원, 일반 교육 및 직업 훈련, 초기 투자를 위한 대출금 지원 등의 도움을 받을 수 있습니다.

이처럼, 베트남 법률은 피해 유형에 따라 개별 법률로 보호와 지원 체계를 구축하고 있으므로, 상황에 맞는 법적 절차와 지원 방안을 활용하는 것이 필요합니다.

가정폭력 예방 및 퇴치를 위한 법률 (Law 13/2022/QH15)

제9조 가정 폭력 피해자의 권리와 책임

1. 가정폭력 피해자는 다음과 같은 권리를 가진다:

　　a) 가정폭력 행위와 관련된 건강, 생명, 명예, 존엄성, 권리 및 기타 정당한 이익을 보호하기 위해 관할 기관, 단체 및 개인에게 요청할 권리;

　　b) 관할 기관 및 개인에게 이 법의 규정에 따라 예방, 보호 및 지원 조치를 적용하도록 요청할 권리;

　　c) 이 법 및 기타 관련 법률의 규정에 따라 임시 보호소를 제공받고, 임시 보호소와 사생활, 개인 비밀 및 가족 비밀에 관한 정보를 비밀로 유지할 권리;

　　d) 법률이 정하는 바에 따라 의료 서비스, 심리 상담, 가정폭력에 대처하는 기술, 법률 지원 및 사회적 지원을 제공받을 권리;

dd) 가정 폭력을 저지른 사람에게 그 결과를 시정하고 건강, 명예, 존엄성 및 재산 피해에 대한 보상을 요구할 권리;

e) 가족 구성원 간의 갈등과 분쟁을 해결하고 가정 폭력 행위를 처리하는 과정에서 관련된 권리와 의무에 대한 정보를 제공받을 권리;

g) 가정폭력 방지 및 대책에 관한 법률 위반 행위에 대한 고소, 고발 및 소송 제기;

h) 기타 가정폭력 방지 및 대책에 관한 법률에 규정된 권리.

…

제25조 코뮌 차원의 인민위원회 위원장의 결정에 따른 접촉 금지

제26조 법원 결정에 의한 접촉 금지

제28조 임시 대피소 마련 및 필수 요구 사항 지원

1. 가정폭력 피해자는 공동체 차원에서, 인민위원회 위원장의 결정 또는 기관, 단체 또는 개인의 자발적인 지원에 의해 임시 쉼터를 제공받는다.

2. 가정 폭력 피해자는 사회 지원에 관한 법률의 규정에 따라 필수적인 것을 지원받는다.

제29조 가정폭력 피해자에 대한 보호 및 치료

1. 건강검진 및 치료 시설은 다음과 같은 책임을 진다:

a) 가정폭력 피해자의 접수, 선별, 분류, 돌봄 및 치료;

b) 가정폭력 피해자 본인 또는 관할 기관, 단체 또는 개인의 요청에 따라 가정폭력 피해자의 건강 상태에 관한 정보를 제공.

2. 의료인은 환자를 돌보고 치료하는 과정에서, 환자가 가정폭력과 연관된 징후를 보이는 것을 발견한 경우 즉시 검진 및 치료 기관의 장에게 신고할 의무가 있다.

…

제32조 수혜자 및 지원 제도

1. 베트남 시민 또는 베트남에 영구적으로 거주하는 무국적자인 피해자는 이 법 제33조부터 제38조에 명시된 경우에 따라 다음과 같은 제도를 누릴 수 있다:

    a. 필수적인 필요를 충족하고 여행 경비를 위한 지원;

    b. 의료 지원:

    c. 심리적 지원;

    d. 법률 지원;

    dd. 일반 교육 및 직업 훈련 지원:

    e. 초기 어려움에 대한 조치를 위한 지원금, 대출 지원.

2. 베트남에서 인신매매를 당한 외국인 피해자는 이 법 제33조부터 제36조에 명시된 경우에 따라 본 조 제1항 a, b, c, d에 명시된 지원을 받을 수 있다.

3. 피해자의 동반 미성년자는 이 법 제33조, 제34조 및 제35조에 명시된 경우에 따라 본 조의 1항 a, b, c에 명시된 지원을 누릴 수 있다.

4. 정부는 피해자에 대한 지원 제도와 지원 제공 순서 및 절차에 관한 세부 사항을 정한다.

Q (2) 베트남에서 금융사기 사건의 피해자로, 형사 고소장을 접수했습니다. 형사재판이 진행될 때 피해에 대한 민사 배상 명령도 함께 선고될 수 있는지 궁금합니다. 특히, 베트남에서 형사 사건과 관련된 민사 손해 배상이 어떻게 처리되는지 알고 싶습니다.

구체적으로, 1심 판결에서 형사 사건과 민사 손해 배상을 동시에 선고하는 경우가 있는지, 혹은 별도의 민사 소송을 통해 진행해야 하는 상황이 있다면 그 기준은 무엇인가요? 또한, 피해자의 요청 없이도 재판 중에 판사가 사안을 보고 직권으로 배상 명령을 하는 것인지, 실무적으로 어떤 절차가 요구되는지도 궁금합니다.

Ⓐ (2) 형사 사건과 관련이 있는 민사 손해 배상 명령 관련, 베트남에서는 기본적으로 형사 사건과 관련이 있는 민사 손해 배상(예: 금융 사기 사건)은 형사 재판 절차에서 진행됩니다. 단, 손해에 대한 관련 증빙 자료가 부족한 경우 등, 공문(Official dispatch No. 121/2003/KHXX) I.2에서 명시된 경우는 형사 재판 절차와 함께 진행되지 않고, 별도의 민사 소송을 통해 손해배상청구를 해야 합니다.

공문(Official dispatch No. 121/2003/KHXX) I.2.b.에서는 피해자나 민사상 원고가 형사재판에서 민사 배상 청구를 하지 않은 경우를 형사 사건에서 민사상 손해배상 건을 해결하지 않아도 되는 경우로 명시하고 있습니다. 다만, 실무적으로는 형사재판에서 민사 배상 청구를 하지 않은 사례에서도 여러 사정을 고려하여 직권으로 배상 명령을 내리는 경우도 있습니다.

참고로 위 A1에서 언급한 인신매매 범죄의 피해자에 대한 지원은, 관할 지역에 위치한 인민위원회가 인신매매 범죄피해자 구조금의 담당 기관이므로 관할 인민위원회에 신청해야 합니다.

 꼭 알아야 할 베트남 생활법률 가이드

제30조 형사사건의 민사사건

형사사건의 민사사건은 형사사건의 해결 과정에서 해결한다. 형사소송에서 증거가 불충분하여 사건 해결에 거의 영향을 미치지 않는 손해배상 청구를 처리하는 경우는 민사소송을 통하여 민사 사건을 분리하여 해결할 수 있다.

I. 일반적인 사안에 대한 규정

***

2. 일반적으로 형사 사건에서 민사 부분은 형사 부분과 함께 동일 사건 내에서 해결되어야 한다. 민사 부분이 형사 사건에서 분리되어 민사 소송 절차에 따라 별도로 처리되는 경우는 다음 조건에 해당할 때만 가능하다:

    a. 피해자나 민사 원고를 찾을 수 없거나 명확히 알 수 없는 경우;

    b. 피해자나 민사 원고가 형사재판에서 민사 배상 청구를 하지 않은 경우;

    c. 피해자나 민사 원고가 형사재판에서 민사 배상 청구를 했으나, 형사 소송 절차에서 요구하는 증거를 충분히 제공하지 않은 경우;

    d. 피해자, 민사 원고, 민사 피고가 법정에 출석하지 않았고, 이들의 부재가 민사 부분 해결에 실질적인 장애가 되는 경우.

3. 민사 부분은 형사 사건 내에서 다음 두 가지로 나뉜다:

    a. 형사 사건 내 민사 부분이 형사 구성요건 판단 또는 피고인의 형사책임 가중·감경 심리와 관련된 경우

사례 1: 민사적 요소가 형사 구성요건 판단에 영향을 미치는 경우

Nguyễn Văn A는 국가 경제 관리 규정을 고의로 위반한 적이 없었으나, 자신의 직

무와 권한을 이용해 다섯 가지 고의적인 위반 행위를 저질렀다. 수사기관은 이 다섯 가지 행위를 입증했지만, 각 행위로 인한 피해 금액과 전체 피해 금액이 1억 동에 이르는지 여부를 명확히 하지 못했다. 민사 소송 원고는 전체 피해 금액이 1억500만 동이라고 주장하는 반면, Nguyễn Văn A는 피해 금액이 7천만 동에 미치지 못한다고 반박했다. 이 경우, 다섯 가지 행위로 인한 실제 피해 금액을 확인하는 것이 Nguyễn Văn A의 범죄 여부를 판단하는 데 매우 중요한 요소가 된다.

사례 2: 민사적 요소가 피고인의 형사 책임 가중 또는 감경에 영향을 미치는 경우
Trần N은 폭력을 사용해 피해자 V로부터 1,000달러, 오토바이, 손목시계 및 기타 재산을 강탈했다. 피해자는 총피해 금액이 5,300만 동이라고 주장했으나, 수사기관은 피해자의 진술이 신뢰할 만한지, 강탈된 각 재산의 실제 가치 및 총피해 금액을 구체적으로 확인하지 못했다. […]

    b. 형사 사건 내 민사 부분이 형사 구성요건 판단 또는 피고인의 형사책임 가중·감경 심리와 관련되지 않은 경우

사례: Lê B가 피해자 C에게 고의로 상해를 가하여 상해율 40%라는 감정 결과를 받았다. 사건 기록에는 C가 병원에서 30일간 치료를 받은 사실만 기재되어 있다. C는 건강 침해로 인한 손해배상금 1억 동을 요구했으나, 구체적인 항목을 명시하지 않았고, 일부 처방전을 제외하고 자신의 요구를 입증할 증거를 제출하지 않았다. 이 경우, 민사 부분은 Lê B의 형사 구성요건 판단 또는 형사책임 가중·감경과 관련이 없다.

 꼭 알아야 할 베트남 생활법률 가이드

POINT 1

베트남은 한국처럼 단일 법률로 통합된 범죄피해자 보호법은 없으며, 피해 유형에 따라 개별 법률(예: 가정폭력법, 인신매매 방지법 등)을 활용해야 한다.

POINT 2

가정폭력 피해자는 임시 쉼터, 의료 지원, 심리 상담, 법률 지원, 사생활 보호 등 다양한 권리를 법적으로 보장받는다.

POINT 3

베트남에서는 형사사건과 관련된 민사 손해배상이 형사재판 내에서 함께 다뤄질 수 있으며, 특정 조건(예: 증거 부족, 원고 미참석 등)에 따라 별도의 민사소송이 요구될 수도 있다.

POINT 4

재판부는 피해자의 청구가 없어도 직권으로 민사 배상 명령을 내리는 경우도 있으며, 형사 책임 판단이나 처벌 수위에 민사 요소가 영향을 미칠 수 있다.

PART 6.
정보공개 청구

Q 베트남에서 근무 중인 한국인 근로자입니다. 최근 예상치 못한 문제로 당황스러운 상황을 겪고 있습니다. 한 한국 회사와 근로계약을 맺고 일을 시작했는데, 계약 당시 별도로 사본을 받지 못했습니다. 얼마 지나지 않아 임금 체불 문제가 발생했고, 저는 노동청에 이를 신고했습니다.

문제는 여기서 끝나지 않았습니다. 회사 측이 사회보험비 명목으로 받은 금액을 돌려주지 않아, 이를 이유로 형사 고소를 진행하게 되었습니다. 베트남 공안(경찰)이 수사를 진행하는 과정에서 제가 서명한 근로계약서를 회사 측에서 수거했는데, 공안에서 제가 요청한 계약서 사본 제공을 거부하여 큰 어려움을 겪고 있습니다.

이런 상황에서 베트남 법률상 제가 공안에 제 근로계약서를 요청할 수 있는 권리가 있는지, 혹은 다른 방법으로 근로계약서 사본을 확보할 수 있는지 궁금합니다. 한국처럼 정보공개 청구 제도를 이용할 수 있을까요?

꼭 알아야 할 베트남 생활법률 가이드

A 개별 근로 계약서는 일반적으로 사적인 문서로 공안이 정보공개 청구법에 따라 제공할 의무가 없지만, 고소인이 사회보험금 편취 피해자로서 사실관계 확인을 위해 근로계약서 정보 제공을 요청할 수 있을 것으로 보입니다. 세부 내용은 다음과 같은 순서로 답변드리겠습니다.

1. 일반적으로 관공서를 대상으로 한 정보공개 청구가 가능한지 여부
1.1 정보 공개 청구 제도
1.2 정보 공개 청구서 기재 내용, 절차, 기간, 수수료 등

2. 고소인 등이 수사 과정 중에 고소인 본인에 관한 정보를 취득할 수 있는 방법
2.1 수사 중 고소인 본인의 정보 공개 청구 권리 및 청구 절차
2.2 수사 중 변호인의 의뢰인 정보 공개 청구 권리 (절차, 기간 등)

3. 민사소송의 원고 입장에서, 추후 형사사건의 종결 시 수사기관에서 보관하고 있는 서류를 취득하여 민사 소송 등에 활용할 경우, 그 절차
3.1 형사 수사 종결 후 고소인 및 그 변호인의 권리
3.2 민사 소송의 원고가, 이미 종결된 형사 사건에서 본인의 정보를 취득하는 절차
3.3 민사 소송의 원고가 법률 대리인을 통해, 종결된 본인 형사 사건의 정보를 취득하는 절차

1. 일반적으로 관공서를 대상으로 한 정보공개 청구가 가능한지 여부

1.1 정보 공개 청구 제도

법률 제104/2016/QH13호 정보공개법에 따라, 누가, 어떤 정보에 대해, 누가 누구에게 청구할 수 있는지를 정리하면 다음과 같습니다:

i. 누가 정보 공개를 요청할 수 있는가?

(1) 베트남 국민
- 국민은 이 법에 따라 정보 공개를 요청할 권리가 있습니다.

- 민사 행위능력이 없는 사람은 법적 대리인을 통해 요청할 수 있습니다.
- 인지 및 행위 통제에 어려움을 겪는 사람은 후견인을 통해 요청할 수 있습니다.
- 18세 미만 국민은 법적 대리인을 통해 요청합니다.

(2) 베트남에 거주하는 외국인
- 베트남에 합법적으로 거주하는 외국인은 자신의 권리와 의무에 직접 관련된 정보에 대해 요청할 수 있습니다.

(3) 조직, 단체, 기업의 구성원
- 동일한 정보를 요청하는 경우, 조직, 단체, 기업의 구성원은 소속 조직, 단체, 기업을 통해 정보 공개를 요청할 수 있습니다.

ii. 어떤 정보를 요청할 수 있는가?

(1) 일반적으로 공개 가능한 정보
- 국가 기관이 생성하거나 수집한 정보 중 본 법 제6조(공개 불가 정보)에 해당하지 않는 정보.

(2) 조건부로 공개 가능한 정보
- 사업 기밀: 소유자의 동의가 필요한 경우.
- 개인 및 가족의 사생활 정보: 당사자 또는 가족 구성원의 동의가 필요한 경우.
- 공익이나 공중 보건을 위해 필요한 경우, 책임자가 관련 법률에 따라 공개 결정 가능(동의 없이도 가능).

(3) 외국인 관련 정보
- 외국인은 자신의 권리 및 의무와 직접 관련된 정보만 요청할 수 있음.

꼭 알아야 할 베트남 생활법률 가이드

- 국가 기관(예: 국회, 정부, 지방 인민의회 및 인민위원회 등): 각 기관은 자신이 생성한 정보와 기능 수행을 위해 수집한 정보를 공개해야 함.
- 지방 인민위원회: 관할 지역 주민에게 정보를 제공하며, 국민의 권리와 이익에 직접 관련된 경우 타지역 주민에게도 공개 가능.
- 국방부 및 공안부: 각 부처가 지정한 정보 제공 주체를 통해 정보를 공개.

iv. 공개할 수 없는 정보

- 국가 기밀에 해당하는 정보(정치, 국방, 국가 안보 등).
- 사회 질서, 공공 건강 등에 부정적 영향을 미칠 수 있는 정보.
- 국가 기관의 내부 회의 정보 및 업무 비밀.

v. 요청 절차 및 조건

- 국민, 외국인, 조직 등은 각 기관에 요청하며, 요청한 정보가 조건부 정보일 경우 관련 법률에 따라 필요한 동의나 조건을 충족해야 합니다.
- 조직, 단체, 기업은 동일한 요청 사항이 있을 경우, 단체로서 정보 요청을 진행할 수 있습니다.

개별 근로 계약은 일반적으로 고용주와 직원 간의 사적인 문서로 간주됩니다. 따라서 공안 등 베트남 관공서는 개인의 근로 계약서를 공개할 의무는 없습니다. 본 사건에서 근로계약서는 공안의 조사 중 입수한 자료로, 국가 기관이 생성하거나 업무 수행 등으로 생성된 정보가 아닌, 공안이 형사 소송의 수사 중 입수한 증거물이므로 정보공개 청구법을 통해 공안이 근로계약서 정보를 제공할 의무가 없다며 자료 제공을 거부하는 것으로 보입니다.

그런데, 본 사건에서 고소인은 사회보험금을 편취당한 형사 범죄의 피해자로서 이와 관련한 사실관계 확인을 위해 근로계약서 정보 제공 요청을 할 수 있을 것으로 보입니다.

a. 공안에 근로계약서 사본 제공 요청 가능 여부

정보공개법 제36조와 제9조에 따르면, 베트남에 거주하는 외국인은 본인의 권리 및 의무에 직접적으로 관련된 정보를 요청할 수 있습니다.

- 임금 체불 및 사회보험료 문제와 관련된 사건에서, 근로계약서는 본인의 권리 및 의무와 직접적으로 관련이 있으므로, 공안에 해당 문서를 요청할 수 있는 권리가 있다고 주장할 수 있습니다.

b. 공안에 요청할 수 있는 근거

- 제36조 1항: 베트남에 합법적으로 거주하는 외국인은 자신의 권리와 의무에 직접 관련된 정보에 대해 요청할 수 있습니다.
- 제9조 1항: 국가 기관(공안 포함)은 자신이 보유하고 있는 정보를 요청 시 제공해야 하며, 단 제6조(공개 불가 정보)에 해당하지 않아야 합니다.
- 근로계약서가 국가 기밀 또는 공개 불가 정보에 해당하지 않으므로, 공안은 이를 제공할 의무가 있다고 볼 가능성이 높습니다.
- 요청 시, 사건과의 직접적인 관련성을 명시하고 본인의 권리 보호를 위해 필요함을 강조해야 합니다.

c. 다른 방법으로 근로계약서 사본을 확보할 수 있는지 여부

공안 외에 다른 경로로 근로계약서를 확보할 수 있는 방법은 다음과 같습니다:

(1) 회사 측에 정보 제공을 요청

- 정보공개법에 따르면 회사는 민간 기관으로 정보공개법 적용 대상이 아니지만, 근로관계와 관련하여 회사는 근로계약서를 제공할 법

 꼭 알아야 할 베트남 생활법률 가이드

적 의무가 있습니다.
- 베트남 노동법에 따라 근로자는 계약서를 받을 권리가 있습니다. 이를 근거로 회사에 서면 요청을 하십시오.

(2) 노동청(Thanh tra lao động)을 통한 요청
- 노동청은 노동 분쟁과 관련된 사건에서 중재 및 조사를 수행할 권한이 있습니다. 노동청에 계약서 제출을 요청하도록 회사 측에 요구하거나 노동청 자체적으로 확보한 문서를 열람할 수 있는지 확인하십시오.

(3) 법원의 문서 제출 명령 활용
- 사건이 형사 또는 민사로 진행 중이라면, 법원에 요청하여 계약서 사본을 확보할 수 있습니다.
- 법원은 공안 또는 회사에 해당 문서를 제출하도록 명령할 수 있는 권한이 있습니다.

d. 정보공개 청구의 절차
공안에 정보공개를 요청하려면 아래 절차를 따릅니다:

(1) 요청서 작성
- 요청서에 본인의 신분증(거주증 포함) 사본 첨부.
- 요청 정보(근로계약서)의 구체적인 내용과 사건과의 관련성 설명.

(2) 정보 제공 요청 제출
- 사건을 담당하는 공안 부서에 직접 제출하거나, 관할 공안에 문의하여 절차를 확인.

정보 공개법 (Law 104/2016/QH13) 관련 조항 요약

※ Luật tiếp cận thông tin; Law on Access to Information를 직역하면 '정보 접근법'이나 본법의 내용을 고려하고 이해의 편의를 위해 이 책에서는 '정보 공개법'이라 부릅니다.

제4조 정보 접근권을 행사하는 주체

1. 국민은 본 법률의 규정에 따라 정보 접근권을 행사한다.

2. 민사 행위능력이 없는 사람은 법적 대리인을 통해 정보 제공을 요청한다. 인지 능력 및 행위 통제에 어려움을 겪는 사람은 후견인을 통해 정보 제공을 요청한다.

3. 18세 미만인 자는, 아동법 및 기타 법률의 적용을 받는 경우를 제외하고, 법정대리인을 통해 정보 제공을 요청할 수 있다.

제5조 국민이 접근할 수 있는 정보

국민은 국가 기관의 정보에 접근할 수 있으며, 본 법 제6조에서 규정된 접근할 수 없는 정보는 제외한다. 또한, 본 법 제7조에서 규정된 조건부 접근 가능한 정보에 대해서는 해당 조건을 충족한 경우 접근할 수 있다.

제6조 국민이 접근할 수 없는 정보

1. 국가 기밀에 해당하는 정보: 정치, 국방, 국가 안보, 대외 관계, 경제, 과학, 기술 및 기타 법률에 따라 규정된 주요 내용의 정보는 국가 기밀로 간주한다. 단, 해당 정보가 비밀 해제된 경우, 본 법의 규정에 따라 접근할 수 있다.

2. 접근 시 위험을 초래하는 정보:

- 국가 이익에 해를 끼치거나 국방, 국가 안보, 국제 관계, 사회 질서, 사회 윤리, 공공 건강에 부정적 영향을 미치는 정보
- 타인의 생명, 생활 또는 재산에 위험을 초래하는 정보
- 내부 회의 정보, 국가 기관의 업무상 비밀에 해당하는 정보
- 국가 기관에서 내부적으로 작성된 문서

 꼭 알아야 할 베트남 생활법률 가이드

제7조 국민이 조건부로 접근할 수 있는 정보

1. 사업 기밀: 정보 제공은 사업 기밀 소유자가 동의한 경우 가능하다.

2. 개인 및 가족의 사생활 정보:

– 개인 사생활 정보는 당사자가 동의한 경우 제공된다.

– 가족의 사생활 정보는 가족 구성원들이 동의한 경우 제공된다.

3. 공익 및 공중 보건 목적: 국민의 이익이나 공공의 건강을 위해 필요할 경우, 국가 기관의 책임자가 관련 법률에 따라 사업 기밀, 개인 및 가족 사생활 정보를 제공할 수 있다. 이 경우 당사자의 동의가 필요하지 않다.

제9조 정보 제공의 범위와 책임

1. 국가 기관의 정보 제공 의무: 국가 기관은 자신들이 생성한 정보를 제공해야 한다. 단, 본 법 제6조에 규정된 경우는 제외한다. 본 법 제7조에 해당하는 경우, 조건이 충족되었을 때 정보를 제공한다.

– 인민위원회는 자신들이 생성한 정보와 기능, 임무, 권한 수행을 위해 수집한 정보를 제공해야 한다. 다만, 제6조에 해당하는 경우는 제외하며, 제7조의 조건이 충족된 경우 정보를 제공한다.

2. 정보 제공 주체: 국가 기관은 직접 정보 제공 업무를 수행해야 하며, 다음과 같은 예외가 있다.

    a) 국회 사무국: 국회, 국회 소속 기관, 상임위원회 소속 기관, 국가선거위원회가 생성한 정보 및 자체 정보를 제공한다.

    b) 국가주석실: 국가주석이 생성한 정보 및 자체 정보를 제공한다.

    c) 정부사무국: 정부 및 총리가 생성한 정보 및 자체 정보를 제공한다.

    d) 국회의원 대표단 사무국: 국회의원 대표단이 생성한 정보 및 자체 정보를 제공한다.

    dd) 성(省) 인민의회 사무국: 성 인민의회 및 그 소속 기관, 상임위원회가 생성한 정보 및 자체 정보를 제공한다.

    e) 성 인민위원회 사무국: 성 인민위원회 및 성 인민위원회 의장이 생성한 정보 및 자체 정보를 제공한다.

    g) 군(郡) 인민의회 및 인민위원회 사무국: 군 인민의회 및 그 소속 기관, 군 인민위원회 및 군 인민위원회 의장이 생성한 정보 및 자체 정보를 제공한다.

h) 코뮌 인민위원회: 관할 지역 주민에게 자신 및 소속 기관이 생성한 정보와 기능 수행을 위해 수집한 정보를 제공해야 한다. 또한, 해당 정보가 국민의 합법적 권리 및 이익과 직접 관련된 경우, 타지역 국민에게도 제공한다.

i) 국방부 및 공안부 장관: 각 부서 내 정보 제공 담당 기관을 별도로 규정한다.

3. 미성년자의 정보 요청: 18세 미만의 국민은 법적 대리인을 통해 정보를 요청할 수 있다. 단, 아동법 및 기타 법률에 다른 규정이 있는 경우는 예외로 한다.

제36조 적용

1. 베트남에 거주하는 외국인은 자신의 권리와 의무에 직접 관련된 정보에 대해 제공을 요청할 권리가 있다.

외국인이 정보를 제공받기 위한 요청 절차와 방법은 이 법 제3장의 규정에 따른다.

2. 국민은 동일한 정보를 요청하는 조직, 단체, 기업 내 여러 구성원이 있을 경우, 자신이 속한 조직, 단체, 기업을 통해 정보를 제공받을 것을 요청할 수 있다.

이 조항의 세부 사항은 정부가 구체적으로 규정한다.

1.2 정보 공개 청구서 기재 내용, 절차, 기간, 수수료 등

순 서	절 차	내 용	
1	정보 공개 청구서 작성 (청구인/권한 대리인)	청구서 기재 내용 a) 성명, 주소, 신분증 번호, 여권 번호, 팩스 번호, 전화번호 및 전자 우편 주소 (있는 경우) b) 서류, 기록, 문서명을 포함한 요청 정보 c) 청구 정보의 제공 방법 d) 정보 제공의 사유 및 목적	
		a) 해당 기관에 방문 후 청구서 제출, 또는 b) 전자적 방법, 팩스, 우편을 통한 청구서 제출	
2	청구서 접수 (정보공개 담당 부서)	- 정보 공개 청구서 접수 및 기록 - 기한, 수령 장소 및 방법, 수수료 (인쇄, 복사, 우편 및 팩스 송부 등) 및 지급 방법 등 안내	
3	공개 여부 결정 및 결정 통지	사무처에서 직접 정보 제공(10일 내)	·즉시 처리 가능한 간단한 정보 지체없이 해당 정보가 포함된 서류를 청구자에게 제공한다.
			·다른 연계 기관의 전달 또는 타 기관의 의견 수렴이 필요한 복잡한 정보 청구일로부터 10일 이내로 해당 정보를 제공하거나 비공개 결정을 한 경우 해당 사실을 공식적으로 청구인에게 통지함. (부득이한 경우 10일 이내에서 그 기간을 연장할 수 있음)
		전자적 방법으로 정보 제공(15일 내)	·즉시 처리 가능한 간단한 정보 청구일로부터 3일 이내로 해당 정보를 제공한다.
			·다른 연계 기관의 전달 또는 타 기관의 의견 수렴이 필요한 복잡한 정보 - 청구일로부터 3일 이내로 정보 제공에 필요한 기간을 통지한다. - 청구일로부터 15일 이내로 해당 정보를 제공하거나 비공개 결정을 한 경우 해당 사실을 공식적으로 청구인에게 통지함. (부득이한 경우 15일 이내에서 그 기간을 연장할 수 있음)
		팩스 또는 우편으로 정보 제공 (15일 내)	·즉시 처리 가능한 간단한 정보 청구일로부터 5일 이내에 해당 정보를 제공한다
			·다른 연계 기관의 전달 또는 타 기관의 의견 수렴이 필요한 복잡한 정보 - 청구일로부터 3일 이내에 정보 제공에 필요한 기간을 통지한다. - 청구일로부터 15일 이내에 해당 정보를 제공하거나 비공개 결정을 한 경우 해당 사실을 공식적으로 청구인에게 통지함. (부득이한 경우 15일 이내에서 그 기간을 연장할 수 있음)

※정보의 제공은 열람, 시청, 청취, 기록, 등사, 또는 정보가 포함된 서류 복사를 뜻함.

※전자적 형태 정보 제공은 해당 정보가 전자적인 방법으로 전송될 수 있으며, 국가기관이 이를 전자적으로 제공 가능한 경우, 전자우편 첨부, 일회성 접속 코드 발행 또는 접속 및 다운로드 링크 등 방법으로 제공함.

2. 고소인 등이 수사 과정 중에 고소인 본인에 관한 정보를 취득할 수 있는 방법

2.1 수사 중 고소인 본인의 정보 공개 청구 권리 및 청구 절차

수사 중인 사건 증거물의 정보 제공과 관련하여서는 수사기관 서장의 허가를 득해야 하며, 승인 거절 시에는 상위 기관에 하기와 같이 추가적인 형사소송법상의 이의 제기 절차가 필요합니다.

	절 차	내 용	기 한
1	증거 제공 요청(수사 중 사건)	수사기관장에게 증거 제공 요청	
2	증거 및 자료 제공 또는 거절	증거 및 자료를 제공 또는 서면 거절 사유 송부	접수일로부터 7일 이내
3	이의 제기	관할 검찰에 이의 제기	수사기관장 결정으로부터 3일 이내
4	검찰 결정	관련 이의 제기에 관한 결정	이의 제기 접수일로부터 7일 이내
5	상위 검찰에 이의 제기	검찰 결정에 관한 이의 제기	검찰 결정으로부터 3일 이내
6	상위 검찰 결정	관련 이의 제기에 관한 상위 검찰 결정	이의 제기 접수일로부터 15일 이내
7	최고 인민 검찰에 이의 제기	상위 검찰 결정에 관한 이의 제기	이의 제기 접수일로부터 15일 이내 최종 결정

범죄피해자 또는 그 법적 대리인은 관련 증거, 서류 및 물품에 대해 상의하고, 담당자에게 이와 관련된 확인을 할 권리가 있습니다. 본 사건의 고소인은 사회보험금을 편취당한 범죄피해자로 여겨지며, 고소인은 조사 기관에 제출된 증거들에 대하여 대조와 검토를 하고, 고소인이 알고 있는 정보와 상이한지 확인해야 할 필요가 있다고 주장할 수 있습니다.

다만, 수사 중인 사건의 증거의 경우, 해당 증거에 관한 처리 권한은 수사기관의 서장에게 있어, 별도 증거물에 대한 처리를 수사기관의 서장에게 요청해야 합니다. 수사기관 서장의 결정에 대해서는 이의 제기가 가능하며, 절차에 따라 추가적인 이의 제기도 가능합니다.

형사소송법(Law 101/2015/QH13+Law 02/2021/QH15)

제62조 범죄피해자

2. 범죄피해자 또는 그의 법적 대리인은 하기 권리가 있다.

　c) 관련 증거, 서류 및 물품에 대해 상의하고, 담당자에게 이와 관련된 확인 및 평가를 요청할 권리

　dd) 수사 및 소송 결과에 대해 고지받을 권리

다만, 수사 중 관련 증거에 관한 처리 권한은 해당 수사기관장에게 있습니다.

제36조 수사기관장, 부기관장의 의무, 권한 및 책임 조항

2. 수사 기관장은 형사 소송에 있어, 하기의 권한과 책임을 진다.

  c) 체포, 수색, 압수 및 구금 영장 발부 결정 및 증거물의 처리

한편, 고소인은 수사기관의 결정에 대해 이의 제기를 할 수 있으며, 관련 절차에 따라 추가적인 이의 신청도 할 수 있습니다.

제475조 수사기관과 수사관에 대한 이의제기

1. 이의 제기자는 수사기관장의 결정으로부터 3일 이내로 관할 검찰에 이의를 제기할 수 있다. 검찰은 이의제기 접수 7일 이내로 해당 이의를 처리해야 한다. 검찰의 처분이 불만족스러운 경우 직속 상위 검찰에 3일 이내로 그 결과에 대해 이의를 제기한다. 이에 대해 15일 이내에 이의에 대한 처분이 있어야 하며, 이후 제기되는 이의는 최고 인민 검찰에 제출, 15일 이내에 그 처분이 결정되고 효력이 발생한다.

2.2 수사 중 변호인이 의뢰인 정보 공개 청구할 권리 (절차, 기간 등)

고소인은 진술 시에 변호인 선임에 대해 안내받은 후, 제반 서류를 갖춘 경우 변호인의 등록은 신청 후 24시간 이내에 완료됩니다. 다만, 앞의 경우와 마찬가지로 수사 중 증거물과 관련해서는 수사기관장의 허가를 득해야 합니다. 이의 제기는 변호인을 통한 해당 권리도 명시되어 있어, 관련 절차에 따라 이의 제기가 가능합니다.

고소인은 처음 피해 진술을 하는 경우에, 수사관으로부터 그들의 권익 보호를 위한 변호인 선임에 대한 안내를 받습니다. 변호인 선임을 거절하는 경우, 수사관은 고소인에게 본인의 합법적인 권익 보호에 관한 권리를 설명하며, 해당 권리는 소송 전반에 걸쳐 행사됩니다. 이후, 변호인의 제반 서류 제출부터 24시간 이내로 변호인 등록이 완료됩니다.

다만, 위와 마찬가지로 고소인의 법적 대리인은 관련 증거, 서류 및 물품에 대해 상의하고, 담당자에게 이와 관련된 확인을 할 권리가 있으나 (형사소송법 62조), 수사 중인 사건에 대한 증거의 경우 해당 증거에 관한 처리 권한은 수사기관장에게 있어 (형사소송법 36조), 별도 증거물에 대한 처리를 수사기관장에게 요청해야 합니다.

마찬가지로, 수사기관장의 결정에 대해서는 변호인을 통해서도 이의 제기가 가능하며, 절차에 따라 추가적인 이의 제기도 가능합니다. (형사소송법 472조)

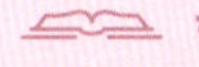

형사소송법의 당사자 권리와 이익의 보호를 안내하는 시행규칙
(Circular 46/2019/TT-BCA)

제8조 범죄피해자, 소송인, 고소인에 대한 변호인 선임권 설명

피해자, 관련 소송 당사자, 고소인 등의 첫 진술을 하는 동안 수사관은 반드시 그들의 의무와 권리를 설명해야 한다. 수사관은 그들의 권익 보호를 위한 변호인 선임 결정 여부를 반드시 기록해야 하며, 변호인 선임을 결정한 경우, 해당 선임 신청을 안내한다. 만약, 변호인 선임을 거절하는 경우, 수사관은 그들에게 본인의 합법적 권익 보호를 위한 권리와 동 권리가 소송 전반에 걸쳐 행사됨을 설명한다

변호인 선임 결정 후, 변호인 등록을 위한 절차가 진행되며 변호인 등록 접수일로부터 24시간 이내에 등록 절차가 마무리됩니다.

제9조 범죄피해자, 소송인, 고소인에 대한 변호인 선임 절차

1. 변호인 등록을 위해서는 하기의 서류가 제출되어야 함.
   a) 변호사 카드와 그 복사본, 고소인의 해당 변호인 선임서면 요청서
2. 상기 1항의 서류 접수 및 확인에 관해, 수사관은 서류의 접수일로부터 24시간 이내에 이를 수사기관장에게 제출한다.

한편, 상기 이의 제기 절차에 관해 이의 제기자는 변호인을 통해서도 이의 제기를 할 권리가 명시되어 있어, 관련 절차에 따라 이의 제기가 가능합니다

제472조 수사기관 및 수사관에 대한 이의제기

1. 이의 제기자는 하기의 권리를 가진다.
   a) 소송 당사자가 직접 이의를 제기하거나, 변호인 및 법정 대리인을 통해서도 이의 제기를 할 수 있다.

3. 민사소송의 원고 입장에서, 추후 형사사건의 종결 시 수사기관에서 보관하고 있는 서류를 취득하여 민사 소송 등에 활용할 경우, 그 절차

3.1 형사 수사 종결 후 고소인과 그 변호인의 권리

꼭 알아야 할 베트남 생활법률 가이드

고소인과 그 변호인은 수사 종결에 관한 최종 처분안에 관한 정보를 수사 종결 2일 이내로 국가 기관으로부터 송부받으며, 변호인을 통해 사건 파일 내의 증거물에 대한 열람, 등사 및 복사가 가능합니다.

순 서	내 용	기 한
1	범죄피해자(고소인) 정당한 권리와 이익의 보호를 위한, 피해자, 관련 당사자, 피고인 등록	24시간
2	수사 기관은 수사 종결의 발행일로부터 2일 이내로, 수사 기관은 피고인 또는 피고 측 변호인에게 기소 요청 또는 수사 유보 결정에 대한 수사 결과를 송부해야 한다.	수사 종결일로부터 2일 이내
3	고소인(범죄피해자)의 변호인은 사건 파일을 제공받을 수 있도록 수사기관(공안)에 신청한다. 사건 파일은 사건과 관련된 증거 및 서류를 포함한다.	수사기관에 따라 다름

고소인과 그 변호인은 관할 당국에 고소, 정보 및 제기한 혐의에 대한 최종 처분안에 관한 고지를 받을 권리가 있으며, 관할 수사 당국은 수사 종결 2일 이내 해당 사실을 고소인과 그 변호인에게 고지합니다.

형사소송법(Law 101/2015/QH13+Law 02/2021/QH15)

제56조 고소/고발인, 정보원 및 신고자
1. 고소/고발인, 정보원 및 신고자는 하기 권리를 가진다.
   b) 고소/고발에 대한 최종 해결안, 정보 및 요청에 대해 고지받을 권리

제62조 범죄피해자
2. 범죄피해자 또는 그의 법적 대리인은 하기 권리를 가진다.
   dd) 수사 및 소송 결과에 대해 고지받을 권리

제232조 수사 종결
4. 수사 당국은 서면 작성된 수사 종결일의 2일 내로, 제기된 혐의에 대한 결론 또는 수사 종결 결정서와 해당 사건 파일을 관련 검찰에 송부해야 한다. 범죄피해자, 고소/고발인 및 법적 보호자를 포함한 피고인 또는 피고 측 변호인은 제기된 혐의에 대한 수사 종결서 또는 수사 유보서의 사본을 제공받는다.

이후, 수사 당국은 사건 파일에 대한 변호인의 요청에 대해 우호적인 조건을 조성해야 합니다. 해당 사건 파일은 사건과 관련된 증거 및 서류를 포함하고 있습니다. 해당 작업의 수행에 있어, 수사관에 의해 변호인의 행위는 서면으로 기록되며, 증거 및 서류는 분실, 누락 또는 손상 없이 제공받았을 때와 동일한 상태로 반환되어야 합니다.

형사소송법(Law 101/2015/QH13 + Law 02/2021/QH15)

제84조 범죄피해자, 소송인 변호인의 권리

3. 범죄피해자의 변호인에 관한 권리

…

d) 변호인은 그가 변호하는 고소인의 진술, 심문 중에 참석하고, 수사 종결 시에 사건 파일의 서류를 열람, 등사 및 복사할 권리를 가진다.

제131조 사건 파일

3. 사건 파일은 아래와 같이 구성된다.

a) 수사기관 및 검찰의 명령, 결정 및 요청 사항

b) 수사기관 및 검찰이 작성한 소송 기록

c) 사건과 관련된 증거 및 서류 (기소 과정 및 재판 과정 중 법원과 검찰로부터 획득한 정보는 사건 파일에 포함되어야 한다)

제16조 사건 파일의 서류 열람, 등사 및 복사할 권리 보장

1. 수사 종결의 발행일로부터 2일 이내로, 수사 기관은 변호인에게 기소 요청 또는 수사 유보 결정에 대한 수사 결과를 송부해야 한다.

2. 수사 종결 시, 변호인이 사건과 관련된 서류를 열람, 등사 및 복사를 요청할 수 있으며, 해당 사건 파일이 수사 당국의 관할 아래에 있다면, 변호인의 해당 요청을 만족할 수 있도록 우호적인 조건을 조성해야 한다. 수사관은 변호인이 해당 서류를 읽고, 기록하고 복사할 수 있도록 해야 한다. 변호인이 해당 서류를 읽고, 기록하고 복사하는 과정에 있어, 수사관 및 수사 기관은 반드시 엄중히 관리해야 한다. 서류 복사는 변호사에 의해 수행될 수 있다. 해당 서류를 읽고, 기록하고 복사한 이후에, 변호인은 반드시 해당 서류를 제공받은 상태와 동일한 상태로 반환해야 한다. 만약, 해당 서류가 분실, 누락 및 손상되었을 시에는, 위반의 성격과 심각성에 따라 법적인 처리를 한다.

변호인이 사건 파일의 서류를 읽고, 기록하고 복사하는 행위 및 변호인으로 전달된 서류 목록은 반드시 서면으로 기록되어야 한다.

3.2 민사 소송의 원고가, 이미 종결된 형사 사건에서 본인의 정보를 취득하는 절차

원고는 앞서 언급했던 방법을 통해 국가 기관에 관련 정보를 요청할 권리가 있으며, 국가 기관의 정보 제공 불허 시에, 하기 절차와 같이 행정심판 청구를 통하여 이의를 제기할 권리가 있습니다.

절 차	내 용	기 한
1 이의 제기	서면 또는 구두 형태로 행정 결정에 대한 이의 제기 (구두로 이의 제기되는 경우 담당자의 안내에 따라 서면으로 작성) 서명이 날인된 하기 기재 내용 작성 a) 이의 제기 날짜 b) 이의 제기자의 성명 및 주소 c) 이의 제기의 내용 및 사유 d) 이의 제기와 관련된 서류 및 처분 요청	국가 기관의 결정으로부터 90일 이내
2 이의 제기 결과 확인	이의 제기 접수일로부터 관련 기관 및 이의 제기자에게 접수 확인서 송부	접수일로부터 10일 이내
3 이의 제기 처분	해당 이의 제기 처리 (성급 국가 기관 중재)	접수 승인으로부터 30일 이내 (부득이한 경우 45일까지 연장)
4 처분 결과 송부	관련 기관 및 이의 제기자에게 처분 결과 송부	행정 처분으로부터 3일 이내
5 처분 불복 시 2차 이의 제기	1차 이의 제기 처분 결과 및 관련 서류 송부	결과 고지로부터 30일 이내
6 2차 이의 제기	2차 이의 제기 접수일로부터 관련 기관 및 이의 제기자에게 접수 확인서 송부	접수일로부터 10일 이내
7 2차 이의 제기 처분	관련 이의 제기 처리 (장관급 부처 중재)	접수 후 최대 45일
8 처분 결과 송부	관련 기관 및 이의 제기자에게 처분 결과 송부	행정 처분일로부터 7일 이내
9 처분 불복 시 행정 소송 제기	2차 이의제기에 대한 처분 불복 시 행정 소송 청구	(1차 또는) 2차 이의신청 결정 통지를 받은 날 또는 그 내용을 안 날로부터 1년 이내

3.3 민사 소송의 원고가 법률 대리인을 통해 종결된 본인 형사 사건의 정보를 취득하는 절차

법률 대리인은 상기 3.1(형사 수사 종결 후 고소인 및 그 변호인의 권리)과 마찬가지로, 수사 종결에 관한 최종 처분안에 관한 정보를 수사 종결 2일 이내로 송부받으며, 사건 파일 내의 증거물에 대한 열람, 등사 및 복사가 가능합니다. 또한, 원고의 권한을 위임받아, 증거 제공 거절 시 상기 3.2(민사 소송의 원고가, 이미 종결된 형사 사건에서 본인의 정보를 취득하는 절차)에서 언급한 행정심판 청구법상의 이의 제기 절차를 통해 수사기관에 이의를 제기하여 정보 입수를 진행할 수 있습니다.

행정심판 청구에 관한 법(Law 02/2011/QH13)

제12조 이의 제기자의 권리와 책임

1. 이의제기자는 하기의 권리를 가진다.
   a) 당사자가 이의를 제기할 권리
   b) 변호인 또는 법률 대리인으로 하여 이의를 제기할 권리
   ***
   h) 이의 제기 접수 확인을 받을 권리, 이의 제기 처분에 대해 고지받을 권리

제16조 변호사 및 법률 자문의 권한과 책임

1. 변호사 또는 국가 법률 구조 기구 변호사는 하기의 권리를 가진다.
   a) 이의 제기자의 요청에 따라 이의 제기 중재 과정에 참여
   b) 이의 제기자의 권한 위임에 따라, 이의 제기자의 권리와 의무 수행

※Luật khiếu nại; Law on Complaints은 직역하면 '민원법' 또는 '이의 처리법'이나, 본 법의 내용을 고려하고 이해의 편의를 위해 이 책에서는 '행정심판 청구에 관한 법'이라 부릅니다.

KEY POINTS

베트남 정보공개법은 국민뿐만 아니라 베트남에 거주하는 외국인에게도 적용된다.

외국인은 자신의 권리와 의무와 직접 관련된 정보만 요청할 수 있으며, 정보 제공 거부 시 행정심판 청구 절차를 통해 이의를 제기할 수 있다.

민사 소송의 원고는 국가 기관에 의해 생성된 정보 중, 국가 기밀이나 타인의 생명이나 재산에 위험을 초래하는 정보가 아닌 정보를 요청할 권리가 있다.

조건부로 공개 가능한 정보는 사업 기밀, 개인 및 가족의 사생활 정보 등이 있으며, 공익을 위한 경우 동의 없이 공개될 수 있다.

PART 7.
한국과 베트남의 형량

Q P 씨는 새로운 기회를 찾아 무작정 베트남으로 왔습니다. 운 좋게 취직에 성공했고, 성실함과 능력을 인정받아 회사의 재정을 맡아 관리하게 되었습니다. 하지만 퇴근 후 가볍게 시작한 도박이 빚으로 이어졌고, 이를 갚기 위해 주변 사람들에게 큰돈을 빌리다가 결국 회삿돈까지 손대고 말았습니다.

횡령죄와 관련해 한국에 있는 지인에게 문의해 보니, 이 정도 금액이면 한국에서는 벌금형 정도로 끝날 가능성이 크다는 말을 들었습니다. 이에 P 씨는 대수롭지 않게 생각하며 "몸으로 때우겠다"고 큰소리를 쳤지만, 막상 구속된 후 베트남 교도소에서 몇 달을 지내자 열악한 환경과 극심한 스트레스로 인해 어금니까지 빠질 정도가 되었습니다. 결국 징역 3년을 선고받았습니다.

같은 범죄라도 한국과 베트남에서 형량 차이가 큰가요?

🅐 **사실관계를 좀 더 검토해야겠지만, 일반적으로 같은 범죄라도 베트남에서는 한국보다 형량이 훨씬 무거운 경우가 많습니다.**

예를 들어, 한국에서는 대기업 취업 알선을 빌미로 20억 원대 사기를 저지른 경우 징역 8년, 대학 교직원 행세를 하며 4억 원을 편취한 경우 징역 3년을 선고받았습니다.* 반면, 베트남에서는 현지인을 대상으로 한국 취업을 알선한다며 18억 동(약 1억 5백만 원)을 편취한 경우 징역 24년, 8억 원대 사기에는 무기징역이 선고되었습니다.**

같은 범죄라도 나라에 따라 처벌 수위가 이렇게 다를 수 있습니다. 마치 한 나라에서는 신호위반으로 벌금을 내고 끝날 일이, 다른 나라에서는 면허 정지까지 당하는 것과 같은 차이입니다. 따라서 베트남에서 법을 위반하면 한국에서 예상하는 수준보다 훨씬 무거운 처벌을 받을 수 있으니, 현지 법규를 반드시 숙지해야 합니다.

일부 주요 범죄에 대한 한국과 베트남의 형량을 비교하면 다음과 같습니다.

---

* 출처: 장영은, "대기업 작업복까지 주며 20억대 취업사기 '징역 8년'", 연합뉴스, 2016.02.11., https://www.yna.co.kr/view/AKR20160211136700057
백세종, "대학교 교직원 행세 4억원대 취업사기 50대 징역 3년 실형", 전북일보, 2018.03.20., https://www.jjan.kr/article/20180320635470

** 출처: 이종실, "'코리안 드림' 취업사기 벌인 베트남 남성 2명에 징역 24년형", 서울신문, 2023.05.13., https://nownews.seoul.co.kr/news/newsView.php?id=20230513601011
민영규, "베트남서 8억원대 취업 사기 한국인에 무기징역", 연합뉴스, 2018.04.18., https://www.yna.co.kr/view/AKR20180418062400084

   꼭 알아야 할 베트남 생활법률 가이드

〔사기〕

한국 (형법 347조)	① 사람을 기망하여 재물의 교부를 받거나 재산상의 이익을 취득한 자는 10년 이하의 징역 또는 2천만원 이하의 벌금.
베트남 (형법 174조)	③ 2억동 (약1,160만원) 이상 5억동(약2,900만원) 미만의 재산을 편취한 경우…7년~15년의 징역. …… ④ 5억동(약2,900만원) 이상의 재산을 편취한 경우…12년~20년의 징역 또는 무기징역.

〔뇌물 공여〕

한국 (형법 133조)	① … 뇌물을 약속, 공여 또는 공여의 의사를 표시한 자는 5년 이하의 징역 또는 2천만원 이하의 벌금.
베트남 (형법 364조)	① 2백만동(약 12만원) 이상 1억동(약 580만원) 미만의 뇌물을 주거나 준비한 자는…6개월~3년의 징역. …… ④ 10억동(약 5,800만원) 이상의 뇌물을 … 12년~20년의 징역.

〔횡령〕

한국 (형법 355조 ~356조)	제355조(횡령, 배임) ① 타인의 재물을 보관하는 자가 그 재물을 횡령하거나 그 반환을 거부한 때에는 5년 이하의 징역 또는 1천500만원 이하의 벌금. 제356조(업무상의 횡령과 배임) 업무상의 임무에 위배하여 … 죄를 범한 자는 10년 이하의 징역 또는 3천만원 이하의 벌금.
베트남 (형법 353조)	① 2백만동(약 12만원) 이상 1억동(약 580만원) 미만의 재산을 횡령하거나 … 또는 [재범 등] … 경우에는 2백만동(약 12만원) 미만이라도 … 2년~7년의 징역. …… ④ 10억동(약 5,800만원) 이상의 재산을 횡령 … 20년 징역, 무기징역 또는 사형.

〔절도〕

한국 (형법 329조 ~331조)	제329조(절도) … 6년 이하의 징역 또는 1천만원 이하의 벌금. 제330조(야간주거침입절도) … 10년 이하의 징역. 제331조(특수절도) 야간에… 침입 시 / 흉기 휴대 또는 2명 이상 합동하여 … 1년 이상 10년 이하의 징역.
베트남 (형법 173조)	① 2백만동(약 12만원) 이상 5천만동(약 290만원) 미만 … 또는 [재범 등] … 경우에는 2백만동(약 12만원) 미만의 재물이라도 … 절취한 경우, 3년 이하의 비구금형 교정 또는 6개월 이상 3년 이하의 징역. …… ④ 5억동(약 2,900만원) 이상의 재물을 절취한 경우에는 12년 이상 20년 이상의 징역.

〔폭행〕

한국 (형법 257조 ~265조)	제257조(상해, 존속상해) ① 사람의 신체를 상해한 자는 7년 이하의 징역, 10년 이하의 자격정지 또는 1천만원 이하의 벌금. ② 자기 또는 배우자의 직계존속에 대하여 … 죄를 범한 때에는 10년 이하의 징역 또는 1천500만원 이하의 벌금. 제258조(중상해, 존속중상해) ① 사람의 신체를 상해하여 생명에 대한 위험을 발생하게 한 자는 1년 이상 10년 이하의 징역. ② 신체의 상해로 인하여 불구 또는 불치나 난치의 질병에 이르게 한 자도 … 1년 이상 10년 이하의 징역. ③ 자기 또는 배우자의 직계존속에 대하여 … 신체의 상해로 인하여 불구 또는 불치나 난치의 질병에 이르게 … 2년 이상 15년 이하의 징역.
베트남 (형법 134조)	① 고의로 타인에 상해를 가하여 그 상해율(WPI)이 11%~30%, 또는 11% 미만의 상해이더라도… [가해자의 선생님, 흉기, 다수 피해, 화학물질 등] 해당하는 죄를 범한 자는 3년 이하의 비구금형 교정 또는 6개월 이상 3년 이하의 징역 …… ④ [사망, 안면 손상 등] … 죄를 범한 자는 7년 이상 14년 이하의 징역 ⑤ [2인 이상 사망, 상해율 61% 이상 등] … 죄를 범한 자는 12년 이상 20년 이하의 징역 또는 무기징역

꼭 알아야 할 베트남 생활법률 가이드

KEY POINTS

일반적으로 같은 범죄라도 베트남에서는 한국보다 형량이 훨씬 무겁다.

베트남에서는 8억 원대 사기로 무기징역을 선고한 사례도 있다.

횡령죄의 경우, 베트남에서는 금액이 크면 무기징역 또는 사형까지 가능하다.

베트남에서 뇌물공여는 2백만 동(약 12만 원) 이상만 줘도 징역 6개월에서 3년까지 처벌될 수 있다.

베트남에서 절도죄는 5억 동(약 2,900만 원) 이상 절도 시 징역 12~20년이 선고될 수 있다.

PART 8.
헷갈리는 용어 정리

Q 저는 한국에서 사업을 하고 있습니다. 베트남에서도 같은 사업을 할 수 있는지, 현지에서 정확한 정보를 알아보고 시장조사도 할 겸 베트남으로 출장을 가서 컨설팅 회사, 로펌, 회계사무소, 부동산 등 여러 곳을 찾아가 알아보았습니다. 여러 곳에서 상담을 해보니, 된다고 하는 곳도 있고, 안 된다고 하는 곳도 있었고, 원래 안 되지만 뒷돈이면 되게 할 수 있다고 한 곳도 있어 상담하면 할수록 더 혼란스러웠습니다. 결국 제대로 된 법률 검토를 받고자 변호사에게서 공식적인 법률 의견서를 받기로 했습니다. 비용 문제로 한국인 변호사가 없는 좀 저렴한 현지 로펌에 업무를 맡기고 영어로 의사소통을 했는데, legal opinion을 원하는지 legal advice를 원하는지 물어 좀 헷갈립니다. 또, 한국어 웹 번역기를 돌려보면 '피고', '피고인', '고소', '고발' 등이 다르게 번역되기도 해서 어떤 것이 맞는지 모르겠습니다. 헷갈리는 용어에 대해 정리해 주시면 감사드리겠습니다.

꼭 알아야 할 베트남 생활법률 가이드

A 베트남에서 법률 검토를 받을 때, 생소한 법률 용어 때문에 혼란스러울 수 있습니다. 특히, 영어로 소통할 경우 legal opinion과 legal advice 같은 용어의 차이가 명확하지 않아 헷갈릴 수도 있습니다. 또한, 한국어, 영어, 베트남어 간 법률 용어 번역이 일관되지 않아 어려움을 느끼는 경우도 많습니다. 특히 혼동하기 쉬운 용어들을 정리하면 다음과 같습니다.

● Lawyer, Attorney, Counsel

- 법률가는 변호사를 포함하는 개념입니다(법률가⊃변호사). 즉, 변호사는 법률가의 한 종류이며, 법률가는 변호사뿐만 아니라 판사, 검사, 법학자, 공증인 등 법과 관련된 직업을 가진 사람들을 모두 포함하는 더 넓은 개념이라는 뜻입니다. 쉽게 말해, 모든 변호사는 법률가이지만, 모든 법률가가 변호사는 아니다라는 의미입니다. 참고로, 미국 법정에서 판사는 변호사를 Counsel (변호인)이라고 부릅니다.
- Lawyer: 법률가, 법조인. 판사, 검사, 변호사, 법학 교수 등 법률 교육을 받은 자
- Attorney 또는 Attorney at Law : 변호사 자격을 취득한 자

- 베트남 변호사 자격 요건 중 하나가 베트남 국민이어야 하므로, 외국인은 베트남에서 변호사 자격을 취득할 수 없습니다. 단, 외국인도 베트남 사법연수원 수료는 가능합니다.

- 법률시장이 개방된 베트남에서는 외국인이 외국에서 변호사 자격을 취득한 후 베트남 법무부에 외국 변호사로 등록하면 베

트남에서도 변호사 업무를 할 수 있고, 외국 로펌이 베트남 변
호사를 고용할 수도 있습니다.

● Legal opinion, Legal advice, Legal information, Legal
memorandum

- 사실 실무에서는 변호사도 법률 의견, 법률 조언, 법률 자문을
  혼용하는 경우가 많지만 엄밀하게는 다릅니다. 한국계 로펌에
  서는 통상 법률의견서로 총칭하는데, 영·미계 로펌에서는 이
  를 구분하는 경우가 많습니다.
- Legal opinion: 법률 의견, 법률 자문. 과거나 현재의 사실을
  바탕으로 분석. 문서의 법적 효과에 대한 분석 (예: 토지 소유
  권자가 누구인지)
- Legal advice: 법률 조언, 법률 자문. 의뢰인이 미래에 해야 할
  행위에 대한 안내. (예: 소송을 제기해야 하는지, 최고(催告)장
  을 발송해야 하는지 등)
- Legal information: 법률 정보. 민사소송 절차나 일반적인 법률
  용어의 뜻을 설명. 비법조인도 제공 가능. 예: 사서(司書), 공무
  원
- Legal memorandum: 법률 메모. 사실관계를 다양한 법률적
  관점에서 분석하고, 법률적인 사안을 식별하고 장단점을 분석
  하여 최선의 방향을 추천함

〈참고: Black's Law Dictionary, 비교법률 용어사전〉

   꼭 알아야 할 베트남 생활법률 가이드

● 검사, 피고인, 변호인, 원고, 피고, 대리인

- 형사 소송은 국가가 범죄 행위자를 처벌하는 것이 목적으로, 개인 간의 분쟁을 법적으로 해결하는 민사 소송과는 다릅니다. 같은 사안이라도 형사와 민사상 책임 여부에 대한 결과가 다를 수 있습니다. 형사 사건에서는 검사, 피고인, 변호인이라는 용어를, 민사 사건에서는 원고, 피고, 대리인이라는 용어를 씁니다.

● 고소, 고발

- '고소'란 범죄의 피해자와 그 법정대리인 그 밖의 일정한 고소권자가 범죄사실을 수사기관에 알려 그 범죄를 기소해 달라는 의사를 표명하는 것을 말합니다. 친고죄에 대해서는 고소가 없으면 기소할 수 없습니다.
- '고발'이란 고소와 마찬가지로 범죄사실을 수사기관에 고함으로써 그 범죄의 기소를 바란다는 의사를 표명하는 행위를 말합니다. 고발은 고소권자 이외의 제삼자는 누구나 할 수 있다는 점에서 고소와 구별됩니다.

〈참고: 대한민국 국가법령정보센터『법령 용어사전』〉

실무에서는 법률 의견, 법률 조언, 법률 자문을 혼용하지만, 엄밀히 구분할 수 있다.

형사 소송: 국가가 범죄 행위자를 처벌하는 절차. 검사, 피고인, 변호인이라는 용어를 사용.

민사 소송: 개인 간의 법적 분쟁 해결 절차. 원고, 피고, 대리인이라는 용어를 사용

고소: 범죄피해자 또는 법정대리인이 수사기관에 범죄 사실을 알려 기소를 요청하는 행위.

고발: 제삼자가 수사기관에 범죄 사실을 알려 기소를 요청하는 행위

2

자격증

PART 1.
투 어 가 이 드

Q 베트남 패키지여행을 몇 번 하면서 보니 여행지마다 한국인들이 엄청 많았습니다. 한국인 투어가이드가 패키지여행 기간 함께했는데, 손님들 팁만 대략 계산해 보아도 꽤 많은 돈을 버는 것 같았습니다. 최근 몇 년간 베트남 여행 수요도 증가하고 있고 해서 저도 아예 베트남에서 투어가이드를 하려고 하는데, 외국인이 관광 안내하는 것이 불법이라는 얘기도 있어 혼란스럽습니다. 가능한가요?

A 베트남에서 베트남 국적자가 아닌 외국인은 투어가이드로 합법적으로 활동할 수 없습니다.

◇ 투어가이드의 자격 요건: 베트남 국적자

베트남에서 가이드 활동에 대한 법적 근거는 베트남 관광(진흥)법(Law 09/2017/QH14)에서 찾아볼 수 있습니다.

베트남 관광(진흥)법 제58조에 따르면 투어가이드 면허는 (1)

국제 투어가이드, (2) 국내 투어가이드 그리고 (3) 현장 투어가이드, 이렇게 총 세 종류가 있습니다. 각 투어가이드는 반드시 투어가이드 면허증을 소지해야 합니다

제58조 투어가이드 및 투어가이드 면허

1. 투어가이드에는 국제 투어가이드, 국내 투어가이드 및 현장 투어가이드가 있다.

*****

3. 투어가이드로 활동하려면 다음을 만족해야 한다:

   a) 투어가이드 면허를 소지해야 한다.

그러나 동법 제59조에 따르면, 투어가이드 면허는 베트남 국적자에게만 발급 가능합니다.

제59조 투어가이드 면허 발급 조건

1.2.3. 국내/국제/현장 투어가이드 면허를 발급받으려면 다음을 충족해야 한다:

   a) 베트남 국적을 소지하고 베트남에 거주해야 한다.

따라서, 베트남 국적 소지자가 아닌 경우, 투어가이드 면허를 발급받을 수 없기 때문에 외국인은 베트남에서 투어가이드로서 합법적으로 활동할 수가 없습니다.

꼭 알아야 할 베트남 생활법률 가이드

관광 행정 위반에 대한 처벌에 관한 시행령(Decree 45/2019/ND-CP)에 따라 여행사의 경우 80,000,000~90,000,000동(한화 약 446만 원~502만 원), 외국인 투어가이드 개인에게는 30,000,000동~50,000,000동(한화 약 167만 원~279만 원)의 과태료 및 과징금이 부과될 수 있습니다.

 **관광 행정 위반 처벌에 관한 시행령(Decree 45/2019/ND-CP)**

제7조 여행사 영업에 관한 규정 위반

***

13. 다음 위반 중 하나에 대해 80,000,000동에서 90,000,000동의 과태료 및 과징금이 부과된다:

    a) 다른 단체가 여행사 사업 면허를 사용하여 사업을 수행하도록 허용하는 경우;

    b) 다른 여행사의 여행사 사업 면허를 사용하는 경우;

    c) 관광객이 해외에 체류하거나 베트남에 불법적으로 숨어 있도록 하는 행위;

    d) 베트남에서 관광객을 안내하기 위해 외국인 여행 가이드를 고용하는 경우.

제9조 여행 가이드 관련 규정 위반

***

9. 베트남에서 관광객을 안내하는 외국인에게는 30,000,000동에서 50,000,000동의 과태료 및 과징금이 부과된다.

사실, 베트남에서 투어가이드 자격이 있는 베트남 현지인 가이드와 동행하면서, 실제로는 한국인 가이드가 투어가이드를 하는 경우가 적지 않습니다. 그러나 유명 관광지에서, 베트남에 놀러 온 가족에게 설명하고 있었던 한국인이 불법 투어가이드로 오해를 받아 조사를 받은 경우에서도 볼 수 있듯, 최근 베트남 역사 왜곡과 지역 일자리를 외국인이 빼앗고 있다는 비판이 많아져, 외국인 가이드 활동에 대한 단속이 강화되고 있으니 유의하시기 바랍니다. 특히 상용비자나 관광비자로 투어가이드 활동을 하는 경우가 많은데, 출입국 관리법 위반으로 추방당할 수도 있습니다.

출처: 정리나, "베트남 불법 체류하며 가이드하던 한국인 2명 적발…강제추방 조치", 아시아투데이, 2019.06.28.
출처: 응웬 티 홍 행, "다낭, 불법체류 관광가이드 대거 적발", 글로벌비즈, 2018.08.18.
출처: 김문성, "베트남, '역사왜곡' 중국인 불법 관광가이드 대대적 단속", 연합뉴스, 2016.07.18.
출처: 손덕호, "베트남 관광객 인솔하던 가이드, 알고 보니 '무자격'…서울시, 단속 나서", 조선일보, 2023.10.29.

뉴스홈 | 최신기사

베트남, '역사왜곡' 중국인 불법 관광가이드 대대적 단속

송고시간 | 2016-07-18 09:38

(하노이=연합뉴스) 김문성 특파원 = 베트남이 불법 중국인 여행가이드에게 대대적인 단속의 칼을 빼 들었다.

이들 중국인 가이드가 베트남의 역사를 왜곡하고 지역 일자리를 빼앗고 있다는 비판에 따른 것이다.

18일 베트남소리의방송(VOV) 등에 따르면 베트남 중부 카인호아 성은 한 여행업체에서 불법 가이드 등으로 일한 중국인 64명을 적발해 추방 절차를 밟고 있다.

카인호아 성은 지역 여행업체들로부터 불법 외국인 가이드를 쓰지 않겠다는 서약을 받으며 단속을 확대하고 있다.

베트남에서 외국인은 관광가이드로 일할 수 없지만, 여행업체들이 최대 관광객인 중국인(유커)을 상대하기 위해 불법 가이드를 쓰고 있다. 여때문이다.

베트남의 대표적 관광지 가운데 하나인 카인호아 으로 작년 동기보다 4.5배 급증했다. 외국인 관

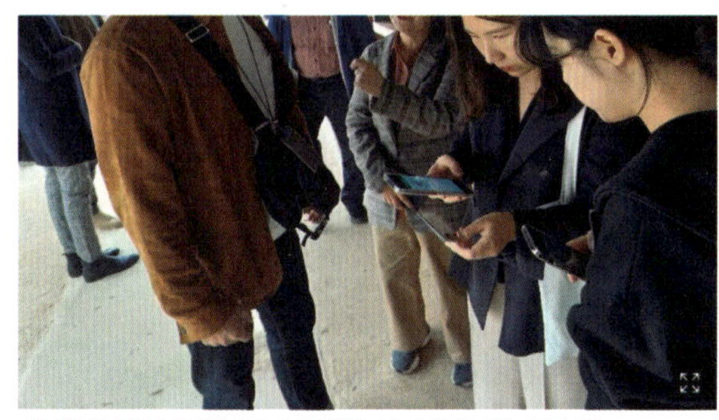

베트남 관광객 인솔하던 가이드, 알고 보니 '무자격'…서울시, 단속 나서

외국인 관광객 '강제 쇼핑' 내모는 저가·덤핑 관광 근절 나서

손덕호 기자

입력 2023.10.29. 13:00

서울 관광지에서 베트남 단체 관광객을 인솔하던 베트남인 가이드. 서울시 관계자가 자격증이 있는지 확인해달라고 요청하자 자신이 관광객이라고 주장하며 자리를 벗어나 주변을 맴돌았다. 20여분 후 이 베트남인은 단체 관광 버스에 탑승했고 서울시 관계자는 다시 자격증을 제시하라고 요청했다. 그러나 응하지 않았고, 10여분쯤 후 베트남어 관광통역안내사 자격증이 있는 '진짜' 가이드가 현장에 도착했다. 서울시는 '시팅(sitting) 가이드'에게 진술서를 작성하라고 요청한 후 상황을 종료했다.

서울시 관계자가 외국인 단체 관광 가이드가 자격증을 갖고 있는지 확인하고 있다. /서울시 제공

1. 국제 투어가이드 면허(International tour guide license)

베트남 관광 관할 관청에서 발급한 국제 투어가이드 면허증을 소지한 베트남인 국제 투어가이드는 해외에서 입국하는 인바운드 관광객, 해외로 출국하는 아웃바운드 관광객에 대해 관광 안내를 할 수 있습니다.

예를 들어, 국제 투어가이드 면허증을 소지한 베트남인 X 씨는 다음의 투어가이드 일을 할 수 있습니다.

- 베트남에 오는 외국인 그룹의 투어가이드(인바운드)
- 베트남인과 외국인 그룹을 해외로 인솔하는 업무(아웃바운드)

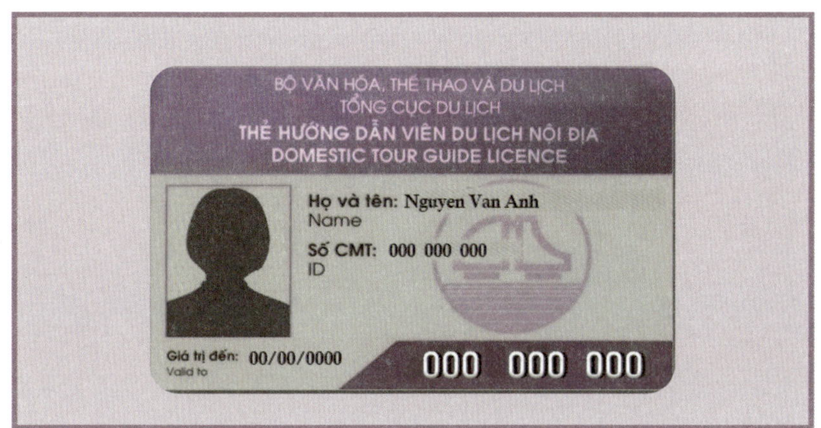

2. 국내 투어가이드 면허(Domestic tour guide license)

베트남 관광 관할 관청에서 발급한 국내 투어가이드 면허증을 소지한 베트남인 투어가이드는 베트남 국민인 국내 여행객에 대해 베트남 전국적으로 가이드를 할 수 있습니다. 예를 들어, 국내 여행 가이드 면허를 소지한 베트남인 Y씨는 베트남인 관광객에게 베트남 전역에 대한 관광 안내를 할 수 있습니다.

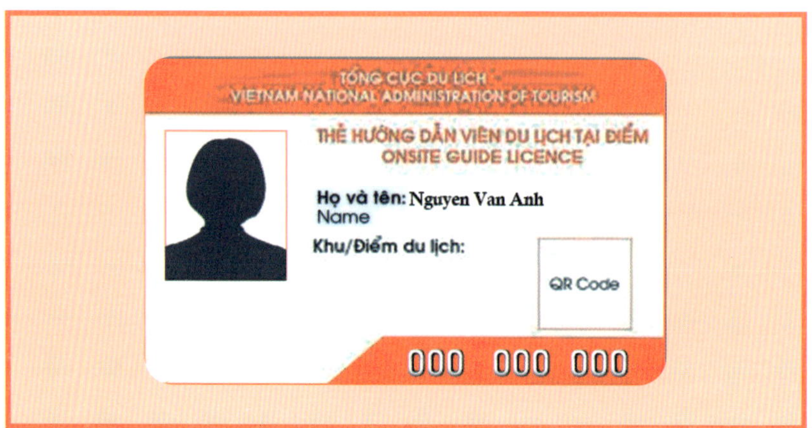

3. 현장 투어가이드 면허(On-site tour guide license)

베트남 관광 관할 관청에서 발급한 현장 투어가이드 면허를 소지한 베트남인은 관광지역 및 관광명소 내에서 베트남인과 외국인 관광객을 관광 안내할 수 있습니다.

예를 들어 하노이 문묘 현장 투어가이드 면허가 있는 베트남인 Z씨는 문묘 지역 내 관광객(베트남인과 외국인)에게만 관광 안내를 할 수 있습니다.

KEY POINTS

베트남 관광법은 투어가이드를 국제, 국내, 현장 투어가이드로 구분하고, 이들 모두에게 베트남 국적 소지를 면허 발급 조건으로 요구하고 있다.

외국인은 베트남 국적을 취득하지 않는 한 투어가이드 면허를 발급받을 수 없다.

외국인이 현지인 가이드와 함께 활동하더라도 단속 대상이 될 수 있으므로, 베트남 내 투어가이드 활동은 각별한 주의가 필요하다.

외국인이 불법으로 관광 안내 활동을 할 경우, 개인에게 과태료가 부과되며, 출입국법 위반으로 추방될 수 있다.

PART 2.
변 호 사

Q 베트남대학에서 공부를 하면서 법률 쪽 공부에 관심을 갖게 되었습니다. 현재 많은 외국인 변호사들이 베트남에서 활동하고 있는데 외국인도 베트남 법대를 졸업하면 베트남 사법연수원을 거쳐 변호사가 될 수 있나요? 외국인이 베트남에서 법조인으로 활동할 수 있는 방법이 궁금합니다.

A 베트남에서 외국인의 변호사 활동은 가능합니다. 단, 충족해야 하는 자격 조건이 있으며, 베트남에서 직접 소송 대리 불가 등 일부 업무의 수행 제한도 있습니다.

베트남 변호사, 판사, 검사의 자격 요건 중 하나가 베트남 국민이어야 하므로, 외국인은 베트남에서 변호사가 될 수 없습니다. 즉, 외국인이 베트남에서 베트남 변호사, 판사, 검사가 되려면 베트남 국적부터 취득해야 합니다.

꼭 알아야 할 베트남 생활법률 가이드

외국 변호사가 베트남에서 법률 행위를 수행하기 위해서는 베트남 변호사법(Law 65/2006/QH11＋Law 20/2012/QH13) 제82조에 의거, 베트남 법무부에서 발급하는 외국 변호사 등록 라이선스를 발급받아야 합니다.

변호사법 (Law 65/2006/QH11＋Law 20/2012/QH13)

(개정 조항) 제82조 베트남에서 변호사 면허 발급 및 연장

1. 베트남에서 활동하는 외국 변호사는 베트남에서 변호사 업무를 수행하기 위한 면허 신청 서류를 법무부에 제출해야 한다. 법무부는 완전하고 유효한 서류와 수수료를 수령한 날로부터 영업일 기준 30일 이내에 외국 변호사에게 베트남에서 변호사 업무를 수행할 수 있는 면허를 발급해야 하며, 발급 거부에 대해서는 서면으로 통지하고 설명해야 한다.

외국 변호사 등록증 발급을 받기 위해서 외국 변호사는 변호사법(Law 20/2012/QH13) 제74조에 명시된 아래의 4가지 조건을 충족해야 합니다.

1) 외국 관할 기관에서 발급한, 만료되지 않은 변호사 자격증을 보유

2) 외국법 및 국제법에 관한 자문을 제공한 경험을 보유

3) 베트남의 헌법과 법률, 변호사의 윤리 강령에 따른 전문적인 태도를 보유

4) 베트남에서 업무를 수행하기 위해 외국 로펌으로부터 임명되거나 베트남의 지사, 외국 법률 사무소 또는 베트남 로펌으로부터 고용

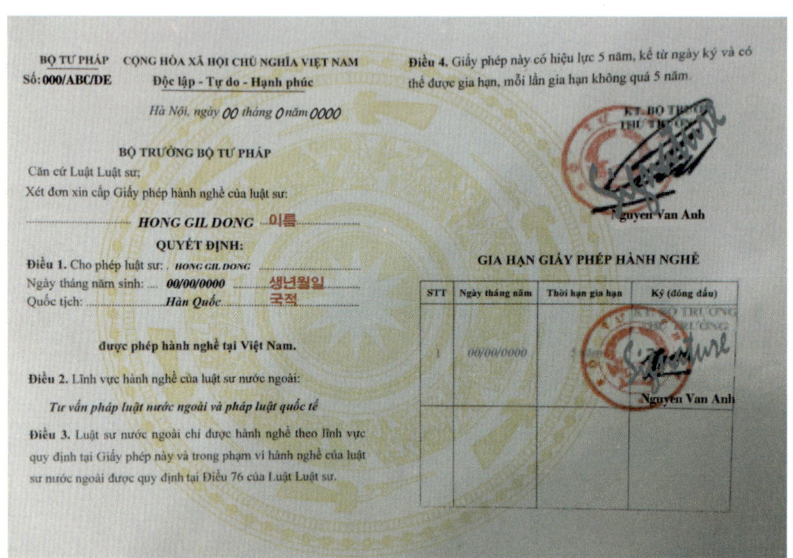

*베트남 법무부 발행, 베트남에서 변호사 활동을 위한 외국 변호사 등록증 [예시]

KEY POINTS

외국인은 베트남 국적을 취득하지 않는 한, 베트남에서 변호사·판사·검사 등 베트남 법조인이 될 수는 없다.

이미 외국에서 변호사 자격을 취득한 외국 변호사는 베트남 법무부에 외국 변호사로 등록하고 베트남에서도 법률 서비스를 제공할 수 있다.

외국 변호사 등록을 위해서는 해당 국가에서 유효한 변호사 자격증 보유, 국제법 및 외국법 자문 경험 등의 요건을 만족해야 한다.

외국 로펌이나 외국 변호사는 베트남에서 일정한 제한을 받기는 하지만, 베트남 현지 변호사를 고용하거나 협업하는 방식으로 다양한 법률 서비스를 제공할 수 있다.

PART 3.
의 사

Q 친구의 소개로 비싼 돈을 지불하고 다녔던 피부과 의사 선생님이 진짜 의사가 아니었던 황당한 경험을 했습니다. 의사라고 했고 베트남에서도 의사를 할 수 있는 자격을 취득했다고 했습니다. 외국인도 베트남에서 의료 행위를 할 수 있나요?

A 외국 의료인도 베트남에서 의료 면허 취득 등의 요건을 갖춘다면 베트남에서도 의료 행위를 할 수 있습니다.

구 의료검진과 치료에 관한 법률(Law 40/2009/QH12, 이하 "의료법")에서는 베트남인이 의료 면허를 취득하기 위한 조건(제18조)과 외국인 및 재외 베트남인이 베트남에서 의료 면허를 취득하기 위한 조건(제19조)을 구분하였으나, 2024년 1월 1일 발효된 현 의료법에서는 베트남인과 외국인 구분 없이, 개인이 의료 행위를 할 수 있는 자격 조건(제19조)을 통합하여 명시하고 있습니다.

꼭 알아야 할 베트남 생활법률 가이드

제19조 개인의 의료 서비스 제공 자격 조건

1. 개인은 다음 요건을 완전히 충족하는 경우 베트남에서 의료 서비스를 제공할 수 있습니다:

　　a) 의료 면허증이 유효해야 한다;

　　b) 제36조 3항(응급치료, 인도적 의료 캠페인 등)에 규정된 경우를 제외하고 의료 서비스를 위한 등록을 취득해야 한다;

　　c) 본 법 제21조(베트남어, 통역 등)에 명시된 의료 분야 언어 능력 요건을 충족해야 한다;

　　d) 보건부 장관이 요구하는 건강 기준을 충족해야 한다;

　　dd) 본 법 제20조(형사 기소된 의료인 등 의료 행위 금지 대상 의료인)에 명시된 대상에 해당하지 않아야 한다.

의료면허*의 명칭도 의료 실습 증서(Medical Practice Certificate (MPC); Chứng chỉ hành nghề)에서 의료 면허증(Medical Practice License; Giấy phép hành nghề (MPL))으로 변경되었고, 면허 취득 조건도 구법보다 더 엄격해졌습니다. 구법에서는 개인이 의료 시설에서 인턴 실습 9~18개월만 거치면 자격을 얻을 수 있었습니다. 그러나 현 의료법에서는 인턴 실습뿐만 아니라 국가 의료위원회에서 실시하는 진료 능력 시험을 통과해야 의료 면허를 취득할 수 있습니다. 단, 외국 의사는 진료 능력 시험을 치르는 대신 외국 의사 면허증을 베트남에서 인증받으면 의료 면허 취득이 가능합니다. 의료 면허의 유효기간은 5년으로(제27조 2항), 관련 지식에 대한 지속적

---

* 　본 책에서는 편의를 위해 '의료 면허'로 통일하여 칭합니다.

*베트남에서 의료 행위를 하기 위한 의료면허증 예시

습득이 면허 연장 조건 중의 하나입니다(제32조).

구 의료법과 비교해 현 의료법(Law 15/2023/QH15)은 의료인의 직무 수행 능력, 관련 의학 지식에 대한 지속적 습득, 베트남어 구사 능력 등이 강화된 점도 염두에 두시기 바랍니다. 구법에서는 외국 의료인이 베트남어를 구사하지 못해도 베트남어 통역을 통해서 베트남인을 대상으로 의료행위를 할 수 있었지만, 현 의료법은, 베트남인 환자가 의사가 구사하는 언어로 의사소통이 가능한 경우를 제외하고, 베트남인을 대상으로 의료 서비스를 제공하려면 통역 없이 직접 베트남어를 구사해야 한다고 규정했습니다. 다만 의료인의 베트남어 구사 요건은 2032년 1월 1일부터 시행될 예정이라서 베트남에서 의사 등 의료인이 되고자 한다면 미리 베트남어 공부를 해두는 것이 좋을 것 같습니다.

참고로 경제적인 이유로 베트남 의사가 퇴근 후 집에서 사설 치료소를 만들어 개인적으로 의료 행위를 하는 경우가 적지 않는데, 의료법에서 명시적으로 금지된 불법 행위라는 것도 염두에 두시기 바랍니다.

제7조 의료 서비스에서 금지된 행위

***

3. 본 법 제19조(개인이 의료 행위를 할 수 있는 자격 조건)에 명시된 조건을 충족하지 않는 의료 서비스를 수행하는 행위.

4. 응급 치료가 필요한 경우 또는 자연재해, 재난, A형 감염병 또는 비상사태 발생 시 관할 당국의 동원 또는 파견 결정에 따라 의료 서비스를 제공하는 경우를 제외하고, 관할 당국이 허용하는 진료 또는 운영 범위에 속하지 않는 의료 서비스를 제공하는 경우.

5. 제36조 3항(응급치료, 인도적 의료 캠페인 등)에 명시된 경우를 제외하고는 의료 면허증에 명시되지 않은 시간 또는 장소에서 의료행위를 하는 행위.

6. 의료 분야의 전문성 및 기술 전문성에 관한 규정을 준수하지 않거나, 관할 당국의 승인을 받지 않은 전문적 방법 및 기술 또는 의료 장비를 사용하는 경우.

***

15. 의료 기관이 다음과 같은 경우에도 의료 서비스를 제공하는 경우
   a) 운영 면허를 보유하고 있지 않은 경우;
   b) 운영이 정지된 상태인 경우;
   c) 천재지변, 재난, A급 전염병 또는 비상사태에 대응하여 관할 당국의 동원 또는 파견 결정에 따라 의료 서비스를 제공하는 경우를 제외하고, 허용된 전문 활동의 범위에 속하지 않는 의료 서비스를 제공하는 경우.

16. 운영 면허나 전문 면허의 임대 또는 대여.

　의료 검진 치료법 위반에 대한 행정처분 과태료에 대한 시행령 (Decree 176/2013/ND-CP) 제28조에 의거, 외국 의료인이 통역사 없이 의료행위를 하거나 사전 등록 없이 베트남어가 아닌 다른 언어로 처방하는 행위를 한다면 5,000,000~10,000,000 베트남 동(한화 약 28~55만 원)의 과태료가 부과될 수 있습니다. 만약 자격증 없이 의료행위를 한다면 30,000,000~40,000,000 베트남 동(한화 약 166~221만 원)의 과태료가 부과될 수 있으며, 이러한 행동을 두 번 이상 반복한다면 베트남에서 추방당할 수 있습니다. 환자가 사망하는 등의 심각한 경우에는 형사 처벌도 될 수 있습니다.

**의료법 위반에 대한 행정처분 과태료에 대한 시행령
(Decree 176/2013/ND-CP)**

제28조 의료 행위 및 의료 자격증 사용에 대한 규정 위반

***

3. 다음 위반 행위는 5,000,000~10,000,000 베트남 동의 과태료를 부과한다:

***

　d) 베트남어에 능통하다고 인정받지 못했는데도 베트남어로 직접 진찰 및 치료를 하거나, 등록하지 않고 베트남어 이외의 언어로 진찰 및 치료를 하는 외국인;
　dd) 등록하지 않고 베트남어 이외의 언어로 의약품을 처방하거나 번역자가 베트남어에 능통하다고 인정받지 못하는 경우.

***

5. 다음을 위반 시 30,000,000~40,000,000 베트남 동의 과태료를 부과한
다:

a) 의료 자격증 없이 진료하는 경우;

b) 의료 자격증이 취소되거나 정지된 상태에서 진료하는 경우;

c) 응급 치료를 제외하고, 허가된 범위를 넘어 진료하는 경우;

d) 대여한 의료 자격증을 사용하여 진료하는 경우;

dd) 의료 자격증을 다른 사람에게 빌리거나 빌려주는 경우;

e) 응급 치료를 제공하지 않거나, 법에서 허용하는 경우를 제외하고, 환
자의 검사 또는 치료를 거부하는 행위.

6. 추방; 본 조 5항의 a 및 b의 위반 사항 중 하나를 재차 위반하는 외국인은
베트남에서 추방된다.

  꼭 알아야 할 베트남 생활법률 가이드

KEY POINTS

외국 의료인도 외국에서 취득한 의료 면허증을 베트남에서 인증받고, 관련 조건을 충족하면 베트남에서 의료 행위를 할 수 있다.

현행 의료법에서는 베트남인과 외국인을 구분하지 않고, 의료 행위 자격 요건을 동일하게 적용하도록 하고 있다.

의료 면허 취득을 위해서는 인턴 실습뿐 아니라 진료 능력 시험 또는 외국 면허의 베트남 내 인증이 요구되며, 의료 면허의 유효기간은 5년이다.

외국 의료인의 베트남어 구사 요건과 면허 취득 조건이 점점 더 엄격해지고 있다.

의료법상 자격을 갖추지 않은 자의 의료 행위, 허가된 장소나 시간 외의 진료 행위, 또는 자격증 대여 등은 과태료 및 추방, 형사 처벌의 대상이 될 수 있다.

PART 4.
회 계 사

Q 베트남에서 외국인이 많이 활동하는 전문직으로 회계사를 볼 수 있는데요, 외국인도 베트남에서 회계사가 될 수 있나요?

A 네 가능합니다. 공인회계사법(Law 88/2015/QH13) 제57조 2항에 따르면 회계사 자격증을 부여하는 자격 요건을 찾아볼 수 있습니다. 이에 따르면 외국 회계사가 베트남의 재무부(Ministry of Finance)에서 인증한 기관에서 발급한 자격증을 보유하고 있고, 베트남 경제, 금융 및 회계법 시험을 통과한다면, 베트남의 회계사 자격증을 부여합니다.

꼭 알아야 할 베트남 생활법률 가이드

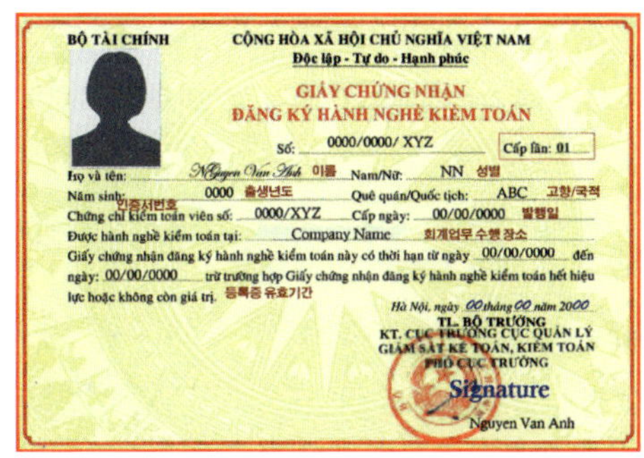

베트남 회계사 자격증 [예시]

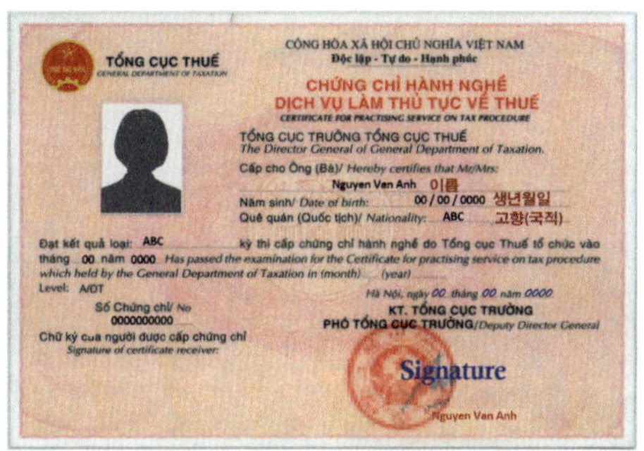

베트남 세무사 자격증 [예시]

제57조 회계사 자격증

***

2. 외국 기관 또는 베트남 재무부의 인가를 받은 국제 회계 기관에서 발행한 회계 전문가 자격증 또는 회계 실무 자격증 소지자는 베트남의 경제, 금융 및 회계 관련 법률에 대한 시험에 합격하고 본 조 제 1항 a(직업윤리, 법 준수)에 명시된 기준을 충족하는 경우 회계사 자격증을 부여한다.

○ 자격증

⊘ 위반에 대한 제재

　만약 발급된 자격증이 만료되었는데 외국 회계사가 이를 재무부에 통보하지 않을 때는 경고나 과태료가 부과될 수 있습니다. 이에 대한 자세한 내용은 회계 및 독립 감사 분야의 행정 위반 제재에 관한 시행령(Decree 41/2018/ND-CP) 제34조에 나와 있습니다.

 **회계 및 독립 감사 분야의 행정 위반 제재에 관한 시행령**
(Decree 41/2018/ND-CP)

제34조 개업 회계사의 신고 및 보고 의무에 관한 규정 위반 행위 제재

1. 정해진 기한보다 15일 이내로 늦게 재무부에 통보하거나 보고하지 않은 회계사에 대해서는 경고 처분한다:

＊＊＊

　c) 외국인인 회계사의 베트남 내 취업 허가가 만료되거나 무효가 되는 경우;

2. 재무부에 규정된 기한보다 15일 이상 늦게 통보한 회계사에게 5,000,000~10,000,000 베트남 동(한화 약 27~55만 원)의 과태료를 부과한다:

＊＊＊

　c) 외국인인 회계사의 베트남 내 취업 허가가 만료되거나 무효가 되는 경우;

3. 회계사가 재무부 규정에 따라 신고 또는 보고하지 않은 경우 10,000,000 베트남 동에서 20,000,000 베트남 동(한화 약 55~110만 원)의 과태료를 부과한다:

＊＊＊

　c) 외국인 회계사의 베트남 내 취업 허가가 만료되거나 무효가 되는 경우;

꼭 알아야 할 베트남 생활법률 가이드

외국 회계사도 베트남 회계사 자격증을 취득하고 베트남에서 활동할 수 있다.

외국 회계사가 베트남에서 활동하기 위해서는 공인회계사법에 따른 직업윤리 및 법 준수 요건을 충족해야 한다.

외국 회계사의 베트남 내 취업 허가가 만료되거나 무효가 된 경우에는 정해진 기한 내 재무부에 통보해야 한다.

PART 5.
건 축 사

Q 외국인도 베트남에서 건축사가 될 수 있나요?

A 네 가능합니다. 외국 건축사 또한 베트남에서 건축사로서 활동이 가능합니다. 이에 대한 규제는 건축사법 (Law 40/2019/QH14) 제31항에서 찾아볼 수 있습니다.

- 외국 건축사는 자국에서 유효한 건축사 자격증을 가지고 있어야 합니다.

- 건축사 자격증을 베트남에서 사용하기 위해 인증받거나 전환해야 합니다. 이에 대한 절차는 각 행정구역의 인민위원회 통제를 받는 건축 전문 규제 기관에서 요구하는 인증 혹은 전환 절차를 따라야 합니다.

- 베트남과 다른 국가 간의 건축사 자격증 인증 및 전환은 베트남이 서명한 국제 협정 또는 조약 조건에 따릅니다.

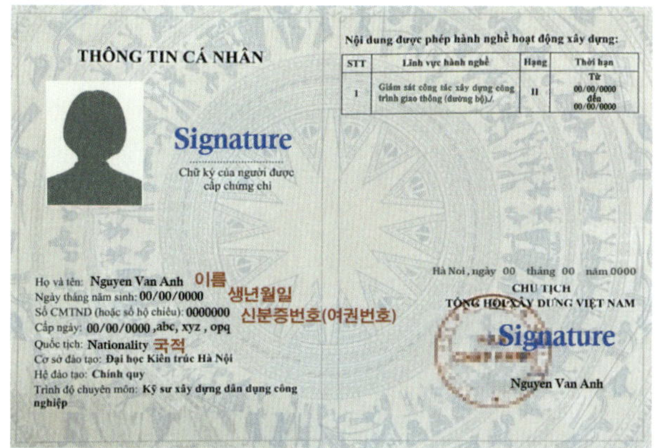

***베트남 건축사 자격증 [예시]**

📖 건축사법 (Law 40/2019/QH14)

제31조

1. 외국인은 다음 요건을 충족하는 경우 베트남에서 건축 업무를 수행할 수 있다:

   a) 베트남에서 발급된 건축 실무 인증서 또는 본국의 규제 당국이 발급하고 베트남에서 인정하거나 전환한 유효한 인증서를 취득한다.

2. 건축 실무 인증서의 인정 및 전환은 다음 규정에 따른다:

   a) 관할 외국 기관 또는 단체에서 발급한 유효한 건축 실무 증명서를 소지하고 베트남에서 건축 서비스에 참여한 기간이 6개월 미만인 외국인은 인정 절차를 따른다. 그 기간이 6개월 이상이면 지방 인민위원회 산하 건축 전문 기관의 건축 실무 증명서 전환 절차를 따른다.

   b) 베트남과 다른 국가 간의 건축 실무 인증서 인정 및 전환은 베트남 사회주의 공화국이 참여한 국제 협정 또는 조약의 조건에 따른다.

KEY POINTS

외국 건축사도 자국에서 발급받은 유효한 건축사 자격증을 베트남에서 인증 또는 전환하면 베트남 내에서 건축 업무를 수행할 수 있다.

베트남 내 건축사 자격의 인정 및 전환은 베트남이 체결한 국제 협정이나 조약의 조건에 따라 이루어진다.

외국 건축사가 베트남에서 활동하기 위해서는 인증 또는 전환 절차를 이행해야 하며, 이 절차는 각 지방 인민위원회 산하의 건축 전문 기관의 통제를 받는다.

외국인이 베트남에서 건축 서비스에 참여한 기간이 6개월 미만일 경우 인정 절차를 따르며, 6개월 이상일 경우에는 전환 절차를 따라야 한다.

열 길 물속은 알아도 한 길 사람 속은 모른다

서로 모르는 여러 의뢰인이 같은 사안으로 상담을 하러 오시는 경우가 있다. 그중 베트남 지인의 땅에 공장을 신축한 후 쫓겨난 홍OO 씨가 생각난다. 한국에서 제조공장을 운영하는 홍OO 씨는 10여 년 전 베트남에 여행을 왔다가 베트남인 뚜안(가명) 씨를 알게 되었다. 그 후 뚜안 씨 집에서 식사도 하는 등 오랜 기간 친분을 쌓았다. 홍OO 씨는 베트남으로 공장을 이전하고자 적당한 부지를 물색하는 중에, 뚜안 씨에게도 혹시 좋은 부지를 알면 소개해달라고 했다. 뚜안 씨는 마침 본인 명의로 된 땅이 있는데 어차피 노는 땅이니 그냥 사용하고, 나중에 베트남에서 사업이 잘되면 그때 보답하라고 하였다. 홍OO 씨는 뚜안 씨와 의형제와 같은 사이라고 생각하고 있었기 때문에 적당히 임대료 조의 금액을 지불할 생각을 하고 호의를 고맙게 받아들였다.

그런데 홍OO 씨가 공장을 신축하고 나니 뚜안 씨의 태도가 돌변했다. 뚜안 씨는 남의 땅에서 뭐 하는 짓이냐며 공장문을 걸어 잠그고, 공장을 다른 사람에게 넘기려고 여러 투자자를 알아보기까지 하고 있었다. 나중에 그 공장을 사려는 다른 한국 분들과의 상담을 통해, 이 땅은 심지어 은행 담보로 잡혀있다는 사실도 알게 되었다. 토지사용권 증서 원본은 은행에서 보관하고 있었는데, 뚜안 씨는 은행 담당자에게 돈을 주고 원본 토지사용권 증서를 하루 동안 빌려서 다른 사람들에게 보여주면서 사기 행각을 하고 있었다. 베트남은 토지가 국가 소유이다 보니 한국과 다른 점이 많아, 특히 토지와 관련한 거래를 할 때는 더욱더 주의해야 한다.

베트남 투자·창업자가 꼭 알아야 할 베트남 법
(김유호 저, 도서출판 참)

* 베트남의 모든 토지는 국가 소유이므로 토지 취득의 의미도 사실 토지사용권 취득이라는 의미다.

* 토지사용권과 건물·아파트·주택 소유권에 대한 증서는 어느 기간에 발행되었는지에 따라 증서의 이름과 성격이 다르다. 현재는 모든 경우에 일명 '핑크북'이 발급된다(이 또한 '레드북'으로 부르는 경우가 있음).

* 과거에 적법하게 발급받은 토지사용권 증서(일명, 레드북)도 여전히 유효하지만 명의 변경 등으로 과거에 발급받은 토지사용권 증서를 변경할 경우에는 핑크북만이 발행된다.

* 공단에 공장을 신축하려는 외국인·외국 투자기업은 국가로부터 직접 토지를 임차하거나 공단개발업자로부터만 토지를 임차할 수 있다.

* 공단이 아닌 곳에 공장을 신축하고자 할 때는 토지 임차 전에 법적으로 내가 하려는 사업을 할 수 있는 곳인지, 지상권/임차권/사용권 등에 대한 정리가 필요한지, 토지 보상을 해야 하는 경우에는 그 절차가 복잡하지는 않은지 등을 먼저 확인하고 토지 임차 여부를 결정하는 것이 좋다.

METSIGN
ORIENTEA
BOO COFFEE
MUTEKI BRINC ADEIRA
Milee
let's Partea!
English Tea Room
Partea
MANGO TREE
the MAKER
SuShi79
Saigon view
NGUYEN HUE
Số 40 Nguyễn Huệ, P. Bến Nghé, Quận 1, TP.HCM
2017
GIẢM 10% — 17%
30

3

출입국·국적

Q 베트남은 복수국적을 허용하나요? 만약 베트남이 복수국적을 허용하지 않는다면, 한국처럼 외국 국적 불행사 서약 등을 통한 예외의 경우가 있는지요?

A 원칙적으로 베트남 법상 복수국적은 허용하지 않습니다. 다만 복수 국적을 허용하는 경우가 있습니다.

2025년 7월 1일 이전:

- 베트남 국적자가 외국 국적 취득 → 베트남 국적과 외국 국적 모두 인정
- 외국 국적자가 베트남 국적 취득 -[즉, 귀화, 특별한 경우 외에 외국 국적 포기해야 함] → 베트남 국적만 인정

2025년 7월 1일 일부 개정 베트남 국적에 관한 법(Law 79/2025/QH15, '국적법')과 국적법 시행령(Decree 191/2025/ND-CP)이 발효되어, '특별한 경우'에만 복수국적을 허용했던 조항이 삭제되었고, 정부가 구체적 조건을 별도로 마련해 복수국적 허용 여부를 결정하는 방식으로 변경되었습니다. 그런데 국적법 시행령 제9.1c조를 ① 부모의 동의와 대한민국 국적법에서의 허용, 두 조건을 모두 충족해야만 베트남 국적을 취득할 수 있다고 해석할지 또는 ② 부모가 베트남 국적을 선택하면 자녀는 언제나 베트남 국적을 취득하고, 한국 국적의 유지 여부는 대한민국의 법률에 따라 제한될 수 있다고 해석할지가 불명확해 향후 유권 해석과 실무 적용을 좀 더 지켜봐야 할 것 같습니다.

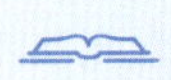 **베트남 국적에 관한 법률 (통합 Law 53/VBHN-VPQH, Law 24/2008/QH12+Law 56/2014/QH13+Law 79/2025/QH15)**

제4조 국적 원칙

베트남 사회주의 공화국은 이 법에서 달리 규정하지 않는 한 베트남 국민이 단일 국적인 베트남 국적을 가지고 있음을 인정한다.

 **베트남 국적에 관한 법률 (통합 Law 53/VBHN-VPQH, Law 24/2008/QH12+Law 56/2014/QH13+Law 79/2025/QH15)**

제19조 베트남 국적 취득의 요건

1. 외국인과 무국적자가 베트남 국적 취득을 신청하는 경우, 다음 각 요건을 모두 갖춘 때에는 베트남 국적을 취득할 수 있다.

　a) 베트남 법률에 따라 완전한 행위능력을 가질 것. 다만, 부모를 따라 베트남 국적 취득을 신청하는 미성년자(부모 중 일방이 베트남 국민인 자를 포함)는 예외로 한다.

　b) 베트남의 헌법과 법률을 준수하고, 베트남의 문화·전통·풍속·관습을 존중할 것.

　c) 베트남 공동체에 융화할 수 있을 정도의 베트남어 능력을 갖출 것.

　d) 베트남에 거주하고 있을 것.

　dd) 베트남에서의 거주 기간이 국적 취득 신청 시점을 기준으로 5년 이상일 것.

　e) 베트남에서 생계를 유지할 수 있는 능력을 갖출 것.

2. 베트남 국민인 배우자 또는 친생자가 있는 사람은 제1항 c, d, e의 요건을 갖추지 아니하여도 베트남 국적을 취득할 수 있다.

3. 다음의 어느 하나에 해당하는 사람은 제1항 c, d, dd, e의 요건을 갖추지 아니하여도 베트남 국적을 취득할 수 있다.

　a) 친부 또는 친모, 또는 친가의 조부모 또는 외가의 조부모가 베트남 국민인 사람

　b) 베트남의 국가 건설과 조국 수호에 특별한 공로가 있는 사람

　c) 베트남 사회주의 공화국에 이익이 되는 사람

　d) 부모를 따라 베트남 국적 취득을 신청하는 미성년자

4. 베트남 국적 취득을 신청하는 사람은 베트남어 또는 베트남의 다른 민족어로 된 성명을 정하여야 한다. 외국 국적의 보유를 동시에 신청하는 경우에는 베트남식 성명과 외국식 성명을 결합한 성명을 선택할 수 있다. 신청인이 선택한 성명은 베트남 국적 취득 허가결정서에 명시한다.

5. 베트남의 국가이익을 해치는 경우에는 베트남 국적을 취득할 수 없다.

6. 제2항 및 제3항에 해당하는 신청인은 다음 각 요건을 갖추고 국가주석의 허가를 받은 경우 외국 국적을 보유할 수 있다.

　a) 외국 국적의 보유가 해당 국가의 법률에 부합할 것

　b) 외국 국적을 이용하여 기관·조직·개인의 권리 및 정당한 이익을 해하

거나, 베트남 사회주의 공화국의 안보·국가이익·사회질서·공공안전을
침해하지 아니할 것.

제19조 베트남 귀화 조건

1. 베트남 국적을 신청하는, 베트남에 영구적으로 거주하고 있는 외국인과
무국적자는 다음 조건을 충족하는 경우 베트남에서 귀화를 허가할 수 있다:

***

2. 베트남 국적을 신청하는 사람이 다음 중 하나에 해당하는 경우 본 조 제
1항 c, d, e에 규정된 조건을 모두 충족하지 않아도 베트남 귀화를 허가할 수
있다:

   a) 베트남 시민의 배우자, 친부모 또는 친자녀인 경우; (2025년 개정)

   b) 베트남의 국가 건설 및 국방에 공로가 있는 경우; (2025년 개정)

   c) 베트남 사회주의 공화국에 도움이 되는 경우. (2025년 개정)

3. 베트남에서 귀화한 사람은 대통령이 허용하는 **특별한 경우,** 본 조 제2항
에 정의된 경우를 제외하고는 외국 국적을 포기한다. (2025년 개정)

**제9조 베트남 국적법 제16조 제2항에 규정된 출생 신고 절차 수행 시 아동
의 국적 결정**

1. 부모 중 한 명이 베트남 국민이고 다른 한 명이 외국인인 경우, 베트남 국적

법 제16조 제2항에 따른 아동의 베트남 국적 결정은 다음과 같이 시행한다:

　　a) 출생 신고 시 부모가 아동의 국적을 베트남으로 선택하는 데 동의하는 경우, 아동은 베트남 국적을 가진다.

　　b) 베트남 영토 내에서 출생한 아동의 경우, 출생 등록 시 부모가 아동의 국적 선택에 합의하지 못할 때에는 해당 아동은 베트남 국적을 가진다. 이 경우 부친 또는 모친은 아동의 국적 선택에 합의하지 못했음을 서면으로 서약하여야 하며, 이 서약에 대한 책임을 진다.

　　c) 외국 관할 기관에 등록되어 외국 국적을 가진 아동의 경우, 출생 신고 시 가족 등록부에 부모가 아동의 베트남 국적 선택에 동의하고 외국 국적 유지가 해당 아동의 시민권 국가 법률을 준수하는 경우, 해당 아동은 베트남 국적을 취득한다. 아동의 부모는 해당 아동이 시민권을 가진 국가의 법률에 따라 외국 국적을 유지한다는 서면 진술을 해야 하며, 이 진술에 대한 책임을 진다.

2. 베트남 관할 기관에서 출생 등록 절차를 수행할 때, 아동이 베트남 국적과 외국 국적을 동시에 가진 경우, 아동의 이름은 베트남 이름과 외국 이름을 조합하여 사용할 수 있다.

 **[현재는 효력 상실] 2025년 7월 1일 개정 전, 베트남 국적법 시행령 (Decree 16/2020/ND-CP)**

제9조 베트남 국적법 제19조 제3항에 규정된 베트남 귀화 신청과 외국 국적 보유를 동시에 할 수 있는 특별한 경우

참고로, 이러한 이중국적자가 베트남 내에서 (형사) 불법행위로 체포될 경우, 체포된 이중 국적자가 베트남에 입국 시 어떤 국적으로 입국하였는지, 구체적인 불법행위의 내용이 속지주의가 적용되어야 하는 사안인지 속인주의가 적용되어야 하는 사안인지 등 사실관계에 따른 추가적인 분석이 필요한 사안입니다.

베트남은 원칙적으로 복수국적을 허용하지 않는다.

2025년 7월 1일 시행된 개정 법과 시행령 이후에는 정부가 정한 조건에 따라 사례별로 복수국적 허용 여부를 결정한다.

베트남 국적을 취득하려는 외국인은 일반적으로 베트남어 능력, 장기 거주 요건, 생계유지 능력을 충족해야 한다.

복수국적자가 베트남에서 형사사건 등에 연루될 경우, 입국 국적과 불법행위의 속지·속인주의 여부에 따라 법 적용 방식이 달라질 수 있다.

PART 2.
외국인 출국 정지 기간

Q 베트남에서 벌어진 밀수 사건에 대한 조사가 진행 중입니다. 조사 중이지만 관련 기업은 거액의 관세 원금과 지연납부에 따른 가산금까지 이미 자발적으로 납부하였습니다. 문제는 이 사건에서 서류 위조 등의 혐의로 조사를 받고 있는 우리 국민이 약 2년 6개월(30개월) 동안 출국 정지 조치가 된 상황입니다. 이렇게 장기간 출국을 못 하는 것은 부당하다고 보는데, 최대 출국 정지 기간이 있는지, 출국 정지의 해제 절차를 알고 싶습니다.

A 조사 단계의 출국 정지 기간은 최대 20개월이며, 행정소송을 하거나 담당 수사 기관에 진정서를 제출하여 출국 정지 해제를 요청할 수 있습니다.

1. 최대 출국 정지 기간

형사소송법 제124.3조에 따르면 출국 정지 기간은 범죄 정보 처리, 기소, 조사, 기소 및 판결을 위한 시간제한을 초과할 수 없습니다. 징역형을 선고받은 자에 대한 출국 제한 시간은 유죄 판결에서 구금형 집행까지의 시간을 초과할 수 없습니다. 이 시간은 법률상 명시된 연장(가능) 기간은 포함하지만, 재조사를 위해 서류를 반납하는 등의 기간은 제외합니다. 각 단계별 최대 출국 제한 기간은 범죄의 경중에 따라 다릅니다.

요약하신 사실관계로는 해당 범죄의 경중과 정확하게 어느 단계에서 어느 정도의 출국 제한을 하였는지가 불명확하지만, 만약 조사 단계에서만 2년 6개월(30개월)간 출국 정지가 되었다면, 조사 단계의 출국 정지 기간이 최대 20개월인 점을 감안한다면, 이는 형사소송법 위반입니다. 다만, 실무적으로 베트남 수사 기관에서 서류 반납 기간 등의 기간을 제외하고 계산하여, 위반이 아니라고 주장할 가능성도 염두에 두어야 합니다.

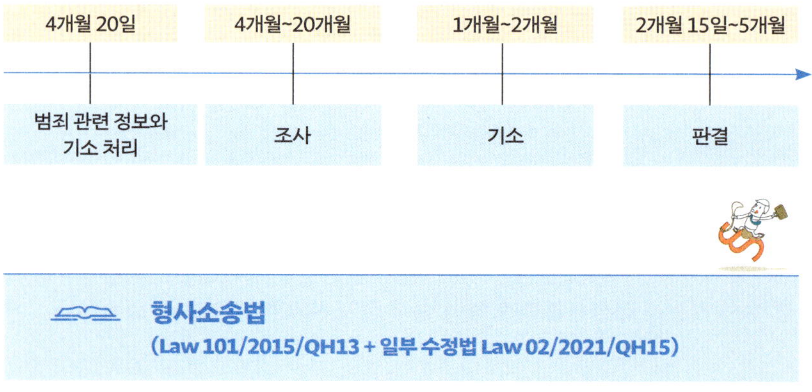

형사소송법
(Law 101/2015/QH13 + 일부 수정법 Law 02/2021/QH15)

제124조 출국 제한
1. 출국 제한은 다음에 해당하는 자의 출국이 도주로 보이는 명백한 근거가 있을 때 적용된다;

　꼭 알아야 할 베트남 생활법률 가이드

a) 기소되었거나 기소 요청을 받는 사람은 충분한 근거에 따라 범죄 혐의
가 있으며 도주하거나 증거를 인멸하지 못하도록 구금되어야 한다;
b) 피의자 및 피고인.

2. 본 법 제113조 1항에 정의된 개인 및 주심 판사는 출국 제한 결정을 내릴
권한이 있다. 본 법 제113조 1항 제a호에 정의된 개인에 의한 출국 제한에
대한 결정은 해당 결정이 시행되기 전 해당 검찰의 비준을 받아야 한다.

3. 출국 제한 기간은 본 법에 따른 범죄 정보의 처리, 공소 제기, 수사, 기소
및 판결에 소요되는 시간을 초과해서는 안 된다. 징역형을 선고받은 사람에
대한 출국 제한 기간은 유죄 판결부터 구금형 집행까지의 기간을 초과해서
는 안 된다.

---

2. 장기간 출국 정지 처분에 대해 다투는 절차

(법적 구제 방안)

만약 베트남 수사 기관에서 형사소송법을 위반했다면 행정 소
송을 통해 다투어야 하는데, 현실적으로 어려울 것으로 보입니다.
행정 소송이 아닌, 담당 수사 기관에 진정서를 제출하는 방법이
좀 더 현실적으로 보입니다. 간략한 절차는 다음과 같습니다.

⊘ 형사소송법(제469조~제483조) 관련 절차 요약:

(i) 조사 기관장에게 민원 사항을 제출한다.

(ii) 수사기관의 장은 고충을 접수한 날부터 7일 이내에 그 고충을
처리하여야 한다.

(iii) 진정을 제기한 자가 수사기관장의 결정에 불복하는 경우에는
결정문을 수령한 날부터 3일 이내에 관할 검찰총장에게 진정을
제기할 수 있다.

(iv) 해당 검찰총장은 민원 접수 후 7일 이내에 해당 민원 사항을

검토하고 해결해야 한다.

3. 출국 정지의 해제 절차

　형사소송법 제125조와 베트남 내 외국인의 입국, 출국, 환승, 거주에 관한 법률 제29조에 의거 출국 정지의 해제를 요청할 수 있습니다. 구체적인 절차는 외부에 공개되지 않는 내규에 따라 진행되는 것으로 보입니다.

　실무 경험상 출국 정지의 해제는, (1) 상기 2번 답변에 기술한 요청 절차를 거쳐 (2) 수사기관에서 출입국 관리소에 출국 정지 해제를 요청하는 공문을 보내고, (3) 출입국 관리소에서 출국 정지를 해제합니다(1~3일 정도 소요).

베트남 내 외국인의 입국, 출국, 환승, 거주에 관한 법률
(Law 47/2014/QH13+Law 51/2019/QH14)

제28조 출국 정지하는 각 경우 및 출국 정지 기간

1. 외국인은 다음 각 경우 가운데 하나에 속하면 출국 정지를 할 수 있다:

　a) 형사사건에서 피의자, 피고, 관련 의무 있는 자인 경우 또는 민사, 상업적 비즈니스, 노동, 행정, 혼인 및 가족 사건에서 피소 중인 피소인(被訴人), 관련 의무가 있는 자인 경우;

　b) 법원의 판결서, 결정서, 경쟁 처리위원회의 결정서 집행 의무가 있는 자인 경우;

　c) 납세의무를 아직 완성하지 못한 자의 경우;

　d) 행정위반 처벌 결정서 집행 의무가 있는 자인 경우;

　d) 국방, 안보상의 이유.

2. 이 조 제1항에서 규정하는 각 경우는 사법공조법 제25조의 규정에 따라

증거를 제공하기 위하여 외국으로 연행당하는 징역형벌 집행 중인 자에 대해서는 적용하지 않는다.

3. 임시 출국 정지 기간은 연장할 수 있으나 3년을 초과하지 않는다.

제29조 출국 정지 결정, 출국 정지 기간 연장, 출국 정지 해제의 권한

1. 조사기관장, 검찰총장, 법원장, 판결집행기관장, 경쟁위원장은 자신의 임무, 권한 범위 내에서 이 법률의 제28조 제1항 제a호 및 제b호에서 규정하는 각 경우에 대하여 출국 정지를 결정한다.

2. 조세 관리 기관장은 이 법률의 제28조 제1항 제c호에서 규정하는 각 경우에 대하여 출국 정지를 결정한다.

3. 공안부 부장은 다음 각 경우에 이 법률의 제28조 제1항 제d호에서 규정하는 외국인에 대하여 출국 정지를 결정한다:

    a) 공안당국의 행정위반 처벌 결정서 집행의 의무를 가지고 있는 자;

    b) 최고인민법원장, 장관, 각 부처 기관장, 중앙 직할시 인민 위원장의 요청에 따르는 경우.

4. 공안부 장관, 국방부 장관은 이 법률의 제28조 제1항 제d호에서 정하는 각 경우에 대하여 출국 정지를 결정한다.

5. 출국 정지 결정서를 발행하는 권한이 있는 자는 출국 정지 기간 연장, 출국 정지 해제의 권한을 가지며, 자신의 결정에 관하여 법률 앞에 책임을 진다.

출국 정지 결정서를 발행하는 자는 정지의 조건이 더 이상 없게 된 다음, 즉시 출국 정지 해제 결정서를 발행할 책임이 있다.

6. 출국 정지, 출국 정지 기간 연장, 출국 정지 해제 결정서는 이행하도록 출입국관리 기관에 즉시 송부되고 출국 정지당한 자에게 안내된다.

7. 출국 정지, 출국 정지 기간 연장, 출국 정지 해제 결정서를 받은 다음, 출입국관리 기관은 이행할 책임이 있다.

제125조 예방 조치의 종료 및 변경

1. 모든 예방 조치는 다음의 경우에는 종료되어야 한다;

　　a) 형사소송을 제기하지 않는다는 결정을 할 경우;

　　b) 소송이 기각되고 수사가 종료될 경우;

　　c) 피의자에 대한 소송과 수사가 종료될 경우;

　　d) 법원이 피고인에게 무죄를 선고하거나 형사 책임, 벌금 또는 구금형을 면제하고, 대신 선고유예 또는 경고, 벌금, 비구금형 교정 명령을 하는 경우.

2. 수사기관, 금융기관 및 법원은 불필요한 경우 예방 조치를 종료하거나 다른 예방 조치로 대체한다.

검사는 수사단계에서, 승인된 예방조치를 종료하거나 대체를 결정한다. 검찰이 승인한 임시 구류를 제외하고, 예방 조치의 승인 요청 기관은 효력 상실 10일 이내에 검찰에 해당 조치 만료 또는 대체를 통지한다.

KEY POINTS

조사 단계의 출국 정지 기간은 최대 20개월이다.

출국 정지 처분이 형사소송법상 최대 기한을 초과한 경우, 담당 수사 기관에 진정서를 제출하거나 행정소송을 통해 다툴 수 있다.

출국 정지 해제를 요청하려면 수사기관이 출입국관리소에 공문을 보내고, 출입국관리소가 출국 정지를 해제하는 절차를 거쳐야 한다.

출국 정지 해제, 연장, 종료의 권한은 출국 정지 결정을 내린 기관이 가지며, 정지 사유가 소멸된 경우 즉시 해제해야 한다.

PART 3.
출국 제한 처분

Q 민사소송 건이 접수되었다는 사실만으로도 외국인에게 출국 제한 처분이 내려질 수 있는지 등 베트남에서의 소송 시 출국 제한 처분 관련 규정에 대해 질의하셨습니다.

A 베트남 출입국관리법에서는 필요에 따라 형사 사건뿐만 아니라 민사 사건의 경우에도 출국을 금지할 수 있도록 규정하고 있습니다. 아래 베트남 출입국관리법 제28조에서 형사 사건에서의 출국 정지 조항은 주황색, 민사 사건에서의 출국 정지 조항은 파란색으로 표시하였습니다.

민사소송 중의 출국 정지도 민사소송법(Law 92/2015/QH13) 제111조 임시 비상조치의 적용을 청원할 권리와 제114조 13항(출국 정지 조치)에 따라 가능하지만, 실무상으로 법원 판결 전에 출국 제한을 하는 것은 매우 드문 일입니다.

제28조 출국 정지 하는 경우 및 출국 정지 기간

1. 외국인은 다음 경우에 속하면 출국 정지 조치를 할 수 있다:

a) 형사사건에서 피의자, 피고인, 또는 형사 사건과 관련된 의무가 있는 자, 또는 민사, 상업적 비즈니스, 노동, 행정, 혼인 및 가사 사건에서 피소 중인 피소인(被訴人), 관련 의무가 있는 자인 경우;

b) 법원의 판결서, 결정서, 경쟁 처리위원회의 결정서 집행 의무가 있는 자인 경우;

c) 납세의무를 아직 완성하지 못한 자의 경우;

d) 행정위반 처벌 결정서 집행 의무가 있는 자인 경우;

dd) 국방, 안보상의 이유.

2. 이 조 제1항에서 규정하는 각 경우는 사법공조법 제25조의 규정에 따라 증거를 제공하기 위하여 외국으로 연행당하는 징역형벌 집행 중인 자에 대해서는 적용하지 않는다.

3. 임시 출국 정지 기간은 연장할 수 있으나 3년을 초과하지 않는다.

민사소송법(Law 92/2015/QH13)

제111조 임시 긴급 조치의 적용을 청원할 권리

1. 민사소송이 진행되는 동안 관련 당사자 또는 그 법정대리인 또는 본 법 제187조에 규정된 사건을 제기하는 기관, 단체 또는 개인은 관련 당사자의 긴급한 청원을 잠정적으로 처리하고, 생명, 건강, 재산을 보호하고, 증거를 수집 및 보호하며, 회복할 수 없는 손해를 피하고 현재 상태를 보존하여 소송 합의 또는 판결 집행을 보장하기 위해 본 법 114조에 규정된 하나 이상의 임시 긴급 조치를 적용하도록 해당 사건을 다루는 법원에 청원할 수 있다.

2. 즉시 증거를 보호하거나 심각한 결과를 예방할 필요가 있는 긴급한 경우 관련 기관, 단체 및 개인은 관할 법원에 소송 개시 신청서 제출과 동시에 본 강령 제114조에 규정된 임시 긴급 조치를 적용하는 결정을 내릴 것을 관할 법원에 청원할 수 있다.

3. 법원은 본 법 제135조에 규정된 경우에만 임시 긴급 조치를 적용하기 위한 결정을 한다.

제114조 임시 긴급 조치

***

13. 관련 당사자의 베트남 출국 정지.

꼭 알아야 할 베트남 생활법률 가이드

KEY POINTS

POINT 1

베트남에서는 형사 사건뿐만 아니라 민사, 상사, 노동, 행정, 가사 소송에서도 외국인의 출국을 제한할 수 있다.

POINT 2

민사소송법에 따라 법원은 재산 보호, 증거 확보, 회복 불가능한 손해 방지 등을 이유로 외국인의 출국을 임시로 정지하는 긴급 조치를 결정할 수 있다.

POINT 3

임시 출국 정지 조치는 법원의 판단에 따라 적용되며, 그 기간은 최대 3년을 초과하지 않는다.

PART 4.
출입국, 비자 블랙리스트

Q **코로나 시기에 일부 비자 대행업체가 불법입국 알선 혐의로 사법 처리되었는데, 이때 이를 이용한 한국 기업인 및 소상공인들이 소위 블랙리스트에 올라가 베트남 당국의 제재를 받고 있습니다. 이와 관련하여, 베트남 출입국 블랙리스트 관련 법령에 대한 규정에 대해 알고 싶습니다. 또, 기업인, 소상공인 등 베트남에 투자 중인 사람의 경우, 블랙리스트 적용에 있어 우대조건이 있는지도 알고 싶습니다.**

◎ 출입국과 비자 및 이의 위반 관련 법령

- 베트남에 입국 · 출국 · 경유 · 거주하는 외국인에 관한 법(Law 47/2014/QH13 및 일부 개정법 Law 51/2019/QH14)("출입국 관리법")

- 출국 정지 및 입국 금지에 대한 지침을 제공하는 시행세칙 (Circular 79/2020/TT-BCA)("출입국 시행세칙")

- 사회 안전, 보안, 질서에 관한 규정 위반에 대한 행정 처벌; 사

회악, 화재 예방 및 소방; 구조; 가정 폭력 예방 및 통제에 대한 시행령 (Decree 144/2021/ND-CP)("사회질서 관리 시행령")
- 형법(Law 100/2015/QH13 및 일부 개정법 Law 12/2017/QH14)("형법")

⊘ 베트남 출입국 블랙리스트 관련 규정

블랙리스트는 법률용어는 아니지만, 통상 정부 기관이나 관련 당국이 관리하는 명단으로, 해당 명단에 등재된 개인 또는 기업은 제재받을 수 있습니다. 블랙리스트 등재는 일반적으로 불법행위나 부정행위 등을 저지른 경우에 이루어집니다. 본 답변에서는 출입국 규정 위반에 따른 여러 제재를 넓게 해석하여 '블랙리스트'라고 칭하겠습니다.

(1) 출입국 관련 규정

현재 베트남의 외국인 출입국 관련 규정들은 다음과 같습니다*:

법 Law		
1	Law 47/2014/QH13	베트남에 입국·출국·경유·거주하는 외국인에 관한 법
2	Law 51/2019/QH14	베트남에 입국·출국·경유·거주하는 외국인에 관한 법 제47/2014/QH13호의 일부 조항을 수정 및 보완하는 법

---

* 출입국 관련 규정 목록은 이민국 웹사이트에 게재되어 있습니다: https://xuatnhap-canh.gov.vn/ vi/van-ban-lien-quan-thu-tuc-xnc-cua-nguoi-nuoc-ngoai-va-nguoi-viet-nam-co-ho-chieu-nuoc-ngoai

시행령 Decree		
1	Decree 75/2020/NĐ-CP	베트남에 입국·출국·경유·거주하는 외국인에 관한 법의 일부 조항의 수정 및 보완하는 법 제51/2019/QH14호의 여러 조항을 자세히 설명
2	Decree 64/2015/NĐ-CP	베트남에 입국·출국·경유·거주하는 외국인 관리를 하는 각 부처, 장관급 기관, 지방 인민위원회 및 중앙에서 운영하는 도시 간의 업무 협력 과정을 설명
결의서 Resolution		
1	Resolution 79/NQ-CP	시민에게 e-비자를 부여하는 국가 목록 제공; 외국인이 e-비자로 출·입국할 수 있는 국제 국경 검문소 목록 제공
시행세칙 Circular		
1	Circular 31/2015/TT-BCA of the Ministry of Police	베트남에서 외국인을 위한 비자 발급, 임시 거주 카드, 출입국 허가, 영주권 정착에 대한 일부 내용 안내
2	Circular 04/2015/TT-BCA of the Ministry of Police	베트남에 입국·출국·경유·거주하는 외국인과 관련된 문서 양식에 대한 정보

(2) 블랙리스트 대상에 대한 규정

(i) 블랙리스트에 등재될 수 있는 금지된 행위는 다음과 같습니다:

- 베트남에 입국 · 출국 · 경유 · 거주하는 외국인에 관한 법에 따라 외국인 및 관련 기관이 권리를 행사하거나 의무를 이행하는 것을 방해하는 행위

- 불법적인 베트남 입국, 출국 또는 거주; 위조 서류를 사용하여 베트남에 입국, 출국, 경유 또는 거주하는 행위

- 베트남 입국, 출국, 경유 또는 거주 허가를 받기 위해 허위 정

 꼭 알아야 할 베트남 생활법률 가이드

보 또는 서류를 제출하는 행위

- 베트남 입국, 출국, 경유 또는 거주를 이용하여 베트남 사회주의 공화국에 반하는 행위를 하거나 다른 법인의 합법적인 권리와 이익을 침해하는 행위

- 외국인이 베트남에 입국, 출국, 경유 또는 거주하기 위해 입국/출국/거주 허가를 구매, 판매, 임대, 대여, 차용, 위조하는 행위

(ii) 법률 제47/2014/QH13호 제20조 및 제21조에 따라, 입국 금지 조치를 하는 경우는 다음과 같습니다:

- 외국인이 여권/여행허가증 및 비자를 소지하지 않은 경우
- 외국인이 최소 6개월 이상 유효한 여권을 소지하지 않은 경우
- 부모나 보호자가 없는 14세 미만의 어린이
- 입국/출국/거주 허가를 받기 위해 서류를 위조하거나 허위 정보를 제공한 경우
- 공중 보건을 위협하는 정신 질환 또는 전염병을 앓고 있는 자
- 최근 3년 이내에 베트남에서 추방된 적이 있는 자
- 최근 6개월 이내에 베트남에서 강제 출국된 적이 있는 자
- 전염병 예방을 위해
- 천재지변의 사유
- 국방, 국가 안보, 사회 질서 및 사회 안전을 위한 경우

(iii) 다음의 경우에는 출국 정지될 수 있습니다:

- 현재 형사 사건의 피의자, 피고인 또는 관련 의무가 있는 사람; 사업, 고용, 행정, 혼인 및 가족 문제와 관련된 민사 사건의 피

고인 또는 관련 의무가 있는 자

- 법원 또는 경쟁 조정위원회의 판결 또는 결정을 이행해야 하는 자

- 납세 의무를 이행하지 않은 자

- 행정법 위반에 따른 과징금 결정을 이행할 의무가 있는 자

- 국방 및 보안상의 이유

※ 단, 실형을 선고받고 복역 중인 자로서 사법공조에 관한 법률에 규정된 증거를 제공하기 위해 국외로 인도된 자에 대해서는 적용되지 않습니다.

(iv) 다음의 경우 강제 출국(출국 명령; compelled exit) 조처될 수 있습니다:

- 임시 거주 기간이 만료된 후에도 베트남을 떠나지 않은 자

- 국방, 국가 안보, 사회 질서 및 사회 안전상의 이유

> **Q** 기업인, 소상공인 등 베트남에 투자 중인 사람의 경우, 블랙리스트 적용에 있어 우대조건 등이 있는지?
>
> **A** 외국인 투자자라고 해서 블랙리스트 적용에 대한 특별한 우대는 없습니다.

(3) 블랙리스트 등재에 따른 제재

블랙리스트에 오른 개인은 입국 금지, 출국 정지, 과태료, 추방(강제퇴거), 강제 출국(출국 명령) 조치 될 수 있습니다.

 꼭 알아야 할 베트남 생활법률 가이드

제 재	적용 대상	적용 사유/행위	법적 근거
입국 금지	베트남 입국을 희망하는 외국인에게 적용	-부모, 후견인 또는 권한 있는 보호자가 없는 14세 미만 아동인 경우 -입국/출국/거주 허가를 받기 위해 서류를 위조하거나 허위 정보를 제공한 경우 -공중 보건을 위협하는 정신 질환 또는 전염병을 앓고 있는 경우 -최근 3년 이내에 베트남에서 추방된 적이 있는 경우 -지난 6개월 이내에 베트남에서 강제 출국된 경우 -전염병 예방을 위한 경우 -천재지변으로 인한 경우	출입국 관리법(Law 47/2014/QH13+ Law 51/2019/QH14) 제21조
출국 정지	베트남에서 출국하고자 하는 외국인에게 적용	-현재 형사 사건의 피의자, 피고인 또는 관련 의무가 있는 자, 사업, 고용, 행정, 결혼 및 가족 문제와 관련된 민사 사건의 피고인 또는 관련 의무가 있는 경우 -법원 또는 경쟁 조정위원회의 판결 또는 결정을 이행해야 하는 경우 -납세 의무를 이행하지 않은 경우 -행정 위반에 대한 과태료 결정을 이행할 의무가 있는 경우 -국방 및 보안상의 이유	출입국 관리법(Law 47/2014/QH13+ Law 51/2019/QH14) 제28조

제 재	적용 대상	적용 사유/행위	법적 근거
과태료	베트남에 머물고 있는 외국인에게 적용	-여권, 국제연합통행증(라세파세; laissez-passer), 국제 여행 서류, 베트남에 입국, 출국 또는 거주하는 외국인에게 발급된 서류 또는 ABTC 카드의 분실 또는 손상에 대해 관할 당국에 알리지 않은 경우	사회질서 관리 시행령(Circular 144/2021/ND-CP) 제18조

제 재	적용 대상	적용 사유/행위	법적 근거
과태료	베트남에 머물고 있는 외국인에게 적용	-여권 발급, 연장 또는 복원을 위해 고의로 허위 정보를 제공하거나 여권이나 국제연합통행증(라세파세; laissez-passer)의 분실과 관련된 허위 정보를 제공하는 행위, 국제 여행증명서, 베트남 입국, 출국 또는 거주 외국인에게 발급되는 서류 또는 ABTC 카드 발급을 위해 고의로 허위 정보를 제공하는 경우 -외국인이 관할 당국의 허가가 필요한 지역에 입국할 때 허가증을 소지하지 않거나 발급된 허가증의 범위 또는 유효기간을 초과하여 여행하는 경우 -베트남 관할 당국 또는 공무원의 요청에 따라 여권, 국제연합통행증(라세파세; laissez-passer), 국제 여행 서류, 베트남에 입국, 출국 또는 거주하는 외국인에게 발급된 서류 또는 ABTC 카드를 제시하지 않는 경우, 베트남 관할 당국 또는 공무원의 사람 또는 차량에 대한 몸수색 또는 행정 위반의 전시물 및 도구가 숨겨진 물건이나 장소에 대한 검사 요청에 응하지 않는 경우 -외국인이 임시 거주 증명서, 임시 거주 연장 승인 또는 임시 거주 카드를 여전히 사용하거나 이러한 서류 중 하나가 만료된 지 16일 미만인 경우 관할 기관의 허가를 받지 않고 베트남 거주를 위한 임시거주증 교체 신청을 하지 않은 경우	사회질서 관리 시행령(Circular 144/2021/ND-CP) 제18조
추방 (강제퇴거; deportation)	베트남에 머물고 있는 외국인에게 적용	- 행정 위반으로 인한 경우 - 범죄 행위로 인한 경우	- 행정 위반의 경우: 사회질서 관리 시행령(Circular 144/2021/ND-CP) 제18조 - 범죄 행위의 경우: 형법 제37조

꼭 알아야 할 베트남 생활법률 가이드

제 재	적용 대상	적용 사유/행위	법적 근거
○ 출입국·국적			
강제 출국 (출국 명령; compelled exit)	베트남에 머물고 있는 외국인에게 적용	-임시 거주 기간 만료 후에도 베트남을 떠나지 않은 경우 -국방, 국가안보, 사회질서 및 사회 안전을 위한 경우	출입국 관리법(Law 47/2014/QH13+ Law 51/2019/QH14) 제30조
베트남 관할 당 국이 발급한 입 국/출국/거주 허가의 취소, 무효화	베트남에 머물고 있는 외국인에게 적용	- 베트남에 불법으로 입국, 출 국 또는 거주하거나 위조 서류를 사용하여 베트남에 입국, 출국, 경유 또는 거주 하는 경우 - 베트남 입국, 출국, 경유 또 는 거주 허가를 받기 위해 허위 정보 또는 서류를 제 공하는 경우 - 베트남 입국, 출국, 경유 또 는 거주를 이용하여 베트남 사회주의 공화국에 반하는 행위를 하거나 다른 법인의 합법적인 권리와 이익을 침 해하는 행위를 하는 경우 - 외국인이 베트남에 입국, 출 국, 경유 또는 거주하기 위 해 입국/출국/거주 허가를 구매, 판매, 임대, 대여, 차 용, 위조하는 행위를 하는 경우 - 입국/출국/거주 허가를 받 기 위해 서류를 위조하거나 허위 정보를 제공하는 행위 를 하는 경우 - 베트남에서 명시된 입국 목 적에 부합하지 않는 활동을 하는 경우	출입국 관리법(Law 47/2014/QH13+ Law 51/2019/QH14) 제6조

KEY POINTS

외국인이 출입국 관련 법령을 위반하는 경우, 블랙리스트에 등재되어 입국 금지, 출국 정지, 과태료, 추방, 강제 출국 등의 제재를 받을 수 있다.

베트남 출입국 블랙리스트는 위조 서류 사용, 허위 정보 제공, 불법 입국 또는 체류 등의 사유로 등재될 수 있다.

베트남에 투자하고 있는 외국인이라 하더라도 블랙리스트 적용에 있어 별도의 우대는 없다.

PART 5.
출국 시 임시 부재 신고

Q 베트남에 임시 거주 중인 외국인이 해외 출장이나 휴가로 베트남을 떠날 경우, 임시 부재에 대해 신고해야 하나요? 신고해야 한다면, 저는 베트남 출국을 하는데 누가 신고해야 하나요?

A 신고하지 않아도 됩니다.

베트남에 살고 있는 외국인이 거주증에 등록된 거주지가 아닌 장소에 임시 거주할 경우, 해당 외국인에 대한 신고 의무는 이전 거주지의 집주인이 아닌 새 임시 거주지의 집주인에게 있습니다. 호텔 등 숙박시설에서 머무는 경우에는 숙박시설이 신고의 의무가 있습니다.

이때, 새 임시 거주지에 대한 신고는 그 위치가 베트남일 경우에만 해당합니다. 따라서 베트남을 출국하는 부재의 경우는 신고의 의무가 없습니다.

베트남에 입국·출국·경유·거주하는 외국인에 관한 법(Law 47/2014/QH13과 Law 51/2019/QH14, 이하 "외국인출입국법")의 일부를 개정한 법(Law 23/2023/QH15, 이하 "개정법")이 2023년 8월 15일부터 발효되었습니다. 개정법 발효 후, 일부 메신져 단톡방에서 베트남에 임시 거주 중인 외국인이 해외 출장이나 휴가로 베트남을 떠날 경우, 집주인이 해당 외국인의 임시 부재를 신고해야 하는지에 대한 논쟁이 있었습니다.

결론부터 말씀드리면, 해외 출국 시 부재 신고는 하지 않아도 됩니다. 해당 임시 부재 신고에 대한 논쟁은 개정법 제33조 3항의 잘못된 해석으로 인해 발생한 것으로 보입니다. 개정법 제33조 3항에 따르면, 외국인이 거주증에 표시된 주소가 아닌 곳에서 임시로 거주할 시, 새로운 임시 거주지에 대한 신고는 동법 33조 1항을 준수해 신고해야 한다고 되어있습니다.

개정법 제33조 1항을 살펴보면, 베트남에 임시 거주하는 외국인은 해당 거주지의 집주인을 통해 임시 거주지를 신고해야 한다고 되어있습니다. 즉 외국인이 거주증에 등록되지 않은 장소에 임시로 거주할 경우, 신고에 대한 책임은 이전 집주인이 아닌, 해당 거주지의 집주인, 즉 새 임시 거주지의 집주인에게 있습니다.

특히, 위 조항에서 강조할 부분은 임시 거주지가 베트남인 경우에만 해당한다는 점입니다. 따라서, 외국인이 해외 출장이나 휴가를 가면, 임시 거주지가 베트남이 아닌 해외가 되기에, 집주인은 해당 외국인에

 꼭 알아야 할 베트남 생활법률 가이드

대한 신고 의무가 없습니다.

　위 내용을 정리하면 다음과 같습니다:
1. 외국인이 베트남에 임시 거주할 시, 집주인은 해당 외국인의 임시 거주를 등록하는 것으로 의무가 완료됩니다.
2. 만약 외국인이 베트남에서 거주증에 등록된 주소 외의 장소에서 임시로 거주할 경우, 해당 외국인에 대한 신고 의무는 이전 거주지의 집주인이 아닌, 새 임시 거주지의 집주인에게 있습니다.
3. 이 조항은 외국인의 임시 거주지가 베트남일 경우에만 해당하기 때문에, 해외 출장 또는 해외 휴가로 베트남을 출국하는 외국인에게는 적용되지 않습니다.

제33조 임시 거주지 신고

1. 베트남에서 임시 거주하는 외국인은, 거주지를 직접 관리 및 운영하는 자를 통해, 거주지가 위치한 사, 방, 시사의 관할 경찰 또는 거주지의 관할 경찰서에 임시 거주를 신고해야 한다. 거주지는 외국인의 임시 거주를 허용하기 전, 여권 또는 국제 여행 관련 서류 및 베트남 거주 관련 서류를 요청할 책임이 있다. 베트남이 가입한 국제 조약의 타 회원국 국민이 국경수비대를 통해 임시 거주를 신고할 경우, 국경수비대는 즉시 거주지가 위치한 사, 방, 시사의 관할 경찰 또는 거주지의 관할 경찰서에 해당 사실을 알려야 한다.

2. 외국인의 임시 거주 신고는 전자문서 또는 종이 문서 형식으로 경찰에 전달할 수 있다.
임시 거주 신고를 종이 문서 형식으로 신청할 경우, 거주지를 직접 관리 및 운영하는 자는 임시거주신청서의 모든 정보를 기재하고, 외국인이 거주지에 도착한 시점으로부터 12시간 이내 (외지의 경우 24시간 이내)에 거주지가 위치한 사, 방, 시사의 관할 경찰 또는 거주지의 관할 경찰서에 전달할 책임이 있다.

3. 외국인이 임시 거주지를 변경하거나, 거주증에 기재된 주소 외 지역에 임시로 거주하거나, 여권 정보가 변경될 경우, 본 조항 제1호에 따라 임시 거주지를 신고해야 한다.

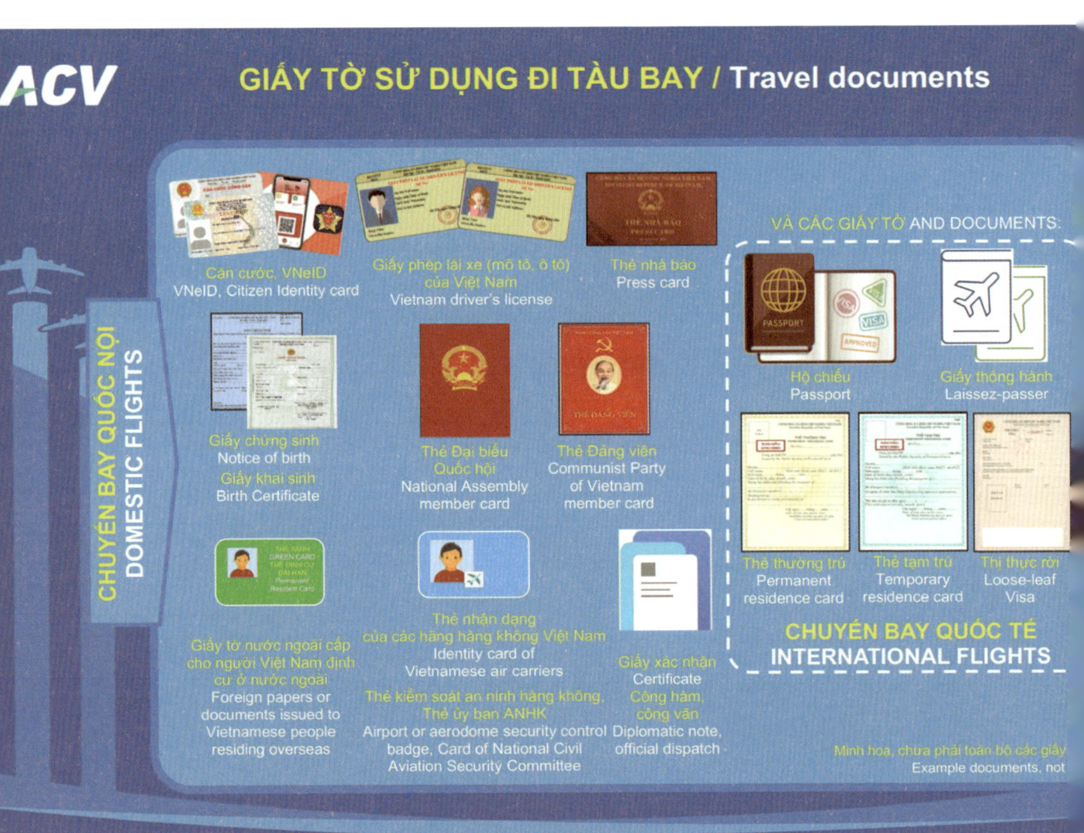

이미지 출처 : https://noibaiairport.vn/en/personal-papers-nid104.html/

꼭 알아야 할 베트남 생활법률 가이드

베트남에 살고 있는 외국인이 거주증에 등록된 거주지 외의 장소에 임시 거주할 경우, 해당 외국인에 대한 신고 의무는 이전 거주지의 집주인이 아닌 새 임시 거주지의 집주인에게 있다.

호텔 등 숙박시설에서 머무는 경우 숙박시설이 신고의 의무가 있다.

새 임시 거주지에 대한 신고는 그 위치가 베트남일 경우이다.

외국인이 베트남을 출국하는 부재의 경우는 신고의 의무가 없다.

4

교통

PART 1.
보행자와 차 사고

Q 핸드폰을 보면서 보행자와 차량이 함께 다닐 수 있는 길을 횡단하던 한국인이 지나가던 택시와 부딪혔습니다. 이로 인해 택시 백미러가 금이 갔는데, 택시 운전자는 한국인 보행자에게 택시 백미러 비용을 배상하라고 합니다. 한국 〈도로교통법〉의 '차마'의 정의에는 보행자가 불포함된 것으로 알고 있는데, 교통사고에서 보행자도 가해자가 될 수 있는 건가요?

A 예, 보행자도 가해자가 될 수 있습니다. 다만, 구체적인 사실 관계에 따라 보행자와 차량 운전자의 책임 비율이 달라질 수 있습니다.

1. 운전자의 의무

차량의 운전자는 교통 법규를 준수하며 운전해야 할 의무가 있습니다, 다만, 이 사건에서는 보행자가 핸드폰을 보면서 걷다가 택시와의 충돌 사고가 발생했는데, 만약 운전자가 모든 교통신호, 차량 속도 등 모든 사항을 준수했고 100% 보행자의 잘못이면, 운전자는 배상 책임에서 면제될 가능성이 클 것으로 보입니다(민법 제584조2항).

도로 교통질서 및 안전법(Law 36/2024/QH15)

제3조 도로 교통질서 및 안전 보장 원칙

***

3. 도로 교통질서 및 안전 보장은 기관, 조직, 개인의 책임이다.

4. 도로교통에 참여하는 사람은 도로 교통질서 및 안전에 관한 법률과 관련 법규를 준수해야 하며, 자신의 안전과 타인의 안전을 지킬 책임이 있다.

제11조 도로교통 신호 준수

제12조 속도 및 차량 간 거리 준수

제13조 차선 사용

민법(Law 91/2015/QH13)

제584조 손해 배상 책임이 발생하는 사유

***

2. 손해를 입힌 자는, 그 손해가 불가항력적인 사유로 발생한 경우 또는 피해자의 전적인 귀책 사유로 발생한 경우에는, 달리 합의하거나 법률에 다르게 규정되어 있지 않은 한, 배상 책임이 면제된다.

3. 재물에 손해를 입힌 경우, 그 소유자 또는 점유자는 본 조 제2항에 규정된 손해를 제외하고는 그 손해를 배상해야 한다.

교통사고 발생 시, 차량을 즉시 정지시킨 후 사고 현장의 상태를 그대로 보존한 후 관할 기관에 신고해야 합니다. 이후 관할기관의 규정에 따라 진행됩니다.

도로 교통질서 및 안전법(Law 36/2024/QH15)

제80조 교통사고를 일으킨 차량 운전자, 관련자 및 사고 현장에 있는 개인들의 책임

1. 교통사고를 일으킨 차량 운전자와 사고와 관련된 개인은 다음과 같은 책임이 있다:

a) 즉시 차량을 멈추고, 위험 경고를 설정하며, 사고 현장을 유지하고, 사고 피해자를 돕고, 가장 가까운 경찰 당국, 의료기관 또는 인민위원회에 신고해야 한다.

b) 긴급 의료 처치를 요구하거나 사고 피해자가 긴급 의료 처치를 요구하거나 자신들의 생명과 건강이 위협받고 있다고 느끼는 경우를 제외하고는 경찰이 도착할 때까지 사고 현장에서 대기해야 한다. 이 경우, 가장 가까운 경찰 당국과 인민위원회에 신고해야 한다.

c) 자신과 사고와 관련된 개인들의 신분 정보와 사고와 관련된 정보를 관할 당국에 제공해야 한다.

2. 사고 현장에 있는 개인들은 다음과 같은 책임이 있다:

a) 사고 피해자를 돕고 응급처치를 제공해야 한다.

b) 가장 가까운 경찰 당국, 의료기관 또는 인민위원회에 신고해야 한다.

c) 사고 현장을 보호해야 한다.

d) 사고 피해자의 재산을 보호해야 한다.

dd) 관할 당국의 요청에 따라 사고에 대한 관련 정보를 제공해야 한다.

3. 본 조 제1항과 제2항에 해당하는 개인은 사고 현장에 다른 차량이 없을 경우, 사고와 관련된 차량을 이용하여 사고 피해자를 응급 치료를 위해 이송할 수 있다. 이 경우, 차량과 피해자는 추적되어야 하며 사고와 관련된 표시

를 변경해서는 안 된다. 인명 피해가 발생한 경우, 현장은 보존되어야 하며 시신은 덮어야 한다.

4. 사고 현장을 지나가는 다른 차량 운전자는 부상자를 응급 치료를 받기 위해 이송할 책임이 있다. 특수 차량과 외교적 면책을 받은 승객 차량은 이 조항을 따를 필요가 없다.

민법과 도로 교통질서 및 안전법에 따라 보행자의 의무를 다했는지 살펴보아야 합니다. 보행자는 포장도로(인도)에서 걸어야 하며, 이용이 불가할 경우 도로 가장자리에서 걸어야 합니다. 보행자는 또한 접근하는 차량을 잘 살피고 안전할 때 도로를 횡단해야 할 책임이 있습니다. 이 사건에서는 보행자가 핸드폰을 보면서 걷다가 택시와의 충돌 사고가 발생했는데, 이는 도로 횡단 시 안전을 고려하지 않아 발생한 것으로 보입니다. 따라서 대부분의 사고 책임은 보행자에게 있을 가능성이 높아 보입니다.

제32조 보행자

1. 보행자는 포장도로 또는 가장자리를 이용해야 하며, 포장도로 및 가장자리를 이용할 수 없는 경우에는 도로 가장자리에 가깝게 걸어야 한다.

2. 보행자는 신호등, 노면표시 또는 보행자 전용 육교 또는 터널이 있는 곳에서는 도로를 횡단할 수 있으며, 그 신호등의 지시에 따라야 한다.

3. 보행자 전용 신호등, 노면 표시, 육교 또는 터널이 없는 곳에서는 보행자는 도로를 횡단하기 전에 접근하는 차량을 주시하고 안전할 때 도로를 횡단할 수 있으며 안전하게 횡단할 수 있도록 책임을 져야 한다.

4. 보행자는 중앙분리대를 넘어가거나 달리는 차량에 매달려서는 안 되며, 부피가 큰 물건을 들고 있는 경우, 안전을 확보하고 도로 이용자 및 통행 중인 차량에 방해가 되지 않도록 해야 한다.

5. 7세 미만의 어린이가 도심 도로 또는 차량 통행이 잦은 도로를 횡단할 때는 반드시 어른의 인도를 받아야 하며, 모든 사람은 7세 미만의 어린이가 도로를 횡단할 수 있도록 도와줄 의무가 있다.

제30조 보행자; 어린이, 임산부, 노약자, 장애인, 법적 능력 상실자 등의 도로교통 참여

1. 보행자는 다음 규정을 준수해야 한다:

    a) 보행자는 인도, 보도, 보행자 전용 도로를 이용해야 하며, 만약 이러한 도로가 없는 경우, 도로의 우측 가장자리를 따라 걸어야 한다;

    b) 보행자는 신호등이 있는 곳, 횡단보도, 보행자 전용 교차로, 육교 또는 지하도를 이용해야 하며, 교차로에서 신호를 지켜야 한다. 신호등이나 횡단보도, 육교, 지하도가 없을 경우에는 도로를 건널 때 차량의 접근 여

부를 확인하고 안전을 확보한 후 건너야 하며, 건널 때 손 신호를 해야 한다;
c) 보행자는 도로의 중앙선이나 장애물(가드레일)을 넘지 말고, 이동 중
에는 이동 중인 차량에 매달리거나 붙잡지 않도록 해야 한다. 또한, 큰 짐
을 옮길 때는 다른 사람이나 차량의 통행에 방해가 되지 않도록 안전을
확보해야 한다.

참고로 호찌민에서 발생한 비슷한 사건에서는 베트남 공안이
한국인 보행자가 과실이 있으므로, 백미러 수리비를 배상하라고
했고, 보행자도 경미하긴 하지만 상처를 입은 상태라 각 당사자
50:50으로 수비 발생 비용에 대해 합의하고 사건 마무리를 하였
습니다.

꼭 알아야 할 베트남 생활법률 가이드

KEY POINTS

차량의 운전자는 안전 운전의 의무가 있으며, 사고 시 피해자 등을 구호 조치하지 않고 현장을 이탈하면 안 된다.

보행자도 차량을 잘 살피고 안전할 때 도로를 횡단해야 할 책임이 있다.

보행자가 전적으로 과실이 있는 경우, 차량 파손 등에 대해 손해배상 책임을 질 수 있다.

교통사고 발생 시 운전자뿐 아니라 보행자도 상황에 따라 가해자가 될 수 있으며, 각자의 과실 비율에 따라 책임이 결정된다.

PART 2

베트남에서의 자동차 운전: 국제면허증

Q 베트남은 한국에서 발행한 국제운전면허증을 인정하지 않는다고 알고 있습니다. 그런데, 최근 한국에서 발급된 영문 운전면허증이 있으면 해외 여러 나라에서 사용이 가능하다고 들었습니다. 베트남도 한국에서 발급된 영문 운전면허증으로 운전할 수 있나요?

A 2025년 12월 기준, 한국에서 발급받은 영문 혼용면허증은 베트남에서 인정하지 않아 사용할 수 없습니다. 다만, 예전에는 베트남에서 한국 국제운전면허증을 인정하지 않았지만 2023년 7월 23일부터는 한국에서 발급받은 국제운전면허증으로 베트남에서 운전할 수 있습니다.

한국 국제운전면허증으로 베트남서 운전 가능

| 23일 '한-베트남 국제운전면허증 협정' 발효　　　　　　　송고시간 | 2023-07-16 09:00

한·베트남 국제운전면허 상호인정 협정 교환

(하노이=연합뉴스) 임헌정 기자 = 박진 외교부 장관과 응우옌 반 탕 베트남 교통부 장관이 23일(현지시간) 하노이 베트남 주석궁에서 윤석열 대통령과 보 반 트엉 베트남 국가 주석이 임석한 가운데 국제운전면허증 상호 인정에 관한 협정을 교환하고 있다. 2023.6.23
[공동취재] kane@yna.co.kr

(서울=연합뉴스) 임순현 기자 = 오는 23일부터 우리 국민도 국내에서 발급받은 운전면허증으로 베트남에서 차량을 운전할 수 있다.

경찰청은 지난달 23일 체결된 '한-베트남 국제운전면허증 상호인정 협정'이 이달 23일부터 발효된다고 16일 밝혔다.

이번 협정에 따라 한국 국민이 국제운전면허증을 발급받은 날로부터 1년 동안 베트남 내에서 자유롭게 운전이 가능하다.

출처: 임순현 기자, "한국 국제운전면허증으로 베트남서 운전 가능", 연합뉴스, 2023.7.16.

운전면허증	베트남에서 운전가능 여부	조 건
베트남 운전면허증	가능	한국 운전면허로 베트남 운전면허 **발급 가능**
한국 국제운전면허증	가능	**(1) 한국 국제운전면허증의 기간이 유효**하고, **(2) 한국 운전면허증을 함께 소지**해야 하며, **(3) 베트남 입국일로부터 최대 1년의 기간만 운전이 허용**(여권 소지)
한국 영문혼용운전면허증 이미지 출처: 도로교통공단	불가능	2025년 12월 기준, 한국 영문혼용면허증 사용 가능 국가는 총 67개국이며, **베트남은 불포함** 출처: 외교부 해외안전여행

　한국 국제운전면허증은 경찰서와 도로교통공단 운전 면허시험장에서 발급이 가능하며, 한국 국제운전면허증을 소지하면 베트남에서 별도의 면허증 발급없이 운전할 수 있습니다. 단, 베트남에서 한국 국제운전면허증으로 운전할 시, 운전 허용 조건으로 (1) 한국 국제운전면허증의 기간이 유효하고, (2) 한국 운전면허증을 함께 소지해야 하며, (3) 베트남 입국일로부터 최대 1년의 기간만 운전이 허용된다는 것에 유의하시기 바랍니다. 실무적으로 (3)입국일 확인을 위해 출입국 도장이 찍힌 여권을 가지고 다니시기를 바랍니다.

◎ 베트남에서 운전 가능 차량

1. A 범주로 발급한 국제운전면허증 소지자 → A범주에 해당하는 자동차 운전 가능
2. 그 밖의 범주(B·C·D·E)로 발급한 국제운전면허증 소지자 → B 범주에 해당하는 자동차 운전 가능

※ C·D·E범주로 발급한 국제운전면허증 소지자도 B범주에 해당하는 자동차만 운전 가능함에 유의

우리나라 국제운전면허증 발급 범주		베트남에서 운전 가능한 차량 범주
이륜사동차(측면 부식차의 유무를 불문), 신체장애인용 차량 및 차체중량 400kg을 초과하지 않는 3륜사동차	A	A
운전자의 좌석 이외에 최대 8개 좌석을 가진 승용차 및 허용최대중량이 3,500kg을 초과하지 않는 화물자동차. 상기 차량은 1개의 소형 피견인사동차를 연결할 수 있음	B	
허용최대중량이 3,500kg을 초과하는 화물사동차. 1개의 소형 피견인사동차를 연결할 수 있음	C	B
운전자의 좌석 이외에 8개 이상의 좌석을 가진 승객운송자동차. 1개의 소형 피견인자동차를 연결할 수 있음	D	
상기 B. C. D 중 어느 하나에 해당하는 자동차로서 수형 피견인자동차 이외의 것을 연결한 것	E	

"허용최대중량"이란 두 차량의 차체중량과 최대적재량을 합한 것이며, "최대적재량"이란 차량등록국의 관계당국이 선언한 적재중량임.
"소형 피견인자동차"는 허용최대중량이 750kg을 초과하지 않는 것을 말함.

　출처: 안전운전 통합민원 '우리나라 국제운전면허소지자 베트남 內 운전안내'

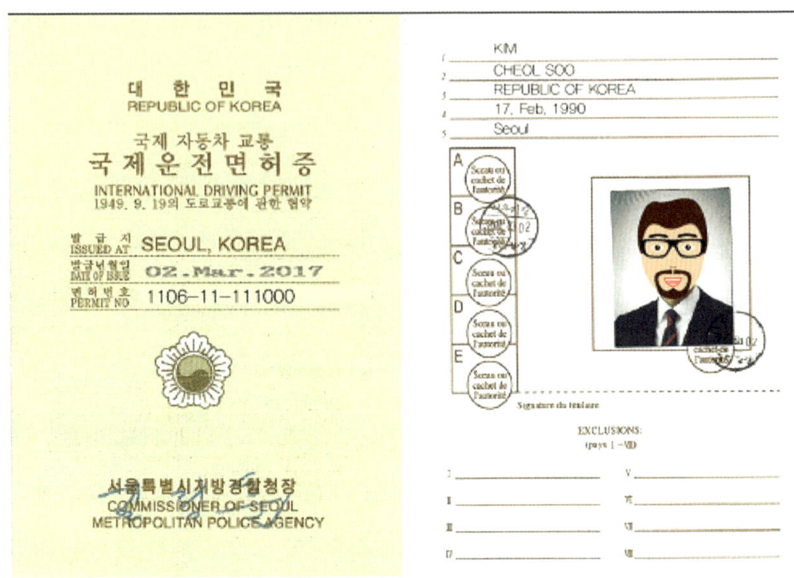

<국제운전면허증(B 범주) 예시>

이미지 출처: 금강일보, https://www.ggilbo.com/news/articleView.
html?idxno=363934

✅   베트남에서는 오토바이를 운전하기 위한 국제운전면허증(A 범주)과 자동차를 운전하기 위한 국제운전면허증(B 범주)을 구분합니다. 따라서, 목적에 맞는 면허증을 발급받으셔야 합니다.

1. 한국 국제운전면허증 인정 관련 베트남의 법적 근거

2. 2023년 [국제운전면허증 상호 인정에 관한 한-베 협정] 이전에는 베트남이 한국의 국제운전면허증을 인정하지 않았던 이유

3. 베트남 운전면허증 발급 방법

   꼭 알아야 할 베트남 생활법률 가이드

한국 국제운전면허증(IDP) 인정 관련 규정은 국제운전면허증 상호 인정에 관한 한-베 협정(15/2023/TB-LPQT) 및 베트남 운전면허 시행규칙(Circular 12/2025/TT-BCA, Circular 12/2017/TT-BGTVT)이 있습니다.

베트남은 2023년 7월 23일부터 발효된 [국제운전면허증 상호 인정에 관한 한-베 협정]을 통해 공식적으로 한국 국제운전면허증(IDP)을 인정했습니다.

이와 관련된 세부적인 법적 근거를 살펴보면 다음과 같습니다. 베트남 운전면허 시행규칙 18조 7항에 따르면, 외국인이 베트남에서 운전을 하기 위해서는 (1) 베트남 운전면허증을 발급받거나 (2) 운전면허와 관련되어 베트남이 서명국으로 가입한 국제협약이 있을 시, 해당 국제협약의 규정을 적용해야 합니다. 현재 베트남이 서명한 국제협약 중 한국인의 운전면허와 직접적으로 관련된 것은 [국제운전면허증 상호 인정에 관한 한-베 협정]입니다. [국제운전면허증 상호 인정에 관한 한-베 협정] 제1조 2항에 따르면, 한국에서 발급한 국제운전면허증(IDP)을 소지한 한국인은 베트남에서 운전이 허용됩니다.

하지만 [국제운전면허증 상호 인정에 관한 한-베 협정] 제2조에 따르면, 운전 허용 조건의 세부 사항으로 (1) 국제운전면허증의 기간이 유효하고, (2) 한국운전면허증을 함께 소지해야 하며, (3) 베트남 입국일로부터 최대 1년의 기간 동안만 운전이 허용됩니다. 만약 베트남 체류 기간이 1년 이상일 경우, 위 조건을 감안하여 현지 운전면허를 별도로 발급받을 것을 권유 드립니다. 그리고 베트남에서는 오토바이를 운전하기 위한 국제운전면허증(A 범주)과 자동차를 운전하기 위한 국제운전면허증(B 범주)을 구분하기에, 목적에 맞는 면허증을 발급받으시기를 바랍니다.

운전면허 시험 및 발급 규정; 국제 운전면허 발급, 사용에 관한 시행규칙(Circular 12/2025/TT-BCA)

제18조 운전면허 양식, 사용 및 관리

* * *

7. 외국인 또는 해외 거주 중인 베트남인이 베트남에서 운전하려면 다음과 같이 처리한다:

   a) 만약 자국의 운전면허를 소지하고 있다면, 이를 베트남 운전면허로 변경해야 한다;

   b) 베트남이 회원국인 국제 조약에서 운전면허 관련 다른 규정이 있으면, 해당 조약의 규정을 적용한다.

대한민국 정부와 베트남사회주의공화국 정부 간의 국제운전면허증 상호 인정에 관한 협정 (Agreement 15/2023/TB-LPQT)

제1조

* * *

2. 각 당사자는 다른 쪽 국가가 발급한 유효한 국제운전면허증을, 그러한 면허증의 소지자가 비상업적 목적으로 다음의 자동차를 운전하도록 허용하기 위하여, 상호 인정한다.

 꼭 알아야 할 베트남 생활법률 가이드

가. 베트남에서,

(1) 한국이 A 범주(이륜 오토바이)로 발급한 국제운전면허증을 소지한 한국 국민은 그러한 국제운전면허증에 해당하는 범주에 따라 자동차를 운전하도록 허용된다. 그리고

(2) 한국이 그 밖의 범주로 발급한 국제운전면허증을 소지한 한국 국민은 그러한 국제운전면허증에 해당하는 B 범주(승용차 및 3,500kg 미만 화물자동차)의 자동차를 운전하도록 허용된다.

나. 한국에서,

(1) 베트남이 A(이륜 오토바이), A1(경량 이륜 오토바이) 또는 B1(삼륜 및 사륜 오토바이) 범주로 발급한 국제운전면허증을 소지한 베트남 국민은 그러한 운전면허증에 해당하는 범주에 따라 자동차를 운전하도록 허용된다.

(2) 베트남이 그 밖의 범주로 발급한 국제운전면허증을 소지한 베트남 국민은 그러한 국제운전면허증에 해당하는 범주의 자동차를 운전하도록 허용된다.

3. 당사자들이 발급한 국제운전면허증의 차량 범주는 부속서 가(베트남 국제 운전면허증 차량 범주)와 나(한국 국제운전면허증 차량 범주)에 열거된다.

제2조

위에서 언급된 유효한 국제운전면허증을 소지한 한쪽 국가의 국민은, 그 국제운전면허증이 여전히 유효하고 그에 상응하는 국내운전면허증과 함께 제시될 것을 조건으로, 다른 쪽 국가의 영역에서 제1조 제2항에 명시된 범주에 해당하는 자동차를 그 영역에 입국한 날부터 최대 1년의 기간 동안 운전하도록 허용된다.

부속서 (가)
베트남 사회주의 공화국이 발급한 국제운전면허증의 차량 범주

구 분	차량 범주
A	이륜 오토바이
A1	입방 용적이 125㎤를 초과하지 않고 출력이 11kw(경량 이륜 오토바이)를 초과하지 않는 이륜 오토바이
B	총중량이 3,500kg를 초과하지 않고 운전자의 좌석 이외에 최대 8개의 좌석을 가진 A 범주 이외의 자동차, 또는 총중량이 750kg를 초과하지 않는 트레일러에 연결된 B 범주의 자동차, 또는 총중량이 750kg를 초과하되 자동차의 공차 중량을 초과하지 않는 트레일러에 연결된 B 범주의 자동차로서 결합 총중량이 3,500kg을 초과하지 않는 경우
B1	삼륜 오토바이와 사륜 오토바이
C	총중량이 3,500kg을 초과하는 D 범주 이외의 자동차, 또는 총중량이 750kg을 초과하지 않는 트레일러에 연결된 C 범주의 자동차
C1	총중량이 3,500kg을 초과하되 7,500kg을 초과하지 않는 D 범주 이외의 자동차, 또는 총중량이 750kg을 초과하지 않는 트레일러에 연결된 C1 하위 범주의 자동차
D	운전자의 좌석 이외에 8개를 초과하는 좌석을 가진 승객 운송 자동차, 또는 총중량이 750kg을 초과하지 않는 트레일러에 연결된 D 범주의 자동차
D1	운전자의 좌석 이외에 8개를 초과하나 16개를 초과하지 않는 좌석을 가진 승객 운송 자동차; 또는 총중량이 750kg을 초과하지 않는 트레일러에 연결된 D1 하위 범주의 자동차
BE	총중량이 750kg을 초과하며 자동차의 공차 중량을 초과하는 트레일러에 연결된 B 범주의 자동차, 또는 총중량이 750kg을 초과하는 트레일러에 연결된 B 범주의 자동차로서 결합 총중량이 3,500kg을 초과하는 경우
CE	총중량이 750kg을 초과하는 트레일러에 연결된 C 범주의 자동차
C1E	총중량이 750kg을 초과하되 자동차의 공차 중량을 초과하지 않는 트레일러에 연결된 C1 하위 범주의 자동차로서 결합 총중량이 12,000kg을 초과하지 않는 경우
DE	총중량이 750kg을 초과하는 트레일러에 연결된 D 범주의 자동차
D1E	총중량이 750kg을 초과하되 자동차의 공차 중량을 초과하지 않는 트레일러에 연결되었으며 승객 운송에 사용되지 않는 D1 하위 범주의 자동차로서 결합 총중량이 12,000kg을 초과하지 않는 경우

꼭 알아야 할 베트남 생활법률 가이드

부속서 (나)
대한민국이 발급한 국제운전면허증의 차량 범주

구 분	차량 범주
A	이륜자동차(측면 부착차의 유무를 불문), 신체장애인용 차량 및 차체 중량 400kg을 초과하지 않는 3륜 자동차
B	운전자의 좌석 이외에 최대 8개 좌석을 가진 승용차 및 허용 최대 중량이 3,500kg을 초과하지 않는 화물자동차. 상기 차량은 1개의 소형 피견인자동차를 연결할 수 있음
C	허용 최대 중량이 3,500kg을 초과하는 화물자동차. 1개의 소형 피견인자동차를 연결할 수 있음
D	운전자의 좌석 이외에 8개 이상의 좌석을 가진 승객 운송 자동차. 1개의 소형 피견인자동차를 연결할 수 있음
E	상기 B, C, D 중 어느 하나에 해당하는 자동차로서 소형 피견인자동차 이외의 것을 연결한 것

2. 2023년 [국제운전면허증 상호 인정에 관한 한-베 협정] 이전에는 베트남이 한국의 국제운전면허증을 인정하지 않았던 이유

한국은 이전부터 국제운전면허증을 발급해 왔으나, 베트남 교통부 및 교통경찰은 이를 인정하지 않았습니다.

그 이유는, 한국에서 발급하는 국제운전면허증은 "1949년 제네바협약 (Geneva Convention on Road Traffic)"을 기준으로 발급되는 반면, 베트남은 "1968년 비엔나협약 (Vienna Convention on Road Traffic)"을 기준으로 발급된 국제운전면허증만 인정하기 때문입니다.

많은 국가에서 국제운전면허증(International Driving Permit)이라는 공통된 명칭을 사용하여 혼돈을 야기할 수 있지만, 1949년 제네바협약과 1968년 비엔나협약은 국제운전면허증의 디자인, 안내 문구, 기

재 내용 등 여러 부분에 있어 요구하는 조건이 다르기 때문에, 그동안 한국의 국제운전면허증은 베트남에서 인정받지 못했습니다.

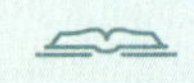 **대한민국 정부와 베트남사회주의공화국 정부 간의 국제운전면허증 상호 인정에 관한 협정 (Agreement 15/2023/TB-LPQT)**

제1조

1. 이 협정의 목적상 "국제운전면허증"이란 다음을 말한다.

　가. 베트남의 경우, 1968년 11월 8일 비엔나에서 채택된 「도로교통에 관한 협약」에서 규정된 국제운전면허증

　나. 대한민국의 경우, 1949년 9월 19일 제네바에서 채택된 「도로교통에 관한 협약」에서 규정된 국제운전면허증

 **교통질서 및 도로교통 안전에 관한 행정 위반 처벌 시행령(Decree No. 168/2024/ND-CP)**

제18조 차량 운전자의 조건 위반 행위에 대한 처벌, 운전면허 점수 감점

***

7. 6,000,000동에서 8,000,000동의 과태료가 부과된다. 이는 배기량이 125cm³를 초과하거나, 전기 모터 출력이 11kW를 초과하는 이륜 모터사이클 또는 삼륜 모터사이클을 운전하면서 다음과 같은 행위 중 하나를 위반한 사람에게 적용된다:

　a) 운전 중인 차량에 적합하지 않은 운전면허를 소지한 경우;

　b) 운전면허가 없거나, 모든 점수가 차감된 운전면허를 사용하거나, 권한 있는 기관에서 발급되지 않은 운전면허를 사용하거나, 운전면허증이 위조·변조되었거나, 만료된 운전면허를 사용한 경우;

　c) 1968년 유엔 도로교통협약에 서명한 국가에서 발급된 국제운전면허증(베

트남 발급 국제운전면허증 제외)을 소지하고 있으나, 운전할 수 있는 차량에 적합한 국가 운전면허증을 소지하지 않은 경우;

d) 유효하지 않은 운전면허를 사용한 경우(운전면허 뒷면에 기재된 번호가 운전면허 관리 시스템에서 최신으로 발급된 번호와 일치하지 않는 경우).

8. 8,000,000동에서 10,000,000동의 과태료가 부과된다. 이는 자동차, 자동차와 유사한 차량, 승객 운송용 4륜 동력차, 화물 운송용 4륜 동력차를 운전하면서 다음과 같은 행위 중 하나를 위반한 사람에게 적용된다:

a) 운전면허가 있지만 그 유효기간이 만료된 지 1년 미만인 경우;

b) 1968년 유엔 도로교통협약에 서명한 국가에서 발급된 국제운전면허증(베트남 발급 국제운전면허증 제외)을 소지하고 있으나, 운전할 수 있는 차량에 적합한 국가 운전면허증을 소지하지 않은 경우;

c) 유효하지 않은 운전면허를 사용한 경우(운전면허 뒷면에 기재된 번호가 운전면허 관리 시스템에서 최신으로 발급된 번호와 일치하지 않는 경우).

9. 18,000,000동에서 20,000,000동의 과태료가 부과된다. 이는 자동차, 자동차와 유사한 차량, 승객 운송용 4륜 동력차, 화물 운송용 4륜 동력차를 운전하면서 다음과 같은 행위 중 하나를 위반한 사람에게 적용된다:

a) 운전 중인 차량에 적합하지 않은 운전면허를 소지하거나, 운전면허증이 있으나 유효기간이 만료된 지 1년 이상인 경우;

b) 운전면허가 없거나, 모든 점수가 차감된 운전면허를 사용하거나, 권한 있는 기관에서 발급되지 않은 운전면허를 사용하거나, 운전면허증이 위조·변조되었거나, 만료된 운전면허를 사용한 경우.

---

3. 베트남 운전면허증 발급 방법

베트남 운전면허증을 발급받기 위해서는, 다음 준비 서류와 함께 교통부에 방문하여 주시기 바랍니다.

⊘ 준비 서류:

- 운전면허증 신청서
- 한국 국제운전면허증 원본 및 사본 2부
- 한국 국제운전면허증 번역 공증 서류 1부 (개별적으로 면허증을 베트남어로 공증받아야 합니다)
- 한국 여권 (유효기간 6개월 이상) 원본 및 사본 2부
- 비자 원본 및 사본 2부
- 베트남 거주증, 임시 거주증 등 체류 허가증 원본 및 사본 2부
- 신청 비용 (135,000 베트남 동)

⊘ 발급 기간: **약 10일**

⊘ 교통부 위치:

- 하노이(Hanoi) – 2 Duong Phung Hung, Van Quan, Ha Dong, Ha Noi or 16 Cao Ba Quat Street, Ba Dinh District, Hanoi
- 호치민(Ho Chi Minh City) – 63 Ly Tu Trong, Ben Nghe, District 1, Ho Chi Minh City
- 후에(Hue) – 10 Phan Boi Chau, Vinh Ninh, Hue
- 다낭(Da Nang) – 24 Duong Tran Phu, Thach Thang, Hai Chau, Da Nang
- 하이퐁(Hai Phong) – 1 P. Cu Chinh Lan, Minh Khai, Hong Bang, Hai Phong
- 하이즈엉(Hai Duong) – 79 Bach Dang, P. Le Thanh Nghị, Thanh pho Hai Duong, Hai Duong
- 박장(Bac Giang) – 51 Nguyen Van Cu, Phuong Ngo Quyen, Bac Giang
- 박닌(Bac Ninh) – 16 Nguyen Phi Y Lan, Suoi Hoa, Bac Ninh
- 빈증(Binh Duong) – Le Loi, Tang 12A Toa Trung Tam Hanh Chinh P, Tp. Thu Dau Mot, Binh Duong

 꼭 알아야 할 베트남 생활법률 가이드

 **운전면허 시험 및 운전면허 발급 규정; 국제 운전 면허 발급 및 사용에 대한 시행규칙(Circular No. 12/2025/TT-BCA)**

제24조 외국 운전면허 교환

1. 외국 운전면허 교환 조건

   a) 베트남에 거주, 근무 또는 학습하는 외국인으로 유효한 국가 운전면허증을 소지하고, 다음 서류 중 하나(외교 신분증, 공무 신분증, 3개월 이상의 기간을 가진 임시 거주 증명서 또는 영구 거주증명서)를 보유한 경우, 베트남에서 운전할 필요가 있을 때 해당 운전면허 등급으로 교환을 고려한다;

   b) 해외에서 거주, 학습 또는 근무 중인 베트남 국민(베트남 국적)으로 유효 기간 내의 외국 국가에서 발급한 국가 운전면허증을 소지하고, 베트남에서 운전할 필요가 있을 경우 해당 운전면허 등급으로 교환을 고려한다;

   c) 임시 외국 운전면허증, 국제 운전면허증, 만료되었거나 지워졌거나 찢어진 외국 운전면허증, 교환에 필요한 정보가 부족한 외국 운전면허증, 인적 식별 정보에 차이가 있는 외국 운전면허증, 권한 있는 기관에서 발급되지 않은 외국 운전면허증, 해외에서 3개월 미만으로 체류하며 운전면허 교육 기간이 해당 국가의 요구에 맞지 않는 외국 운전면허증은 교환하지 않는다.

2. 서류 제출 사항

3. 실행 절차

4. 운전면허 갱신 파일은 관리용 원본 파일로, 제2항에 규정된 서류와 외국 운전면허증을 포함한다.

5. 사용 기간 및 운전 가능한 차량 등급

   a) 외국인에게 교환된 베트남 운전면허의 유효 기간은 제1항의 a) 문서에 명시된 기간과 일치하며, 외국 운전면허의 유효 기간과 일치하지만 베트남 운전면허의 유효 기간을 초과하지 않는다;

   b) 다양한 차량 등급의 운전면허를 가진 사람은 해당 차량 등급을 운전하기 위해 베트남 운전면허로 교환할 수 있다.

KEY POINTS

한국의 영문 혼용면허증은 베트남에서 인정하지 않는다.

한국에서 발급받은 국제운전면허증으로 베트남에서 운전할 수 있다.

베트남에서 운전 시에는 국제운전면허증, 한국 운전면허증, 여권을 함께 가지고 다녀야 한다.

베트남에서는 오토바이를 운전하기 위한 국제운전면허증(A 범주)과 자동차를 운전하기 위한 국제운전면허증(B 범주)을 구분하기에, 목적에 맞는 국제운전면허증을 발급받아야 한다.

한국 운전면허로 베트남 운전면허 발급이 가능하다.

PART 3.
베트남에서 오토바이 렌트 및 운전

Q 베트남 전역을 오토바이로 여행하려고 계획 중입니다. 베트남에서 오토바이를 렌트해서 다니려고 하는데, 한국에서 준비해 가야 할 면허증은 무엇인가요?

A 베트남에서 50cc 미만의 오토바이를 렌트 및 운전하기 위해서는 16세 이상이어야 하며, 별도의 면허증이 요구되지는 않습니다. 하지만, 50cc 이상의 오토바이를 렌트 또는 운전할 경우에는 18세 이상이어야 하며, (1) 베트남 오토바이 면허증을 소지하거나 (2) A 범주(오토바이 전용) 국제운전면허증을 소지해야 합니다.

국제운전면허증의 유효기간은 발급일로부터 1년입니다. 한국에서 발급받은 영문 혼용면허증(뒷면이 영문으로 기재된 운전면허증)은 베트남에서 효력이 없다는 것에 유의하시기 바랍니다.

⊘ 오토바이 운전을 목적으로 한국에서 국제운전면허증 발급 시 A 범주 발급 필수

국제운전면허증은 오토바이 전용 국제운전면허증(A 범주)과 자동차 전용 국제운전면허증(B 범주)이 별도로 존재합니다. 오토바이 운전을 위해서는 반드시 A 범주 국제운전면허증을 발급받아야 합니다.

[베트남 운전면허 시행규칙] 33조 10항에 따르면, 외국인이 베트남에서 운전을 하기 위해서는 (1) 베트남 운전면허증을 발급받거나 (2) 운전면허와 관련되어 베트남이 서명국으로 가입한 국제협약이 있을 시, 해당 국제협약의 규정을 적용해야 합니다.

현재 베트남이 서명한 국제협약 중 한국인의 운전면허와 직접적으로 관련된 것은 [국제운전면허증 상호 인정에 관한 한-베 협정]입니다.

[국제운전면허증 상호 인정에 관한 한-베 협정] 제1조 2항과 부속서(나)에 따르면, 대한민국 국민이 베트남에서 이륜 오토바이를 운전하기 위해서는 A 범주 국제운전면허증을 발급받아야 합니다.

제32조 운전면허의 사용 및 관리

***

6. 외국인 또는 해외에 거주하는 베트남인이 베트남에서 차량을 운전하고
자 할 경우, 다음과 같이 시행해야 한다:

a) 자국의 운전면허를 소지한 경우, 베트남의 해당 운전면허로 전환 신
청을 해야 한다.

b) 베트남이 서명한 국제 운전면허 관련 협정에서 다르게 규정한 경우,
해당 국제 협정을 적용한다.

제1조

***

2. 각 당사자는 다른 쪽 국가가 발급한 유효한 국제운전면허증을, 그러한 면
허증의 소지자가 비상업적 목적으로 다음의 자동차를 운전하도록 허용하기
위하여, 상호 인정한다.

가. 베트남에서,

(1) 한국이 A 범주(이륜 오토바이)로 발급한 국제운전면허증을 소지한 한
국 국민은 그러한 국제운전면허증에 해당하는 범주에 따라 자동차를 운
전하도록 허용된다. 그리고

(2) 한국이 그 밖의 범주로 발급한 국제운전면허증을 소지한 한국 국민은

그러한 국제운전면허증에 해당하는 B 범주(승용차 및 3,500kg 미만 화물자
동차)의 자동차를 운전하도록 허용된다.

나. 한국에서,

(1) 베트남이 A(이륜 오토바이), A1(경량 이륜 오토바이) 또는 B1(삼륜 및 사륜
오토바이) 범주로 발급한 국제운전면허증을 소지한 베트남 국민은 그러
한 운전면허증에 해당하는 범주에 따라 자동차를 운전하도록 허용된다.

(2) 베트남이 그 밖의 범주로 발급한 국제운전면허증을 소지한 베트남
국민은 그러한 국제운전면허증에 해당하는 범주의 자동차를 운전하도
록 허용된다.

3. 당사자들이 발급한 국제운전면허증의 차량 범주는 부속서 가(베트남 국제
운전면허증 차량 범주)와 나(한국 국제운전면허증 차량 범주)에 열거된다.

***

부속서 (나)

대한민국이 발급한 국제운전면허증의 차량 범주

구 분	차량 범주
A	이륜자동차(측면 부착차의 유무를 불문), 신체장애인용 차량 및 차체 중량 400kg을 초과하지 않는 3륜 자동차
B	운전자의 좌석 이외에 최대 8개 좌석을 가진 승용차 및 허용 최대 중량이 3,500kg을 초과하지 않는 화물자동차. 상기 차량은 1개의 소형 피견인자동차를 연결할 수 있음
C	허용 최대 중량이 3,500kg을 초과하는 화물자동차. 1개의 소형 피견인자동차를 연결할 수 있음
D	운전자의 좌석 이외에 8개 이상의 좌석을 가진 승객 운송 자동차. 1개의 소형 피견인자동차를 연결할 수 있음
E	상기 B, C, D 중 어느 하나에 해당하는 자동차로서 소형 피견인자동차 이외의 것을 연결한 것

⊘ A 범주 국제 운전면허 발급 시 2종 소형 운전면허증 소지 필수

한국에서는 1종 (소형, 보통, 대형) 또는 2종 (보통) 면허증으로도

꼭 알아야 할 베트남 생활법률 가이드

배기량 125cc 이하의 오토바이 운전이 가능하며, 2종 소형 운전
면허증은 배기량 125cc 이상의 오토바이 운전을 위한 면허증으로
사용됩니다.

국제 운전면허증은 국내 운전면허증을 기반으로 발급되며, 국
내 운전면허증 중 2종 소형 운전면허증이 없으면 A 범주 국제 운
전면허를 발급받을 수 없습니다. 따라서 한국에서 A 범주 국제 운
전면허를 발급받기 위해서는 1종 보통면허나 2종 보통면허 등의
타 면허증을 가지고 있더라도 추가로 2종 소형면허(이륜자동차, 원
동기 장치 자전거)를 취득하여야 합니다.

관련 세부 법령을 살펴보면, [한국 도로교통법] 제98조 1항에
따르면, 한국에서 국제운전면허증을 발급받기 위해서는 [1949년
제네바에서 체결된 도로교통에 관한 협약]을 준수해야 합니다.
[1949년 제네바에서 체결된 도로교통에 관한 협약] 제24조 제
1항에 따르면, 국제운전면허증을 발급받기 위해서는 먼저 해당
범주의 차량을 운전할 수 있음을 증명하는 국내 운전면허증을 소
지해야 합니다. 한편, [한국 도로교통법 시행규칙] 별표 18에서
는 한국에서 이륜 오토바이를 운전할 수 있는 자격을 증명하는
국내 면허를 '2종 소형 운전면허증'으로 규정하고 있습니다.

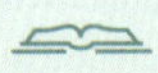 1949년 도로교통에 관한 제네바 협약 (1949 Geneva Convention on Road Traffic)

제24조

1. 체약국은 자국의 영역에 입국이 허가된 운전자로 부속서 8에 정하는 조건을 이행하거나 또한 타 체약국 또는 그 하부 기구의 관계 당국이나 동 당국으로부터 정당한 권한을 위임받은 단체가 적성을 갖추고 있음을 실증한 후 발급을 받은 유효한 운전 면허증을 소지한 자에 대하여 부속서 9 및 부속서 10에 규정하는 종류의 자동차로 그 운전면허 발급의 대상으로 되어 있는 자를 새로운 시험을 거치지 않고 자국의 도로에서 운전함을 허가하여야 한다.

 한국 도로교통법 [법률 제19357호]

제98조(국제운전면허증의 발급 등).

1. 제80조에 따라 운전면허를 받은 사람이 국외에서 운전을 하기 위하여 제96조 제1항 제1호의 1949년 제네바에서 체결된 「도로교통에 관한 협약」에 따른 국제운전면허증을 발급받으려면 시도경찰청장에게 신청하여야 한다.

 한국 도로교통법 시행규칙 [행정안전부령 제459호]

제8장 운전면허

제53조 (운전면허에 따라 운전할 수 있는 자동차 등의 종류)
법 제80조 제2항에 따라 운전면허를 받은 사람이 운전할 수 있는 자동차 등

꼭 알아야 할 베트남 생활법률 가이드

의 종류는 별표 18과 같다.

***

도로교통법 시행규칙 [별표 18]

운전할 수 있는 차의 종류(제53조 관련)

운전면허		운전할 수 있는 차량
종 별	구 분	
제2종	보통면허	1. 승용자동차 2. 승차정원 10명 이하의 승합자동차 3. 적재중량 4톤 이하의 화물자동차 4. 총중량 3.5톤 이하의 특수자동차(구난차 등은 제외한다) 5. 원동기장치자전거
	소형면허	1. 이륜자동차(운반차를 포함한다) 2. 원동기 장치 자전거
	원동기 장치 자전거 면허	원동기 장치 자전거

요약하면, 한국에서는 1종 보통이나 2종 보통 운전면허증을 소지하면 배기량 125cc 이하 오토바이 운전이 가능합니다. 그 이상을 운전하는 것은 무면허운전입니다. 즉, 배기량 126cc 이상의 오토바이를 운전하려면 2종 소형면허를 취득해야 합니다.

1종 보통이나 2종 보통 운전면허증으로 국제운전면허증을 받으면 B 칸에만 도장이 찍힙니다. 그래서 베트남에서 오토바이 운전은 불가능합니다. 2종 소형 면허증을 소지해야 국제운전면허증 A 칸에 도장을 받을 수 있습니다. 만약 1종 보통 면허를 소지한 내가 국제운전면허증을 지금 받으면 B 칸에만 도장이 찍힌 국제운전면허증만 발급됩니다. 그러나 2종 소형 면허를 취득한 후에 국제운전면허증을 받으면 A와 B 칸에 도장이 모두 찍힌 국제운전면허증을 받을 수 있습니다.

<국제운전면허증 예시>

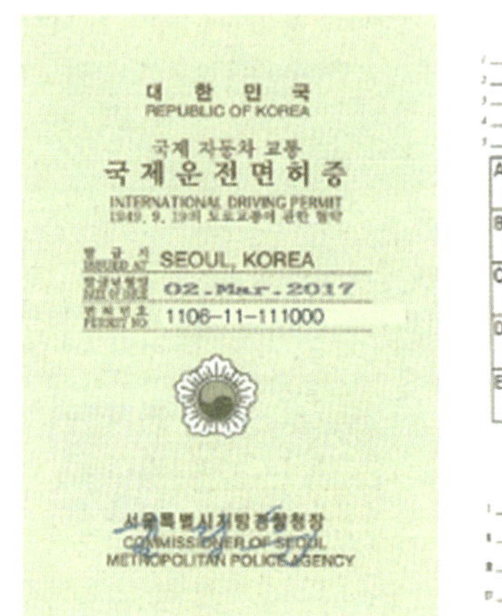

이미지 출처: 금강일보

꼭 알아야 할 베트남 생활법률 가이드

KEY POINTS

베트남에서 50cc 미만의 오토바이는 면허 없이 운전할 수 있다.

베트남에서 50cc 이상의 오토바이를 운전하려면 A 범주 국제운전면허증 또는 베트남 면허증이 필요하다.

베트남에서 운전 시에는 국제운전면허증, 한국 운전면허증, 여권을 함께 가지고 다녀야 한다.

A 범주 국제운전면허증 발급을 위해서는 한국에서 2종 소형 운전면허증을 취득해야 한다.

PART 4.
차량과 오토바이 의무 보험 및 과태료 납부

Q (1) 의무보험 가입 근거 조항 및 벌칙 규정은 어떻게 되는지

Q (2) 의무보험 가입은 이륜차량에도 적용이 되는지

Q (3) 과태료 납부 방법은 어떻게 되는지

A 차량과 오토바이 의무 보험 및 과태료 납부 관련 베트남 법령은 아래와 같습니다.

■ 차량 소유자의 민사 책임 보험 등에 대한 시행령 (Decree 67/2023/ND-CP)

■ 교통법규 위반 행정처분에 대한 시행령 (Decree 100/2019/ND-CP + Decree 123/2021/ND-CP + Decree 168/2024/ND-CP)

■ 형법 (Law 100/2015/QH13 + Law 12/2017/QH14)

■ 행정 위반 처리법 (Law 15/2012/QH13 + Law 67/2020/QH14)

■ 정부 기관 온라인 정보 및 공공 서비스 제공에 대한 시행령 (Decree 42/2022/ND-CP)

 의무보험 가입 근거 조항 및 벌칙 규정

(i) 의무보험 규정

베트남에서 차량을 운전하기 위해서는 의무보험에 가입해야 합니다. [차량 소유자의 의무 민사 책임 보험 등에 대한 시행령. 제4조 1항]

차량 소유자의 민사 책임 보험 등에 대한 시행령
(Decree 67/2023/ND-CP)

제2조 규제 대상

본 시행령은 다음 각호에 해당하는 자에게 적용된다:

1. 차량 소유자의 민사 책임 관련 의무 보험과 관련해, 베트남 영토 내 도로를 주행하는 차량 소유자.

***

제4조 일반 원칙

1. 본 시행령 제2조 1항, 2항 및 3항에 해당하는 기관, 단체 및 개인 (이하 "보험 가입자")는 법에 따라 보험업 영업허가를 받은 보험회사로부터 의무보험에 가입해야 한다.

2. 보험계약자 및 보험사는 본 시행령의 보험 조건, 보험료 및 최소 보장 범위 관련 규정을 준수하여 의무보험을 구매 및 판매해야 한다.

***

(ii) 의무 보험 미가입 과태료

오토바이 운전자가 의무보험에 가입하지 않을 시, 200,000 베트남 동 이상 300,000 베트남 동 이하의 과태료가 부과될 수 있습니다. [교통법규 위반 행정처분에 대한 시행령. 제18조2항a호]

차량 운전자가 의무보험에 가입하지 않을 시, 400,000 베트남 동 이상 600,000 베트남 동 이하의 과태료가 부과될 수 있습니다. [교통법규 위반 행정처분에 대한 시행령. 제18조4항c호]

제18조 차량 운전자의 조건 위반 행위에 대한 처벌, 운전면허 점수 감점

***

2. 다음과 같은 위반을 할 경우 200,000 VND에서 300,000 VND까지의 과태료가 부과된다:

a) 오토바이, 모페드 또는 오토바이와 모페드와 유사한 차량을 운전하는 사람이 자동차의 의무적인 민사 책임 보험 유효 증명서를 휴대하지 않고 운송업에 종사하는 경우.

***

4. 다음과 같은 위반을 할 경우 400,000 VND에서 600,000 VND까지의 과태료가 부과된다:

a) 16세 이상 18세 미만의 사람이 배기량 50cm^3 이상 또는 전기 모터 출력 4kW 이상인 오토바이를 운전하는 경우;

b) 자동차, 승객 운송용 4륜 자동차, 화물 운송용 4륜 자동차 또는 자동차와 유사한 차량을 운전하는 사람이 의무적인 민사 책임 보험 유효 증명서를 휴대하지 않고 운송업에 종사하는 경우;

c) 자동차, 승객 운송용 4륜 자동차, 화물 운송용 4륜 자동차 또는 자동차와 유사한 차량을 운전하는 사람이 의무적인 민사 책임 보험 유효 증명서를 휴대하지 않고 운전하는 경우.

(ⅲ) 교통사고 과태료

베트남에서 교통사고를 일으킨 사람은 사고 과실 책임 정도에

     꼭 알아야 할 베트남 생활법률 가이드

따라 부과되는 과태료가 다르며, 상황에 따라 형사 처벌을 받을 수 있습니다.

골목에서 차도에 합류하거나 작은 도로에서 큰 도로로 이동할 때 속도를 줄이고 양보하지 않는 경우 4,000,000 베트남 동 이상 6,000,000 베트남 동 이하의 과태료가 부과됩니다. [교통법규 위반 행정처분에 대한 시행령. 제6조5항n, o호]

교통사고를 일으킨 사람은 사고 발생 후 정지, 현장 보호, 사고 미신고, 응급 처치 미시행 등 사고 과실 책임 정도에 따라 16,000,000 베트남 동 이상 18,000,000 베트남 동 이하의 과태료가 부과될 수 있습니다. [교통법규 위반 행정처분에 대한 시행령. 제6조8항]

교통사고의 결과로 사람이 사망할 경우 30,000,000 베트남 동 이상 100,000,000 베트남 동 이하의 벌금, 3년 이하의 사회봉사 또는 1년 이상 5년 이하의 징역형이 선고될 수 있습니다. [형법. 제260조1항a호]

교통사고의 결과로 2명이 사망할 경우 3년 이상 10년 이하의 징역형이 선고될 수 있습니다. [형법. 제260조2항dd호]

교통질서 및 도로교통 안전에 관한 행정 위반 처벌 시행령(Decree No. 168/2024/ND-CP)

제6조 도로 교통 규칙을 위반한 자동차, 승객 운송용 4륜 자동차, 화물 운송용 4륜 자동차 및 자동차와 유사한 차량 운전자의 처벌 및 운전면허 점수 감점

***

5. 다음과 같은 위반을 하는 차량 운전자는 4,000,000 VND에서 6,000,000 VND까지의 과태료가 부과된다:

***

n) 우선 도로에서 비우선 도로로, 또는 보조 도로에서 주요 도로로 진입할 때 속도를 줄이지 않거나 정지하지 않고 양보하지 않는 경우;

***

o) 회전 교차로 표시가 없는 교차로에서 오른쪽에서 오는 차량에 대해 속도를 줄이지 않거나 양보하지 않는 경우; 회전 교차로 표시가 있는 교차로에서 왼쪽에서 오는 차량에 대해 속도를 줄이지 않거나 양보하지 않는 경우;

***

8. 교통사고를 일으킨 후 차량을 정지하지 않고, 사고 현장을 유지하지 않으며, 피해자를 돕지 않고 현장을 떠나거나 가장 가까운 공공안전기관이나 인민위원회에 즉시 신고하지 않은 경우, 16,000,000 VND에서 18,000,000 VND 까지의 과태료가 부가된다.

📖 형법 (Law 100/2015/QH13 + Law 12/2017/ QH14)

(개정) 제260조 도로 교통수단의 운전에 관한 규정 위반죄

1. 도로교통법을 위반하여 타인에게 다음 각호 중 하나에 해당하는 피해를 입힌 자는 30,000,000 베트남 동 이상 100,000,000 베트남 동 이하의 벌금, 03년 이하의 사회봉사 또는 01년 이상 05년 이하의 징역에 처한다:

a) 사람을 사망에 이르게 한 경우;

***

2. 죄를 범하여 다음 각호에 해당하는 경우 03년 이상 10년 이하의 징역형에 처한다:

***

dd) 사람 02명을 사망에 이르게 한 경우;

***

꼭 알아야 할 베트남 생활법률 가이드

Q (2) **의무보험 가입 이륜차량 적용 여부**

A (2) **의무보험 가입은 이륜차량에도 적용됩니다.**

오토바이 운전자가 의무보험에 가입하지 않을 시, 200,000 베트남 동 이상 300,000 베트남 동 이하의 과태료가 부과될 수 있습니다. [교통법규 위반 행정처분에 대한 시행령. 제18조2항a]

제18조 차량 운전자의 조건 위반 행위에 대한 처벌, 운전면허 점수 감점

***

2. 다음과 같은 위반을 할 경우 200,000 VND에서 300,000 VND까지의 과태료가 부과된다:

a) 오토바이, 모페드 또는 오토바이와 모페드와 유사한 차량을 운전하는 사람이 의무적인 민사 책임 보험 유효 증명서를 휴대하지 않고 운송업에 종사하는 경우.

Q (3) **과태료 납부 방법**

A (3.1) **납부 방법 관련 규정**

당사자는 과태료를 통지받은 날로부터 10일 이내에 재무부에 직접 납부하거나 통지서에 기재되어 있는 계좌로 납부해야 합니다. [행정 위반 처리법. 제78조1항]

할부 납부 시, 6개월 이내 최대 3회로 나누어 납부가 가능합니다. 해당 기한 이내 납부하지 않을 시, 0.05%에 해당하는 금액을 연체 일수에 따라 일할계산하여 산정한 가산금을 추가로 징수합니다.

A (3.2) **온라인 납부 방법**

과태료는 아래 베트남 정부 온라인 공공 서비스의 공시 사이트를 통해 납부할 수 있습니다:

https://dichvucong.gov.vn/p/home/dvc-trang-chu.html

온라인 공공 서비스는 정부 기관이 개인에게 제공하는 서비스입니다. [정부 기관 온라인 정보 및 공공 서비스 제공에 대한 시행령. 제1조] 사용자는 온라인 공공 서비스를 통해 온라인으로 과태료를 지불할 수 있으며 납부 결과는 온라인으로 확인하거나 우편으로 받아 볼 수 있습니다.

행정 위반 처리법 (Law 15/2012/QH13 + Law 67/2020/QH14)

제68조 위반 관련 행정 처분 내용

***

2. 행정 처분의 이행 기한은 통지를 받은 날로부터 10일 이내로 하며, 통지서에 10일을 초과하는 기한을 명시한 경우, 해당 기한 이내 이행해야 한다.

***

(개정) 제78조 과태료/범칙금 납부 절차

1. 본 조항 제2호에 따라 이미 과태료를 납부한 경우를 제외하고, 행정 처분을 받은 개인 및 단체는 본 법 제68조2항 또는 제79조2항에 명시된 이행 기한에 따라 과태료를 재무부에 직접 납부하거나 통지서에 기재된 재무부 계좌로 납부해야 한다. 이행 기한이 만료할 시, 행정 처분은 강제 시행하며, 기한을 초과하는 일수마다 총미납 과태료의 0.05%에 해당하는 추가 금액을 납부해야 한다.

***

꼭 알아야 할 베트남 생활법률 가이드

제79조 과태료 할부 납부

***

2. 과태료 할부 납부 시 행정 처분의 이행 기한은 효력일로부터 06개월을 초과하지 않는다; 과태료/범칙금 납부 횟수는 03회를 초과하지 않는다.

***

정부 기관 온라인 정보 및 공공 서비스 제공에 대한 시행령 (Decree 42/2022/ND-CP)

제1조 . 범위

본 시행령은 정부 기관의 온라인 정보 및 온라인 공공 서비스에 관해 규정한다.

KEY POINTS

베트남에서 차량과 오토바이를 운전하기 위해서는 의무보험에 가입해야 한다.

의무보험 미가입 시, 오토바이 및 차량 운전자는 법적 책임을 지며 과태료가 부과된다.

교통법규 위반 과태료/범칙금을 통지받은 날로부터 10일 이내에 납부해야 한다. 6개월 이내 최대 3회로 나누어 할부 납부도 가능하다.

교통사고 과실 책임 정도에 따라, 행정 과태료가 부과되거나 1년 이상 징역형의 형사 처벌을 받을 수 있다.

PART 5.
음주운전

Q 베트남에서 음주 운전에 대한 처벌이 강화되어, 음주 운전을 하면 벌금과 면허정지뿐만 아니라 감옥에 갈 수 있다고 들었습니다. 베트남의 음주 운전 처벌이 어떻게 강화되었는지, 음주 운전도 형사처벌이 되는지 알고 싶습니다.

A 교통사고가 나지 않았다면, 음주 운전은 형사처벌 대상은 아니고 행정처분만 됩니다. 그러나 교통사고의 결과로 타인이 다치거나 사망하고, 이때 교통사고가 음주 상태에서 발생했다면 형사 처벌이 가중됩니다(예: 음주 상태가 아닐시 1~5년 징역 적용 대상이, 음주 상태라면 3~10년 징역으로 처벌이 가중됨).

2020년 1월 1일(2022년 일부 개정됨)부터 도로와 철도 교통 위반에 대한 행정처분 시행령(Decree 100/2019/ND-CP + Decree 123/2021/ND-CP)이 발효되어, 음주 운전에 대한 처벌이 강화되었습니다. 그 이후 2025년 1월부터 시행되고 있는 제168/2024/ND-CP 시행령은 제100/2019/ND-CP 시행령을 부분적으로 대체하며, 음주 관련 위반에 대해 엄격한 행정적 처벌을 계속해서 부과하고 있으며, 베트남의 음주 운전 무관용 입장을 재확인하고 있습니다. 자전거 음주 운전 처벌도 추가되었고, 점심시간이 끝나는 시간에 맞추어 도로 곳곳에서 음주 운전 단속을 하는 등 실제 거리에서의 변화도 볼 수가 있습니다.

(1) 행정처분

베트남에서 음주 운전 단속 기준은 혈중알코올 미검출(농도 0%)입니다. 즉, 음주 운전 단속 중 알코올이 조금이라도 검출될 경우 처벌 대상입니다.

음주 운전에 대해 엄격한 기준을 적용하는 이유에 대한 베트남 공안부의 공식 입장은 "베트남의 주류 소비량이 동남아에서 두 번째에 달할 정도로 많고, 통계에 따르면 살인사건 중 50% 이상이 음주와 관련 있고, 도로교통법 위반이나 공공질서 문란, 성폭행 등 많은 사건·사고 가해자가 음주와 직접적으로 관련돼 있기 때문"이라고 합니다.

<베트남 음주 운전 행정처분 표>

혈중알코올농도(BAC) 기준, 교통 행정 과태료/범칙금

BAC	차량 / 오토바이 / 자전거	운전면허 정지
0.08% 이상	차량: 30,000,000동 – 40,000,000동 (150만원 – 200만원) 오토바이: 6,000,000동 – 8,000,000동 (30만원 – 40만원) 자전거: 400,000동 – 600,000동 (2만원 – 3만원)	운전면허 22–24개월 정지
0.05% ~ 0.08%	차량: 16,000,000동 – 18,000,000동 (80만원 – 90만원) 오토바이: 4,000,000동 – 5,000,000동 (20만원 – 25만원) 자전거: 300,000동 – 400,000동 (1만5천원 – 2만원)	운전면허 16–18개월 정지
0% ~ 0.05%	차량: 6,000,000동 – 8,000,000동 (30만원 – 40만원) 오토바이: 2,000,000동 – 3,000,000동 (10만원 – 15만원) 자전거: 80,000동 – 100,000동 (4천원 – 5천원)	운전면허 10–12개월 정지

음주 측정 거부시
차량: 30,000,000동 – 40,000,000동 (150만원 – 200만원)
오토바이: 6,000,000동 – 8,000,000동 (30만원 – 40만원)
자전거: 400,000동 – 600,000동 (2만원 – 3만원)
+
운전면허 22~24개월 정지

도로 교통 위반 및 철도 운송 위반에 대한 행정 처분에 관한 시행령(Decree 100/2019/ND-CP)의 혈중알코올농도(Blood Alcohol Content, BAC)는 % 가 아닌 "혈액 100ml당 알코올의 mg (BAC does not exceed ___ mg per 100ml of blood)"로 표기되어 있어 한국인에게 익숙한 % 혈중알코올농도로 변환하여 정리하였습니다.

"혈액 100ml당 알코올의 mg"을 %로 변환하기 위해서는 해당되는 mg를 1,000으로 나누면 됩니다.
예시: BAC does not exceed 50mg per 100ml of blood.
BAC = 50mg ÷ 1,000 = 0.05%

대 상	위반 사항	벌 금	면허 정지
차량	음주 운전 (혈중알코올농도 0% 초과~0.05% 이하)	6~8백만 동 (약 30~40만 동)	10~12개월
	음주 운전 (혈중알코올농도 0.05% 초과~0.08% 이하)	1천6백만~1천8백만 동 (약 80~90만 동)	16~18개월
	음주 운전 (혈중알코올농도 0.08% 초과)	3~4천만 동 (약 150~200만 동)	22~24개월
	음주 측정 거부	3~4천만 동 (약 150~200만 동)	22~24개월
오토바이 및 모터 자전거	음주 운전 (혈중알코올농도 0% 초과~0.05% 이하)	2~3백만 동 (약 10~15만 동)	10~12개월
	음주 운전 (혈중알코올농도 0.05% 초과~0.08% 이하)	4~5백만 동 (약 20~25만 동)	16~18개월
	음주 운전 (혈중알코올농도 0.08% 초과)	6~8백만 동 (약 30~40만 동)	22~24개월
	음주 측정 거부	6~8백만 동 (약 30~40만 동)	22~24개월
자전거	음주 운전 (혈중알코올농도 0% 초과~0.05% 이하)	8~10만 동 (약 4~5천 원)	해당 없음
	음주 운전 (혈중알코올농도 0.05% 초과~0.08% 이하)	30~40만 동 (약 1만 5천~2만 동)	해당 없음
	음주 운전 (혈중알코올농도 0.08% 초과)	40~60만 동 (약 2~3만 동)	해당 없음
	음주 측정 거부	40~60만 동 (약 2~3만 동)	해당 없음

꼭 알아야 할 베트남 생활법률 가이드

(2) 형사처벌

형법에서는 <u>음주 운전으로 인한 사고 발생 시</u> 형사 처벌이 가중됩니다.

형법 260조 1항에 따르면, 교통사고의 결과로 타인에게 상해를 입히거나, 사망에 이르게 하거나, 100,000,000 베트남 동(원화 약 550만 원) 이상 500,000,000 베트남 동(원화 약 2,700만 원) 이하의 재산 피해를 준 경우 30,000,000 베트남 동(원화 약 170만 원) 이상 100,000,000 베트남 동(원화 약 550만 원) 이하의 벌금을 부과하거나, 최대 3년의 비구금형 교정 또는 1년 이상 5년 이하의 징역에 처할 수 있습니다. 하지만 해당 위반 행위가 음주 상태에서 발생 시, 형법 제260조 2항 b호에 따라 처벌이 가중되어, 3년 이상 10년 이하의 징역에 처할 수 있습니다.

형법(Law 100/2015/QH13 + Law 12/2017/QH14)

(개정) 제260조 도로 교통 위반

1. 다음 각호 중 하나에 해당하는 상황에서 도로 교통 관련 법을 위반하고 다른 사람에게 피해를 입힌 자는 30,000,000 베트남 동 이상 100,000,000 베트남 동 이하의 벌금을 부과하거나 최대 3년의 비구금형 교정 또는 1년 이상 5년 이하의 징역에 처할 수 있다.

　　a) 위반 행위의 결과로 사람이 사망한 경우;

　　b) 위반 행위가 타인에게 61% 이상의 상해를 입힌 경우;

　　c) 위반 행위가 2명 이상의 타인에게 총 61% 이상 121% 이하의 상해를 입힌 경우;

　　d) 위반 행위로 인한 재산 피해의 가치가 100,000,000 베트남 동 이상 500,000,000 베트남 동 이하인 경우.

2. 위 범행이 다음 각호 중 어느 하나에 해당하는 경우 3년 이상 10년 이하
의 징역에 처한다:

　　a) 위반자가 운전 면허증을 소지하지 않은 경우;

　　b) 위반자가 음주 상태에서 혈중 또는 호흡 알코올 농도 수치가 기준치
　　이상이거나 약물 또는 기타 강력한 각성제의 영향을 받은 경우;

＊＊＊

3. 위 범행이 다음 각호 중 어느 하나에 해당하는 자는 7년 이상 15년 이하
의 징역에 처한다.

　　a) 3인 이상을 사망에 이르게 한 경우

　　b) 3인 이상에게 상해 또는 해를 가하며 신체 상해율이 총 201% 이상
　　인 경우;

　　c) 재산에 1,500,000,000동 이상의 손해를 입힌 경우.

＊＊＊

　　　　　　　　　　　　꼭 알아야 할 베트남 생활법률 가이드

KEY POINTS

베트남에서 음주 운전은 자전거를 포함한 모든 종류의 차량에 대해 처벌이 강화되었다.

음주 측정을 거부할 경우, 음주 측정 거부에 대한 과태료 부과와 함께 면허 정지가 될 수 있다.

베트남에서 음주 운전 단속 기준은 혈중 알코올 미검출(0%)이다.

교통사고가 나지 않은 상태에서의 음주 운전은, 형사처벌 대상은 아니고 행정처분 대상이다.

교통사고가 음주 상태에서 발생했다면, 형사 처벌이 가중된다(예: 1~5년 징역이 아닌 3~10년 징역).

베트남과 귀신, 그리고 법

베트남은 오랜 전쟁 동안 많은 사람이 죽어서인지 유난히 귀신에 대한 이야기가 많은 것 같다.

베트남에 신규 법인을 설립한 지 얼마 지나지 않아, 의뢰인이 주소 변경을 위해 다시 찾아왔다. 이유를 물어보니 밤마다 귀신을 봐서 잠을 못 자고 너무 무섭다고 한다. 건장한 남자 두 명이 타운하우스의 1층은 거실 겸 사무실로 쓰고, 2층과 3층은 숙소로 쓰고 있었는데 1층에서 귀신을 본다는 것이다. 알아보니, 몇 개월 전에 그 집 1층에서 목을 매 자살한 사건이 있었다는 것을 알게 됐고, 그 뒤 바로 집을 나와 호텔에서 생활하며 사무실을 이전했다고 한다.

이 집을 소개해 준 부동산에 확인해 보니 부동산에서는 이미 알고 있었지만, 굳이 알려야 할 정도의 사안은 아니라고 생각해서 알리지 않았다고 한다. 법적으로 임대인이나 부동산이 자살이나 살인 사건이 일어났는지에 대해 임차인에게 적극적으로 알려야 할 의무가 있는지에 대해서는 다툼의 여지가 있을 것으로 보인다. 임차인 입장에서는 이런 사건이 없었다는 임대인의 진술 및 보증 조항을 포함하면 향후 분쟁 시 유리할 것이다. 임대인의 입장에서는 "내가 아는 바로는 최근 O 년 동안…" 등을 추가하는 것이 무한 책임을 피하고 책임 범위를 제한할 수 있을 것이다.

베트남에서는 주거지 한 가운데 있는 공동묘지, 논밭 한가운데의 무덤, 그리고 아파트 단지마다 커다란 무쇠 향로에 종이로 만든 자동차와 스마트폰을 태우며 화방(Hóa Vàng) 제사를 지내는 것을 쉽게 볼 수 있다. 이렇게 돌아가신 조상의 영혼과 가까이하는 문화 때문에 부동산 개발 시 묘지의 이장은 매우 어렵다. 실제 공동묘지를 이장하고 그 자리에 상가와 공원을 조성하겠다고 분양할 때 약속하였지만 이를 지키지 못한 아파트 시공사와 입주자 간의 법적 분쟁도 발생하고 있다. 이 경우, 관련 계약서에 "0년 0월 0일까지 공동묘지를 이장하기로 한다. 만약 이장되지 않을 경우 …"등의 특약 사항을 포함한다면 분쟁을 줄일 수 있을 것이다.

베트남 투자·창업자가 꼭 알아야 할 베트남 법
(김유호 저, 도서출판 참)

* 주거용 아파트는 사무실로 사용하면 안 된다.

* IC: 투자허가증(Investment Certificate; Giấy chứng nhận đầu tư)

IRC: 투자등록증(Investment Registration Certificate; Giấy chứng nhận đăng ký đầu tư)

ERC: 법인등록증(Enterprise Registration Certificate; Giấy chứng nhận đăng ký doanh nghiệp)

* 2015년 7월 1일 이전의 구(舊) 투자법 하의 IC는 투자 등록과 기업 등록에 관한 두 부분으로 구성되어 있었다. 그 이후 2015년 7월 1일에 발효된 수정 투자법(Law 67/2014/QH13)과 수정 기업법(Law 68/2014/QH13)부터는 구 투자법 하 IC의 투자 등록 부분을 IRC로, 기업 등록 부분을 ERC로 각 별도의 증서로 분리했다. 2021년 1월 1일부터 발효

된 현재의 투자법(Law 61/2020/QH14)과 기업법(Law 59/2020/QH14)에서도 IC에 명시된 투자 프로젝트가 변경되거나 기업 등록 정보가 변경되는 경우, 변경되는 부분에 해당하는 새로운 IRC나 ERC가 발급된다. 또한, 변경 사항이 전혀 없어도 구 법상 발급받은 IC는 현재 법상의 IRC와 ERC로 새로 발급받을 수 있다.

 * IC, IRC, ERC 상에 기재된 내용이 변경되었을 때만 IC, IRC, ERC를 수정하면 된다.

 * 진술 및 보증(Representations and Warranties)은 상대방이 계약을 맺거나 일정 행동을 하도록 유도하는 사실에 대해 진술하고 이를 보증하는 것이다. 거짓 진술에 대해서는 보증 위반으로 손해배상책임을 질 수 있다.

 * 주택의 영구 소유가 가능한 베트남인과 달리, 외국인 개인의 아파트와 단독 주택 소유권 기간은 최대 50년, 외국투자법인은 법인 존속 기간까지라는 제한이 있다.

 * 베트남인과 결혼한 외국인은 베트남인과 동일하게 주택의 영구 소유가 허용된다.

 * 외국인은 주택건설사업에 의하여 건설된 집의 구매만 허용된다. 외국인에게 구매가 허용되는 아파트 수는 아파트 한 동의 총 30% 이내이다. 단위와 같은 수준의 인구수를 가진 지역에서 다수의 아파트 건물을 외국인이 구매하는 경우, 각 아파트당 30% 이내 그리고 총 아파트 건물의 30% 이내만 구매가 허용된다. 최근, 같은 아파트를 다수의 부동산 중개인을 통해 판매하면서, 전체적인 관리의 부재로, 30% 이상 외국인에게 판매되어 피해가 발생한 사례가 있으니 주의하기 바란다.

 꼭 알아야 할 베트남 생활법률 가이드

5

절도

PART 1.
분실물 취득 후 안 돌려줌

Q 휴가로 다낭에 놀러 갔다가 핸드폰과 신용카드, 운전면허증을 분실하였습니다. 베트남 사람이 습득하였는데, 너무 많은 돈을 요구하면서 돌려주지 않습니다. 한국은 경찰에 신고해서 처벌할 수 있는 것으로 알고 있는데, 베트남에서 이럴 경우 어찌해야 하나요?

A 베트남에서도 분실물을 돌려주지 않고 취한 사람은 형사처벌을 받을 수 있습니다. 본 건의 경우, 분실물을 습득한 사람도 특정할 수 있으니, 관할 공안에 신고하고 진행하시기 바랍니다.

⊘ 형법(Law 100/2015/QH13 + Law 12/2017/QH14)

점유이탈물횡령죄로 천만 동(한화 약 55만 원) 이상의 경우 형사 처벌(3개월~2년 징역 등)이 될 수 있습니다(형법 제176조). 천만 동 미만의 경우도 행정 과태료(2백만 동~5백만 동)가 부과될 수 있습니다. 습득한 분실물을 사용하거나 고의로 파손한 경우도 처벌받을 수 있습니다(형법 제177조, 제178조).

◎ **민법**(Law 91/2015/QH13)

　민법 제230조 1항에서도 분실물 반환에 대해 명시하고 있습니다. 습득자가 경찰서에 신고하고 합법적인 절차를 이행하였지만 소유주가 나타나지 않으면 1년 후에 습득자가 그 소유권을 갖게 됩니다.

민법(Law 91/2015/QH13)

제230조 타인이 유실하거나 잃어버린 재물에 대한 소유권

1. 타인이 유실하거나 잃어버린 재물을 습득한 자는 유실자의 주소를 알면 그에게 통보하거나 재물을 반환해야 한다; 유실자의 주소를 모르는 경우에 소유주가 알아서 되받도록 공고하기 위하여 가장 가까운 싸(xã)*의 인민위원회나 공안기관에 신고하거나 인도해야 한다.

재물을 인도받은 싸(xã)의 인민위원회나 공안기관은 소유자 확인결과를 인도인에게 통보해야 한다.

2. 재물에 대해 공고한 날로부터 1년 후에 그 재물의 소유주를 확인하지 못하거나 소유주가 재물을 되받으러 오지 않으면 그 재물에 관한 소유권은 다음과 같이 확정된다:

　a) 유실되거나 잃어버린 재물의 가치가 국가에 의해 정해진 기본임금보다 적거나 기본임금의 열 배에 상당하는 경우에 본법의 규정과 관련 법률의 기타 규정에 따라 그 재물에 대한 소유권은 습득자에게 속한다; 유실된 재물의 가치가 국가에 의해 정해진 기본임금의 열 배보다 더 많은 경우에 보관 비용을 공제한 후, 습득자는 국가에 의해 정해진 기본임금에

---

* 　싸(xã, 社)는 우리나라의 마을과 같은 개념이다. 베트남의 행정 단위는 1단계(성급), 2단계(군급), 3단계(사급)의 총 3단계가 존재한다.
출처: 위키백과(2025년 6월 20일 자 정보)

　　꼭 알아야 할 베트남 생활법률 가이드

상당한 가치와 국가에 의해 정해진 기본임금을 초과한 부분의 50%를 받고, 나머지는 국가에게 귀속한다;

b) 유실되거나 잃어버린 재물이 문화유산법의 규정에 따라서 역사적·문화적 유적에 속하는 재물인 경우에 국유로 하고; 그 재물을 습득한 자는 법률규정에 따른 상금을 받는다.

형법(Law 100/2015/QH13 + Law 12/2017/QH14)

제176조 재물의 불법소지

1. 자신에게 잘못 전달되거나, 자신이 발견 또는 습득한 10,000,000동 이상 200,000,000동 이하 상당의 재물 또는 10,000,000동 이하이지만 재물이 유물, 골동품 또는 역사적·문화적 가치가 있는 물건에 관하여 소유자, 합법적인 관리자 및 책임있는 기관이 법률 규정에 따라서 그 재물의 반환을 요구하고 있음에도 불구하고 고의적으로 반환을 거절한 자는 10,000,000동 이상 50,000,000동 이하의 벌금, 2년 이하의 비구금형 교정, 또는 3개월 이상 2년 이하의 징역에 처한다.

2. 죄를 범하여 200,000,000동 이상 상당의 재물 또는 국가보물을 탈취한 경우 1년 이상 5년 이하의 징역에 처한다.

제177조 재물의 불법 사용

1. 자기의 이익을 위해서, 100,000,000동 이상 500,000,000동 이하의 타인의 재물을 불법으로 사용한 자가, 그 행위에 관하여 징계처분이나 행정처분을 받았거나 유죄판결을 받았고 전과가 말소되지 않은 채 죄를 범한 경우, 또는 재물이 100,000,000동 이하이지만 유물, 골동품, 역사적·문화적 가치가 물건인 경우에, 본법 제219조와 제220조에서 규정한 경우에 해당하지 않으면, 10,000,000동 이상 50,000,000동 이하의 벌금, 2년 이하의 비구금형 교정, 또는 3개월 이상 2년 이하의 징역에 처한다.

2. 죄를 범하여 다음의 어느 하나에 해당하는 자는 50,000,000동 이상 100,000,000동 이하의 벌금 또는 1년 이상 5년 이하의 징역에 처한다.

   a) 재물이 500,000,000동 이상 1,500,000,000동 이하에 상당한 경우

   b) 재물이 국가보물인 경우

   c) 2번 이상 범행한 경우

   d) 직무, 권한을 이용한 경우

   dd) 위험한 재범

3. 1,500,000,000동 이상 상당의 재물을 불법으로 사용한 자는 3년 이상 7년 이하의 징역에 처한다.

4. 죄를 범한 자는 5,000,000동 이상 20,000,000동 이하의 벌금, 1년 이상 5년 이하의 기간 동안 일정한 직무의 담당 또는 일정한 일에 종사하는 것의 금지 처분을 받을 수 있다.

제178조[일부 개정] 고의로 인한 재물 손괴

1. 2,000,000동 이상 50,000,000동 이하 상당의 타인의 재물 또는 유물, 골동품, 역사적·문화적 가치가 있는 물건을 고의적으로 파괴·파손을 하거나, 또는 2,000,000동 이하 상당의 재물이더라도 다음의 어느 하나에 해당하는 자는 10,000,000동 이상 50,000,000동 이하의 벌금, 3년 이하의 비구금형 교정, 또는 6개월 이상 3년 이하의 징역에 처한다.

   a) 재물탈취행위에 관하여 행정처분을 받았음에도 불구하고 위반한 경우

   b) 이러한 범죄로 유죄판결을 받았고 전과가 말소되지 않은 채 위반한 경우

   c) 치안, 사회안전에 나쁜 영향을 준 경우

   d) 재물이 피해자와 그의 가족의 주요 생계인 경우

   dd) 재물이 유물, 골동품인 경우

2. 죄를 범하여 다음의 어느 하나에 해당하는 자는 2년 이상 7년 이하의 징역에 처한다.

   a) 조직적인 경우

   b) 50,000,000동 이상 200,000,000동 이하 상당의 손해를 일으킨 경우

   c) 재물이 국가보물인 경우

   d) 화재 폭발 관련 유해물질 또는 다른 위험한 수단을 사용한 경우

   dd) 다른 범죄를 은닉하기 위하여 범행한 경우

　e) 피해자의 공무를 이유로 범행한 경우

　g) 위험한 재범

3. 죄를 범하여 200,000,000동 이상 500,000,000동 이하 상당의 손해를 일으킨 자는 5년 이상 10년 이하의 징역에 처한다.

4. 죄를 범하여 500,000,000동 이상 상당의 손해를 일으킨 자는 10년 이상 20년 이하의 징역에 처한다.

5. 죄를 범한 자는 10,000,000동 이상 100,000,000동 이하의 벌금, 1년 이상 5년 이하의 기간 동안 일정한 직무의 담당 또는 일정한 일에 종사하는 것의 금지 처분을 받을 수 있다.

○ **절도**

KEY POINTS

분실물을 습득한 자가 정당한 사유 없이 반환을 거부하면 형사 처벌을 받을 수 있다.

분실물 습득자는 유실자에게 통보하거나 공안기관에 신고하여 합법적인 절차를 이행해야 한다.

분실물 가액이 1천만 동(한화 약 55만 원) 이상이고 고의로 반환을 거부하면 벌금형부터 징역형까지 처벌받는다.

습득자가 합법적 절차를 이행한 후 1년이 지나도 소유주가 나타나지 않으면 습득자에게 소유권이 귀속된다.

PART 2.
형사미성년자,
절도죄와 점유이탈횡령죄 관련 법령

Q 베트남 나짱의 놀이공원에서 롤러코스터를 타던 중에 현금과 신분증 등이 들어있는 지갑이 호주머니 밖으로 흘러내린 것으로 추정되고, 이후 약 10분~20분 후 지갑 분실을 자각하고 롤러코스터에 왔으나 없었습니다. CCTV로 확인해보니 그 사이 10대의 어려보이는 아이가 가져간 것으로 추정됩니다.
절도인지 한국의 점유이탈횡령죄 같은 것이 적용되는 것인지, 10대의 형사 처벌은 가능한 것인지 알고 싶습니다.

A 16세 이상인 자는 모든 범죄에 대한 형사책임을 져야 하며, 14세 이상 16세 미만인 자는 법에 규정된 매우 중대한 범죄 및 특히 중대한 범죄를 저지른 경우에만 형사처벌이 가능합니다. 즉, 14세 미만의 자는 범행은 중죄이거나 죄질이 극히 불량하다고 하더라도 처벌되지 않습니다.

○ 절도

제12조 형사책임연령 [일부 개정]

만 16세 이상의 자는 본 형법에서 다른 규정이 있는 경우가 아니라면 자기가 범한 모든 범죄에서 형사책임을 진다.

만 14세 이상 만 16세 미만의 자는 본법 제123조(살인), 제134조(고의상해), 제141조(강간). 제142조(≤16세 강간), 제143조(성교강요), 제144조(13~16세 성교강요), 제150조(인신매매), 제151조(<16세 인신매매), 제168조(강도), 제169조(납치+강탈), 제170조(협박+강탈), 제171조(재산강탈), **제173조(절도)**, 제178조(고의파손), 제248조(마약제조), 제249조(마약보관), 제250조(마약운반), 제251조(마약매매), 제252조(마약탈취), 제265조(폭주족 조직), 제266조(폭주), 제286조(유해 프로그램 유포) 제287조(통신방해), 제289조(통신침투), 제290조(통신이용 재산탈취), 제299조(테러), 제303조(국가시설파괴)와 제304조(군사무기 관련죄) 중에서 규정된 지극히 중대한 범죄, 특히 지극히 중대한 범죄에 대한 형사책임을 부담해야 한다.

본 건의 경우 구체적인 사실관계에 따라 형사 처벌이 가능한지, 가능하다면 어떤 죄명을 적용해야 하는지가 달라질 것으로 보입니다. 즉, 지갑을 취거(取去)한 10대의 정확한 나이, 휴대폰의 가치, 취거할 때 다른 사람이 보고 있었는지, 분실된 휴대폰을 사용했거나 사용하고 있는지, 분실된 휴대폰을 판매했는지 등 여러 사안에 따라 경우의 수와 해석이 달라질 수 있습니다. 특히 형사법은 구체적인 하부규정이나 공개된 판례가 많지 않아 학계에도 다른 관점으로 논쟁을 하고, 그 해석에 있어서도 형사법 변호사와 공안도 많은 시각차가 있습니다.

실무적으로, 분실된 지갑을 가져간 자가 16세 이상인 경우라도, 분실물의 가치가 천만동(한화 약 55만 원) 이하라면 형사처벌이 되지 않을 것으로 보이나, 천만 동 이상의 경우 점유이탈물횡령죄로 형사 처벌(3개월~2년 징역 등)이 될 수 있습니다(형법 제176조). 천만 동 미만의 경우도 행정 과태료(2백만 동~5백만 동)가 부과될 수 있습니다. 습득한 분실물을 사용하거나 고의로 파손한 경우도 처벌받을 수 있습니다(형법 제177조, 제178조).

만약 구체적인 사안에 따라 형사 처벌이 된다면 하기 조항이 적용될 수 있을 것입니다.

제172조 재물에 대한 공공연한 탈취/노골적인 재물탈취
(Blatant appropriation of property)
제173조[일부 개정] 절도 (Theft of property)
제176조 재물의 불법소지 (Illegal impoundment of property) = 점유이탈횡령죄
제177조 재물의 불법 사용
제178조[일부 개정] 고의로 재물 손괴

◦ **절도**

• 형사법 172조와 173조의 비교

범 죄	절 도	노골적인 재물 탈취
처벌 대상	·14세 이상~16세 미만인 자(매우 중대한 범죄인 경우) ·16세 이상인 자	16세 이상인 자
법적 근거	형법 제173조	형법 제172조
범죄 행위	비밀리에 재물을 취득 (몰래 가져감). 피해자가 탈취 사실을 모르는 상태	공공연하게 재물을 취득 (대놓고 가져감). 피해자나 제3자가 탈취를 지켜보고 있는 상태. '강도'와 '절도' 사이의 '날치기' 정도.
피해/ 자산가치	·2,000,000 동~50,000,000 동 이하인 경우 ·특별한 경우에는 2,000,000 동 미만도 해당	·2,000,000 동~50,000,000 동 이하인 경우 ·특별한 경우에는 2,000,000 동 미만도 해당
형사처벌	- 취득한 재물이 2,000,000동에서 50,000,000 동 미만인 경우: 최대 3년의 사회봉사형 또는 6~36개월의 징역형; - 취득한 재물이 50,000,000동에서 200,000,000 동 미만인 경우: 2~7년 징역 - 취득한 재물이 200,000,000동에서 500,000,000 동미만인 경우: 7~15년 징역 - 취득한 재물이 500,000,000 동 이상인 경우: 12~20년 징역	- 취득한 재물이 2,000,000동에서 50,000,000 동 미만인 경우: 최대 3년의 사회봉사 형 또는 6~36개월의 징역형 - 취득한 재물이 50,000,000에서 200,000,000동 미만인 경우: 2~7년 징역 - 취득한 재물이 200,000,000에서 500,000,000 동 미만인 경우: 7~15년 징역 - 취득한 재물이 500,000,000 동 이상인 경우: 12~20년 징역.

꼭 알아야 할 베트남 생활법률 가이드

제172조 재물에 대한 공공연한 탈취(노골적인 재물탈취)

1. 2,000,000동 이상 50,000,000동 이하의 가치를 가지는 타인의 재물을 노골적으로 탈취하거나, 2,000,000동 이하 상당의 타인의 재물을 노골적으로 탈취하더라도 다음 경우의 어느 하나에 해당하는 자는 3년 이하의 비구금형 교정, 또는 6개월 이상 3년 이하의 징역에 처한다.

　　a) 재물탈취 행위에 관하여 행정처분을 받았음에도 불구하고 죄를 범한 경우

　　b) 이러한 범죄 또는 본법 제168조, 제169조, 제170조, 제171조, 제173조, 제174조, 제175조와 제290조에서 규정해 있는 범죄로 유죄판결을 받았고 전과가 말소되지 않았음에도 불구하고 죄를 범한 경우

　　c) 치안, 사회안전에 나쁜 영향을 주는 경우

　　d) 재물은 피해자와 그의 가족의 주요 생계, 또는 피해자에게 정신적인 특별한 가치를 가진 기념물, 유물, 제수 물품인 경우

2. 죄를 범하여 다음의 어느 하나에 해당하는 자는 2년 이상 7년 이하의 징역에 처한다.

　　a) 50,000,000동 이상 200,000,000동 이하 상당의 재물을 탈취한 경우

　　b) 도주 목적으로 폭행한 경우

　　c) 위험한 재범

　　d) 구호물품을 탈취한 경우

　　dd) 2,000,000동 이상 50,000,000동 이하의 가치를 가지는 타인의 재물을 노골적으로 탈취하고, 본조 1항 a, b, c, d호에서 정해진 경우들의 어느 하나에 해당한 경우

3. 죄를 범하여 다음의 어느 하나에 해당하는 자는 7년 이상 15년의 징역에 처한다.

　　a) 200,000,000동 이상 500,000,000동 이하 상당의 재물을 탈취한 경우

　　b) 50,000,000동 이상 200,000,000동 이하의 가치를 가지는 타인의 재물을 노골적으로 탈취하고, 본조 1항 a, b, c, d호에서 정해진 경우들의 어느 하나에 해당한 경우

○ 절도

c) 자연재해, 전염병을 이용한 경우

4. 죄를 범하여 다음의 어느 하나에 해당하는 자는 12년 이상 20년의 징역에 처한다.

a) 500,000,000동 이상 상당의 재물을 탈취한 경우

b) 200,000,000동 이상 500,000,000동 이하의 가치를 가지는 타인의 재물을 노골적으로 탈취하고, 본조 1항 a, b, c, d호에서 정해진 경우들의 어느 하나에 해당한 경우

c) 전쟁, 긴급사태를 이용한 경우

5. 죄를 범한 자에 대해서는 10,000,000동 이상 100,000,000동 이하의 벌금처분에 처할 수 있다.

제173조 [일부 개정] 절도

1. 22,000,000동 이상 50,000,000동 이하의 가치를 가지는 타인의 재물을 절도하거나, 2,000,000동 이하 상당의 타인의 재물을 절도하더라도 다음 경우의 어느 하나에 해당하는 자는 3년 이하의 비구금형 교정, 또는 6개월 이상 3년 이하의 징역에 처한다.

a) 재물탈취 행위에 관하여 행정처분을 받았음에도 불구하고 죄를 범한 경우

b) 이러한 범죄 또는 본법 제168조, 제169조, 제170조, 제171조, 제172조, 제174조, 제175조와 제290조에서 규정해 있는 범죄로 유죄판결을 받았고 전과가 말소되지 않았음에도 불구하고 죄를 범한 경우

c) 치안, 사회안전에 나쁜 영향을 주는 경우

d) 재물이 피해자와 그의 가족의 주요 생계인 경우

dd) 재물이 유물, 골동품인 경우

2. 죄를 범하여 다음의 어느 하나에 해당하는 자는 2년 이상 7년 이하의 징역에 처한다.

a) 조직적인 경우

b) 전문적인 경우

c) 50,000,000동 이상 200,000,000동 이하 상당의 재물을 탈취한 경우

d) 기만적이거나 위험한 방법을 사용한 경우

dd) 도주 목적으로 폭행한 경우

e) 재물이 국가보물인 경우

g) 재범의 위험이 있는 경우

3. 죄를 범하여 다음의 어느 하나에 해당하는 자는 7년 이상 15년 이하의 징역에 처한다.

a) 200,000,000동 이상 500,000,000동 이하 상당의 재물을 탈취한 경우

b) 자연재해나 전염병을 이용해 범죄를 저지르는 경우

4. 죄를 범하여 다음의 어느 하나에 해당하는 자는 12년 이상 20년 이하의 징역에 처한다.

a) 500,000,000동 이상 상당의 재물을 탈취한 경우

b) 전쟁, 긴급사태를 이용한 경우

5. 죄를 범한 자에 대해서는 5,000,000동 이상 50,000,000동 이하의 벌금처분에 처할 수 있다.

제176조 재물의 불법소지

1. 자신에게 잘못 전달되거나, 자신이 발견 또는 습득한 10,000,000동 이상 200,000,000동 이하 상당의 재물 또는 10,000,000동 이하인지만 재물이 유물, 골동품 또는 역사적·문화적 가치가 있는 물건에 관하여 소유자, 합법적인 관리자 및 책임있는 기관이 법률 규정에 따라서 그 재물의 반환을 요구하고 있음에도 불구하고 고의적으로 반환을 거절한 자는 10,000,000동 이상 50,000,000동 이하의 벌금, 2년 이하의 비구금형 교정, 또는 3개월 이상 2년 이하의 징역에 처한다.

2. 죄를 범하여 200,000,000동 이상 상당의 재물 또는 국가보물을 탈취한 경우 1년 이상 5년 이하의 징역에 처한다.

제177조 재물의 불법 사용

1. 자기의 이익을 위해서, 100,000,000동 이상 500,000,000동 이하의 타인의 재물을 불법으로 사용한 자가, 그 행위에 관하여 징계처분이나 행정처분을 받았거나 유죄판결을 받았고 전과가 말소되지 않은 채 죄를 범한 경우, 또는 재물이 100,000,000동 이하이지만 유물, 골동품, 역사적·문화적 가치가 물건인 경우에, 본법 제219조와 제220조에서 규정한 경우에 해당하지 않으면, 10,000,000동 이상 50,000,000동 이하의 벌금, 2년 이하의 비

구금형 교정, 또는 3개월 이상 2년 이하의 징역에 처한다.

2. 죄를 범하여 다음의 어느 하나에 해당하는 자는 50,000,000동 이상 100,000,000동 이하의 벌금 또는 1년 이상 5년 이하의 징역에 처한다.

　a) 재물이 500,000,000동 이상 1,500,000,000동 이하에 상당한 경우

　b) 재물이 국가보물인 경우

　c) 2번 이상 범행한 경우

　d) 직무, 권한을 이용한 경우

　dd) 재범의 위험이 있는 경우

3. 1,500,000,000동 이상 상당의 재물을 불법으로 사용한 자는 3년 이상 7년 이하의 징역에 처한다.

4. 죄를 범한 자는 5,000,000동 이상 20,000,000동 이하의 벌금, 1년 이상 5년 이하의 기간 동안 일정한 직무의 담당 또는 일정한 일에 종사하는 것의 금지 처분을 받을 수 있다.

제178조[일부 개정]. 고의로 재물 손괴

1. 2,000,000동 이상 50,000,000동 이하 상당의 타인의 재물 또는 유물, 골동품, 역사적·문화적 가치가 있는 물건을 고의적으로 파괴·파손을 하거나, 또는 2,000,000동 이하 상당의 재물이더라도 다음의 어느 하나에 해당하는 자는 10,000,000동 이상 50,000,000동 이하의 벌금, 3년 이하의 비구금형 교정, 또는 6개월 이상 3년 이하의 징역에 처한다.

　a) 재물탈취행위에 관하여 행정처분을 받았음에도 불구하고 위반한 경우

　b) 이러한 범죄로 유죄판결을 받았고 전과가 말소되지 않은 채 위반한 경우

　c) 치안, 사회안전에 나쁜 영향을 준 경우

　d) 재물이 피해자와 그의 가족의 주요 생계인 경우

　dd) 재물이 유물, 골동품인 경우

2. 죄를 범하여 다음의 어느 하나에 해당하는 자는 2년 이상 7년 이하의 징역에 처한다.

　a) 조직적인 경우

　b) 50,000,000동 이상 200,000,000동 이하 상당의 손해를 일으킨 경우

　c) 재물이 국가보물인 경우

　d) 화재 폭발 관련 유해물질 또는 다른 위험한 수단을 사용한 경우

dd) 다른 범죄를 은닉하기 위하여 범행한 경우

e) 공적 지위를 남용하여 범행한 경우

g) 재범의 위험이 있는 경우

3. 죄를 범하여 200,000,000동 이상 500,000,000동 이하 상당의 손해를 일으킨 자는 5년 이상 10년 이하의 징역에 처한다.

4. 죄를 범하여 500,000,000동 이상 상당의 손해를 일으킨 자는 10년 이상 20년 이하의 징역에 처한다.

5. 죄를 범한 자는 10,000,000동 이상 100,000,000동 이하의 벌금, 1년 이상 5년 이하의 기간 동안 일정한 직무의 담당 또는 일정한 일에 종사하는 것의 금지 처분을 받을 수 있다.

○ 절도

놀이동산 직원, 기구서 떨어진 휴대전화 슬쩍

입력 : 2011.03.26 14:25　　디지털뉴스팀

서울 강동경찰서는 26일 놀이기구 이용객들이 떨어뜨린 휴대전화를 몰래 가져간 혐의(절도)로 놀이동산 직원 엄모씨(39)를 불구속입건했다.

경찰에 따르면 엄씨는 2008년 1월부터 최근까지 송파구 잠실동의 한 놀이공원에서 일하면서 롤러코스터의 일종인 '아틀란티스' 이용객이 떨어뜨린 휴대전화 40대를 주워다가 팔려고 한 혐의를 받고 있다.

엄씨는 수거한 휴대 전화의 유심칩을 빼버린 뒤 인터넷 중고물품 거래 사이트에 한꺼번에 내놨다가 이를 수상히 여긴 경찰에 덜미를 잡혔다.

엄씨는 경찰에서 "처음에는 호기심에서 모아봤는데 휴대전화가 계속 늘어나 팔려는 욕심이 생겼다"고 말했다.

참고자료(한국) 출처: 디지털뉴스팀, "놀이동산 직원, 기구서 떨어진 휴대전화 슬쩍", 경향신문, 2011.03.26., https://www.khan.co.kr/national/national-general/article/201103261425281

베트남 형법상 형사책임 연령은 기본적으로 만 16세이며, 특정 중범죄에 대해서는 만 14세부터 형사책임이 인정된다.

베트남에서 절도죄는 타인의 재산을 불법적으로 취득할 의도로 은밀하게 가져가는 행위이다.

점유이탈물횡령죄는 타인의 점유를 벗어난 재산을 발견하고, 정당한 절차 없이 이를 개인적으로 취득하는 경우에 성립한다.

절도죄와 점유이탈물횡령죄는 행위자가 재산을 어떻게 손에 넣었는지와 그 재산의 원래 점유 상태에 따라 구분된다.

6

금융

PART 1.
불법 환전

Q 최근 들어 단톡방을 통해 환전하는 한국인들이 늘어남에 따라 환전 사기 피해를 당해 신고를 하시는 분들이 빈번하게 발생하고 있습니다. 베트남 내에서 한국인 간 환전을 하는 것이 법 위반 사항은 아닌지요? 불법 환전으로 규정짓는 베트남 법규는 어떠한 것들이 있나요? 처벌 수위는 어느 정도인가요?

A 베트남에서 개인 간 환전은 위법이며, 경고에서 과태료 1억 동(한화 약 550만 원)까지 부과될 수 있습니다.

2018년 가을에 미화 100달러의 불법 환전을 한 금은방에 1억 8천만 동(약 900만 원)의 과태료와 받은 100달러를 압수하고, 환전한 사람에게는 과태료 9천만 동(약 450만 원)을 부과하고 환전한 230만 동을 압수한 사건이 있었습니다. 이 사건으로 인해 과도한 처벌에 대한 논란이 있었고 결국 과태료 부과를 철회하였습니다. 이것이 시발점이 되어 화폐와 은행 부문에서 발생하는 위반에 대한 행정 처분에 관한 개정 시행령(decree 88/2019/ND-CP)이 2019년 12월 31일부터 발효되어, 미화 1천 달러 미만의 불법 환전은 경고 조치만 하는 것으로 바뀌었습니다. 또한, 구시행령(decree 96/2014/ND-CP)에서 일괄적으로 부과했던 8천만~1억 동(약 4~5백만 원)의 과태료도 이제는 불법 환전 액수에 따라 차등 적용하면서 완화되었습니다. 또, 상품 서비스 가격의 표시와 계약가(契約價)의 외화 표기와 관련해 베트남 법상 베트남 동으로만 표기해야 하는데 이를 위반한 경우에 대한 처벌 수위도 기존 2억~2억 5천만 동(약 1천만~1천2백만 원)에서 3천만~5천만 동(약 150만~250만 원)으로 완화되었습니다.

베트남 화폐 및 은행 분야의 행정 위반 처벌에 대한 시행령(Decree 88/2019/ND-CP) 제23조에 따라 베트남중앙은행(State Bank of Vietnam)의 허가를 취득한 환전소가 아닌 개인 간에 환전할 경우 법에 위반되며 이에 따른 처벌 수위는 아래와 같습니다.

 꼭 알아야 할 베트남 생활법률 가이드

베트남 내 불법 환전 관련 규정 및 처벌

위반 사항 (USD 또는 다른 동일한 가치의 외화 기준)	처벌 규정
• 개인 간 환전 (미화 1,000달러 미만) • 무면허 환전소에서 환전 (미화 1,000달러 미만)	경고
• 개인 간 환전 (미화 1,000~10,000달러 미만) • 개인 간 환전 (미화 1,000달러 미만이지만 반복 위반) • 무면허 환전소에서 환전 (미화 1,000~10,000달러 미만) • 무면허 환전소에서 환전 (미화 1,000달러 미만이지만 반복 위반)	1~2천만 동 (한화 약55만~110만 원)
• 환전소에서 법률 규정대로 외화 구매·판매율을 게시하지 않은 경우	2~3천만 동 (한화 약 110만~166만 원)
• 개인 간 환전 (미화 10,000~100,000달러 미만) • 무면허 환전소에서 환전 (미화 10,000~100,000달러 미만)	2~3천만 동 (한화 약 110만~166만 원)
• 개인 간 환전 (미화 10,000달러 이상) • 무면허 환전소에서 환전 (미화 10,000달러 이상)	8천만~1억 동 (한화 약440~550만 원)
• 관할 당국이 발급한 면허 없이 외환 환전 업무를 하는 경우 • 면허가 만료된 상태 또는 취소된 면허로 외환 환전 업무를 하는 경우 • 면허에 반하여 외환 환전 업무를 하는 경우	2억~2억5천만 동 (한화 약 1천1백만~1천4백만 원)

KEY POINTS

POINT 1

베트남에서 개인 간 환전은 위법이다.

POINT 2

미화 1천 달러(한화 약 140만 원) 미만의 불법 환전은 경고 조치만 받지만, 그 이상 금액은 과태료가 부과된다.

POINT 3

불법 환전 처벌 수위는 환전 금액에 따라 차등 적용되며, 최대 1억 동(한화 약 550만 원)까지 과태료를 부과할 수 있다.

POINT 4

불법 환전 처벌 방식은 기존 일괄적인 과태료 부과에서 환전 액수에 따른 차등 처벌로 완화되었다.

PART 2.
차명 부동산 거래의 위험성

Q 베트남에서 한국인들이 부동산 차명 거래를 많이 한다고 들었습니다. 부동산 차명 거래로 인해 피해를 본 사례와 관련 법령을 알고 싶습니다.

A 베트남에서는 외국인의 부동산 소유가 제한적이기 때문에, 현지인의 명의를 빌려 부동산을 매입하는 사례가 자주 발생합니다. 하지만 이러한 차명 거래는 법적으로 보호받지 못하며, 예상치 못한 법적·재정적 피해로 이어질 위험이 큽니다. 실제 피해 사례를 통해 문제점을 살펴보고, 부동산 거래에서 반드시 알아야 할 법적 사항을 정리해 보겠습니다.

⊘ 명의신탁자(실 소유자인 한국인) 사망

베트남에서 40대부터 주재원으로 일하면서 성실하게 저축했던 홍길동 씨는 50세 때 베트남 계좌에 있는 돈으로 베트남에서 법인을 설립해 10년간 사업을 했다. 아이의 학교 문제로, 홍 씨 가족들은 한국에서 거주하였고, 홍 씨는 한국과 베트남을 오가며 그렇게 20년 동안 베트남에서 살았다. 그러던 어느 날 홍 씨는 심장마비로 베트남에서 갑자기 사망하였다. 홍 씨는 베트남에서 아파트를 베트남인 리엔 씨의 명의로 구매하여 리엔 씨와 함께 살고 있었는데, 명의수탁자인 리엔 씨는 이에 대해 함구하였고, 한국의 상속인들은 홍 씨의 베트남 차명 부동산 존재 자체를 몰라 재산권을 상실하였다.

✓ 명의수탁자(형식적 소유자인 베트남인) 사망

이몽룡 씨는 베트남에서 사업을 하면서 만난 베트남인 여자친구 지앙 씨와 데이트를 하면서 행복한 나날을 보내고 있었다. 큰 욕심 없이 나중에 결혼해서 집도 사고, 작은 가게를 내서 알콩달콩 살고 싶다는 지앙 씨의 말에 감동한 이 씨는 본인의 사업이 안정되면 정식으로 결혼하자고 약속하고, 전 재산을 털어 지앙 씨 명의로 집을 사 동거를 시작했다. 그러던 어느 날 저녁, 지앙 씨가 교통사고로 사망하는 청천벽력 같은 일이 발생했다. 장례를 마치고 어느 정도 시간이 흘렀을 때, 함께 살았던 집에 혼자 살고 싶지 않고, 사업 자금도 좀 더 필요했던 이 씨는 지앙 씨 명의의 집을 팔아 자금으로 쓰려고 지앙 씨의 부모님께 연락하였다. 그런데 지앙 씨 명의의 집은 이미 지앙 씨의 상속인들에게 넘어간 상태였다.

✓ 아파트를 여러 채 소유하고 임대업

강남의 유명한 복부인으로 알려진 홍길순 씨는 한국에서 부동산 투자로 성공한 사람이었다. 홍 씨는 차를 타고 가다가도, 사두면 5년 뒤 3배, 10년 뒤 10배가 될 곳이 딱 보인다고 할 정도로, 본인 스스로도, 그리고 주변인들도 인정하는 부동산 투자의 달인이었다. 해외 부동산

 꼭 알아야 할 베트남 생활법률 가이드

에도 눈을 돌려 투자처를 찾던 중, 외국인도 베트남에서 아파트를 살 수 있다는 얘기를 듣고 바로 10채의 아파트를 구매하였다. 이미 한국에서도 상당한 부동산을 소유하고 있었던 홍 씨는 여러 가지 복잡한 일을 피하고자, 10채의 아파트를 부동산 중개인이 소개해 준 10명의 베트남인 명의로 구매했다. 일부 아파트는 국방과 안보상의 이유로 외국인들이 구매할 수 없는 곳도 있었지만, 어차피 베트남인 명의로 구매하는 것이라서 크게 신경 쓰지 않았다. 게다가 부동산 중개인이 알아서 임차인을 찾아 임대를 해 주고 임대료도 또박또박 들어와 더할 나위 없이 편했다. 그러던 중, 견물생심이라고, 몇 명의 베트남인 명의 수탁자들이 욕심을 내면서 문제가 생기기 시작했다. 그러나 분쟁을 하게 되면 실 소유자가 홍 씨라는 것이 드러날 수 있었고, 이로 인해 불법행위로 조사를 받을 수 있어 이러지도 저러지도 못하는 상황에 처하게 되었다.

⊘ 외국인 구매 제한

베트남에서 주재원 생활을 하다가 한국으로 귀임한 김삿갓 씨는 비슷한 시기에 함께 베트남 주재원 생활을 하다 귀국한 사람들과 베트남에 대한 추억을 안주 삼아 이야기할 수 있는 친목 모임까지 만들어 정기적으로 만났다. 김 씨를 포함한 몇 명은 노후에 한국과 베트남을 오가며 살기 위해 베트남에 괜찮은 아파트 하나쯤은 마련해 두어야 한다는 데에 의견 일치를 보고 실제 행동으로 옮기기로 했다.

한국에서 베트남 아파트를 분양하는 분양사를 방문하니 사람들로 미어터질 듯한 분양 현장 사진을 보여주면서 분양 완료 직전이며 빨리 구매 결정을 하라고 재촉하는 곳도 있었고, 같은 물건을 판매하는 다른 분양사에서는 아직 물건이 많이 남아 있으니 천천히 결정해도 된다고 해서 헷갈렸지만 각기 다른 마케팅 방법으로 이해하고 넘어갔다.

김 씨가 먼저 1채를 계약하자, 나중에 모여서 재미있게 살자며, 모임에서 특히 마음이 맞았던 김 씨의 친한 지인들도 같은 아파트 동에서 각 1채씩 계약하였다. 이후, 한국과 베트남을 오가며 행복한 노후 생활을 꿈꾸던 김 씨와 지인들에게 누군가 그 아파트 동을 구매한 외국인이 너무 많아 일부는 계약 무효가 되었다고 했다. 놀라서 알아보니, 여러 부동산 중개인들이 같은 물건을 판매하였는데, 중개인들 간 서로 모르고, 매매 정보의 공유도 안 되다 보니, 같은 아파트 동의 30%가 넘는 물건이 외국인에게 판매되었다고 했다. 중개인들도 누가 먼저 계약했고, 누가 나중에 했는지도 모르고, 그냥 환불 절차를 지연하다 보면 지친 한국인들이 베트남 사람에게 매도해서 자연스럽게 30% 아래로 내려가기를 바라면서 고의로 처리를 지연하였고, 심지어 연락도 잘 안되는 상황에 김 씨와 지인들은 화도 나고 황당하기도 하였다.

🗗 부동산 거래 관련 꼭 알아야 할 베트남 법

※ 아래에서는 이해의 편의를 위해 외국인 개인과 외국 투자법인을 통칭해 '외국인'으로, 아파트와 단독주택을 통칭해 '집'으로 부릅니다.

⊘ 베트남의 토지는 국가 소유이고 개인과 법인에 토지사용권만이 부여된다. 그러나 토지 위의 자산(예: 건물, 아파트, 주택, 나무 등)은 소유할 수 있다.

⊘ 상업 주택건설 지역에 위치하지 않은 집(예: 일반 주거단지에 있는 아파트, 시골 마을에 있는 단독주택)과 군사지역 등 특수지역에 있는 집은 외국인이 구입할 수 없다. 즉, 외국인은 주택건설사업에 의해 건설된 집의 구입만 허용된다. 지방 건설국의 웹 사이트에 외국인이 소유할 수 있는 주택건설사업 명단을 공고한다.

⊘ 외국인에게 구입이 허용된 집의 수를 초과한 경우, 그 매매계약은 법적 효력이 없으며 소유권 증서 발행도 안 된다. 이 경우, 매도인은 매수인에게 이로 인해 발생한 손해를 배상해야 한다.

※ 외국인에게 구매가 허용되는 아파트 수는 아파트 한 동의 총 30% 이내.
※ 구 단위와 같은 수준의 인구수를 가진 지역에서 다수의 아파트 건물을 외국인이 구매하는 경우, 각 아파트당 30% 이내 그리고 총 아파트 건물의 30% 이내만 구입이 허용.
※ 2천5백 개 이하의 단독주택 프로젝트가 한 개만 있는 경우, 외국인은 그

프로젝트의 전체 개인주택 중 10% 이하만 구입이 허용.

 ※ 2천5백 개의 단독주택 프로젝트가 한 개만 있는 경우, 외국인은 250개 이하만 구입이 허용.

 ※ 2천5백 개 이하의 단독주택 프로젝트가 2개 이상 있는 경우, 외국인은 각 프로젝트당 10% 이하의 주택만 구입이 허용.

◎ 외국인 개인은 소유한 집을 제삼자에게 임대할 수 있다. 단, 사전에 군·현 급 주택관리기관에 신고하고 임대수익에 대한 세금을 내야 한다.

◎ 외국 투자법인은 소유한 집을 제삼자에게 임대하는 것이 금지되고, 직원 숙소 용도로만 사용할 수 있다.

◎ 외국인은 영리 목적의 재판매를 위해 집을 구입하는 것이 금지된다 (이것은 부동산사업이며, 허가 없이 영위하는 부동산업으로 볼 수 있기 때문으로 보인다).

◎ 주택의 영구 소유가 가능한 베트남인과 달리 외국인 개인의 집 소유권 기간은 최대 50년이고, 외국 투자법인은 법인 존속기간까지 라는 제한이 있다. 즉, 법인 명의의 부동산은 법인이 없어지면 그 부동산도 함께 없어지는 것이지, 그 법인의 투자자가 그 부동산을 승계하는 것이 아니다.

◎ 외국인 집 소유자는 소유 기간 만료 전에 연장, 매각 또는 증여를 할 수 있다. 연장, 매각 또는 증여 없이 집 소유 기간이 만료되는 경우, 소

    꼭 알아야 할 베트남 생활법률 가이드

유 기간이 만료된 집은 베트남 정부의 소유가 된다.

◎ 외국인이 소유한 집의 구매자가 베트남인이면 구매한 베트남인의 집 소유 기간은 영구적이다. 그러나 구매자가 외국인이라면 외국인 판매자의 나머지 소유 기간만 외국인 구매자의 집 소유 기간이 된다.

KEY POINTS

차명 거래는 법적으로 보호받지 못하며, 예상치 못한 법적·재정적 피해로 이어질 위험이 크다.

명의신탁자(실 소유자인 한국인)가 사망할 경우, 상속인들이 차명 부동산의 존재를 모르고 재산권을 상실할 수 있다.

명의수탁자(형식적 소유자인 베트남인)가 사망할 경우, 부동산이 상속인들에게 넘어가 실 소유자가 재산을 회수하기 어려워질 수 있다.

PART 3

명의 차용자가 낭패를 본 사례

Q 베트남에서 한국인이 베트남인 명의로 사업을 하다가 낭패를 보는 경우가 많다고 들었습니다. 어떤 사례가 있나요?

A 베트남에서 외국인이 직접 법인을 설립하고 사업을 운영하는 데에는 여러 제한이 있는 것이 사실입니다. 이런 이유로 현지 베트남인의 명의를 빌려 사업을 하는 한국분들이 있습니다. 이러한 방식은 신속하게 사업을 시작할 수 있다는 장점이 있지만, 법적 보호를 받기 어려워 예상치 못한 분쟁이 발생할 위험이 큽니다. 특히 법적 구속력 부족이나 신뢰 관계의 파탄으로 인해 사업주가 심각한 손실을 보는 경우도 적지 않습니다. 실제로 베트남인 명의로 사업을 운영하다가 큰 피해를 본 사례를 통해 그 위험성을 살펴보고, 관련 법령도 함께 알아보겠습니다.

홍길동 씨는 베트남에서 레스토랑을 운영하기로 하고, 현지답사를 위해 개인 통역을 채용했다. 통역인 지앙 씨는 홍 씨의 몇 다리 건너 아는 베트남인 지인의 와이프였다. 베트남에서 회계를 전공하고 한국

회사에서도 근무한 적이 있다는 지앙 씨는 한국어도 잘하고 성실했다.

여러 사람을 만나보니, 모든 형태의 사업에 현지 파트너가 필요하다는 사람도 있었고, 호텔에 있는 레스토랑만 외국인 명의로 할 수 있다는 사람도 있었고, 상가나 슈퍼마켓, 푸드코트 내에서도 가능하다는 사람도 있어 매우 혼란스러웠다. 그러다가 베트남인 명의로 하면 쉽게 시작할 수 있다는 얘기를 들었고, 실제 많은 레스토랑이 그렇게 하고 있다고도 했다.

홍 씨는 현지 답사차 여러 차례 베트남에 오가며 매번 지앙 씨의 도움을 받았고, 나중에는 지앙 씨 집에 초대도 받아 지앙 씨 가족과도 식사를 하면서 점점 친분이 쌓였다. 그 후에는 베트남을 방문할 때면 한국에서부터 지앙 씨 가족들 선물도 챙겨가고, 지앙 씨 가족들 역시 홍 씨를 귀하게 대접하였다. 홍 씨는 지앙 씨에게 사업을 시작하면 매니저로 도와달라고 부탁했고, 지앙 씨도 흔쾌히 동의하면서 모든 것이 급물살을 타기 시작했다. 실제 투자금은 홍 씨가 모두 부담했지만 우선 지앙 씨에게 정기적으로 명의 사용료를 지불하는 조건으로 지앙 씨 명의로 레스토랑을 오픈하였다. 오픈하는 과정에서 크고 작은 문제들이 발생했지만, 지앙 씨와 그녀 가족의 인맥을 통해 잘 해결되었고, 이를 보면서 홍 씨는 지앙 씨를 더욱 신뢰하게 되었다.

홍 씨의 레스토랑은 대박이 났고, 한국에 있던 홍 씨 조카까지 베트남으로 들어와 일손을 도와야 할 정도로 사업은 계속 번창하면서 다른 지역에 분점까지 냈다. 그러면서 지앙 씨 또한 레스토랑의 단순한 매니저라고는 할 수 없을 정도로 중요한 위치가 되었다. 그렇게 몇 년간 사업은 번창하고 있었다. 그러다가 한국인이 없는 지방에도 분점을

 꼭 알아야 할 베트남 생활법률 가이드

내고 베트남인 손님을 더 유치하려는 지앙 씨와 현재처럼 한국인 기반이 있는 곳을 위주로 운영하려는 홍 씨 사이에 의견 충돌이 생기면서 둘 사이에 금이 가기 시작했다.

모든 것이 지앙 씨 명의로 되어 있어 레스토랑의 수익을 한국으로 송금하는 것도 불가능했기 때문에 지금까지는 지앙 씨의 협조를 받아 불법 해외 송금 서비스(일명 '환치기')를 통해 한국으로 돈을 보냈었는데, 시간이 흐르면서 이런저런 이유로 지안 씨가 협조해 주지 않아 제때 한국으로 송금하지 못하는 경우도 생기기 시작했다.

그 무렵 지앙 씨는 홍 씨에게 무리한 수준의 명의 사용료 인상을 요구했다. 사실 홍 씨는 그동안 고마운 마음도 있고 해서 계속 올려주면서 이미 다른 곳보다 훨씬 많이 주고 있었는데, 호의가 계속되면 권리인 줄 안다는 생각이 들면서 실망도 하고 화도 나서 이를 거부했다.

그때부터였다. 지앙 씨는 홍 씨의 업무 지시를 듣지 않았고, 회계 자료도 공유하지 않으며, 베트남 직원들에게는 자신의 방식을 따르도록 하였다. 베트남어를 잘하지 못하는 홍 씨는 베트남 직원들과 소통도 되지 않아 더욱더 답답했다. 홍 씨도 무언가 다른 방법을 찾고, 이젠 지앙 씨와의 인연을 끝내야겠다는 생각이 들었다.

그 무렵 홍 씨는 건강 문제로 잠시 한국에 머물고 있었다. 그러던 중 지앙 씨가 이혼하면서 홍 씨도 모르게 레스토랑을 다른 사람에게 팔고 재산 분할을 했다는 것을 알게 되었다. 홍 씨는 깜짝 놀라 지앙 씨에게 연락했으나 지앙 씨는 이미 어디론가 사라지고 연락조차 안 되었다. 게다가 홍 씨는 지앙 씨 명의의 레스토랑에 직원으로 등록해 노동 허가서와 비자를 발급받고 있었는데, 이제는 그것도 불가능해지면서 홍 씨는 엎친 데 덮친 격으로 혼자서 비자 문제까지 해결해야 하는 상황에 직면했다.

주변의 말만 듣고 제대로 확인 한 번 하지 않은 채 쉬운 길로 가려던 홍 씨는 그야말로 눈 뜨고 코 베이는 격으로, 많은 시간과 돈과 노력을 쏟아부은 베트남에서의 모든 것을 한순간에 잃어버렸다.

✵ 꼭 알아야 할 관련 베트남 법

⊘ 요식업은 2015년 1월 11일부터 100% 외국인 명의로 사업이 가능하다. 그 이전에는 시기, 위치, 조건 등에 따라 외국인 명의의 요식업 허가 여부가 달라 혼동이 있었다.

⊘ 한국 투자자가 베트남인 명의로 회사를 설립하는 경우, 겉으로 드러나지 않아 경쟁자에게 비밀로 할 수 있고, 외국인 명의로 하는 것보다 절차가 간단한 장점은 있다. 그러나 사업이 번창하면 욕심이 생긴 현지 명의자에게 모두 빼앗기거나, 자신의 명의 사용을 빌미로 돈을 계속 요구하거나 자기 마음대로 경영하는 등의 횡포를 부리는 경우도 적지 않고, 경쟁자가 차명인에게 접근해 차명인을 통해 오히려 경쟁자에게 노하우를 뺏기는 경우도 있다.

⊘ 차명인이 개인이라면 결혼, 이혼, 사망 등 법적인 영향을 받는다는 것도 염두에 두어야 한다.

꼭 알아야 할 베트남 생활법률 가이드

⊘ 차명 사업의 경우 합법적인 송금이 어렵고, 큰 액수의 송금은 은행의 자금 세탁 방지 보고 대상이기도 하다. 결국 합법적으로 들어온 돈은 합법적으로 나가야 하고, 불법적으로 들어온 돈은 불법적으로 나갈 수밖에 없다.

⊘ 베트남 민법상 다른 거래를 은폐하기 위한 거래는 무효이다. 현지인 명의의 차명 회사에 대한 외국인의 권리 주장은 베트남 법상 보호를 받지 못할 가능성이 매우 높다.

⊘ 베트남 투자법 상에서도 베트남인을 통한 차명거래 등 민법상 허위거래에 해당하는 투자활동을 하는 경우에는 관계 당국이 해당 투자프로젝트의 일부 또는 전부를 종료시킬 수 있다.

📖 투자법(Law 61/2020/QH14)

제48조 투자 프로젝트의 종료
1. 투자자는 투자 활동, 투자 프로젝트를 다음의 경우 종료된다:

***

2. 투자 등록사무소는 다음 경우에 투자 프로젝트 전부 또는 일부의 종료를 결정하여야 한다:

***

e) 투자자가 민법에 따른 허위의 민사 거래를 기초로 투자 활동을 하는 경우

제124조 허위로 인한 민사 거래의 무효

1. 당사자가 다른 거래를 은폐할 목적으로, 거짓으로 민사상 거래를 체결한 경우, 본법 또는 관련 법률의 규정에 따라 무효가 되지 않는 한, 은닉 거래는 유효하다. 단, 해당 거래가 이 법률 또는 관련 다른 법률에 따라 무효인 경우는 예외로 한다.

2. 당사자가 제삼자에 대한 책임을 회피할 목적으로 민사상 허위 거래를 한 경우에는 그 거래를 무효로 한다.

베트남 명의자가 개인적인 사유(이혼·사망 등)로 명의를 변경하면 사업이 흔들릴 수 있다.

제삼자에 대한 책임을 회피할 목적으로 한 허위 거래는 무효이다.

베트남 투자법상 차명 거래는 불법으로 간주될 수 있으며, 당국이 사업을 강제 종료할 수 있다.

차명 계약이 문제가 될 경우, 명의 차용자는 법적 대응이 어렵고 심각한 재정적 손실을 입을 수 있다.

사업에 대한 실질적 통제권이 명의자에게 있어, 분쟁 발생 시 베트남인의 명의를 빌려서 사업을 하는 외국인은 법적으로 불리하다.

PART 4.
명의 대여자의 피해 사례

Q 한국인들이 베트남에서 사업을 운영할 때 절차적·실무적 편의를 이유로 베트남인의 명의를 사용하는 경우가 많고, 이로 인해 실제 투자자인 한국인이 피해를 보는 사례도 적지 않다고 알고 있었습니다. 그런데 반대로 명의를 빌려준 베트남인과 한국인도 어려움을 겪는 경우가 있다고 해서 의외였습니다. 명의를 대여한 사람이 낭패를 본 사례와 관련 법령이 궁금합니다.

A 명의를 대여해 준 사람은 아무런 책임을 지지 않을 것이라고 생각하기 쉽지만, 현실에서는 그렇지 않습니다. 명의 대여자는 법적, 경제적, 심지어 형사적 책임을 질 수도 있으며, 명의를 빌려준 사람과 빌린 사람 모두 예상치 못한 법적 문제에 직면할 수 있습니다. 실무적으로 어떤 사례가 있는지 살펴보겠습니다.

⊙ 수년간 베트남 내 같은 한국 회사에서 함께 근무한 홍길동 부장과 베트남인 뚜안 대리는 유난히 손발이 척척 맞았다. 회사 구조조정 당

꼭 알아야 할 베트남 생활법률 가이드

시 동반 퇴사를 했는데, 홍 부장은 그때까지의 경험을 살려 베트남에서 사업을 시작하기로 결심했다. 빨리 법인을 설립하기 위해서뿐 만 아니라 동종업계의 구설도 피하고자 뚜안 대리의 명의로 회사를 설립하면서, 홍 부장은 뚜안 대리가 전혀 신경 쓰지 않게 하겠다고 뚜안 씨에게 약속했다.

퇴사 후 뚜안 씨는 다른 곳에 취직하고, 홍 씨는 뚜안 씨 명의로 회사를 설립한 것에 대한 대가로 정기적으로 약간의 명의 사용료를 뚜안 씨에게 주었다. 가끔씩 새로 설립한 법인으로 계약할 때는 뚜안 씨가 서명해야 하고, 계약 금액의 송금도 뚜안 씨의 협조가 필요한 번거로움은 있었지만, 많은 경우, 송금 시 홍 씨가 뚜안 씨에게 계약서상 법인이 지급해야 하는 액수보다 더 많은 현금을 주었기 때문에 사실 뚜안 씨가 그 차액으로 챙기는 부수입도 적지 않았다.

그러던 중 뚜안 씨는 한국에 출장차 갔던 홍 씨가 구속되었다는 청천벽력 같은 소식을 들었다. 나중에 알고 보니 홍 씨는 한국에 유령 회사를 만들어 베트남 거래처에 근무하는 베트남인을 한국으로 초청하는 형태로 서류를 꾸며 한국행 비자를 받도록 해주다가 구속된 것이었다.

뚜안 씨는 뚜안 씨 명의로 된 회사는 문제가 없는지 살펴보던 중, 뚜안 씨 명의로 설립된 회사도 이 한국의 유령회사와 연결이 되어 있었고, 특히 코로나 팬데믹 기간 동안 베트남 특별입국을 원하는 수십 명의 한국인들에게 사업 목적의 단기 비자인 상용비자 발급을 위한 가짜 초청장을 마구잡이로 발행해 수사가 시작된 상태였다.

뚜안 씨는 경찰서에서 조사를 받으며 이 모든 사건에 대해 전혀 모른다고 하였으나 정기적으로 수령한 명의 사용료와 계약금 송금 처리를 위해 받았던 현금으로 인해 공범으로 몰리는 상황이었다. 게다가 뚜안 씨가 서명해서 체결한 계약들도 최초 지급만 제대로 되었고, 계약에 따라 이어지는 지급 의무는 전혀 이행되지 않은 상태로, 계약 당사자들의 손해배상에 대한 줄소송이 우려되는 상황이었다.

⊙ 평생을 다녔던 회사를 정년퇴직한 후 별다른 소득이 없이 지냈던 나바지 씨는 베트남에 사는 십년지기 친구인 박사기 씨가 본인을 좀 도와주면서 베트남에서 제2의 인생을 살아보는 것은 어떠냐는 말에 베트남으로 왔다. 당시, 박 씨는 한국에서 신용불량자라서 해외 송금도 어렵고 하니, 한국에서 타인 명의로 해놓은 돈을 나 씨에게 줄 테니 나 씨 명의로 베트남에서 회사를 설립해 주면 나 씨가 대표이사를 하고, 실제 운영이나 골치 아픈 것들은 박 씨가 다 하겠다고 했다. 게다가 매월 생활비 조로 섭섭하지 않게 대가도 주겠다는 말에 나 씨는 박 씨의 제안에 흔쾌히 동의했다. 박 씨는 A급 오피스 빌딩에 사무실을 제대로 마련하였다. 나 씨도 나름 잘 꾸며진 오피스에 법인장 자리와 명함도 받았다. 박 씨는 나 씨에게 회사 업무는 알아서 할 테니 신경 쓰지 말고 베트남에서 적응하고 즐기면서 천천히 하고 싶은 일을 구상하면 된다고 했다.

나 씨 명의로 회사를 설립한 후, 박 씨는 부사장 명함을 가지고 발로 뛰면서 계약도 여러 건 성사시켰다. 나 씨는 가끔씩 박 씨의 요청이 있을 때만 사장으로서, 계약 체결식 행사에서 사진 찍고 계약서에 서명

 꼭 알아야 할 베트남 생활법률 가이드

만 하면 되었다. 나 씨는 새로 사귄 지인들과 주 3~4회 골프도 즐기며 제대로 제2의 인생을 시작한 것에 뿌듯함을 느꼈다.

코로나 팬데믹이 시작될 무렵, 박 씨는 한국으로 출장을 갔다가 베트남의 봉쇄로 어쩔 수 없이 한동안 한국에 체류하게 되었다. 조만간 베트남으로 돌아오겠다는 박 씨의 입국은 비자와 건강 문제 등 여러 가지 이유로 자꾸 미뤄졌다. 그러면서 직원들 급여뿐만 아니라 사무실 임대료 등 여러 가지 문제들이 추가되고, 건강상의 문제로 입원 중이라는 박 씨와는 연락조차 쉽지 않은 상황이 되었다.

그 무렵, 세금 미납에 대해 세무서에서 독촉장을 받고, 직원들도 나 씨에게 몰려와서 몇 개월 동안 임금이 체불되고 있는데 언제 받을 수 있냐고 했다. 어리둥절해진 나 씨가 박 씨에게 연락해 보니 박 씨는 코로나 상황 때문에 베트남에 가기가 어려우니, 나 씨가 우선 지급해 주면, 나중에 베트남에 가서 다 처리해 주겠다고 했다. 당시에는 사무실 직원도 몇 명 되지 않고 액수도 그리 크지 않아 나 씨가 개인 비용으로 지급해 주었다. 그러나 오래전에 퇴사한 일부 직원들이 참다못해 임금 체불 문제로 회사를 상대로 소송을 하면서 나 씨는 뭔가 크게 잘못되었음을 느꼈다. 그제야 과거 회사 운영 상황에 대해 알아보니, 박 씨가 회사를 운영하는 동안 여러 차례 임금체불이 발생했고, 나 씨가 계약 체결식 행사에서 사진을 찍으며 폼나게 서명했던 계약들은 계약 불이행으로 여러 건의 손해배상 청구 소송이 계류 중인 상태였다. 게다가 사회보험료와 법인세도 납부하지 않았고, 법인 운영 기간 동안 정기적으로 제출해야 하는 운영보고서도 한 번도 제출하지 않았다는 것을 알게 되었다. 박 씨와는 연락도 되지 않는데, 이 모든 것을 다 떠안게 된 나 씨는 불안한 마음에 우선 한국으로 가야겠다는 생각으로 공항에 갔다가 조세 채무 불이행으로 출국금지까지 된 것을 알게 되었다.

⊘ 베트남 기업법, 형법, 출입국관리법 등에 명시된 회사 업무에 대한 개인 책임 조항

※ 아래 법률 조항 중 개인 책임과 직접적 관련이 없는 부분은 생략하고 줄임표(…)로 표기함.

기업법(Law 59/2020/QH14)

제13조 기업 법적 대표자의 책임
1. 기업의 법적 대표자는 다음 책임이 있다:
　a) 기업의 합법적 이익을 보장하기 위하여 … 주어진 각 권리 및 의무를 이행한다;
　b) 기업의 이익에 충실할 것; 직위와 직책을 남용하거나 기업의 정보, 노하우, 사업 기회 및 기타 자산을 사적 이익 또는 다른 조직이나 개인의 이익을 위해 사용하지 않는다;
　c) 본인 또는 본인의 관련자가 소유하거나 지분, 출자 지분을 보유한 기업에 대해 본 법의 규정에 따라 기업에 지체 없이 충분하고 정확하게 통지해야 한다.
2. 기업의 법률에 따른 대표자는 본조 제1항에서 규정하는 책임을 위반하여 기업에 야기한 손해에 대해 개인적으로 책임을 진다.

 꼭 알아야 할 베트남 생활법률 가이드

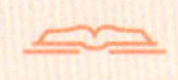 **기업법(Law 59/2020/QH14) – 제3장(1) 2인 이상의 유한책임회사**

제50조 사원총회 구성원의 의무

***

5. 회사 명의로 다음 각 행위를 시행한 때, 개인적으로 책임을 진다:
    a) 법률 위반;
    b) 회사의 이익을 위한 것이 아닌 사업 또는 기타 거래를 수행하여 타인에게 손해를 초래하는 행위;
    c) 회사의 재무 위기 상황에서 아직 기한이 도래하지 않은 채무를 변제하는 경우.

제57조 사원총회의 회의 소집

***

8. 사원총회 회장이 … 규정에 따라 사원총회의 회의를 소집하지 않는 경우, 회사 및 회사의 관련 있는 사원에 대하여 발생한 손해에 대해 개인적으로 책임을 져야 한다.

 **기업법(Law 59/2020/QH14) – 제4장 국영기업**

제97조 사원총회 회장과 기타 사원의 책임
6. 다음의 경우 개인적으로 책임을 진다.
    a) 회사 명의를 이용하여 법률 위반 행위 시;
    b) 회사의 이익을 위한 것이 아닌 사업 또는 기타 거래를 수행하여 조직 또는 개인에게 손해를 초래하는 경우;
    c) 회사의 재무 위기 상황에서 아직 기한이 도래하지 않은 채무를 변제하는 경우

제153조 이사회

***

4. 이사회가 승인한 결의 또는 결정이 법률, 주주총회의 결의, 회사 정관을 위반하여 회사에 손해를 발생시킨 경우, 해당 결의 또는 결정을 찬성한 이사회 구성원은 이에 대해 연대하여 개인적으로 책임을 지며, 회사에 발생한 손해를 배상해야 한다. 반면, 해당 결의 또는 결정에 반대한 구성원은 책임을 면제받는다. 이 경우, 회사의 주주는 법원에 해당 결의 또는 결정의 집행 정지 또는 취소를 요청할 권리를 가진다.

제165조 회사 관리자의 책임

1. 이사회 구성원, 법인장(Giám đốc) ··· (Tổng giám đốc) ··· 관리자는 다음과 같은 책임이 있다:

    a) ··· 법률, 회사 정관 ··· 주주총회의 의결을 이행한다;

***

    c) 회사와 주주의 이익에 충실해야 하며 ··· 개인적 이익을 ··· 위하여 지위, 직무를 남용하지 않고 기업의 정보, 노하우, 사업 기회, 기업의 기타 재산을 사용하지 않는다;

***

2. ··· 규정을 위반한 이사회 구성원, 법인장(Giám đốc) ··· (Tổng giám đốc) ··· 관리자는 ··· 개인적으로 책임을 지거나 연대하여 ··· 손해를 배상한다.

제173조 감사위원의 책임

***

5. ··· 규정을 위반하여 회사 또는 타인에게 손해를 야기한 경우, 감사위원은 그 손해를 개인적으로 책임지거나 연대하여 배상한다.

제205조 개인기업의 유한책임회사, 주식회사, 합명회사로의 전환
1b) 개인기업의 소유주는 아직 변제하지 않은 모든 채무에 대하여, 자기 재산으로 개인적으로 책임을 진다는 문서로 약정 … ;
***

3. … 개인기업 소유주는 전환될 회사가 기업등록증을 발급받기 이전에 발생한 모든 채무에 대하여, … 개인적으로 책임을 진다.

제209조 기업등록증이 회수되는 경우 또는 법원의 결정에 따른 기업 청산
***

6. … 회사 관리자는 … 규정을 이행하지 않아 발생한 손해에 관하여 개인적으로 책임을 져야 한다.

제210조 기업 청산 서류

***

3. 청산 서류가 부정확하거나 위조한 경우 … 연대하여 … 미지급 급여, 부채에 대해 … 책임을 져야 하고 … 서류 제출일로부터 5년 이내에 발생하는 결과에 대해 … 개인적으로 책임을 져야 한다.

제XI장 죄를 범한 법인에 대한 규정
제75조 상업 법인의 형사책임
1. 다음 조건을 모두 구비한 상업 법인은 형사책임을 진다:
    a) 법인의 명의로 행해진 범죄행위
    b) 법인의 이익을 위해 행해진 범죄행위
    c) 법인의 지시…에 의해 행해진 범죄행위

***

2. 법인이 형사책임을 지는 것과 별개로 ⋯ 개인적인 형사책임이 면제되지 않는다.

 **베트남 내 외국인의 입국, 출국, 경유 및 거주에 관한 법률(Law 47/2014/QH13 및 Law 51/2019/QH14)**

제28조 출국 금지 및 출국 금지 기간

1. 외국인은 ⋯ 출국 금지될 수 있다.

  a) ⋯형사 사건의 피의자, 피고인⋯상업, 노동, 가정⋯민사 사건의 피고

  b) 법원 판결을 이행할 의무가 있는 경우

  c) 납세의무가 미이행된 경우

  d) 행정 위반에 대한 제재 결정을 이행할 의무가 있는 경우

명의를 빌려준 사람도 법적·재정적 책임을 질 수 있으며, 심한 경우 형사처벌까지 받을 수 있다.

명의 대여자가 법인 설립에 명의를 빌려준 경우, 법인 운영 중에 발생한 법적 문제로 인해 개인적으로 책임을 질 수 있다.

법인 운영 중 발생한 재무 위기 상황에서 미결제 채무에 대해 명의 대여자가 개인적으로 책임을 질 수도 있다.

조세 채무가 미이행되면 베트남 출국이 금지될 수 있으며, 명의 대여자가 그 대상이 될 수도 있다.

오해와 진실

　박○○ 씨와 베트남인 뚜안(가명) 씨는 50:50으로 신규 제조 법인을 함께 설립하기로 구두 합의하였다. 그런데 뚜안 씨는 외국인이 신규 법인을 설립하는 것은 복잡하고 시간도 많이 소요되니, 수십 년간 운영한 본인의 유통 회사 지분 일부를 박○○ 씨가 인수하는 방식으로 베트남 사업을 시작하면 어떠냐고 제안하였다. 현재 뚜안 씨의 회사는 뚜안 씨 자신과 아들, 그리고 조카가 98:1:1로 가지고 있는데 자신의 지분 중 일부를 박○○ 씨가 인수하면서, 제조 사업을 추가하고 회사 이름도 원하는 대로 변경해도 된다고 하였다.

　박○○ 씨는 이에 동의하였고, 지분 인수 후에 뚜안 씨는 공장 신축을 담당하고, 실제 경영은 박○○ 씨가 하기로 하였다. 그런데 주식 양수도 계약서(株式 讓受渡 契約書, share transfer contract)를 작성하던 중, 뚜안 씨는 현재 사업 분야 중 일부에 대해 외국인 지분 제한이 있어 박○○ 씨의 최대 지분은 49%로 할 수밖에 없다고 알려왔다. 신규 법인 설립보다 훨씬 간단하고, 며칠이면 될 것으로 생각했던 지분 인수 절차는 이런저런 이유로 계속 지연되었고, 몇 개월 후에야 간신히 완료되었다. 그동안 불만이 계속 쌓여가던 차에, 박○○ 씨 본인은 지분 인수 대금을 모두 송금했는데 함께 동업하기로 한 뚜안 씨는 한 푼도 내지 않은 사실을 알게 되었다. 게다가 박○○ 씨가 참석하지 않았는데도 주주총회를 열고 일방적으로 공장 건축비에 대해 결의했다는 것도 알게 되었다. 이 모든 것이 사기라고 생각한 박○○ 씨는 급하게 상담을 하러 오셨다. 그런데 막상 확인해 보니 많은 오해가 있었다.

상담을 하면서, 박○○ 씨는 계속 지분을 50:50으로 하였고, 수익도 50:50으로 나누기로 합의하였다고 주장하였다. 그러나 이는 신규법인 설립에 대해 논의할 때 구두상 합의했던 50:50을, 신규법인이 아닌 이미 존재하는 뚜안 씨 회사 지분 중 경영에는 전혀 참여하지 않는 뚜안 씨의 아들과 조카를 제외한 박○○ 씨와 뚜안 씨 사이의 지분 비율이 50:50이라는 것을 잘못 이해한 것이었다(즉, 뚜안 씨 지분인 98%에 대해 50:50으로 나눔). 뚜안 씨의 말대로 일부 사업 분야는 49%의 외국인 지분 제한이 있었고, 49:49:1:1은 모든 투자자가 동의하고 박○○ 씨가 직접 서명까지 한 주식 양수도 계약서에도 기재되어 있었다. 지분에 대한 대금은 뚜안 씨가 그의 지분의 반을 – 즉, 뚜안 씨가 원래 소유했던 98%의 절반인 49% – 박○○ 씨에게 매각한 것이기 때문에 박○○ 씨만 인수 대금을 지급하는 것이었다. 주주총회는, 여러 차례의 주주총회 소집 통보에도 박○○ 씨가 개인적인 사유로 모두 참석하지 않아 다른 주주들만으로 합법적으로 개회된 것이었다. 공장 건축비는 다른 곳보다 두 배 이상 높아서 좀 의심스러운 정황이 있었지만, 이 또한 합법적으로 의결된 상황이었다. 법률에 대한 무지와 그로 인한 오해로 인해 투자자 간의 신뢰는 이미 깨졌고, 더는 동업하기 어려운 지경까지 된 안타까운 사건이었다.

- 지분(持分) : 공유물이나 공유 재산 따위에서, 공유자 각자가 소유하는 몫. 또는 그런 비율
- 주식(株式) : 주식회사의 자본을 구성하는 단위
- 증권(證券) : 증거가 되는 문서나 서류. 권리를 증명하는 문서.
- 지분⊃주식 (즉, 모든 주식은 지분이지만 모든 지분이 꼭 주식인 것은 아님)

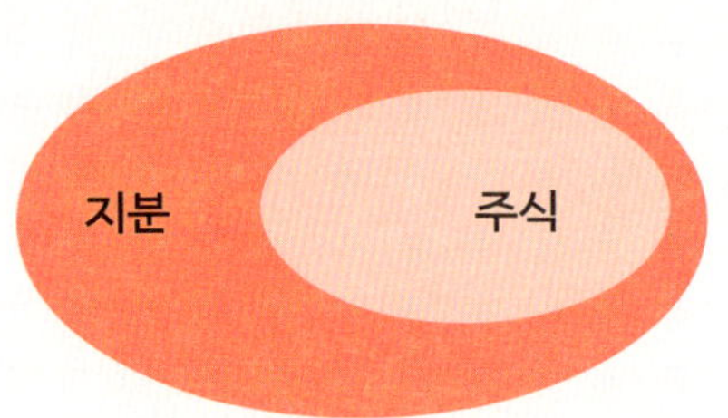

[국립국어원 표준국어대사전 https://stdict.korean.go.kr/]

베트남 투자·창업자가 꼭 알아야 할 베트남 법
(김유호 저, 도서출판 참)

※ 베트남의 M&A 인수는 ①지분인수, ②자산인수, ③(투자) 프로젝트 인수, 크게 세 가지 방법이 있다.

※ 일반적으로 주식시장이나 한국어로 번역 시에는 혼용해 쓰지만, M&A 시 유한책임회사는 지분 양수도 계약서(capital transfer contract), 주식회사는 주식 양수도 계약서(share transfer contract)를 준비한다.

※ 100% 베트남인이 설립한 회사를 인수하는 경우에는, 내가 원하는 사업 목적의 분야를 포함해 인수할 수 있는지 부터 먼저 확인해야 한다. 외국인 지분 제한이 있거나 금지된 분야의 사업을 하기 위해 법인을 새로 설립하는 대신 이런 사업 분야를 가지고 있는 베트남인 명의의 회사를 인수하면 될 것으로 생각하는 한국 분들이 적지 않은데, 이

는 잘못 알고 있는 것이다.

※ 유한책임회사의 지분권자는 '사원(社員, member)'이라고 한다. 이때, 사원은 '근로자'나 '회사원'의 의미가 아니고, 단체의 '구성원'을 의미한다. 주식회사의 주식을 가진 유한책임사원을 '주주(株主, stockholder/ shareholder)'라고 부른다. 유한책임회사의 '사원'이 주식회사의 '주주'와 같은 의미라고 이해하면 더 쉬울 것 같다.

※ 2인 이상의 유한책임회사 사원총회 의사(개회) 정족수는 첫 번째 시도 시 65% 이상의 지분 소유자(들)가 참석해야 하고, 두 번째 시도 시 50% 이상 그리고 세 번째 시도 때에는 정족수와 관계없이 개회할 수 있다. [기업법 59/2020/QH14. 제58조].

※ 주식회사 주주총회 의사(개회) 정족수(議事定足數)는 첫 번째 시도 시 총 의결권 50%를 초과하는 주주가 참석해야 하고, 두 번째 시도 시 33% 이상 그리고 세 번째 시도 때에는 정족수와 관계없이 개회할 수 있다. [기업법 59/2020/QH14. 제145조].

※ 2인 이상의 유한책임회사 사원총회 보통결의(법인장 선임 등)는 출석 주주 전체 의결권 총수의 65% 이상이 찬성해야 한다. [기업법 59/2020/QH14. 제59.3(a)조]. 단, 사안에 따라 가결 요건이 다를 수 있고, 정관에서 다르게 규정할 수 있다.

※ 주식회사 주주총회 보통결의(이사 선임 등)는 출석 주주 전체 의결권 총수의 50%를 초과한 인원이 찬성해야 한다. [기업법 59/2020/ QH14. 제148.2조]. 단, 사안에 따라 가결 요건이 다를 수 있고, 정관에서 구체적인 가결 비율을 규정할 수 있다.

※ 2인 이상의 유한책임회사 사원총회 특별결의(구조조정, 해산 등)는 출석 주주 전체 의결권 총수의 75% 이상이 찬성해야 한다 [기업법

59/2020/QH14. 제59.3(b)조]. 단, 사안에 따라 가결 요건이 다를 수 있고, 정관에서 다르게 규정할 수 있다.

※ 주식회사 주주총회 특별결의(구조조정, 해산 등)는 출석 주주 전체 의결권 총수의 65% 이상이 찬성해야 한다 [기업법 59/2020/QH14. 제148.1조]. 단, 사안에 따라 가결 요건이 다를 수 있고, 정관에서 구체적인 가결 비율을 규정할 수 있다.

꼭 알아야 할 베트남 생활법률 가이드

CHỦ - TỊCH
HỒ - CHÍ - MINH

7

마약

PART 1.
마약류 단순 투약에 대한 처벌

Q 최근 베트남에서 마약을 하는 한국인들이 늘어나고 있는 것 같습니다. 마약 보관과 판매에 관한 법률은 형법에 나와 있는 것 같은데, 단순 사용에 관한 법률은 형법에 없나요? 베트남에서 마약류 단속 범위와 처벌 규정에 대해 알고 싶습니다.

A 2025년 7월 1일 전까지 마약의 단순 투약은 행정 처분 대상이기는 하지만 형사 처벌 대상은 아니었습니다. 그러나 2025년 7월 1일 시행 개정 형법에 따라 이제 치료 · 재활 중(또는 직후) 마약 재투약은 형사 처벌 대상입니다.

베트남 형법이 2009년 일부 개정되기 전, 형법(1999년 개정본 Law 15/1999/QH10) 제199조에서는 단순 마약류 투약에 대한 형사 처벌 규정이 있었습니다. 하지만 형법이 2009년 일부 개정되면서 해당 조항을 삭제하였으며, 이에 따라 베트남은 마약류 투약에 대한 형사 책임을 묻지 않고 행정 처분만 부과했었습니다. 베트남 공안부의 공식

입장에 따르면, 베트남이 단순 마약류 투약을 형법으로 처벌하지 않는 이유는 마약 중독자를 더 이상 위법자가 아닌 환자로 보기 때문이며, 새 형법이 2015년 발효되고 또 2017년 일부 개정된 후 2025년 7월 1일 전까지는 마약류 투약을 형법으로 처벌하는 규정은 없었습니다. 그런데 일부 조항 개정 형법(Law 86/2025/QH15)이 2025년 7월 1일부터 발효되면서, 마약 범죄 체계 전면 개편과 함께 '마약의 불법 사용'(제256a조) 조항이 신설되어, 마약 중독 치료·재활 중 또는 그 이후에 마약을 다시 투약할 때는 형사 처벌하도록 새로운 구성요건을 도입했습니다.

참고로 동일한 범행에 대해 행정 처분을 받았거나 동일한 범행에 대한 전과 기록이 만료되지 않은 경우나 많은 양의 마약류를 소지하면 마약 불법 소지죄 등으로도 형사 처벌이 될 수 있습니다.

⊙ 마약 관련 처벌 규정 관련 법률

1)사회 안전 등에 관한 규정 위반에 대한 행정 처분 시행령(Decree 144/2021/ND-CP)

2)마약류 예방 및 관리에 관한 법(Law 73/2021/QH14)

3)형법(Law 100/2015/QH13 + Law 12/2017/QH14)

4)형법 일부 조항을 개정·보완하는 법률(Law 86/2025/QH15)

2025년 7월 1일 전까지 베트남 형법(Law 100/2015/QH13 + Law 12/2017/QH14)에서는 마약 단순 투약에 대한 형사 처벌 조항이 없었습니다. 이에 따라 베트남에서 단순 마약 투약은 행정 처분에 해당했었고, 행정 처분과 관련된 규정은 사회 안전 등에 관한 규정 위반에 대한 행정 처분 시행령(Decree 144/2021/ND-CP)이 적용되었습니다. 그러나 개정 형법(Law 86/2025/QH15) '마약의 불법 사용'(제256a조) 조항이 신설되어, 이제 마약 중독 치료 중이거나 관리 종료 이후 2년 이내에 재사용할 때는 징역형의 형사 처벌 대상입니다.

일부 조항 개정 형법(Law 86/2025/QH15)

20. 제256조 뒤에 제256a조를 다음과 같이 신설한다:
"제256a조 마약류 불법 사용죄

1. 다음 각 경우 중 하나에 해당하도록 불법으로 마약류를 사용한 자는 02년 이상 03년 이하의 징역에 처한다:

a) 마약 방지법에 따라 해독 치료 또는 대체 약물에 의한 마약류 중독 치료 기간 중인 자;

b) 마약 방지법에 따라 해독 치료 후 관리 기간 중인 자;

c) 마약 방지법에 따른 해독 치료 후 관리 기간이 종료된 날부터 02년 이내이면서, 불법 마약류 사용자 관리 기간 중인 자;

d) 마약 방지법에 따라 자발적 해독 치료 또는 대체 약물 치료를 임의로 중단한 때부터 02년 이내인 자.

2. 본 죄 재범의 경우, 03년 이상 05년 이하의 징역에 처한다.".

○ 마약 사용에 대한 행정 처분

베트남 사회 안전 등에 관한 규정 위반에 대한 행정 처분 시행령 (Decree 144/2021/ND-CP) 제23조에 따르면, 마약 투약자는 과태료 부과 대상입니다. 이와 더불어, 마약을 투약한 사람은 마약류 예방 및 관리에 관한 법(Law 73/2021/QH14)에 따라 재활치료를 받아야 할 수도 있습니다. 또한, 같은 조항 제8항 d에 따라, 외국인이 베트남에서 마약 불법 사용 시 국외로 추방당할 수 있습니다.

제23조 마약류의 예방, 퇴치 및 통제 규정 위반 행위

1. 마약류의 불법 사용에 대해 경고 또는 1,000,000 베트남 동에서 2,000,000 베트남 동 사이의 과태료를 부과한다.

2. 다음 위반에 대해서는 2,000,000 베트남 동에서 5,000,000 베트남 동 사이의 과태료를 부과한다:

   a) 형사책임을 추궁받지 않는 경우에 해당하는 마약류를 불법적으로 소지, 운송, 또는 갈취하는 경우;

   b) 마약류 불법 정제에 사용되는 원료를 소지, 운반, 매매 또는 갈취하는 경우;

   c) 마약류 불법 제조 또는 투여에 사용되는 도구와 장비의 제조, 소지, 운반 또는 거래하는 경우;

3. 양귀비, 코카, 대마초, 카트 또는 기타 마약 물질이 함유된 식물을 재배하는 경우 5,000,000 베트남 동에서 10,000,000 베트남 동 사이의 과태료를 부과한다.

4. 다음 위반에 대해서는 1,000,000 베트남 동에서 2,000,000 베트남 동 사이의 과태료를 부과한다:

   a) 식당, 관광 숙박 시설, 클럽, 노래방, 디스코텍, 비디오 게임 산업의 사업장, 차량 또는 종업원의 관리 직분을 맡은 자, 관리자, 책임자 또는 법정 대리인이 관리지 또는 차량에서 마약류의 불법 소지, 거래 및 사용을 허용하는 경우;

   b) 타인이 마약류를 불법적으로 사용하도록 중개, 지원 또는 기타 행위를 통해 도움을 주었을 경우.

5. 다음 위반에 대해서는 20,000,000 베트남 동에서 40,000,000 베트남 동 사이의 과태료를 부과한다:

   a) 타인이 마약류를 불법적으로 사용, 소지, 거래할 수 있도록 장소 또는 도구를 제공하였을 경우;

   b) 베트남 영토에 마약류, 마약성 또는 향정신성 약물 및 원료의 수출, 수

입, 임시 수입, 재수출, 임시 수출, 재수입 관련 규정을 위반하였을 경우;

c) 마약류 및/또는 원료의 연구, 분석, 실험, 제조, 보존 또는 보관 관련 규정을 위반하였을 경우;

d) 마약류, 마약성 또는 향정신성 약물 및 원료의 운반, 소지 및 배송 관련 규정을 위반하였을 경우;

dd) 마약류, 마약성 또는 향정신성 약물 및 원료의 유통, 거래, 사용 및 교환 관련 규정을 위반하였을 경우;

e) 국경 및 해상 검문소의 마약류, 마약성 또는 향정신성 약물 및 원료의 관리, 통제 및 보관 관련 규정을 위반하였을 경우;

g) 자발적 재활 시설 운영 면허증에 명시된 범위를 위반한 마약류 재활치료를 제공하는 경우.

***

8. 부가 처벌:

***

d) 본 조의 제1, 2, 3, 4, 5, 6, 7항에 명시된 행정 위반을 저지른 <u>외국인을 추방</u>한다.

9. 시정 조치:

본 조항 제6항의 위반 행위 중 불법적으로 취득한 이익은 강제 반환한다.

⊘ 마약 불법 소지에 대한 형사 처벌

형법 (Law 100/2015/QH13 + Law 12/2017/QH14)

제249조 마약 물질의 불법 소지

1. 다음 중 어느 하나에 해당하는 상황에서, 마약 물질을 거래, 운반 또는 제조 이외의 목적으로 마약 물질을 소지한 사람은 1~5년의 징역형에 처한다:

a) 위반자가 본 조에 명시된 위반 행위로 <u>행정 처분을 받았거나</u> 본 조 248(마약 제조), 250(마약 운반), 251(마약 매매) 및 252(마약 갈취)에 명시된 위반 행위로 유죄판결을 받고 전과가 말소되지 않았음에도 불

구하고 <u>위반을 반복</u>한 경우;

***

2. 다음 중 어느 하나에 해당하는 상황에서 이러한 범죄를 저지르면 5~10년의 징역형에 처한다 :

    a) 조직적인 그룹이 위반을 한 경우;

    b) 위반이 두 번 이상 발생한 경우;

***

3. 다음 중 어느 하나에 해당하는 상황에서 이러한 범죄를 저지르면 10년 ~15년의 징역형에 처한다 :

    a) 아편 수지(opium resin), 대마초 수지(cannabis resin) 또는 코카인 결정(coca glue)의 양이 1kg 이상 5kg 미만인 경우;

***

4. 다음 중 어느 하나에 해당하는 상황에서 이러한 범죄를 저지르면 15년 ~20년의 징역형에 처한다 :

    a) 아편 수지(opium resin), 대마초 수지(cannabis resin) 또는 코카인 결정(coca glue)의 양이 5kg 이상인 경우;

***

5. 또한 위반자는 5,000,000동에서 500,000,000동의 벌금형에 처해질 수 있으며, 1년에서 5년 동안 특정 직책을 맡거나 특정 업무를 수행하는 것이 금지되거나 재산의 전부 또는 일부가 몰수될 수 있다.

한국 (화학물질관리법 제59조 제6호 및 마약류관리법 제59조, 제60조, 제61조)	① 환각물질의 경우 화학물질관리법 제59조 제6호(환각물질 섭취 및 흡입 벌칙)에 따라 3년 이하 징역 또는 5천만 원 이하 벌금 ② 대마, 2군 임시마약 등의 경우 마약류관리법 제61조 제1항 제1호(향정신성의약품 및 대마 사용 벌칙), 제6호(대마 사용 벌칙), 제8호(2군 임시마약 규정 위반 벌칙)에 따라 5년 이하 징역 또는 5천만 원 이하 벌금 ③ 향정신성의약품(마약류관리법 제2조 제3호 나.목 및 다.목) 등의 경우 마약류관리법 제60조 제1항 제1호(마약 또는 향정신성의약품 사용 벌칙), 제2호(향정신성의약품 사용 벌칙)에 따라 10년 이하 징역 또는 1억 원 이하 벌금 ④ 향정신성의약품(마약류관리법 제2조 제3호 라.목 및 마.목) 등의 경우 제61조 제1항 제1호(향정신성의약품 및 대마 사용 벌칙), 제5호(향정신성의약품 사용 벌칙)에 따라 5년 이하 징역 또는 5천만 원 이하 벌금 ⑤ 헤로인, 염류, 함유물, 1군 임시마약 등의 경우 마약류관리법 제59조 제1항 제3호(헤로인 사용 벌칙), 제13호(임시마약류 규정 위반 벌칙)에 따라 1년 이상 징역 ⑥ 미성년자에 대한 대마 범죄의 경우 마약류관리법 제59조 제1항 제8호(미성년자에 대한 대마 섭취 벌칙)에 따라 1년 이상 징역 ⑦ 상습범의 경우 마약류관리법 제59조 제2항(상습범 벌칙), 제60조 제2항(상습범 벌칙), 제61조 제2항(상습범 벌칙)에 따라 정한 형의 2분의 1까지 가중

2025년 7월 1일 이전까지 베트남 형법은 단순 마약 투약 관련 형사 처벌 조항이 없었고, 대신 행정법에 기반하여 행정 처분을 내렸었다. 그런데, 2025년 7월 1일 시행된 일부 조항 개정 형법(Law 86/2025/QH15)에 '마약의 불법 사용'(제256a조) 조항이 신설되어, 마약 중독 치료나 재활 중 (또는 직후)에 재사용하는 경우는 형사 처벌할 수 있는 법적 기반을 만들었다. 또, 마약 투약을 한 사람은 마약류 예방 및 관리에 관한 법(Law 73/2021/QH14)에 기반하여 재활치료를 받을 수도 있다.

① 시행령(144/2021/ND-CP) 제23조 제1항: 마약을 불법 투약한 자에 대한 경고 조치 또는 과태료

② 시행령 144/2021/ND-CP 제23조 제8항a: 증거물 및 행정위반 수단 몰수

③ (외국인의 경우) 시행령 144/2021/ND-CP 제23조 제8항 제d호: 추방

④ 마약류 예방 및 관리에 관한 법(Law 73/2021/QH14) 제32조: 행정 처분으로 재활치료를 받아야 하는 18세 이상의 성인이 대상임
- 제1항~제4항: 허가 없이 자발적인 재활치료를 받지 않거나 중단한 경우, 자발적인 재활치료를 받는 중 마약류를 불법 투약한 경우 등

KEY POINTS

마약 및 향정신성 약품의 단순 투약은 행위의 심각성 정도를 고려하여, 행정 처분을 받을 수 있다.

2025년 7월 1일 시행된 일부 조항 개정 형법에서 신설된 마약의 불법 사용 조항에 따라 마약 중독 치료 중이나 이후 재사용하는 경우는 형사 처벌될 수 있다.

동일한 범행에 대해 행정 처분을 받았거나 동일한 범행에 대해 유죄 판결을 받은 기록이 만료되지 않은 경우나 많은 양의 마약류를 소지하면 마약 불법 소지죄로 형사 처벌이 될 수 있다.

마약 단순 투약 사건에서도 외국인은 추방될 수 있다.

PART 2.
마약 사건을 통해 살펴보는 마약 관련 법률

Q 한국인 X는 2명의 베트남인과 함께 Q(1)노래방 및 자신의 숙소에서 마약을 투약했다는 의심을 받고 있습니다. 20xx년 2월 21일, 베트남 경찰은 누군가의 신고로 Q(2)X의 하숙집 현장을 덮쳤습니다. X는 조사 과정에서 마약 투약에 대해 일부 인정하였고, Q(3)Y가 공급했다고 진술했습니다. 참고로, X와 베트남인의 마약 복용에 대한 건도 조사중인 상태이며, Y가 마약을 투약하지 않았더라도 공급을 하였거나, X를 대신해 구매해 주었을 가능성도 있고, Q(4)Y가 구매한 것을 X에게 나누어주었을 가능성도 배제할 수 없는 상황입니다.

20xx년 3월 20일과 20xx년 3월 30일 사이에 베트남 경찰이 Y에게 조사를 위해 출두하라고 전화와 문자로 Y에게 연락했습니다. Y는 출장 및 다른 이유로 차일피일 미루고 있었습니다. 20xx년 3월 30일 오후 3시, 경찰 여러 명이 Y의 집에 와서 동행을 요청했고(영장 없었고, 체포는 아님), Q(5)Y가 동의하여 경찰서로 함께 갔습니다.

경찰서 조사실에서 경찰은 Y에게 간이 마약 소변 검사를 요청하였으나

Q(6)Y는 검사 자체를 거부했습니다. 경찰은 Y가 검사를 할 때까지 Q(8)집에 못 간다고 하였으나 Y는 계속 마약 검사를 거부했습니다.

본 사건에서 Y가 Q(6)검사를 거부할 권리가 있는지요? 조사 과정에서 Y가 Q(7)묵비권을 행사할 수 있는지요? Q(8)영장없이 이렇게 계속 집에 못 가게 잡아두는 것이 합법인가요? 조사 과정에 Q(9)변호인을 선임할 수 있나요? 만약 형사 처벌이 된다면, Q(10)참작되는 요인은 어떤 것인가요?

A 소지 및 투약한 마약의 종류와 양, 그리고 마약 판매도 목적으로 했는지 등 구체적인 사실 관계에 따라 베트남 행정법 및 형법상 처벌 수위가 상이합니다. 또한 Y가 참고인 신분인지, 피의자 신분인지에 따라 권리와 의무가 다릅니다.

⊘ 마약의 관리, 제조, 보관, 유통, 사용 조장 등에 대한 형사 처벌 종류는 다음과 같습니다.

- 사형
- 징역: 마약과 관련한 법을 위반한 경우 최대 무기 징역.
- 벌금
- 관련 자산의 몰수/압류
- 특정 직위를 맡거나 특정 분야의 업무 수행하는 것을 금지.

⊘ 베트남 형법에서 마약 관련 위반은 제20장 247조~259조에 명시되어 있습니다.

제20장. 마약 관련 범죄

제247조 양귀비, 코카, 마리화나 또는 기타 마약 물질을 포함한 식물 재배

제248조 마약류 불법 제조(2025년 개정)

제249조 마약류 불법 소지(2025년 개정)

제250조 마약류 불법 운반(2025년 개정)

제251조 마약류 불법 매매(2025년 개정)

제252조 마약류 불법 갈취(2025년 개정)

제253조 마약류 불법 정제에 사용되는 원료 소지, 운반, 매매, 갈취

제254조 마약류 불법 생산 또는 불법 사용의 수단 및 도구 제조, 소지, 운반, 매매

제255조 마약류 불법 사용 조장

제256조 마약류 불법 사용 은폐

제257조 마약류 불법 사용을 타인에게 강요

제258조 마약류 불법 사용을 타인에게 권유

제259조 마약류, 원료, 마약성 또는 향정신성 약물의 관리 및 사용에 관한 규정 위반

18. 제248, 249, 250, 251 및 252조를 다음과 같이 수정·보충한다: [법령 전문 참조]

제248조 마약류 불법 제조죄

제249조 마약류 불법 소지죄

제250조 마약류 불법 운반죄

제251조 마약류 불법 매매죄

제252조 마약물질 불법 갈취죄

※마약 범죄 체계 전면 개편

· 제248·249·250·251·252조를 전면 수정: 케타민(Ketamine), 펜타닐
(Fentanyl) 등 신종 약물을 명시하고, 질량·체적 기준(g·ml·kg)별로 형량을
세분화.

· 마약 불법 운반(제250조) 등 8개 범죄는 최고형이 종신형으로 바뀌어 사
형이 삭제되었지만, 마약 제조·매매의 최상위 범주 등 마약 관련 범죄는 여
전히 종신형 또는 사형 유지(최고형 구간 분리).

· 마약 제248조(불법 제조)·제251조(불법 매매)에 대해서, 판결이 확정되
었더라도 정해진 최고형 기준(개정 후 5항의 최소량 등)에 미달하거나 주모
자가 아닌 등의 요건에 부합하면 사형을 종신형으로 전환(제4조 경과규정).

Q (1) 마약 불법 투약

A (1) 2025년 7월 1일 이전까지 마약의 단순 투약은 행위의 심각성
정도를 고려해 행정 처분 대상이나, 형사 처벌 대상은 아니었습니다.
그런데, 2025년 7월 1일 발효된 개정 형법(Law 86/2025/QH15)에서
'마약의 불법 사용'(제256a조) 조항이 신설되어, 마약 중독 치료 중이
거나 관리 종료 후 2년 이내에 재사용하는 경우에는 징역형의 형사 처
벌 대상이 되었습니다. 또, 반복적이거나 많은 양의 마약류를 소지한
경우에는 마약 불법 소지죄로도 형사 처벌될 수 있습니다.

Q (2) 장소 제공 등 마약 불법 사용 조장

A (2) 마약류를 불법적으로 사용하도록 중개 및 지원한 경우
1,000,000동에서 2,000,000동 사이의 (행정)과태료가 부과될 수
있습니다. 마약류 불법 사용을 위한 장소 및 수단을 제공한 경우
20,000,000동에서 40,000,000동 사이의 (행정)과태료가 부과될 수 있
습니다. 면허증이 없는 자발적 재활 시설의 경우, 50,000,000동에서
75,000,000동 사이의 과태료가 부과될 수 있습니다. 또한, 베트남 국

민이 아닌 외국인의 경우 베트남에서 강제 추방될 수 있습니다.
형법상 마약류 사용을 조장하는 사람은 2년~무기 징역의 징역형 처벌 대상입니다. (형법 제255조).

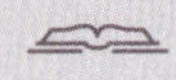

제23조 마약류의 예방, 퇴치 및 통제 규정 위반 행위

1. 마약류의 불법 사용에 대해 경고 또는 1,000,000 베트남 동에서 2,000,000 베트남 동 사이의 과태료를 부과한다.

*****

4. 다음 위반에 대해서는 1,000,000 베트남 동에서 2,000,000 베트남 동 사이의 과태료를 부과한다:

  a) 식당, 관광 숙박 시설, 클럽, 노래방, 디스코텍, 비디오 게임 산업의 사업장, 차량 또는 종업원의 관리 직분을 맡은 자, 관리자, 책임자 또는 법정 대리인이 관리지 또는 차량에서 마약류의 불법 소지, 거래 및 사용을 허용하는 경우;

  b) 타인이 마약류를 불법적으로 사용하도록 중개, 지원 또는 기타 행위를 통해 도움을 주었을 경우.

5. 다음 위반에 대해서는 20,000,000 베트남 동에서 40,000,000 베트남 동 사이의 과태료를 부과한다:

  a) 타인이 마약류를 불법적으로 사용, 소지, 거래할 수 있도록 장소 또는 도구를 제공하였을 경우;

*****

7. 등록 또는 운영 면허가 없는 자발적 재활 시설의 경우, 50,000,000 베트남 동에서 75,000,000 베트남 동 사이의 과태료를 부과한다.

8. 부가 처벌:

  a) 본 조항 제1, 2, 3, 4, 5, 6, 7호에 명시된 행정 위반에 사용된 전시물

꼭 알아야 할 베트남 생활법률 가이드

및 수단을 압수한다;

b) 본 조항 제4호 및 6호에 명시된 위반의 경우 6개월에서 12개월의 면허, 실습 면허, 보안 및 질서 증명서를 정지한다;

c) 본 조항 제5호 b 및 g에 명시된 위반을 저지른 경우 3개월에서 6개월의 영업을 정지한다;

d) 본 조의 제1, 2, 3, 4, 5, 6, 7항에 명시된 행정 위반을 저지른 외국인을 추방한다.

9. 시정 조치:

본 조항 제6항의 위반 행위 중 불법적으로 취득한 이익은 강제 반환한다.

제255조 마약류 불법 사용의 조장

1. 형식을 불문하고, 마약 물질의 불법 사용을 조장한 자는 2년 이상 7년 이하의 징역에 처한다.

2. 범행이 다음 사항 중 하나에 해당하는 자는 7년 이상 15년 이하의 징역에 처한다.

a) 같은 범죄를 두 번 이상 행한 경우;

b) 두 명 이상에 대하여 범행한 경우

c) 만 13세 이상 18세 미만의 자에 대하여 범행한 경우

d) 여성이 임산부임을 알면서도 그 여성에 대하여 범행한 경우;

dd) 마약중독을 치료 중인 자에 대하여 범행한 경우;

e) 상해율 31%에서 60%의 건강에 대한 해를 타인에게 가한 경우

g) 범행의 결과로 타인이 위험한 질병에 감염된 경우;

h) 위험한 범죄를 재범한 경우.

3. 범행이 다음 사항 중 하나에 해당하는 자는 15년 이상 20년 이하의 징역에 처한다.

a) 상해율 61% 이상의 건강에 대한 해를 타인에게 가하거나 또는 사람을

사망에 이르게 한 경우;

b) 상해율 31%에서 60%의 건강에 대한 해를 2명 이상에게 가한 경우;

c) 범행의 결과로 위험한 질병에 감염된 사람이 2명 이상일 경우

d) 범행 대상이 만 13세 이상 18세 미만일 경우

4. 범행이 다음 사항 중 하나에 해당하는 자는 징역 20년 또는 무기징역에 처한다.

a) 건강에 대한 해를 2명 이상에게 가하고, 각 상해율이 61% 이상인 경우

b) 2명 이상을 사망에 이르게 한 경우.

5. 범행한 자는 5,000,000동 이상 500,000,000동 이하의 벌금, 집행유예, 1년 이상 5년 이하의 거주 금지령, 또는 재산의 일부나 전부를 몰수 조치 받을 수 있다.

제256조 마약류 불법 사용 은폐

1. 마약 물질 불법 사용을 은폐하기 위한 목적으로 장소를 임대, 임차, 또는 관련 범행을 한 자는 2년 이상 7년 이하의 징역에 처한다.

2. 범행이 다음 사항 중 하나에 해당하는 자는 7년 이상 15년 이하의 징역에 처한다.

a) 직무, 권한을 남용한 경우;

b) 같은 범죄를 두 번 이상 행한 경우;

c) 범행 대상이 16세 미만일 경우;

d) 범행 대상이 두 명 이상일 경우;

dd) 위험한 범죄를 재범할 경우.

3. 범행한 자는 50,000,000동 이상 200,000,000동 이하의 벌금 또는 재산의 일부나 전부를 몰수 조치 받을 수 있다.

Q (3) 마약 불법 소지

A (3) Y가 이전에 마약 투약으로 행정 처분을 받은 적이 있거나 많은

꼭 알아야 할 베트남 생활법률 가이드

양의 마약류를 소지한 경우에는 마약류 불법 소지죄가 적용될 수 있습니다. 이때, '소지'란 마약류를 장소 불문(집, 마당, 지하, 여행 가방, 자동차 내 연료탱크, 옷, 개인 소지품 등 마약류를 숨길 수 있는 곳) 보관 또는 숨기는 행위를 뜻합니다.

베트남 형법(Law 100/2015/QH13 + Law 12/2017/QH14) 제 249조에서는 반복적이거나 많은 양의 마약류를 소지한 경우에는 마약류 종류와 양에 따라 징역형 1~5년, 5~10년, 10~15년, 15~20년형을 선고하고 있습니다. 또한 5백만 동(한화 약 26만 원) 이상 5억 동(한화 약 2천6백만 원) 이하의 벌금이 부과될 수 있고, 또한, 1~5년간 특정 업무 또는 직위를 맡는 것이 금지될 수 있습니다.

Q (4) 마약 불법 운반자 및 공급자에 대한 처벌 수위

A (4) 본 본 사건에서는 Y가 마약을 투약하지는 않았을지라도 X에게 공급을 하였거나, Y가 X대신 마약류를 구매해 주었을 가능성도 있고, Y가 구매한 마약류를 X에게 나누어 주었을 가능성도 있습니다. 이 경우, Y는 마약류 물질의 제조, 거래 혹은 보유 목적 이외의 목적으로 마약류를 운반한 자로서 형사 처벌될 수 있습니다.

사회 안전, 안보 및 사회악 투쟁, 소방 및 가정폭력 예방과 행정 위반에 대한 시행령(Decree 144/2021/ND-CP)은 마약류를 배달, 소지, 또는 운반한 경우 과태료를 부과합니다. 또한, 외국인은 위반의 심각성에 따라 베트남에서 추방될 수 있습니다.

또, 형법 제 250조에서는 각 마약 종류와 양에 따른 마약류 불법 운반에 대한 처벌 수위에 대해 자세하게 명시하고 있습니다.

제250조 마약류 불법 운반

1. 다음 중 어느 하나에 해당하는 상황에서 마약류의 생산, 거래, 소지 이외의 목적으로 마약류를 불법적으로 운반한 사람은 2~7년의 징역형에 처한다:

   a) 위반자가 본 조에 명시된 위반 행위로 행정 처분을 받았거나 본 조 248(마약 제조), 250(마약 운반), 251(마약 매매) 및 252(마약 갈취)에 명시된 위반 행위로 유죄판결을 받고 전과가 말소되지 않았음에도 불구하고 위반을 반복한 경우;

***

2. 다음 중 어느 하나에 해당하는 상황에서 이러한 범죄를 저지르면 5~10년의 징역형에 처한다:

   a) 조직적인 그룹이 위반을 한 경우;
   b) 위반이 두 번 이상 발생한 경우;

***

3. 다음 중 어느 하나에 해당하는 상황에서 이러한 범죄를 저지르면 10년~15년의 징역형에 처한다:

   a) 아편 수지(opium resin), 대마초 수지(cannabis resin) 또는 코카인 결정(coca glue)의 양이 1kg 이상 5kg 미만인 경우;

Q (5) 임의동행

A (5) Y가 경찰서 출석을 거부하는 경우, 경찰은 영장 없이 Y를 강제로 연행할 수 없습니다. 그러나 만약 경찰이 Y의 구체적인 범행 증거가 있다면, 경찰은 Y를 강제 연행할 수 있습니다.

제57조 고소·고발되었거나 기소 요청을 받는 자

***

2. 고소/고발 또는 기소 요청이 있는 자는 고소/고발 및 기소 요청을 처리할 권한이 있는 기관의 요청에 따라 출석해야 한다.

제127조 강제 연행 및 강제 호송

1. 강제 연행은 긴급 구금 또는 기소된 자에 적용된다.

2. 강제 호송은 다음과 같은 경우 적용된다;

　a) 증인이 소환장에 불응하여 불가항력적이거나 객관적인 방해 요소가 없음에도 불출석한 경우;

　b) 범죄피해자가 불가항력적이거나 객관적 방해 요소에 의한 것이 아님에도 관할 절차 기관에 의해 정해진 전문가 조사를 거부하는 경우;

　c) 고발 또는 고소된 자 또는 충분한 증거로 기소로 이어진 범죄 행위에 연루된 자가 불가항력이나 객관적 방해 요소가 없음에도 소환에 불응한 경우.

3. 수사관, 수사 전담 부서장, 검사, 부장 판사 및 재판부는 강제 인도 및 강제 호송에 대한 결정을 내릴 권한이 있다.

***

Q (6) 마약 검사를 반드시 해야 하는지, 거부할 권리가 있는지(즉, 선택사항인지)

A (6) 마약류 예방 및 관리에 관한 법률 제22.1조 (b)항에 따르면 관할기관 또는 충분한 근거에 의하여 마약류 불법 사용으로 추정되는 자는 반드시 검사를 받아야 합니다. 본 사건의 경우, 경찰은 X의 조사 과정에서 Y가 마약을 공급하였다는 진술을 확보하였고, Y는 경찰이 근거에 의하여 검사를 요청하였으므로 소변검사를 받아야 합니다.

○ **마약**

마약류 예방 및 통제에 관한 법률을 설명하는 시행령(Decree 105/2021/ND-CP) 제38.1조 (a)항과 제38.2조에 따르면, 개인, 기관 및 조직의 신고가 관할 기관에 의해 검증되고 소명되었을 시, 불법 약물 복용의 징후 및 근거로 보고 있습니다. 따라서 관련 기관 및 본 사건의 경우 베트남 경찰은 Y의 체내 내부에서 마약 성분을 검사하기 위한 권한을 가지고 있습니다. 따라서 Y는 마약 성분을 검사하기 위한 소변 검사를 받아야 하는 의무가 있습니다. 마약 성분을 검사하기 위한 소변 검사에 Y가 순응하지 않을 경우 경찰은 Y를 소환할 수 있는 법적 근거 또한 존재합니다(시행령 105/2021/ND-CP 제46.1조).

즉, 경찰이 Mr. Y가 불법으로 마약을 사용한 근거가 충분하다고 판단하는 경우, Mr. Y는 경찰의 요구에 따라 정밀검사를 받아야 합니다.

마약 방지 및 통제법(Law 73/2021/QH14)

제22조 체내 마약 검사

1. 다음의 경우 체내 마약 검사를 받아야 한다:

***

b) 적법한 권한을 가진 부서 또는 공무원(경찰)이 충분한 바탕에 근거해 마약을 불법으로 사용한 자로 판단한 경우

제57조 고소/고발되었거나 기소 요청을 받는 자

***

2. 고소/고발 또는 기소 요청이 있는 자는 고소/고발 및 기소 요청을 처리할 권한이 있는 기관의 요청에 따라 출석해야 한다.

Q (7) 조사 과정에서 묵비권을 행사할 수 있는지

A (7) 예, 조사 과정에서 묵비권을 행사할 수 있습니다.

범죄 현장에서 현행범으로 긴급 구금되거나 체포된 사람은 자신에게 불리한 증언을 진술하거나 죄를 인정하거나 혹은 진술과 의견을 경찰에게 제시할 의무가 없습니다(형사소송법 58.1조(d), 59조(c)). 즉, Y는 진술에 대한 의무를 지고 있지 않습니다. 따라서 진술을 할지 여부는 선택 사항이고 묵비권을 행사할 수 있습니다.

제58조 긴급 구금된 자 및 체포된 자

1. 범죄 행위로 긴급 구금되거나 현행범 또는 지명수배로 체포된 자는 다음과 같은 권리를 가진다;

    a) 긴급 구금, 긴급 체포의 영장, 긴급 구금 및 지명수배의 서면 통지문을 고지받을 권리;

    b) 자신의 임시 구금 및 체포 사유를 통보받을 권리;

    c) 본 법에 따른 자신의 권리와 의무를 통지받고 설명받을 권리;

    d)진술과 의견을 제시하고, 자신에게 불리한 증언을 하거나 유죄를 인정할 의무가 없을 권리;

    dd) 증거, 문서, 물건을 제시하고 요청할 권리;

    e)관련 증거, 문서 및 물건에 대해 협의하며 권한이 부여된 절차 담당자

에 수사 및 평가를 요청할 권리;

g)자신을 방어하거나 방어 받을 권리;

h)관할 절차 기관과 담당자의 결정 및 구속 및 체포에 대한 법적 절차에 대해 이의를 제기할 권리.

***

제59조 임시 구금된 자

1.임시로 구금된 자는 긴급 감금되거나 현행범으로 체포되거나 지명 수배 또는 자백 또는 자수 및 임시 구금 명령에 직면한 사람이다.

2.임시 구금자는 다음과 같은 권리를 가진다;

a)사유를 통지받고, 임시 구금의 서면 연장 및 결정, 임시 구금의 서면 승인과 본 법에 따른 법적 절차의 기타 결정을 받을 권리;

b)본 조에 따라 자신의 의무와 권리에 대해 통지받고 설명받을 권리;

c)진술과 의견을 제시하고, 자신에게 불리한 증언을 하거나 범죄사실을 자백하지 않을 권리;

d)자신을 방어하거나 방어 받을 권리;

dd)증거, 문서, 물건 제시하고 요청할 권리;

e)관련 증거, 문서 및 물건에 대해 협의하고 권한이 부여된 절차 담당자에게 검증 및 평가를 요청할 권리;

g)관할 절차 기관과 담당자의 결정 및 임시 구류에 대한 법적 절차에 대해 이의를 제기할 권리.

***

Q (8) 영장 없이 경찰서에서 조사를 하며 집에 못하게 할 수 있는 최대 시간/기간은?

A (8) 24시간 입니다.

경찰 수사당국은 피의자를 체포한 후 12시간 이내에 진술을 받아야 하며, 필요시 동시에 영장 발급을 검찰에 신청합니다. 이 과정에서 긴급 임시 구금 명령이 필요한 경우, 검찰은 경찰로부터 서면 요청을 받은 시점부터 12시간 이내에 명령의 승인 여부를 결정해야 합니다. 따

 꼭 알아야 할 베트남 생활법률 가이드

라서 영장이 발부되지 않은 상황에서도 피의자는 최대 24시간 동안 조사에 응해야 할 수 있습니다. 이때, 법에 이송·송부 시간 규정이 없어 실제로는 이를 초과하기도 합니다. 이후 검찰에서 긴급 임시 구금을 결정하면 구금 기간은 기본 3일로 정해지며, 필요할 경우 두 차례 연장이 가능합니다. 각 연장은 최대 3일씩 허용되므로, 임시 구금은 최장 9일까지 이어질 수 있습니다.

형사소송법(Law 101/2015/QH13 + Law 02/2021/QH15)

제110조 긴급 구금

1. 다음 중 하나에 해당하는 경우 긴급 구금이 허용된다;

    a) 해당 인물이 끔찍하거나 극도로 심각한 중죄를 범할 것이라는 충분한 증거가 있는 경우;

    b) 범죄를 저지른 공범 또는 범죄피해자 또는 범죄 현장에 있던 사람에 의해 신원이 확인된 범죄의 가해자가 도주하지 못하도록 해야 하는 경우;

    c) 범죄 흔적이 있는 자 또는 거주지, 직장 또는 도구에 범죄 흔적이 있는 피의자가 도주하거나 증거를 처분하지 못하도록 해야 할 경우.

2. 다음에 해당하는 자는 긴급 구금 명령을 내릴 권한이 있다;

    a) 수사기관의 장 및 부기관장;

***

4. 긴급 구금 또는 긴급 구금자 수용 시, 수사기관과 수사 전담 부서는 <u>12시간</u> 이내에 신속하게 진술을 받아야 하며, 본 조 제2항 제a호 또는 제b호에 명시된 자는 임시 구류 명령을 실행하고, 체포 영장을 <u>발급</u>하며 구금자에게 석방 명령서를 발부한다. 긴급 구류 명령과 관련 서류는 동급 검찰 또는 승인을 위해 관할 담당자에게 전달된다.

긴급 구금 시, 본 조 제2항 제c호에 따라 개인은 비행기나 선박이 착륙하거나 정박하는 첫 번째 공항이나 항구에 인접한 수사기관에 구금자들을 강제로 인도하고 긴급 구금 서류를 제출해야 한다.

구금된 자를 인계받은 수사 당국은 <u>12시간 이내</u>에 신속하게 진술을 받아야 하며, 본 조 제2항 제a호에 따라 긴급 구금자에 대한 임시 구금 명령, 체포 영장 또는 석방 명령서를 발부해야 한다. 긴급 구금 명령과 관련 서류는 승인을 위해 해당 검찰에 전달한다.

***

6. 검찰은 본 조 제1항에 따른 구금/구속의 사유를 엄격하게 관리해야 한다. 검사는 필요한 경우 긴급구속 명령을 승인 또는 기각하기 전에 긴급구속 피의자를 접견해야 한다. 검사가 작성한 긴급구속 피의자의 진술에 대한 서면 기록은 사건 문서에 보관되어야 한다. 검찰은 <u>긴급 구속 명령 승인에 대한 서면 요청</u>을 받으면 12시간 이내에 해당 명령의 승인 또는 거부를 결정해야 한다. 검찰이 긴급구속 명령을 기각하는 경우, 긴급구속 명령을 청구한 자와 피구금자를 수용한 수사기관은 즉시 피구금자를 석방해야 한다.

제118조 임시 구금 기한

1. 임시 구금 기한은 수사기관과 수사 전담 부서가 강제로 구금자와 체포자를 소속 부대로 인계 또는 인도하거나 수사 당국이 자백 또는 자수하는 피의자에 대한 임시 구금 결정 후 <u>3일</u>이다.

2. 임시 구금을 결정하는 개인은 필요한 경우 <u>최대 3일</u>까지 임시 구금 기간을 연장할 수 있다. 임시 구금을 결정하는 개인은 특별한 경우에 <u>최대 3일</u>까지 임시 구금 기간을 <u>두 번 연장</u>할 수 있다.

임시 구금 연장은 동급 검찰이나 관할 검찰에 의해 승인되어야 한다. 검찰은 임시 구금 연장 요청서를 받은 뒤 <u>12시간</u> 이내에 해당 요청을 승인 또는 거부해야 한다.

3. 공소제기의 근거가 임시 구금 기간 동안 충분하지 않은 경우, 수사기관 및 담당 부서는 임시 구금된 자를 즉각 석방해야 한다. 그렇지 않은 경우 임시 구금을 연장한 검찰이 즉각 해당 구금자를 석방한다.

4. (임시) 구금 기간은 총 구속 기간에서 차감된다. 구치소에서 보낸 하루는 <u>교도소 수감일</u>로 간주하여 차감된다.

　　　　꼭 알아야 할 베트남 생활법률 가이드

Q (9) 조사 과정에서 변호인 조력권이 있는지

A (9) 네, 조사 과정에서부터 Y는 변호인을 선임할 수 있습니다. 변호인 선임 이후에는 Y의 정당한 권리와 이익을 보호하기 위해 선임된 변호인이 조사 과정에서 법률적 조력을 할 수 있습니다.

형사소송법(Law 101/2015/QH13 + Law 02/2021/QH15)

제58조 긴급 구금된 자 및 체포된 자

1. 범죄 행위로 긴급 구금되거나 현행범 또는 지명수배로 체포된 자는 다음과 같은 권리를 가진다;

    a) 긴급 구금, 긴급 체포의 영장, 긴급 구금 및 지명수배의 서면 통지문을 고지받을 권리;

    b) 자신의 임시 구금 및 체포 사유를 통보받을 권리;

    c) 본 법에 따른 자신의 권리와 의무를 통지받고 설명받을 권리;

    d) 진술과 의견을 제시하고, 자신에게 불리한 증언을 하거나 자신의 유죄를 인정하지 않을 권리;

    dd) 증거, 문서, 물건을 제시하고 요청할 권리;

    e) 관련 증거, 문서 및 물건에 대해 협의하며 권한이 부여된 절차 담당자에 수사 및 평가를 요청할 권리;

    g) 자신을 방어하거나 방어 받을 권리;

    h) 관할 절차 기관과 담당자의 결정 및 구속 및 체포에 대한 법적 절차에 대해 이의를 제기할 권리.

***

제59조 임시 구금된 자

임시로 구금된 자는 긴급 감금되거나 현행범으로 체포되거나 지명 수배 또는 자백 또는 자수 및 임시 구금 명령에 직면한 사람이다.

2. 임시 구금자는 다음과 같은 권리를 가진다;

    a) 사유를 통지받고, 임시 구금의 서면 연장 및 결정, 임시 구금의 서면 승인과 본 법에 따른 법적 절차의 기타 결정을 받을 권리;

○ **마약**

b) 본 조에 따라 자신의 의무와 권리에 대해 통지받고 설명받을 권리;

c) 진술과 의견을 제시하고, 자신에게 불리한 증언을 하거나 범죄사실을 자백하지 않을 권리;

d) 자신을 방어하거나 방어 받을 권리;

dd) 증거, 문서, 물건 제시하고 요청할 권리;

e) 관련 증거, 문서 및 물건에 대해 협의하고 권한이 부여된 절차 담당자에게 검증 및 평가를 요청할 권리;

g) 관할 절차 기관과 담당자의 결정 및 임시 구류에 대한 법적 절차에 대해 이의를 제기할 권리.

제83조 기소 또는 기소 요청이 있는 자의 합법적인 권리와 이익 보호

1. 기소 또는 기소 요청에 직면한 자의 합법적 권리와 이익을 위한 변호인은 기소되거나 기소 요청에 직면한 자가 자신의 합법적인 권리와 이익을 보호하기 위해 찾는 자이다.

2. 피고인 또는 기소 요청에 직면한 자의 합법적인 권리와 이익을 보호하는 자는 다음과 같다:

a) 변호인

b) 인민 법무관

c) 대리인

d) 법무 보조인

Q (10) 양형인자(量刑因子)

A (10) 형량을 정할 때 참작되는 요인을 '양형인자'라고 하며, 양형인자는 긍정적, 부정적 양형인자가 있습니다. 일반적으로, 형법 제50조(형벌 결정의 근거)에 따라, 각 범죄에 적용되는 처벌은 다음의 요건을 고려합니다:

- 각 범죄의 성격 및 사회에 미칠 위험성

 꼭 알아야 할 베트남 생활법률 가이드

- 형사 기록, 가족 사항, 교육 수준 등의 개인 신상 기록
- 형법 제51조와 제52조에 명시된 감경 및 가중 처벌 사유 등 양형 인자(量刑因子)

형법(Law 100/2015/QH13 + Law 12/2017/QH14)

제50조 형벌 결정의 근거

1. 법원은 형벌을 결정할 때 범죄행위가 사회에게 미치는 위험성의 성질 및 정도, 죄를 범한 자의 경력, 형사책임을 참작 또는 가중하여야 할 정상을 고려하여 형법의 규정에 근거하여 결정한다.
2. 벌금형을 결정할 때는, 본조 1항에서 규정하는 근거 이외에 법원은 죄를 범한 자의 재산 상황 또는 실행 가능성에도 기초하여 결정한다.

제51조 형사책임 감경 사유 [일부 개정]

1. 다음의 사유가 있는 경우에는 형사책임을 감경함에 있어 고려된다:

   a) 죄를 범한 자가 범죄에 의해서 발생한 손해를 방지하여 범죄의 피해가 감소한 경우

   b) 죄를 범한 자가 자진하여 손해를 수복, 배상하거나, 또는 피해를 복구하는 경우

   c) 정당방위의 한도를 넘어 범죄를 행한 경우

   d) 긴급한 상황에서 필요 한도를 넘게 되어 범죄로 간주된 경우

   dd) 죄를 범한 자를 체포할 때 필요성의 한도를 넘어 범죄를 행한 경우

   e) 피해자의 위법행위에 의해서 죄를 범한 자가 정신적으로 유발되어 범죄를 행한 경우

   g) 죄를 범한 자신에게 원인이 없는 지극히 어려운 곤경에 의해서 범죄를 행한 경우

   h) 범죄는 행하였지만, 피해가 전무 또는 경미한 경우

   i) 범죄를 행하였지만, 초범이며 중대하지 않은 경우

   k) 타인에 의한 협박, 강요에 의해서 범죄가 행해진 경우

   l) 본인의 잘못이 아닌 것에 의해 인식능력이 한정된 상태에서 죄를 범한 경우

m) 시대착오에 의한 범죄

n) 죄를 범한 자가 임산부인 경우

o) 죄를 범한 자가 70세 이상인 경우

p) 죄를 범한 자가 심각한 장애 또는 지극히 심각한 장애를 가진 경우

q) 죄를 범한 자가 자신의 인식능력 또는 자신의 행위를 제어하는 능력이 한정될 정도의 질환을 앓고 있는 자인 경우

r) 죄를 범한 자가 자수한 경우

s) 죄를 범한 자가 협조적이고 진지한 반성의 태도를 보이는 경우

t) 사건 해결 과정에서 또는 범죄 발각에 있어서 죄를 범한 자가 책임기관에 적극적으로 협력하는 경우

u) 죄를 범한 자가 범죄를 속죄하기 위해 배상을 한 경우

v) 죄를 범한 자가 생산, 전투, 연구 또는 업무에서 우수한 성적을 가지고 있는 경우

x) 죄를 범한 자가 국가유공자이거나 순국선열의 부모, 배우자, 자녀인 경우

2. 법원은 형벌을 결정할 때 그 이외의 감경 사유를 참작할 수 있지만 그 이유를 판결에 명시하여야 한다.

3. 범죄의 인정 및 형벌의 유형·구분을 결정하는 사유로서 형벌에 규정되어 있는 참작해야 할 사유는 양형을 결정할 목적을 위한 참작 사유로 간주해서는 안 된다.

제52조 형사책임 가중 사유

1. 다음의 것은 형사책임 가중 사유로 간주한다.

a) 조직적인 범죄

b) 전문적으로 범행한 경우

c) 직무, 권한을 남용한 범죄

d) 폭력적으로 행하여진 범죄

dd) 비열한 동기로 행하여진 범죄

e) 고의로 끝까지 범죄를 완수한 경우

g) 2번 이상 죄를 범한 경우

  꼭 알아야 할 베트남 생활법률 가이드

h) 재범을 하였거나 재범 위험성이 있는 경우

i) 16세 이하의 자, 임산부 또는 만 70세 이상의 자에게 죄를 범한 경우

k) 스스로 방위할 수 없는 자, 심각한 장애 또는 지극히 심각한 장애를 가진 자, 인식능력이 한정된 자, 또는 물질적·정신적 조건, 업무 또는 다른 면에 있어서 죄를 범한 자에게 의존하고 있는 자들에 대한 범죄

l) 죄를 범하기 위해서 전쟁, 긴급사태, 자연재해, 유행병 또는 특별한 사회적 곤경을 이용한 경우

m) 정교하고 교활하고 잔혹한 책략을 이용하여 범죄를 행한 경우

n) 여러 명에게 피해를 줄 수 있는 수단이나 방법을 이용해 범죄를 행한 경우

o) 18세 미만의 자를 선동하여 죄를 범하게 한 경우

p) 범죄를 회피 또는 은닉하기 위해서 교활한 행위 또는 폭력적인 행위에 이른 경우

2. 본 형법에서 규정되어 있는 범죄 또는 형량의 판단 기준을 위해 정의한 상황은 가중 요소로 간주하지 않는다.

POINT 1

마약의 관리, 제조, 보관, 유통, 사용 조장 등에 대해서는 벌금, 징역, 사형까지 형사 처벌될 수 있다.

POINT 2

조사 과정에서 묵비권을 행사할 수 있다.

POINT 3

조사 과정에서도 변호인 조력권이 있다.

POINT 4

형량을 정할 때 참작되는 요인을 '양형인자'라고 하며, 양형인자는 긍정적, 부정적 양형인자가 있다.

ㅇ마약

COMPLIANCE

8

성, 결혼

PART 1.
결혼 중개

Q 베트남에서 한국인 남자와 베트남 여자에게 각각 소개비를 받고 두 사람의 결혼을 중개해 주는 일이 불법인지, 불법이라면 어떤 법률 위반인 가요?

A 불법입니다.

외국인 대상 결혼 중개와 관련된 법률은 (1) 결혼 및 가정법 시행령, (2) 결혼 및 가족 관련 행정 위반에 대한 처벌 시행령, (3) 형법, 그리고 (4) 형법의 인신매매죄 관련 결의안이 있습니다.

- 결혼 및 가족법 시행령 (Decree 126/2014/ND-CP detailing a number of articles and measures for implementation of the law on marriage and family)

- 결혼 및 가족 관련 규정의 행정 위반에 대한 처벌 시행령 (Decree 82/2020/ND-CP on penalties for administrative violations in the field of judicial assistance; justice administration; marriage and family; civil enforcement; bankruptcy of enterprises and cooperatives)

- 형법 (Criminal Code 100/2015/QH13 + Criminal Code 12/2017/QH14)

- 형법의 인신매매죄 관련 결의안 (Resolution 02/2019/NQ-HDTP on guidelines for application of Article 150 concerning human trafficking and article 151 concerning trafficking of a person under 16 of the Criminal Code)

1. 외국인 대상의 합법적인 결혼 중개

베트남에서 외국인 대상 결혼 중개는 오직 중앙 베트남 여성 연합회 (Central Vietnam Women's Union) 산하의 비영리단체인 '결혼 상담 지원 센터'(the center for foreign-involved marriage and family counseling and support; Trung tâm tư vấn, hỗ trợ hôn nhân và gia đình có yếu tố nước ngoài)를 통해서만 가능합니다.

결혼 및 가족 관련 행정 위반에 대한 처벌 시행령 (Decree 82/2020/ND-CP)

제39조 외국적 요소(foreign elements)가 포함된 결혼 및 가족 상담 지원센터의 조직 및 운영 관련 규정 위반 행위

***

4. 다음 각호 중 하나에 해당하는 경우 7,000,000 베트남 동 이상 10,000,000 베트남 동 이하의 과태료를 부과한다.

***

c) 외국적 요소가 포함된 결혼 및 가족에 대한 상담 및 지원을 제공할 때 규정된 보수 외의 사례비 또는 기타 혜택을 요구;

***

꼭 알아야 할 베트남 생활법률 가이드

제51조 외국인 관련 결혼 및 가족 상담 및 지원 센터

외국인 대상 결혼 및 가족 상담 지원센터(이하 센터)는 베트남 중앙 여성 연합(Central Vietnam Women's Union) 또는 성 또는 중앙정부 직할시의 여성 연합(이하 여성 연합) 산하의 비영리 단체이다.

제55조 센터의 권한 및 의무

1. 센터는 다음과 같은 권한을 가진다:

   a) 여성 연합의 지도하에 외국인과의 결혼 및 가족 관련 문제에 대해 베트남 시민을 상담할 권한;

   b) 베트남 시민을 대상으로 언어, 문화, 관습 및 습관, 결혼 대상 국가의 결혼 및 가족, 이민법에 대해 상담하고 교육할 권한;

   c) 외국인이 베트남의 언어, 문화, 관습 및 습관, 결혼 및 가족법에 대해 배우도록 상담하고 지원할 권한;

   d) 결혼 파트너가 파트너의 개인 및 가족 상황과 파트너의 요청에 따라 기타 관련 사항을 이해하도록 지원할 권한;

   dd) 본 조 1항 a) 및 b)에 따라 상담 및 교육을 받은 베트남 시민이 요청하는 경우, 해당 시민에게 증명서를 발급할 권한;

   e) 결혼 파트너가 요청하는 경우 법률에 따라 결혼 등록 서류 작성에 대해 지원할 권한;

   g) 결혼을 위해 외국인 또는 베트남인 파트너를 찾고자 하는 베트남 시민 또는 외국인에게 중매를 제공할 권한;

   h) 베트남 시민과 외국인 간의 결혼 및 가족과 관련된 문제를 해결하기 위해 해당 국가의 법률에 따라 설립된 외국인 결혼 상담 및 지원 기관과 협력할 권한;

   i) 비영리 원칙을 보장하면서 법률에 따라 운영비 및 기타 합리적인 실비를 충당하기 위한 보수를 받을 권한;

⊘ 지역 결혼상담지원센터 관련 정보

지역 결혼 상담 지원센터	정 보
호찌민 결혼 상담 지원센터 (Center for marriage and family consulting and support of Ho Chi Minh City Women's Union)	• 운영 등록일: 2014년 3월 21일 • 주소: 71 Vo Thi Sau, Ward 6, District 3, HCMC • 전화번호: (028) 3820 7585~3820 9458 • 이메일: hotrokethon@gmail.com • 담당자: Ms. NGUYEN THI LIEN HIEP (집행위원회 위원, 호찌민시 여성 연합 법률정책부 부국장) • 센터 관련 정보: https://www.phunu.hochiminhcity.gov.vn/trung-tam-tu-van-ho-tro-hon-nhan-gia-dinh-post1552.html https://www.facebook.com/trungtamtuvanhotrohonnhangiadinh/
하이즈엉 결혼 상담 지원센터 (Center for marriage and family consulting and support of Hai Duong Women's Union)	• 운영 등록일: 2008년 4월 21일 (이 센터는 시행령 126/2014/ND-CP 발효 이전에 설립됨) • 센터 관련 정보: https://vwu.vn/web/guest/tin-chi-tiet/-/chi-tiet/hoi-lhpn-tinh-hai-duong-ra-mat-trung-tam-tu-van-va-ho-tro-hon-nhan-8224-2.html

※일부 자료는 현재 유효하지 않지만, 시대에 따른 변경된 내용과 개정 동향을 볼 수 있습니다.

• 베트남인과 국제결혼 시 유의 사항 안내 (2019.9.10.), 주호찌민 총영사관

https://overseas.mofa.go.kr/vn-hochiminh-ko/brd/m_4041/view.do?seq=1332651

• 국제결혼 할 경우 준비 서류 및 절차는? (2016.5.19.), 주베트남 대한민국 대사관

https://overseas.mofa.go.kr/vn-hochiminh-ko/brd/m_4023/view.do?seq=553938

• 베트남 국제결혼 중개 및 처벌 관련 안내 (2015.5.6.), 주베트남 대한민국 대사관

https://overseas.mofa.go.kr/vn-ko/brd/m_2197/view.do?seq=1140314

• (대한민국) 결혼중개업법 개정 시행 등 국제결혼 관련 변경 사항 알림 (2012.6.6.), 주베트남 대한민국 대사관

https://overseas.mofa.go.kr/vn-ko/brd/m_2203/view.do?seq=931368&page=2

– (대한민국) 결혼중개업의 관리에 관한 법률(약칭: 결혼중개업법), 법제처 국가법령정보센터

https://www.law.go.kr/법령/결혼중개업의관리에관한법률

- （대한민국）만18세 이상 당사자에게만 국제결혼 중개 가능
(2012.1.3.), 주베트남 대한민국 대사관
https://overseas.mofa.go.kr/vn-ko/brd/m_2203/view.
do?seq=931336&page=2

2. 소개비를 받을 시 부과되는 행정 처분

[결혼 및 가족법 시행령] 제52조1항에 따르면, 결혼 및 가족 상담 지원센터에서 결혼 중개를 하면서 실비가 아닌 소개비를 받는 것은 불법입니다. 소개비를 받을 경우, [결혼 및 가족 관련 행정 위반에 대한 처벌 시행령] 제39조4항c호에 따라 7백만~1천만 베트남 동(한화 약 39만 원~55만 원)의 과태료가 부과됩니다. 해당 위반을 개인이 아닌 조직이 범했을 경우, [결혼 및 가족 관련 행정 위반에 대한 처벌 시행령] 제4조4항에 따라 부과되는 과태료는 두 배가 됩니다.

결혼 및 가족법 시행령 (Decree 126/2014/ND-CP)

제52조 외국인 대상 결혼 및 가족 상담 및 지원 원칙
1. 센터의 활동은 비영리 원칙을 준수해야 하며, 외국인 대상 결혼 및 가족 관계를 건강하게 만드는 데 기여하고 베트남의 결혼 및 가족 체제의 근본적인 원칙, 문화 및 관습에 부합해야 한다.

***

 꼭 알아야 할 베트남 생활법률 가이드

제4조 개인 및 단체에 대한 과태료 등급 및 과태료 부과 권한 규정

***

4. 본 조항 제5항에 명시된 과태료 등급을 제외하고, 본 시행령 제2장, 제3장, 제4장, 제5장, 제6장 및 제7장에 명시된 과태료는 개인의 행정 처분에 적용된다. 단체가 개인과 같은 위반행위를 범한 경우 과태료는 개인에 대한 과태료의 2배를 부과한다.

5. 본 시행령 제7조, 제8조, 제9조, 제16조, 제17조, 제24조, 제26조, 제29조, 제33조, 제39조, 제50조, 제53조, 제63조, 제71조, 제72조, 제73조 및 제74조에 규정된 과태료 등급은 단체가 위반한 과태료 등급에 해당한다.

제39조 외국적 요소(foreign elements)가 포함된 결혼 및 가족 상담 지원센터의 조직 및 운영 관련 규정 위반 행위

***

4. 다음 각호 중 하나에 해당하는 경우 7,000,000 베트남 동 이상 10,000,000 베트남 동 이하의 과태료를 부과한다.

***

c) 외국적 요소가 포함된 결혼 및 가족에 대한 상담 및 지원을 제공할 때 규정된 보수 외의 사례비 또는 기타 혜택을 요구;

3. 결혼 중개 관련 형사 처벌

[형법 인신매매죄 관련 결의안] 제4조1항a호에 따르면, 사례비를 받고 외국인 대상 결혼을 중개하면서 피해자를 강요, 협박 또는 기망할 경우 형법 제150조 인신매매죄에 해당합니다.

[형법] 제150조에 따르면, 인신매매죄에 해당하는 자는 5년에서 20년 사이의 징역에 처할 수 있으며, 부가적으로 2천만~1억 동(한화 약 110만 원~550만 원)의 벌금형, 집행유예, 또는 1년~5년간 특정 지역에 거주 금지, 또는 재산의 일부나 전부를 몰수당할 수 있습니다.

 **형법의 인신매매죄 관련 결의안(Resolution 02/2019/ NQ-HDTP)**

제4조 외국인 대상 결혼 중개 관련 형사 처벌

1. 외국인 대상 결혼 중개를 한 자가 다음 각호에 해당할 경우 형법 제150조 인신 매매죄로 형사 책임에 해당한다.

   a) 사례비, 자산 또는 기타 금전적 이익을 대가로 외국인과의 결혼을 강요, 협박 또는 기망 및 인계;

   b) 성노예, 강제 노동, 장기 매매 또는 기타 비인도적 목적을 위해 외국인과의 결혼을 강요, 협박 또는 기망 및 인계;

   c) 성노예, 강제 노동, 장기 매매 또는 기타 비인도적 목적을 위해 외국인 대상 결혼 중개 관련 속임수를 사용하여 사람을 모집, 운송 또는 은닉.

2. 중개업자가 외국인이 예비 신부(또는 신랑)를 성노예, 강제노동, 장기 매매, 인신매매 또는 기타 비인도적 목적을 위해 해외로 데려가려는 숨은 목적을 알면서도 사례비 또는 기타 물질적 이익을 위해 결혼을 중개한 경우 형법 제150조 인신매매죄 형사 책임에 해당한다.

꼭 알아야 할 베트남 생활법률 가이드

(개정) 제150조 인신매매

1. 폭력 사용, 폭력사용 협박, 속임수 또는 기타 방법을 통해 다음 각호에 해당하는 자는 5년 이상 10년 이하의 징역에 처한다.

　a) 사례비, 재산 또는 기타 금전적 이익을 위해 타인을 인계 또는 인수;

　b) 성노예, 강제 노동, 장기 매매 또는 기타 비인도적 목적을 위해 타인을 인계 또는 인수;

　c) 본 조항의 a호 또는 b호에 명시된 행위를 목적으로 타인을 모집, 운송 또는 은닉.

2. 위 행위를 다음 각호 중 하나에 해당하는 상황에서 범할 시 8년 이상 15년 이하의 징역에 처한다.

　a) 조직화한 집단이 범행한 경우;

　b) 비열한 동기로 범죄를 저지른 경우;

　c) 본 조항 제3항 b호에 해당하는 상황을 제외하고, 범행의 결과로 피해자에게 육체적 또는 정신적 피해를 주고 31%에서 60% 사이의 상해를 입힌 경우;

　d) 피해자를 베트남 영토 밖으로 운송한 경우;

　dd) 범행 대상이 두 명 이상 5명 이하인 경우;

　e) 두 번 이상 범행한 경우.

3. 위 행위를 다음 각호 중 하나에 해당하는 상황에서 범할 시 12년 이상 20년 이하의 징역에 처한다.

　a) 전문적인 수단으로 범행한 경우;

　b) 피해자의 신체 일부가 제거될 경우;

　c) 범행의 결과로 피해자에게 육체적 또는 정신적 피해를 주고 61% 이상의 상해를 입힌 경우;

　d) 범행의 결과로 피해자가 사망하거나 자살한 경우;

　dd) 범행 대상이 6명 이상인 경우;

　e) 상습적으로 재범한 경우.

4. 부가적으로, 범죄자는 20,000,000 베트남 동 이상 100,000,000동 이

하의 벌금형, 집행유예, 또는 1년 이상 5년 이하의 거주금지령에 처하거나
재산의 일부 또는 전부를 몰수할 수 있다.

(개정) 제151조 16세 미만에 대한 인신매매

1. 다음 각호의 어느 하나에 해당하는 행위를 한 자는 7~12년의 징역형에
처한다:

　a) 인도주의적 목적을 제외하고 금전, 재산 또는 기타 금전적 이익을 위
해 16세 미만의 사람을 양도하거나 받는 행위;

　b) 성노예, 강제 노동, 신체 부위 채취 또는 기타 비인도적인 목적으로
16세 미만의 사람을 이송하거나 받는 경우;

***

2. 다음 중 어느 하나에 해당하는 경우 12~20년의 징역형에 처한다:

***

3. 다음 중 어느 하나에 해당하는 상황에서 저지른 범죄는 18~20년의 징역
또는 종신형에 처한다:

***

꼭 알아야 할 베트남 생활법률 가이드

KEY POINTS

베트남에서 외국인 대상 결혼 중개는 오직 중앙 베트남 여성 연합회 산하의 비영리단체인 결혼 상담 지원센터를 통해서만 합법적으로 가능하다.

개인이 소개비를 받고 결혼을 중개하는 행위는 불법이다.

결혼 중개 시 강요, 협박 또는 기망을 통해 사례비를 받으면 인신매매죄로 형사처벌이 될 수 있다.

조직이 불법 결혼 중개를 할 경우 개인보다 2배 높은 과태료가 부과되며 더 엄중한 처벌을 받는다.

PART 2.
남녀 혼숙

Q 베트남 내 미혼 남녀(법적 부부관계가 아닌 남녀) 혼숙이 법률 위반 사항인지?

A 2010년 11월 20일부터 현재까지, 베트남에서 미혼자 남녀 혼숙은 법률 위반 사항이 아닙니다.

숙박업 관련 시행령(Decree 08/2001/ND-CP)을 안내하는 시행세칙(Circular 02/2001/TT-BCA)이 2010년 폐지되기 전까지는 해당 시행세칙에는 숙박업자가 가족이나 커플이 아닌 남녀에게 객실을 따로 제공해야 한다는 조항이 있었습니다. 이때, '커플'의 법적 정의가 불명확하지만, 본 조항의 취지는 성매매를 막으려는 것으로 보입니다.

2010년 11월 20일부터 효력 상실 숙박업 관련 시행령(Decree 08/2001/ND-CP)을 안내하는 시행세칙 (Circular 02/2001/TT-BCA) –시행세칙 (Circular 33/2010/TT-BCA를 통해 폐지·제정)

(삭제) IV. 조건부 사업 분야를 운영하는 조직 및 개인의 책임

***

8.5. 숙박 시설 임대업:

***

– 반드시 남성과 여성을 위한 별도의 방을 제공 (가족 또는 커플 제외)

***

2010년 11월 20일부터 발효 조건부 사업 분야 및 거래의 보안 및 질서 안내 시행세칙 (Circular 33/2010/TT-BCA)

제10조 효력

1. 본 시행세칙은 2010년 11월 20일부터 발효되며, [발효 일자 2001년 2월22일 시행령 08/2001/ND-CP]을 안내하는 [발효 일자 2001년5월 4일 공안부 발행 조건부 사업 분야 및 거래의 보안 및 질서 안내 시행세칙 Circular 02/2001/TT-BCA]을 폐지하고 대체한다.

***

그러나, 숙박업 관련 시행령을 안내하는 시행세칙(Circular 02/2001/TT-BCA)이 2010년 개정본(Circular 33/2010/TT-BCA)을 통해 폐지되고 대체되면서 해당 조항을 삭제하였습니다. 숙박업 관련 시행령을 안내하는 시행세칙이 2017년 개정본(Circular 42/2017/TT-BCA)을 통해 다시 한번 폐지되고 대체된 현재까지도 베트남에서 미혼자 남녀 혼숙을 처벌하는 규정은 없습니다.

숙박업 관련 시행령 및 시행세칙 폐지·제정 역사

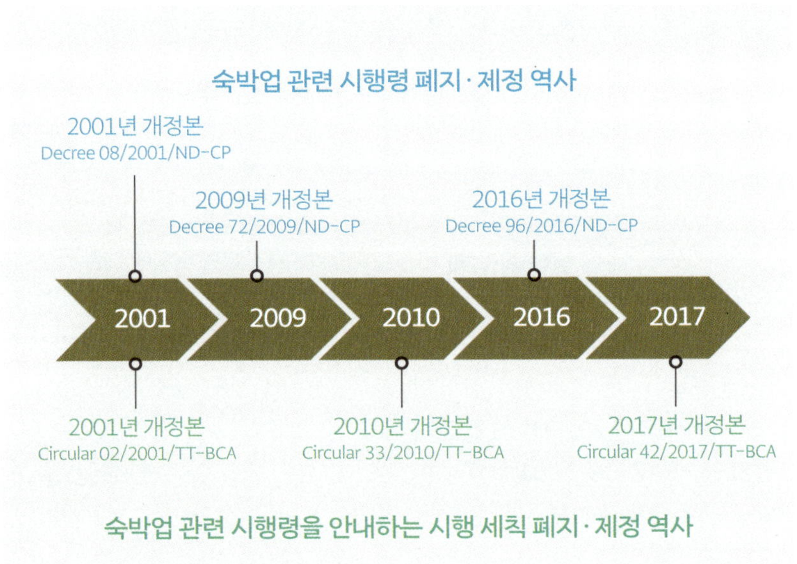

1) 숙박업 관련 시행령 – 2001년 개정본 (Decree 08/2001/ND-CP prescribing the security and order conditions to be met by a number of conditional business lines and trades)

2) 숙박업 관련 시행령 – 2009년 개정본 (Decree 72/2009/ND-CP providing for security and order conditions for a number of conditional production

and business lines)

3) 숙박업 관련 시행령 - 2016년 개정본 (Decree 96/2016/ND-CP Providing for security and order conditions for a number of conditional business sectors)

4) 숙박업 관련 시행령을 안내하는 시행세칙 - 2001년 개정본 (Circular 02/2001/TT-BCA guiding Decree 96/2016/ND-CP on security and order conditions for a number of conditional business investment sectors and trades issued by the Minister of Public Security)

5) 숙박업 관련 시행령을 안내하는 시행세칙 - 2010년 개정본 (Circular 33/2010/TT-BCA specifying security and order conditions for a number of conditional business lines and trades)

6) 숙박업 관련 시행령을 안내하는 시행세칙 - 2017년 개정본 (Circular 42/2017/TT-BCA on guidelines for a number of articles of decree no. 96/2016/ND-CP dated July 01, 2016, on providing for security requirements applied to certain business lines)

⊘ 법률, 시행령, 시행규칙/시행세칙

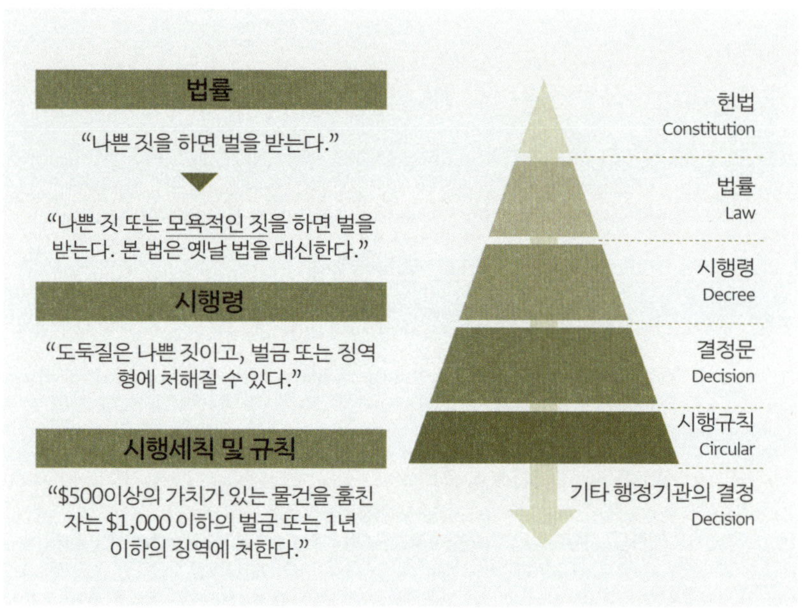

<저자의 '베트남 투자·창업자가 꼭 알아야 할 베트남 법', 법 체계 이해하기 – 법률시스템, 18쪽에서 발췌>

미혼남녀 혼숙은 2010년 11월 20일부터 현재까지 법률 위반 사항이 아니다.

2010년 이전에는 숙박업자가 가족이나 커플이 아닌 남녀에게 별도 객실을 제공해야 한다는 규정이 있었다.

현재 베트남의 숙박업 관련 법령 및 시행세칙에서는 미혼 남녀 혼숙에 대해 어떠한 제한도 두고 있지 않다.

혼숙이 성매매 등 다른 불법행위와 결부되지 않는 한, 베트남 내 미혼 남녀 혼숙은 법적으로 문제 되지 않는다.

PART 3.
성매매

Q 베트남 도보 여행 중 근처의 VIP 마사지샵에서 피로를 풀고 가라는 호객꾼을 따라 들어 간 곳이 성매매를 하는 곳이었습니다. 퇴폐 마사지샵에 대한 별도의 처벌 조항이 있나요? 베트남에서 불법 성매매와 호객행위에 대한 처벌 수위는 어느 정도인가요?

A 성매매와 호객행위는 사실 관계에 따라 행정처분부터 형사처벌까지 될 수 있습니다. 성매매와 호객행위에 대한 관련 법령은 다음과 같습니다.

1. 관련 법령

◎ [성매매 예방 및 근절 조례] Ordinance on prostitution prevention and combat (Ordinance 10/2003/PL-UBTVQH11)

◎ [형법] Criminal Code (Law 100/2015/QH13 + Law 12/2017/QH14)

◎ [보건 · 의료 분야 (마사지 업소 면허 및 위생) 시행령]

이 계보는 마사지 업소의 '영업 허가, 종업원 자격, 보건 위생' 위반을 다룹니다.

- 시행령Decree 176/2013/ND-CP: 의료 행정위반 처벌 규정.
- 시행령Decree 117/2020/ND-CP: 176/2013을 대체(2020.11.15 시행), 마사지 업소의 무면허 시술, 위생 기준 위반 시 적용.

⊙ [치안 · 질서 · 성매매 분야 (퇴폐 행위 및 사회악) 시행령]

이 계보는 마사지 업소 내 '성매매, 음란 행위, 거주 신고' 위반을 다룹니다.

- 시행령Decree 167/2013/ND-CP: 사회 치안 및 성매매 단속의 오랜 근거.
- 시행령Decree 144/2021/ND-CP: 167/2013을 대체(2022.1.1 시행), 범위 확대 및 업데이트. 퇴폐 마사지 적발 시 외국인 추방이나 업소 폐쇄의 실질적 근거.
- 시행령Decree 282/2025/ND-CP: 144/2021을 대체(2025.12.15 시행), 과태료 및 조치 표준화. 행정 처벌 규정을 통합 강화.

계열	원 시행령	대체 관계
의료	시행령176/2013	→ 시행령117/2020
치안·질서	시행령167/2013 → 시행령144/2021	→ 시행령 282/2025

제32조 마사지 서비스 관련 규정 위반

1. 다음 위반 행위는 경고 또는 200,000동~500,000동의 과태료를 부과한다:

    a) 마사지 룸에 마사지 절차를 게시하지 않거나 제대로 게시하지 않은 경우;

    b) 마사지를 제공할 때 적절한 복장과 배지를 착용하지 않은 경우;

    c) 관할 기관에서 발급한 증명서 없이 마사지를 제공하는 경우.

2. 다음 위반 시 2,000,000동에서 5,000,000동의 과태료를 부과한다:

    a) 적절한 마사지 침대를 갖추지 않은 경우;

    b) 마사지 룸에 비상벨을 설치하지 않은 경우;

    c) 법에 규정된 대로 충분한 조명을 갖추지 않고 청결하지 않은 경우;

    d) 법에 규정된 충분한 면적을 갖춘 마사지실을 갖추지 않은 경우;

    dd) 비상 약품 캐비닛을 갖추지 않았거나 캐비닛에 있는 약품이 충분하지 않거나 유효 기간이 지난 경우.

3. 다음 위반 시 5,000,000동~10,000,000동의 과태료를 부과한다:

    a) 마사지 룸의 출입문이 법령상 기준에 부적합한 경우;

    b) 마사지 서비스 제공을 이용하여 매춘을 제공하는 경우.

[사회 질서에 대한 행정 처분 시행령]에 의거, 성 매수자와 매도자에게는 과태료가 부과되며, 불법적으로 취득한 이익도 강제 반환합니다. 성 매수자에 대한 과태료가 성 매도자보다 높습니다.

꼭 알아야 할 베트남 생활법률 가이드

제24조 성 매수

1. 성 매수에 대해 1,000,000~2,000,000동의 과태료가 부과된다:

2. 성 매수가 동시에 두 명 이상의 사람과 관련된 경우 2,000,000동 ~5,000,000동의 과태료가 부과된다.

3. 추가 과태료:

본 조 제1항 및 제2항에서 규정된 행정 위반에 사용된 물품과 수단을 몰수한다.

제25조 성 매도

1. 성을 매도한 경우 경고 또는 300,000동 이상 500,000동 이하의 과태료를 부과한다.

2. 성을 매도하고 범행 대상이 동시에 두 명 이상일 경우 1,000,000동 이상 2,000,000동 이하의 과태료를 부과한다.

3. 부가 처벌:

　a) 본 조항 제1항 및 제2항에 명시된 행정 위반에 사용된 전시물 및 수단은 압수한다.

　b) 본 조항 제1항 및 제2항에 명시된 행정 위반을 저지른 외국인은 추방한다.

4. 시정 조치:

본 조항 제1항 및 제2항에 규정된 위반 행위를 통해 불법적으로 취득한 이익은 강제 반환한다.

---

2. 성매매 관련 법령

2.1) 형법

[형법]에서 성매매 관련 조항은 제327조(성매매 은닉), 제328조(성매매 알선) 및 제329조(미성년자 성매매)가 있습니다.

[형법] 성매매 은닉은 매춘부를 숨겨주거나 보호하는 것을 의미합

니다. 매춘부들을 자신의 주거지나 시설에 숨겨 둔다거나, 그들을 보호하거나 지원하는 행위가 포함됩니다. 제327조에 따르면, 성매매를 은닉한 자는 1년 이상 5년 이하의 징역에 처할 수 있고 상황의 심각성에 따라 10년 이상 20년 이하의 징역 또는 무기징역에 처할 수 있습니다. 추가적으로 10,000,000동 이상 100,000,000동 이하의 벌금, 1년 이상 5년 이하의 보호관찰 또는 재산의 일부 또는 전부를 몰수당할 수 있습니다.

[형법] 제328조에 따르면, 성매매를 알선한 자는 상황에 따라 6개월 이상 36개월 이하의 징역에 처할 수 있고, 상황의 심각성에 따라 3년 이상 15년 사이의 징역에 처할 수 있습니다. 추가적으로 10,000,000동 이상 50,000,000동 이하의 벌금이 부과될 수 있습니다.

[형법] 제329조에 따르면, 미성년자 성매매의 경우, 1년 이상 5년 이하의 징역에 처할 수 있고, 상황의 심각성에 따라 3년 이상 15년 이하의 징역에 처할 수 있습니다. 추가로 10,000,000동 이상 50,000,000동 이하의 벌금이 부과될 수 있습니다.

형법 (Law 100/2015/QH13 + Law 12/2017/QH14)

제327조 성매매 은닉

1. 성매매를 은닉한 자는 1년 이상 5년 이하의 징역에 처한다.
2. 성매매를 은닉하고 다음 각호 중 하나에 해당하는 자는 5년 이상 10년 이하의 징역에 처한다.
    a) 조직적으로 범행한 경우;
    b) 성매매를 강요한 경우;
    c) 2번 이상 범행한 경우;
    d) 4명 이상이 범행에 가담한 경우;

꼭 알아야 할 베트남 생활법률 가이드

dd) 만 16세 이상 18세 미만의 미성년자에게 범행한 경우;

e) 범행의 결과로 만 16세 이상 18세 미만의 미성년자가 31%~60% 사이의 정신 및 행동 장애를 초래한 경우;

g) 50,000,000동 이상 200,000,000동 이하의 부당이득을 취득한 경우;

h) 위험한 범죄를 재범한 경우.

3. 성매매를 은닉하고 다음 각호 중 하나에 해당하는 자는 10년 이상 15년 이하의 징역에 처한다.

a) 만 13세 이상 16세 미만의 미성년자에게 범행한 경우;

b) 200,000,000동 이상 500,000,000동 이하의 부당이득을 취득한 경우;

c) 범행의 결과로 61% 이상의 정신 및 행동 장애를 초래한 경우.

4. 성매매를 은닉하고 다음 각호 중 하나에 해당하는 자는 15년 이상 20년 이하의 징역 또는 무기징역에 처한다.

a) 2명 이상의 만 13세 이상 16세 미만의 미성년자에게 범행한 경우;

b) 500,000,000동 이상의 부당이득을 취득한 경우;

c) 성매매 강요 결과로 피해자가 사망 또는 자살한 경우.

5. 또한 해당 죄를 범한 자는 10,000,000동 이상 100,000,000동 이하의 벌금, 1년 이상 5년 이하의 보호관찰에 처하거나 재산의 일부 또는 전부를 몰수할 수 있다.

제328조 성매매 알선

1. 타인의 성매매를 권장하거나 방조한 자는 6개월 이상 36개월 이하의 징역에 처한다.

2. 범행이 다음 사항 중 하나에 해당한 경우 3년 이상 7년 이하의 징역에 처한다:

a) 범행에 16세 이상 18세 미만의 미성년자가 연루된 경우;

b) 조직화한 집단이 범행한 경우;

c) 전문적인 방식으로 범행한 경우;

d) 두 번 이상 범행한 경우;

dd) 범행 대상이 두 명 이상일 경우;

e) 불법적으로 얻은 수익이 100,000,000동 이상 500,000,000동 미만인 경우;

g) 위험한 범죄를 재범한 경우.

3. 범행이 다음 사항 중 하나에 해당하는 경우 7년 이상 15년 이하의 징역에 처한다:

　　a) 범행에 13세 이상 16세 미만의 미성년자가 연루된 경우;

　　b) 불법적으로 얻은 수익이 500,000,000동 이상인 경우;

4. 또한 해당 죄를 범한 자는 10,000,000동 이상 50,000,000동 이하의 벌금을 부과할 수 있다.

제329조 미성년자 관련 성매매

1. 본법 제142조 1항 b호에 해당하는 경우를 제외하고, 18세 미만의 자에 대하여 성매매를 한 만 18세 이상의 자는 1년 이상 5년 이하의 징역에 처한다.

2. 미성년자에 대한 성매매를 하고 다음 각호 중 하나에 해당하는 자는 3년 이상 7년 이하의 징역에 처한다.

　　a) 2번 이상 범행한 경우;

　　b) 범행에 13세 이상 16세 미만의 미성년자가 연루된 경우;

　　c) 피해자에게 31%~60% 사이의 상해를 입힌 경우.

3. 미성년자에 대한 성매매를 하고 다음 각호 중 하나에 해당하는 자는 7년 이상 15년 이하의 징역에 처한다.

　　a) 만 13세 이상 16세 미만의 미성년자에게 두 번 이상 범행한 경우;

　　b) 피해자에게 61% 이상의 상해를 입힌 경우.

4. 또한 해당 죄를 범한 자는 10,000,000동 이상 50,000,000동 이하의 벌금을 부과할 수 있다.

2.2) 성매매 예방 및 근절 조례

[성매매 예방 및 근절 조례]는 제22조(성 매수자에 대한 처벌), 제23조(매춘부에 대한 처벌), 24조(성매매 관련 범행을 한 자에 대한 처벌) 및 25조(매춘업을 위해 서비스 업종을 악용하는 단체 및 개인에 대한 처벌)을 통해 성매매 관련 처벌 대상자를 명시하고 있습니다.

[성매매 예방 및 근절 조례] 제22조에 따르면, 성을 매수한 자는 상황에 따라 경고 또는 과태료가 부과됩니다. 만약 성 매수자가 미성년자의 성을 매수하거나 본인의 HIV 감염 사실을 알고도 질병을 전염시킨 경우에는 행사 책임을 질 수 있습니다.

[성매매 예방 및 근절 조례] 제23조에 따르면, 매춘부는 상황에 따라 행정 처분을 받거나 의무 교육 또는 치료시설에 강제 입소 될 수 있습니다. 또한 본인의 HIV 감염 사실을 알고 있음에도 불구하고 질병을 전염시킨 경우에는 형사책임에 대한 조사를 받을 수 있습니다. 외국인 매춘부의 경우, 상황에 따라 추방될 수 있습니다.

[성매매 예방 및 근절 조례] 제24조에 따르면, 성매매를 알선하거나 성매매를 목적으로 인신매매에 가담한 경우에는 행정 처분을 받거나 형사책임에 대한 조사를 받을 수 있습니다.

[성매매 예방 및 근절 조례] 제25조에 따르면, 매춘업에 관여한 업소는 과태료를 부과하거나 영업증을 박탈당할 수 있으며, 업소의 책임자는 행정 처분을 받고 상황에 따라 형사책임에 대한 조사를 받을 수 있습니다.

성매매 예방 및 근절 조례 (Ordinance 10/2003/PL-UBTVQH11)

제4조 금지 행위

아래 각호에 해당하는 범행은 엄격히 금지한다.

1. 성 매수;
2. 성 매도;
3. 성매매 알선;
4. 매춘 활동 조직화;

5. 성매매 강요;

6. 성매매 중개;

7. 성매매 옹호;

8. 성매매 활동을 위한 서비스 사업 남용;

9. 기타 법률이 정한 성매매 관련 행위.

제22조 성 매수자에 대한 처벌

1. 성 매수자는 위반행위의 유형과 심각성에 따라 경고 또는 과태료 행정 처분한다.

2. 성 매수자는 매수 대상자가 미성년자이거나 본인의 HIV 감염 사실을 알고 있음에도 불구하고 고의로 타인에게 질병을 전염시킨 경우 형사책임에 대한 조사를 받는다.

제23조 매춘부에 대한 처벌

1. 매춘부는 위반행위의 유형과 심각성에 따라 행정 처분을 받으며, 사(communes), 방(wards), 시사(townships)의 교육 조치를 받거나 치료 시설에 입소 될 수 있다. 외국인 매춘부는 위반행위의 유형과 심각성에 따라 경고, 과태료 및/또는 추방 형태의 행정 처분을 받는다.

2. 매춘부가 본인의 HIV 감염 사실을 알고 있음에도 불구하고 고의로 타인에게 질병을 전염시킨 경우 형사책임에 대한 조사를 받는다.

제24조 성매매 관련 범행을 한 자에 대한 처벌

1. 성매매를 옹호하거나 매춘업 목적으로 사용할 자본을 제공한 자는 위반행위의 유형과 심각성에 따라 행정 처분을 받거나 형사책임에 대한 조사를 받는다.

2. 성매매를 중개, 알선, 강요, 조직하거나 성매매 활동을 위해 여성 및/또는 아동을 인신매매한 경우 형사책임에 대한 조사를 받는다.

제25조 매춘업을 위해 서비스 업종을 악용하는 단체 및 개인에 대한 처벌

1. 업소가 서비스 업종을 악용하여 매춘업 관련 활동을 한 경우 과태료를 부과하고, 위반 행위의 유형과 심각성에 따라 매춘업 관련 활동과 직접적으로

     꼭 알아야 할 베트남 생활법률 가이드

관련된 물적 증거 및 수단을 몰수하고 허가증 및/또는 영업 증명서의 사용권을 박탈한다.

2. 업소 책임자의 무책임한 태도로 인해 업소에서 성매매 행위가 발생한 경우 책임자는 행정처분을 받고, 상황의 심각성에 따라 형사책임에 대한 조사를 받는다.

---

*각 처벌 대상자에 대한 상세 행정 처분은 아래 2.3) "사회 안전, 보안, 질서, 사회악, 화재 예방 및 소방, 구조, 가정 폭력 예방 및 통제에 관한 규정 위반에 대한 행정 처분 시행령" 참조

2.3) 사회 안전, 보안, 질서, 사회악, 화재 예방 및 소방, 구조, 가정 폭력 예방 및 통제에 관한 규정 위반에 대한 행정 처분 시행령

[사회 안전, 보안, 질서, 사회악, 화재 예방 및 소방, 구조, 가정 폭력 예방 및 통제에 관한 규정 위반에 대한 행정 처분 시행령]은 제24조(성 매수), 제25조(성 매도), 제26조(기타 성매매 관련 범행 처벌) 및 제27조(서비스 및 사업의 성매매 남용)를 통해 성매매 처벌 대상자의 상세 행정 처분을 명시하고 있습니다.

해당 시행령 제24조에 따르면, 성 매수자는 1,000,000동에서 5,000,000동 사이의 과태료를 부과받을 수 있으며, 성 매수를 위해 사용된 물품을 압수당할 수 있습니다.

해당 시행령 제25조에 따르면, 성 매도자는 300,000동에서 2,000,000동 사이의 과태료를 부과받을 수 있으며, 성 매도에 사용된 물품 및 수단을 압수당하거나, 성 매수와 관련하여 불법적으로 취득한 이익을 강제 반환할 수 있습니다. 외국인이 성 매도에 가담할 경우, 추방될 수 있습니다.

해당 시행령 제26조에 따르면, 성매매에 관여된 자는 경고 또는

300,000동에서 500,000동 사이의 과태료를 부과받을 수 있으며, 관여한 상황이나 심각성에 따라 처벌이 강화될 수 있습니다. 예를 들어, 성매매를 은닉한 자는 5,000,000동에서 10,000,000동 사이의 과태료를 부과받을 수 있습니다. 성매매를 강요한 자는 10,000,000동에서 20,000,000동 사이의 과태료를 부과받을 수 있습니다. 매춘업에 자금을 제공한 자는 30,000,000동에서 50,000,000동 사이의 과태료를 부과받을 수 있습니다. 성매매를 위해 지위를 남용하는 경우 50,000,000동에서 75,000,000동 사이의 과태료를 부과받을 수 있습니다. 또한, 성매매와 관련되어 불법적으로 이익을 취득한 경우, 해당 이익을 강제 반환해야 합니다.

해당 시행령 제27조에 따르면, 매춘업과 관련된 업소는 20,000,000동에서 30,000,000동 사이의 과태료를 부과받을 수 있으며, 해당 업소의 운영자는 30,000,000동에서 40,000,000동 사이의 과태료를 부과받을 수 있습니다. 추가적으로, 상황에 따라 6개월에서 12개월 동안 업소의 운영이 정지될 수 있으며, 매춘업을 통해 취득한 이익을 강제 반환해야 합니다. 매춘업을 운영한 외국인은 강제 추방당할 수 있습니다.

사회 안전, 보안, 질서, 사회악, 화재 예방 및 소방, 구조, 가정 폭력 예방 및 통제에 관한 규정 위반에 대한 행정 처분 시행령 (Decree 144/2021/ND-CP)

제24조 성 매수

1. 성을 매수한 경우 1,000,000동 이상 2,000,000동 이하의 과태료를 부과한다.

 꼭 알아야 할 베트남 생활법률 가이드

2. 성을 매수하고 범행 대상이 동시에 두 명 이상일 경우 2,000,000동 이상 5,000,000동 이하의 과태료를 부과한다.

3. 부가 처벌:

본 조항 제1항 및 제2항에 명시된 행정 위반에 사용된 물품 및 수단은 압수한다.

제25조 성 매도

1. 성을 매도한 경우 경고장 또는 300,000동 이상 500,000동 이하의 과태료를 부과한다.

2. 성을 매도하고 범행 대상이 동시에 두 명 이상일 경우 1,000,000동 이상 2,000,000동 이하의 과태료를 부과한다.

3. 부가 처벌:

　　a) 본 조항 제1항 및 제2항에 명시된 행정 위반에 사용된 물품 및 수단은 압수한다.

　　b) 본 조항 제1항 및 제2항에 명시된 행정 위반을 저지른 외국인은 추방한다.

4. 시정 조치:

본 조항 제1항 및 제2항에 규정된 위반 행위를 통해 불법적으로 취득한 이익은 강제 반환한다.

제26조 기타 성매매 관련 범행 처벌

1. 성매매 또는 성행위에 관여하는 경우 경고장 또는 300,000동 이상 500,000동 이하의 과태료를 부과한다.

2. 성매매를 은닉 또는 보호하는 경우 5,000,000동 이상 10,000,000동 이하의 과태료를 부과한다.

3. 타인의 성매매를 지원, 유인, 유혹 또는 강요하는 경우 10,000,000동 이상 20,000,000동 이하의 과태료를 부과한다.

4. 다음 각호의 위반에 대해서는 30,000,000동 이상 50,000,000동 이하의 과태료를 부과한다.

　　a) 성매매를 옹호 또는 유지하기 위한 무력 사용 또는 위협;

　　b) 매춘업에 자금 및 재산 제공;

　　c) 성매매 알선.

5. 성매매를 옹호하거나 유지하기 위해 지위, 권한, 존엄성을 남용하는 경우 50,000,000동 이상 75,000,000동 이하의 과태료를 부과한다.

6. 시정 조치:

본 조항 제1항, 2항, 3항, 4항 및 5항에 규정된 위반 행위를 통해 불법적으로 취득한 이익은 강제 반환한다.

제27조 매춘업을 위한 사업 및 서비스 악용 처벌;

1. 사업장의 영업이 매춘업 또는 성행위와 관련할 경우 20,000,000동 이상 30,000,000동 이하의 과태료를 부과한다.

2. 관리 업소에 성매매 또는 성행위가 발생하도록 허용한 책임자, 법적 대리인, 또는 서비스 및 사업장을 관리하도록 지정된 자의 경우 30,000,000동 이상 40,000,000동 이하의 과태료를 부과한다.

3. 부가 처벌:

 a) 본 조항 제1항 및 제2항에 명시된 행정 위반을 한 경우 안보 질서 인증서를 6개월 이상 12개월 이하의 기간 동안 정지한다.

 b) 본 조항 제1항 및 제2항에 명시된 행정 위반을 저지른 외국인은 추방한다.

4. 시정 조치:

본 조항 제1항에 규정된 위반 행위를 통해 불법적으로 취득한 이익은 강제 반환한다.

---

3. 퇴폐 마사지·성매매를 유도하는 호객행위 처벌 관련 법령

3.1) 형법

[형법] 제328조에 따르면, 퇴폐 마사지 또는 성매매를 유도하는 호객행위를 한 자는 6개월에서 36개월 사이의 징역에 처할 수 있습니다. 성매매 대상이 미성년자이거나 조직적으로 집단이 가담하는 등 상황의 심각성에 따라 3년에서 15년 사이의 징역형에 처할 수 있습니다. 징역형에 더하여 10,000,000동에서 50,000,000동 사이의 벌금형에 처

할 수 있습니다.

제328조 성매매 알선

1. 타인의 성매매를 권장하거나 방조한 자는 6개월 이상 36개월 이하의 징역에 처한다.

2. 범행이 다음 사항 중 하나에 해당한 경우 3년 이상 7년 이하의 징역에 처한다:

    a) 범행에 16세 이상 18세 미만의 미성년자가 연루된 경우;

    b) 조직화한 집단이 범행한 경우;

    c) 전문적인 방식으로 범행한 경우;

    d) 두 번 이상 범행한 경우;

    dd) 범행 대상이 두 명 이상일 경우;

    e) 불법적으로 얻은 수익이 100,000,000동 이상 500,000,000동 미만일 경우;

    g) 위험한 범죄를 재범한 경우.

3. 범행이 다음 사항 중 하나에 해당하는 경우 7년 이상 15년 이하의 징역에 처한다:

    a) 범행에 13세 이상 16세 미만의 미성년자가 연루된 경우;

    b) 불법적으로 얻은 수익이 500,000,000동 이상인 경우;

4. 또한 해당 죄를 범한 자는 10,000,000동 이상 50,000,000동 이하의 벌금형에 처한다.

3.2) 성매매 예방 및 근절 조례

[성매매 예방 및 근절 조례] 제24조 2항에 의거, 성매매 이용을 유도하는 호객행위를 통해 성 매수자를 성매매 업소에 중개한 경우 형사 책임에 대한 조사를 받을 수 있습니다.

제24조 성매매 관련 범행을 한 자에 대한 처벌

1. 성매매를 옹호하거나 매춘업을 목적으로 사용할 자본을 제공한 자는 위반 행위의 유형과 심각성에 따라 행정 처분을 받거나 형사책임에 대한 조사를 받는다.

2. 성매매를 중개, 알선, 강요, 조직하거나 성매매 활동을 위해 여성 및/또는 아동을 인신매매한 경우 형사책임에 대한 조사를 받는다.

3.3) 사회 안전, 보안, 질서, 사회악, 화재 예방 및 소방, 구조, 가정 폭력 예방 및 통제에 관한 규정 위반에 대한 행정 처분 시행령

[사회 안전, 보안, 질서, 사회악, 화재 예방 및 소방, 구조, 가정 폭력 예방 및 통제에 관한 규정 위반에 대한 행정 처분 시행령] 제26조에 따르면, 성매매 이용을 유도할 경우 경고 또는 300,000동에서 500,000동 사이의 과태료를 부과받을 수 있습니다. 호객행위를 한 자에게는 과태료가 부과되고, 호객행위를 통해 취득한 이익은 강제 반환됩니다.

제26조 기타 성매매 관련 범행 처벌

1. 성매매 또는 성행위에 관여하는 경우 경고 또는 300,000동 이상 500,000동 이하의 과태료를 부과한다.

2. 성매매를 은닉 또는 보호하는 경우 5,000,000동 이상 10,000,000동 이하의 과태료를 부과한다.

3. 타인의 성매매를 지원, 유인, 유혹 또는 강요하는 경우 10,000,000동 이상 20,000,000동 이하의 과태료를 부과한다.

4. 다음 각호의 위반에 대해서는 30,000,000동 이상 50,000,000동 이하의 과태료를 부과한다.

    a) 성매매를 옹호 또는 유지하기 위한 무력 사용 또는 위협;

    b) 매춘업에 자금 및 재산 제공;

    c) 성매매 알선.

5. 성매매를 옹호하거나 유지하기 위해 지위, 권한, 존엄성을 남용하는 경우 50,000,000동 이상 75,000,000동 이하의 과태료를 부과한다.

6. 시정 조치:

본 조항 제1항, 2항, 3항, 4항 및 5항에 규정된 위반 행위를 통해 불법적으로 취득한 이익은 강제 반환한다.

KEY POINTS

성매매에 대해서는 과태료가 부과되며, 성 매수자에 대한 과태료가 성 매도자보다 높다.

성매매한 외국인은 추방될 수 있다.

매춘부를 숨겨주거나 보호하는 등의 성매매 은닉, 성매매 알선, 미성년자 성매매는 형사 처벌된다.

PART 4.
성추행

Q 여름 방학을 이용해 베트남 여행 중인 여대생입니다. 이곳저곳 관광을 마치고 걸어서 숙소로 돌아가던 중 어떤 남자가 제 가슴을 만지고 도망갔습니다. 갑자기 벌어진 일에 놀라고 떨리기도 하지만 너무 화가 나서 공안에 신고하고 가해자를 잡아서 처벌받게 하고 싶은데, 베트남에서 이런 강제추행죄에 대한 처벌 수위가 어느 정도 인가요?

A 삽입 행위가 없는 성 관련 행위는 형사 처벌은 어렵고, 행정 과태료 처분이 될 것으로 보입니다.

관련 법령을 살펴보면, 일반적으로는 시행령(Decree 144/2021/ND-CP) 제7조(공공질서 위반)에 따라 '다른 사람의 존엄성을 조롱하거나 모욕하는 폭력적이고 도발적인 행위'에 대해 10만~30만 동의 행정 과태료 처분 또는 그 행위의 정도나 반복적인지 등 구체적인 사실 관계에 따라 형법 제155조 모욕죄에 따라 벌금이나 징역 처분도 가능합니다.

다만, 상기 사실 관계와 유사한 사안에서 내려진 결과를 고려하면, 본 사건은 20만 동(한화 약 1만 원) 정도의 행정 과태료 처분이 될 가능성이 높아 보입니다.

 **사회 안전, 보안, 질서, 사회악, 화재 예방 및 소방, 구조, 가정 폭력 예방 및 통제에 관한 규정 위반에 대한 행정 처분에 대한 시행령 (Decree 144/2021/ND-CP)**

섹션 1. 사회 안전, 질서 및 보안에 관한 규정에 대한 행정적 위반 행위

제7조 공공질서에 관한 규정 위반

1. 다음 위반에 대해서는 경고 또는 300,000동~500,000동의 과태료가 부과된다:

   a) 예술 공연, 스포츠 활동, 상업, 사무실 건물, 주거 지역 또는 기타 공공장소가 진행 중인 장소에서 질서를 방해하는 경우(단, 본 조 제2항 및 제5항 제2호에 명시된 경우는 제외);

   b) 도심 지역 또는 공공장소에서 반려동물이 목줄 없이 뛰도록 허용하는 경우;

   c) 주거 지역 또는 도시 지역의 노면, 보도, 공원, 놀이터, 도시 지역 또는 공공장소에서 가축, 식물 또는 기타 물품을 점유하도록 허용하는 경우;

   d) 의도치 않게 다른 사람에게 부상이나 신체적 상해를 입혔으나 형사처벌을 받지 않는 경우;

   dd) 보호 구역의 경계벽 및 인접 구역에 다른 물건을 던지거나 놓는 행위;

   e) 아파트 건물에서 가축 및 가금류를 사육, 방목하는 행위

2. 다음 위반에 대해서는 1,000,000동~2,000,000동의 과태료가 부과된다:

   a) 공공질서를 방해하는 방식으로 알코올 또는 각성제를 사용하는 경우;

***

      꼭 알아야 할 베트남 생활법률 가이드

제155조 모욕죄(일부 개정)

1. 타인의 존엄, 명예를 중대하게 모욕한 자는 경고를 받고, 10,000,000동 이상 30,000,000동 이하의 벌금, 또는 3년 이하의 비구금형 교정에 처한다.

2. 다음의 어느 하나에 해당하는 자는 3개월 이상 2년 이하의 징역에 처한다.

   a) 두 번 이상 범행한 경우

   b) 2인 이상에 대하여 범행한 경우

   c) 직무, 권한을 이용한 경우

   d) 위반 행위가 공무 수행 중인 법 집행관을 상대로 저질러진 경우;

   dd) 범죄자를 돌보고, 가르치고, 양육하거나 의료 서비스를 제공하는 사람을 상대로 범죄를 저지른 경우;

   e) 전산망, 통신망 또는 전자장치를 이용하여 죄를 범한 경우

   g) 피해자의 정신 및 행동 장애를 유발하고 31%~60%의 신체적 상해율을 초래하는 경우.

3. 다음의 어느 하나에 해당하는 자는 2년 이상 5년 이하의 징역에 처한다.

   a) 피해자가 정신 및 행위 장애를 가지게 되며 그 신체 상해율이 61% 이상인 경우

   b) 피해자를 자살하게 한 경우

4. 죄를 범한 자에 대해서는 1년 이상 5년 이하의 기간 동안 일정한 직무의 담당 또는 특정 업무 수행이 금지될 수 있다.

엘리베이터에서 강제 키스. 20만 동 행정 과태료 처분

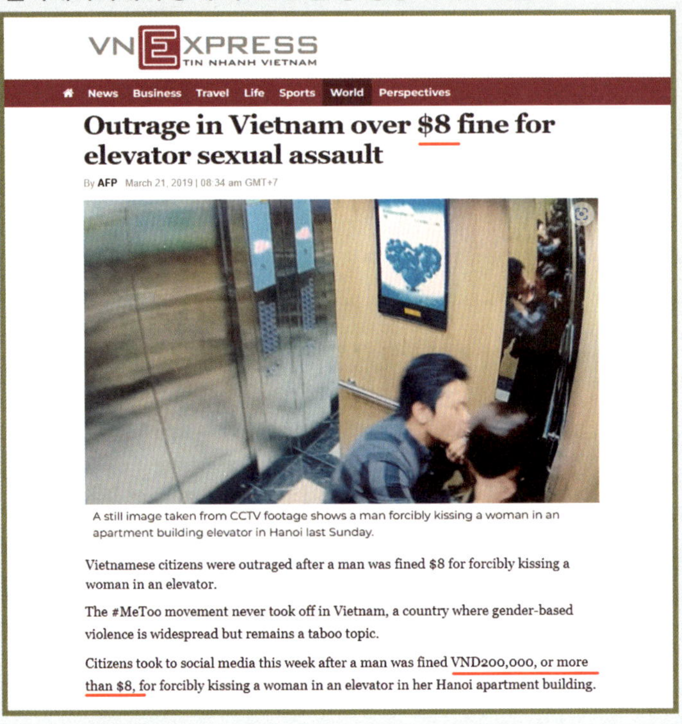

Outrage in Vietnam over $8 fine for elevator sexual assault

By **AFP**   March 21, 2019 | 08:34 am GMT+7

A still image taken from CCTV footage shows a man forcibly kissing a woman in an apartment building elevator in Hanoi last Sunday.

Vietnamese citizens were outraged after a man was fined $8 for forcibly kissing a woman in an elevator.

The #MeToo movement never took off in Vietnam, a country where gender-based violence is widespread but remains a taboo topic.

Citizens took to social media this week after a man was fined VND200,000, or more than $8, for forcibly kissing a woman in an elevator in her Hanoi apartment building.

출처: https://e.vnexpress.net/news/world/outrage-in-vietnam-over-8-fine-for-elevator-sexual-assault-3897684.html (2019)

오토바이를 운전하던 남성이 빨래를 널던 여성의 엉덩이를 만짐. 20만 동 행정 과태료 처분

출처: https://tuoitre.vn/phat-nam-thanh-nien-sam-so-co-gai-dung-phoi-do-200-000-dong-20190917100238613.htm (2019)

2020년 1월~2월 기간, 마을의 일부 상점에 다른 날짜에 여러 차례 방문하여 여성의 가슴을 여러 차례 만짐. 20만 동 행정 과태료 처분

출처: https://baophapluat.vn/ba-lan-so-nguc-vuot-eo-phu-nu-nam-thanh-nien-bi-phat-200-nghin-dong-post356951.html

○ 성, 결혼

단, '삽입' 행위가 있는 경우에는 성추행(sexual abuse)이나 성폭력 (sexual assault)으로 형법상 처벌이 가능합니다.

*최고 인민 법원 판사 협의회 결의안 제3.2조의 '그 밖의 성(적)행위 에 대한 정의' 참조: '삽입' 요건이 필요.

> **형법 141**(강간), **142**(16세 미만 강간), **143**(성교 강요), **144**(13세~16세에 대한 성교 강요), **145**(13세~16세와 성교, 다른 성행위), **146**(16세 미만 추행) 및 **147조**(외설 목적에 16세 미만을 이용)의 여러 규정의 적용 및 18세 미만 아동에 대한 성적 착취 및 학대 사건의 처리에 대한 최고 인민 법원 판사 협의회의 결의안 (Resolution No. 06/2019/NQ-HDTP)

제3조 범죄로 판단되는 상황

***

2. "형법 제141조 제1항, 제142조 제1항, 제143조 제1항, 제144조 제1항 및 제145조 제1항에서 '그 밖의 성적 행위'란 삽입 깊이와 관계없이 남성의 생식기, 기타 신체 일부(손가락, 발가락, 혀 등) 또는 성기구를 여성의 생식기 또는 동성 또는 이성인 다른 사람의 입이나 항문 등에 삽입하는 것을 의미한다. 구체적으로 설명하면

　a) 남성의 생식기를 다른 사람의 입이나 항문에 삽입하는 경우;

　b) 다른 신체 부위(예: 손가락, 발가락, 혀 등) 또는 성 보조기구를 여성의 생식기 또는 다른 사람의 항문에 삽입하는 경우.

 꼭 알아야 할 베트남 생활법률 가이드

KEY POINTS

베트남에서 삽입 행위가 없는 단순 성추행은 형사처벌이 어렵고 주로 행정 과태료 처분 대상이 된다.

삽입 행위가 있는 경우에는 성추행이나 성폭력 등으로 형사 처벌이 가능하다.

성범죄 관련 법령은 행위의 수위, 반복성, 피해 정도에 따라 모욕죄나 성폭력 죄로 가중 처벌이 가능하다.

PART 5.
이혼

Q 한국인 남편 홍길동 씨와 베트남인 아내 리엔(Lien) 씨는 국제결혼 후 베트남에서 함께 거주하며 행복한 결혼 생활을 이어왔습니다. 길동 씨는 베트남에서 IT 회사의 지사장으로 근무하며 안정적인 수입을 올리고 있었고, 리엔 씨는 베트남 전통 음식을 소개하는 유튜브 채널을 운영하며 인기를 끌고 있었습니다.

하지만 결혼 7년 차에 들어서면서 두 사람은 점점 의견 충돌이 잦아졌고, 결국 이혼을 고민하기 시작했습니다. 문제는 두 사람의 국적이 다르고, 거주지가 베트남이라는 점이었습니다. 리엔 씨는 이혼 절차와 아이의 양육권 문제, 그리고 결혼 기간 동안 함께 마련한 집과 길동 씨의 투자금 문제를 어떻게 해결해야 할지 고민하고 있었습니다.

꼭 알아야 할 베트남 생활법률 가이드

이 상황에서 두 사람은 다음과 같은 궁금한 점들이 생겼습니다.

Q (1): 베트남에서 이혼할 수 있나요?

Q (2): 협의이혼과 일방적 이혼(재판상 이혼)은 무엇이 다른가요?

Q (3): 한국인과 베트남인 부부가 베트남에서 이혼하려면 어떻게 해야 하나요?

Q (4): 한국인과 베트남인 부부가 한국에서 이혼하려면 어떻게 해야 하나요?

Q (5): 한국 법원에서 받은 이혼 판결을 베트남에서 인정받으려면 어떻게 해야 하나요?

Q (6): 베트남에서 자녀 양육비는 어떻게 결정되나요?

Q (7): 베트남에서 재산 분할은 어떻게 이루어지나요?

Q (8): 이혼 절차 중 배우자가 사망하면 어떻게 되나요?

Q (1) 베트남에서 이혼할 수 있나요?

A (1) 네, 베트남 법은 일방적 이혼(unilateral divorce)과 협의이혼(mutual divorce)을 모두 허용합니다. 즉, 부부가 함께 이혼에 동의하거나, 한쪽 배우자가 동의하지 않는 경우에도 법적 절차를 통해 이혼을 진행할 수 있습니다.

단, 아내가 임신 중이거나 12개월 미만의 아이를 키우고 있는 경우, 남편은 이혼 소송을 제기할 수 없습니다.

📖 결혼 및 가족에 관한 법률 (Law 52/2014/QH13)

제51조 이혼 조정 청구권

1. 아내나 남편 또는 둘 다 법원에 이혼을 요청할 권리가 있다.

2. 배우자 중 한 사람이 정신 질환이나 기타 질병으로 인해 자신의 행동을 인식하거나 통제할 수 없고, 남편이나 아내로부터 가정 폭력을 당하여 생명, 건강 및 정신에 심각한 영향을 받는 경우, 부모 및 기타 친족은 법원에 이혼을

요청할 권리가 있다.

3. 아내가 임신 중이거나, 출산 중이거나, 12개월 미만의 아이를 키우고 있는 경우 남편은 이혼을 요청할 권리가 없다.

제56조 배우자 일방의 요청에 의한 이혼

1. 배우자의 일방이 이혼을 청구하였으나 법원 조정성립이 되지 않은 경우, 배우자가 가정폭력을 행사하거나 배우자의 권리와 의무를 심히 침해하는 등 혼인을 심히 악화시켜 더 이상 부부 공동생활을 불가능하게 하고 혼인의 목적을 달성할 수 없다고 인정할 만한 사유가 있는 때에는 법원은 이혼을 허가해야 한다.

2. 법원에 의해 실종선고를 받은 자의 배우자가 이혼을 청구한 경우 법원은 이혼을 허가해야 한다.

3. 법원은 본법 제51조 제2항에 따른 이혼 청구의 경우 배우자 일방이 행한 가정폭력으로 인하여 다른 일방의 생명, 건강 또는 심신을 심히 해쳤다고 인정할 만한 사유가 있는 때에는 이혼을 허가해야 한다.

Q (2) 협의이혼과 일방적 이혼(재판상 이혼)은 무엇이 다른가요?

A (2) 협의이혼(mutual divorce)은 부부가 합의하여 진행하는 이혼이고, 일방적 이혼(unilateral divorce)은 합의가 없거나 한쪽이 거부할 경우 법적 사유에 따라 재판으로 진행되는 이혼입니다.

- **협의이혼:** 이혼하고자 하는 이유에 상관없이 협의를 통해 이루어지는 이혼으로, 부부가 자녀 양육과 재산 분할 등에 대해 합의한 상태에서 진행됩니다.

- **일방적 이혼:** 부부간 합의가 없거나 한쪽이 이혼을 거부하는 경우, 법에서 정한 이혼 사유로 이혼하고자 할 때 민사 분쟁 절차에 준해 진행됩니다. '재판상 이혼'이라고도 합니다. 단, 아내가 임신

 꼭 알아야 할 베트남 생활법률 가이드

중이거나 12개월 미만의 아이를 키우고 있는 경우, 남편은 이혼 소송을 제기할 수 없습니다.

Q (3) 한국인과 베트남인 부부가 베트남에서 이혼하려면 어떻게 해야 하나요?

A (3) 베트남 법원은 베트남 시민과 외국인 간의 이혼 사건을 관할합니다. 따라서 한국인과 베트남인의 부부가 베트남에서 거주하고 있다면 베트남 법원에서 이혼 절차를 진행할 수 있습니다.

절차

1. 일방적 이혼 (재판상 이혼)
■ 조건:
① 가정폭력, 배우자의 의무 불이행 등으로 결혼 생활이 회복 불가능한 경우
② 배우자가 실종 선고를 받은 경우 등
③ 단, 아내가 임신 중이거나 12개월 미만의 아이를 키우고 있는 경우, 남편은 이혼 소송을 제기할 수 없음.

■필요 서류:
① 이혼 소장
② 혼인신고서 원본 또는 공증 사본
③ 베트남 배우자의 신분증 사본
④ 외국인 배우자의 여권 사본 및 공증 번역본
⑤ 공동 자녀 출생증명서 (있을 경우)
⑥ 재산 및 채무 관련 서류

■ 절차:
① 소장 제출
② 조정 회의 참석
③ 조정 실패 시 1심 재판 진행
④ 1심 판결 후 15일 이내 항소 가능

2. 협의이혼

■ 조건:
① 부부가 이혼에 동의하고 자녀 양육 및 재산 분할에 합의한 경우

■ 필요 서류:
① 이혼 신청서
② 혼인신고서 원본 또는 공증 사본
③ 베트남 배우자의 신분증 사본
④ 외국인 배우자의 여권 사본 및 공증 번역본
⑤ 공동 자녀 출생증명서 (있을 경우)
⑥ 재산 및 양육 관련 합의서

■ 절차:
① 이혼 신청 서류 제출
② 조정 회의 진행
③ 합의 성공 시 절차 종료, 실패 시 재판 진행

Q (4) 한국인과 베트남인 부부가 한국에서 이혼하려면 어떻게 해야 하나요?

A (4)

• 부부가 베트남에 거주하며 부동산 등 재산이 베트남에 있는 경우, 베트남 법원이 배타적 관할권을 가집니다.

• 위의 경우를 제외하면 한국 법원에서 이혼 신청이 가능합니다.

Q (5) 한국 법원에서 받은 이혼 판결을 베트남에서 인정받으려면 어떻게 해야 하나요?

A (5) 1. 한국 판결문의 공증 및 베트남 대사관 인증(영사 확인)

    • 한국에서 발급된 이혼 판결문을 한국 관할 기관에서 베트남어 번역, 공증 및 영사 확인을 받은 후 베트남 대사관에서 인증(영사 확인)을 받아야 합니다.

  2. 베트남 당국에 신고

    • 필요 서류: 공증 및 영사 확인받은 이혼 판결문 번역본, 신청서

    • 제출처: 베트남 배우자 거주 지역의 인민위원회

    • 처리 기간: 약 5~10일

Q (6) 베트남에서 자녀 양육비는 어떻게 결정되나요?

A (6) 1. 양육비 청구자가 베트남 외 국가에 거주하는 경우
양육비 의무는 양육비 청구자의 거주국 또는 국적국의 법률에 따라 결정됩니다.

2. 양육비 청구자가 베트남에 거주하거나 베트남 시민인 경우
- 자녀를 양육하지 않는 부모는 양육비를 지급해야 합니다.
- 양육비 금액은 부모 간 합의로 정할 수 있으며, 합의가 어려운 경우 법원이 지급자의 실제 소득과 자녀의 생활 필요를 기준으로 결정합니다.

Q (7) 베트남에서 재산 분할은 어떻게 이루어지나요?

A (7)
- 합의: 부부간 합의로 분할
- 합의 실패 시
  - 개인 재산은 각 배우자가 소유
  - 공동 재산은 균등 분할
  - 각 개인 부채는 각자 책임
  - 공동 부채는 균등 분할
  - 기여도, 가족 상황, 과실 여부 등을 고려하여 결정

Q (8) 이혼 절차 중 배우자가 사망하면 어떻게 되나요?

A (8) 배우자가 사망하면 이혼 절차는 자동으로 종료되며, 혼인 관계는 배우자의 사망 시점에서 종료됩니다.

KEY POINTS

베트남에서 협의이혼과 일방적 이혼(재판상 이혼) 모두 가능하다.

한국인과 베트남인의 부부는 베트남 법원의 관할권 아래 이혼 절차를 진행할 수 있으며, 필요 서류와 절차는 부부간 합의 여부에 따라 다르다.

자녀 양육비는 부모 간 합의나 법원의 결정에 따라 정해지며, 재산은 합의되지 않을 경우 법률에 따라 기여도와 가족 상황을 고려해 분할된다.

이혼 도중 배우자가 사망하면 이혼 절차는 종료되며, 혼인 관계는 배우자의 사망 시점에서 종료된다.

PART 6.
부부의 재산 소유 및 분할

Q Q: 한국에서 온 민수 씨는 베트남에서 제조법인을 운영하며 성공적으로 사업을 이어가고 있었습니다. 그러던 중 친구의 소개로 베트남에서 카페를 운영하던 후엔(Huyen) 씨를 만나 사랑에 빠졌고, 결국 결혼에 이르게 되었습니다.

결혼 후, 민수 씨는 경제적으로 후엔 씨를 도와 중심지에 그녀 명의로 상가를 구입해 카페를 옮기게 했습니다. 이를 통해 후엔 씨는 안정적으로 카페를 운영하며 사업을 확장할 기회를 얻게 되었습니다.

결혼 초반에는 각자 독립적으로 사업을 운영하며 재산 관리에 큰 문제가 없었습니다. 그러다 결혼 5년 차가 되자 두 사람은 재산 분할과 소유권 문제에 관해 이야기를 나누기 시작했습니다. 후엔 씨는 카페를 더 크게 확장하려는 계획을 세웠지만, 민수 씨는 그녀가 카페를 정리하고 자신의 회사에 합류해 함께 사업에 집중하길 원했습니다.

이런 상황에서 두 사람 모두 각자의 사업과 관련된 소유권 문제를 명확히 할 필요성을 느끼게 되었습니다.

　꼭 알아야 할 베트남 생활법률 가이드

베트남 법은 결혼한 부부의 재산 소유권에 대해 어떻게 규정하고 있는지요? 공동 재산과 개인 재산은 어떻게 구분되나요? 후엔 씨와 민수 씨가 합의하지 못한다면, 법적으로 재산 소유는 어떻게 결정되나요? 만약 두 사람이 결혼 전에 재산 소유권 관련 계약서를 작성했었다면 어떤 점이 달라졌을까요?

Q (1) 베트남 법은 결혼한 부부의 재산 소유권에 대해 어떻게 규정하고 있는지요? 부부간의 재산 소유권에 대한 합의서는 베트남 법률상 유효한가요?

A (1) 네, 베트남 법률은 혼전 계약(Prenuptial Agreements)과 혼인 기간 중 재산 분할 계약(Common Property Division Agreements)을 통해 부부 간 재산 소유권에 대한 합의를 인정하고 있습니다. 두 계약의 주요 차이점은 아래와 같습니다.

1. 법적근거
- **혼전 계약**: 혼인 및 가족법 제47조
- **재산 분할 계약**: 혼인 및 가족법 제38조

2. 설명
- **혼전 계약**: 결혼 등록 이전에 재산 소유권 체계를 정하는 계약으로, 결혼 후 각 재산이 개인 소유인지 공동 소유인지 미리 결정함.
- **재산 분할 계약**: 혼인 중 공동 소유 상태인 재산을 개인 소유로 변경하는 계약으로, 재산의 일부 또는 전부를 한 배우자의 단독 소유로 이전함.

3. 체결 시점

- **혼전 계약:** 혼인신고 이전(공증 또는 인증해야 함).
- **재산 분할 계약:** 혼인 기간 중(공증해야 함).

4. 계약 대상

- **혼전 계약:** 결혼 전후의 모든 재산, 소득, 자산에 대해 포함 가능.
- **재산 분할 계약:** 계약 시점에 이미 공동 소유 상태인 재산 중 일부 또는 전부.

5. 결과

- **혼전 계약**
  - 체결 시: 결혼 후 배우자 간 합의된 재산 소유 체계가 적용됨.
  - 미체결 시: 법에서 정한 기본 재산 소유 체계가 적용됨(예: 공동 소유).
- **재산 분할 계약**
  - 분할된 재산: 특정 배우자의 개인 소유로 전환됨.
  - 분할되지 않은 재산: 여전히 공동 소유로 유지됨.

6. 예시

a) 시나리오 1: 혼전 계약서 없음

- 2024년 1월 1일: A와 B는 혼인 신고를 함. 혼전 계약 없음.
- 2024년 2월 1일: A가 1,000m² 토지 매입. 해당 토지는 자동으로 A와 B의 공동 소유로 간주함(혼인 및 가족법 제33조).
- 2024년 6월 1일: A가 개인 사업 대출을 위해 B와 일부 재산 분할 계약 체결. 이 계약을 통해 200m²의 토지를 A의 단독 소유로 변경하여 대출 담보로 사용.

b) 시나리오 2: 혼전 계약서 있음

- 2023년 11월 1일: X가 1,000m² 토지 매입.

- 2023년 12월 1일: X와 Y가 혼전 계약 체결. 내용: "혼인 전과 후의 X와 Y 모든 재산은 공동 소유로 한다."

- 2024년 1월 1일: X와 Y 혼인 신고. 혼전 계약에 따라 X의 1,000m² 토지는 자동으로 공동 소유로 간주함.

- 2024년 6월 1일: X가 개인 사업 대출을 위해 Y와 일부 재산 분할 계약 체결. 이 계약을 통해 200m² 의 토지를 X의 단독 소유로 변경하여 대출 담보로 사용.

요약

혼전 계약은 결혼 후 적용될 재산 소유 체계를 미리 합의하는 반면, 재산 분할 계약은 혼인 기간 중 특정 부부 공동 재산을 개인 소유로 변경 설정하기 위한 계약입니다.

결혼 및 가족에 관한 법률 (Law 52/2014/QH13)

제33조 부부의 공동 재산

1. 부부의 공동 재산은 부부가 창출한 재산, 근로, 생산 활동, 영업 활동으로 인한 수입, 별도 재산에서 발생한 과실 및 수익, 혼인 중 합법적으로 얻은 기타 수입을 포함한다. 다만, 이 법 제40조 제1항(혼인 중 공동 재산 분할 시 분할된 재산 및 각자의 별도 재산에서 발생한 수익은 별도 재산으로 간주함)에 규정된 경우는 제외한다. 또한, 부부가 공동으로 상속받거나 공동으로 증여받은 재산 및 부부가 공동 재산으로 합의한 기타 재산을 포함한다.
혼인 후 부부가 취득한 토지사용권은 부부의 공동 재산으로 간주한다. 다만, 어느 일방이 단독으로 상속받거나 단독으로 증여받은 경우 또는 별도 재산으로 거래를 통해 취득한 경우는 제외한다.
2. 부부의 공동 재산은 결합된 공동 소유에 속하며, 가족의 필요를 보장하고 부부의 공동 의무를 이행하기 위해 사용된다.

3. 부부간 분쟁이 있는 재산에 대해 어느 일방의 별도 재산임을 입증할 근거가 없는 경우, 해당 재산은 공동 재산으로 간주한다.

제38조 혼인 기간 중 공동 재산 분할

1. 혼인 기간 중 이 법 제42조(가족의 이익, 미성년 자녀 또는 부양 대상자의 권익 침해, 또는 법적 의무 회피 목적으로 분할한 경우 분할은 무효로 간주함)에 규정된 경우를 제외하고 남편과 아내는 공동재산의 일부 또는 전부의 분할에 관하여 합의할 권리가 있다. 합의에 이르지 못한 경우에는 법원에 그 해결을 청구할 권리가 있다.

2. 공동 재산 분할에 관한 합의는 서면으로 이루어져야 한다. 이 합의는 부부의 요청 또는 법률이 정하는 바에 따라 공증을 받아야 한다.

3. 배우자의 청구에 따라 법원은 이 법 제59조(이혼 시 재산 분할은 재산의 형성 및 기여도, 가족 상황, 직업 및 수입의 지속 가능성 등을 고려하여 공동 재산은 균등하게 분할하며, 별도 재산은 소유권을 유지함)에 따라 공동재산 분할을 정한다.

제43조 부부의 별도 재산

1. 부부의 별도 재산은 각자가 혼인 이전에 가진 재산, 혼인 중에 단독으로 상속받거나 단독으로 증여받은 재산, 이 법 제38조, 제39조 및 제40조의 규정에 따라 부부 중 한 사람에게 단독으로 분할된 재산, 부부 각자의 필수적인 필요를 충족하기 위한 재산 및 기타 법률 규정에 따라 부부 각자의 단독 소유에 속하는 재산을 포함한다.

2. 부부의 별도 재산에서 형성된 재산도 부부의 별도 재산에 해당한다. 혼인 중 별도 재산에서 발생한 과실과 수익은 이 법 제33조 제1항(부부 공동 재산의 구성, 형성된 재산, 공동 상속·증여 재산 및 합의된 재산) 및 제40조 제1항(공동 재산 분할 후 발생한 별도 재산의 과실과 수익은 별도 재산으로 간주하고, 분할되지 않은 재산은 여전히 공동 재산으로 유지)의 규정에 따라 처리된다.

 꼭 알아야 할 베트남 생활법률 가이드

제47조 부부 재산에 대한 설정 합의

합의된 재산 설정 방식을 선택한 부부의 경우, 이 합의는 결혼 전에 서면으로 작성하고 공증 또는 인증을 받아야 한다. 합의된 부부 재산 설정은 혼인 신고일부터 효력을 발생한다.

제48조 부부 재산 설정에 관한 합의의 기본 내용

1. 재산 설정에 관한 합의의 기본 내용은 다음과 같다:
    a. 부부의 공동재산과 별개의 재산으로 정해진 재산;
    b. 공동 재산, 별도 재산 및 관련 거래에 대한 남편과 아내의 권리와 의무, 가족의 필수적인 필요를 충족하기 위한 재산;
    c. 재산 제도 종료 시 재산 분할의 조건, 절차 및 원칙;
    d. 기타 관련 내용.
2. 합의된 재산 설정을 이행하는 과정에서 부부가 합의하지 않았거나 불분명하게 합의한 사항에 대해서는 본 법 제29조, 제30조, 제31조 및 제32조와 법정 재산 설정의 해당 조항을 적용한다.

※참고
제29조 부부 재산 제도의 일반 원칙
제30조 가족의 필수적인 필요를 충족하기 위한 부부의 권리와 의무
제31조 부부의 유일한 주거지와 관련된 거래
제32조 은행 계좌, 증권 계좌 및 법적으로 소유권과 사용권 등록이 필요하지 않은 기타 동산과 관련된 선의의 제삼자와의 거래
제38조 혼인 중 공동 재산의 분할
제39조 혼인 중 공동 재산 분할의 효력 발생 시점
제40조 혼인 중 공동 재산 분할의 결과

Q (2) 부부간의 재산 소유권에 대해 합의가 없으면, 베트남 법률에서는 어떻게 처리하나요? 부부 공동 재산과 개별 재산은 어떻게 구분되나요?

A (2) 합의가 없거나 합의에 도달하지 못한 경우, 베트남 법률이 정한 기본 재산 소유권 체제가 적용됩니다.

혼인신고 전

- 배우자가 혼인 전에 소유한 재산은 해당 배우자의 개별 재산으로 간주합니다.

혼인신고 후

- 공동 재산
  - 급여, 사업 소득, 공동 재산 및 개별 재산에서 발생한 수익, 기타 합법적인 수입
  - 두 배우자가 공동으로 받은 증여나 상속
  - 부부가 상호 합의로 공동 재산으로 정한 기타 재산

- 개별 재산
  - 혼인 전에 취득한 재산
  - 배우자가 개인적으로 받은 증여나 상속
  - 부부의 합의로 개별 재산으로 인정된 재산
  - 혼인 중 취득한 재산 중 부부의 합의로 개별 재산으로 정한 재산

Q (3) 후엔 씨와 민수 씨가 합의하지 못한다면, 법적으로 재산 소유는 어떻게 결정되나요?

A (3) 부부가 합의에 도달하지 못할 경우, 이혼 시 베트남 법률이 정한 공동 재산 체제에 따라 재산이 분할됩니다. 이 경우 다음과 같은 기준이 적용됩니다

1. 재산의 기여도: 각 배우자가 재산 형성에 얼마나 기여했는지 평가
2. 부양 의무: 미성년 자녀나 가족의 생계를 책임지는 상황 고려
3. 공정성과 합리성: 사회적 정의와 윤리에 따라 분배

결혼 및 가족에 관한 법률 (Law 52/2014/QH13)

제59조 이혼 시 남편과 아내의 재산 정산 원칙

1. 법률에 따른 부부 재산 체제를 적용하는 경우 재산의 정산에 대해서는 당사자 간에 합의하여 정한다. 합의에 이르지 못한 경우에는 배우자 일방 또는 쌍방의 청구에 의하여 법원은 본조 제2항, 제3항, 제4항 및 제5항과 본법 제60조, 제61조, 제62조, 제63조 및 제64조에 따라 이를 정한다.

합의에 의한 부부 재산 정산 방식을 적용하는 경우 이혼 시 재산의 정산은 그 합의에 따라야 한다. 합의가 불충분하거나 불분명한 경우에는 본 조 제2, 3, 4, 5항 및 본 법 제60, 61, 62, 63, 64조의 해당 조항에 따라 정산해야 한다.

2. 부부재산은 균등하게 분할하되, 다음 각 호의 사정을 고려한다:

   a. 가족, 남편 및 아내의 상황;

   b. 공동 재산의 생성, 유지 및 개발에 대한 각 배우자의 기여도. 배우자가 가정에서 수행하는 가사 노동은 소득을 창출하는 노동으로 간주한다;

   c. 각 배우자의 생산, 사업 및 직업 활동에서 각 배우자의 정당한 이익을 보호하여 소득 창출을 위해 계속 일할 수 있는 여건을 조성한다;

   d. 배우자의 권리와 의무 침해에 대한 각 배우자의 과실.

3. 부부의 공동재산은 현물로 분할하되, 현물로 분할할 수 없는 경우에는 그 가액에 따라 분할한다. 자신이 받을 수 있는 부분보다 더 큰 가액의 재산을 현물로 받은 배우자는 그 차액을 상대방에게 지급해야 한다.

4. 배우자의 특유재산은 이 법에 따라 이미 공동재산으로 병합된 특유재산을 제외하고는 그 배우자의 소유로 한다.

공동재산에 병합 또는 혼합된 별개의 재산에 대하여 분할을 청구하는 배우자는 부부의 다른 약정이 없는 한 그 재산이 공동재산에 기여한 가액을 지급하여야 한다.

5. 민사 행위능력을 상실하였거나 근로 능력이 없고 부양할 재산이 없는 아내, 미성년 자녀 또는 성년 자녀의 정당한 권익은 보호되어야 한다.

6. 최고인민법원이 책임을 지고 최고인민검찰 및 법무부와 협력하여 본 조에 대해 안내한다.

제60조 이혼 시 제삼자에 대한 남편과 아내의 재산상 권리 및 의무

1. 남편과 아내의 제삼자에 대한 재산상 권리와 의무는 이혼 후에도 남편과 아내 및 그 당사자가 달리 합의하지 않는 한 그 효력이 유지된다.

2. 재산상의 권리와 의무에 관하여 분쟁이 발생한 경우 그 분쟁의 해결은 이 법 제27조, 제37조 및 제45조와 민법에 따른다.

제61조 가족과 함께 사는 부부의 재산 분할

1. 가족과 함께 사는 부부가 이혼할 때, 가족의 공동재산을 따로 정할 수 없는 경우, 남편 또는 아내는 가족 공동재산의 형성, 유지, 발전 및 가족의 공동생활에 대한 부부의 기여도에 따라 가족의 공동재산 중 일부를 분할받을 수 있다. 부부는 가족 공동 재산에서 각자의 몫을 어떻게 나눌 것인지에 대해 가족들과 합의해야 한다. 합의에 이르지 못할 경우 부부는 법원에 요청할 수 있다.

2. 부부가 동거하면서 가족의 공동재산과 별도로 재산분할을 할 수 있는 재산이 있는 경우에는 이혼 시 그 재산 분할분은 이 법 제59조에 따른 분할을 위한 가족의 공동재산에서 공제한다.

 꼭 알아야 할 베트남 생활법률 가이드

제62조 이혼 시 남편과 아내의 토지 사용권 분할

1. 배우자의 별개 재산인 토지사용권은 이혼 시에도 그 배우자의 소유로 유지된다.

2. 이혼 시 부부의 공동재산인 토지사용권의 분할은 다음과 같이 분할한다:

　　a. 1년생 작물을 경작하거나 양식하는 농지의 경우 부부가 토지를 직접 사용할 필요와 조건이 있는 경우에는 부부의 합의에 따라 토지사용권을 분할한다. 만약 합의에 이르지 못하면 이 법 제59조에 따라 법원에 분할을 청구할 수 있다.

　　부부 중 일방만이 토지를 직접 사용할 필요와 조건이 있는 경우, 그 일방은 토지를 계속 사용할 수 있지만 다른 일방이 받을 수 있는 토지사용권 지분에 해당하는 금액을 상대방에게 지급해야 한다;

　　b. 남편과 아내가 연간 작물 또는 양식에 따른 농지 사용권을 가구와 공유하는 경우, 이혼 시 토지 사용권의 부부 부분은 본 조항의 a항에 따라 분리되어 분할된다;

　　c. 다년생 수목 아래 농지, 조림용 임야 또는 주거용 토지의 경우 토지 사용권은 본법 제59조에 따라 분할된다;

　　d. 다른 종류의 토지 사용권 분할은 토지법에 따라야 한다.

3. 혼인한 부부가 가족과 함께 거주하되 세대(가구)와 공동으로 해당 토지를 사용할 권리가 없는 경우에는, 이혼 시 토지사용권이 없고 더 이상 그 가족과 함께 거주하지 아니하는 당사자의 권리는 이 법 제61조의 규정에 따라 처리한다.

제63조 이혼 시 배우자의 거주권

배우자의 별도 재산이며 공동 사용 중인 주택은 이혼 시에도 배우자의 소유로 유지된다. 상대방 배우자가 주거에 어려움이 있는 경우, 당사자 간 별도의 합의가 없는 한 혼인 관계가 종료된 날로부터 최장 6개월 동안 해당 주택에 거주할 수 있는 권리가 있다.

제64조 사업 활동에 사용된 공동 재산의 분할

공유재산에 관한 영업활동을 하는 배우자는 그 재산을 받을 권리가 있으며, 상법에 다른 규정이 없는 한 그 재산가액을 상대방에게 지급해야 한다.

Q (4) 만약 두 사람이 결혼 전에 재산 소유권 관련 계약서를 작성했었다면 어떤 점이 달라졌을까요?

A (4) 결혼 전에 재산 소유권 계약서를 작성하고 공증했다면, 해당 혼전 계약이 법적으로 우선 적용됩니다.

• 이 경우, 재산은 계약서에 명시된 대로 소유권이 인정되며, 법원은 계약 내용을 기준으로 판단합니다.
• 따라서 재산 분쟁 발생 시, 계약 내용에 따라 재산이 분할되므로 분쟁이 줄어들 수 있습니다.

위와 같이 베트남 법률은 부부의 재산 소유권과 관련해 명확한 규정을 제공하며, 합의 여부에 따라 이혼 시 재산 분할 방식이 달라질 수 있습니다.

꼭 알아야 할 베트남 생활법률 가이드

KEY POINTS

POINT 1

베트남 법률은 부부간 재산 소유권에 대한 합의를 인정하며, 혼인신고 전에, 공증된 문서로 작성되어야 유효하다.

POINT 2

부부가 재산 분할에 합의하지 못하면, 법률이 정한 공동 재산 체제에 따라 기여도, 부양 의무, 공정성을 기준으로 분할된다.

POINT 3

혼인 중 취득 재산은 명의와 무관하게 공동재산으로 간주한다(단독 상속·증여·별도 취득 예외).

POINT 4

특정 재산이 별도 재산임을 주장하는 배우자가 이를 입증하지 못하면, 그 재산은 공동재산으로 추정된다.

POINT 5

사업에 쓰인 공동재산은 운영 배우자가 우선 취득하나, 상대에게 가액을 정산해야 한다.

부자라서 믿는다?

박OO 씨는 평생을 공무원으로 근무한 후 받은 퇴직금으로, 지인을 통해 알게 된 베트남인 녹쭝 씨(가명)와 함께 상업 빌딩을 매수하여 임대 사업을 하기로 했다. 녹쭝 씨는, 돌아가신 할아버지가 전쟁 때 공을 세운 장군이라서 특별히 국가로부터 받은 토지를 자손 대대로 영구 소유하고 있고 어떤 사업이든지 할 수 있는 권리도 있다고 했다. 그의 집에 방문해 보니 전쟁 때 활약한 할아버지의 유품이 집안 곳곳에 전시되어 있었고, 집에 엘리베이터가 있을 정도로 부유했다.

박OO 씨는 이 사업과 관련된 토지 거래에 대해 법률 자문을 받으러 오셨는데, 필자는 법적으로 불가능한 거래여서 진행하지 마시라고 여러 차례 말렸었다. 몇 달간 박OO에게 연락이 없어 궁금하던 차에 한국에서 연락이 왔다. 박OO 씨는 면목이 없어 연락하지 못했다고 하면서, 돈을 쌓아 놓고 사는 자신이 그런 푼돈에 욕심을 부릴 사람으로 보이냐는 녹쭝 씨의 말에 속아 토지 거래의 보증금으로 거액을 지급하였다고 한다. 그러나 결국 그 사업의 진행은 불가능했고, 그는 보증금도 돌려받지 못한 채 베트남에서 퇴직금의 반을 날리고 한국으로 귀국할 수밖에 없었다고 한다. 녹쭝 씨를 형사 처벌하고 보증금을 돌려받을 방법이 없겠냐고 묻는 분노와 실망이 섞인 그의 목소리를 들으며 안타까운 마음을 금할 수 없었다.

베트남 투자·창업자가 꼭 알아야 할 베트남 법
(김유호 저, 도서출판 참)

*개인이 토지를 소유할 수 있는 한국과 달리 베트남의 토지는 어느 누구도 예외 없이 국가의 소유이다. 이를 잘 모르는 한국인들 간에 토지"사용권"을 가진 사람을 땅 주인으로 부르고, 토지사용권의 명의를 변경하는 것을 "땅을 산다"라고 표현하면서, 소유권으로 착각하는 경우가 종종 발생하는 것 같다.

*현 부동산사업법(Law 66/2014/QH13)상 이미 완공된 건물을 매수하여 임대업을 하는 것은 외국인에게 허용되는 사업 방법은 아니다. 따라서 이미 완공된 건물에 대한 임대 사업은, 건물의 건설 사업에 참여한 후 그 건물을 임대하거나, 건물 전체를 임대한 후 재임대하는 방식, 또는 실무적으로 이러한 임대업 허가를 받은 기업의 지분 인수, 프로젝트 인수, 자산 인수 등 다양한 인수(M&A) 방법을 통해 진행해야 한다.

COMPLIANCE

9

도박

PART 1.
한국인이 베트남에서 도박하면 처벌받나요?

Q 한국 국적자가 베트남 카지노에서 카지노 게임을 할 경우 처벌되나요?

A 베트남에서 외국인이 합법적으로 카지노를 할 수 있는 장소에서 카지노를 한 것은 베트남 법상 처벌 대상은 아닙니다. 그러나 구체적인 사실 관계에 따라 한국 법상 한국에서 처벌될 수도 있을 것으로 보입니다.

하기 관련 자료를 참고하시기 바랍니다.

합법도박과 불법도박의 차이

Q 합법도박과 불법도박의 차이는 무엇일까요?

A 도박은 합법이 될 수도 불법이 될 수도 있습니다. 처벌을 판단하는 기준은 시간, 장소, 직업, 재산 등에 따라 결정됩니다.

<출처: 국민권익위원회 정부민원안내콜센터(2023.11.28.),
https://www.110.go.kr/data/faqView.do?num=62417&curPage=1&scType=&scTe
xt>

해외여행 중 외국의 카지노에서 도박한 경우, 도박죄의 성립 여부

Q 갑은 가족들과 해외여행을 하던 중에 카지노에 출입할 수 있다는 여행가이드의 말을 듣고, 카지노에서 들어가서 도박을 한 경우, 갑이 도박죄를 저지른 것에 해당하는지요?

A 형법 제246조의 도박죄는 재물(돈 등) 또는 재산상의 이익을 걸고 우연에 의하여 재물을 얻고 잃는 것을 하는 경우에 성립하는 범죄를 말합니다. 위 사례와 같이 출입이 가능한 외국에 있는 카지노에서 도박을 한 경우에도 도박죄가 성립하는지 여부가 문제됩니다.
이와 관련하여 대법원은 "형법 제3조는 '본법은 대한민국 영역 외에서 죄를 범한 내국인에게 적용한다.'고 하여 형법의 적용 범위에 관한 속인주의를 규정하고 있고, 또한 국가 정책적 견지에서 도박죄의 보호법익보다 좀 더 높은 국가이익을 위하여 예외적으로 내국인의 출입을 허용하는 폐광지역개발지원에관한특별법 등에 따라 카지노에 출입하는 것은 법령에 의한 행위로 위법성이 조각된다고 할 것이나, 도박죄를 처벌하지 않는 외국 카지노에서의 도박이라는 사정만으로 그 위법성이 조각된다고 할 수 없다"고 판단하였습니다(대법원 2004.04.23. 선고 2002도2518 판결 참조).

우리나라 형법에서는 우리 국민이 대한민국이나 대한민국 외의 국가에서 도박을 하면 형사처벌을 하도록 규정하고 있습니다. 따라서, 출입이 허용된 외국 카지노에 들어가서 도박을 한 경우라도 카지노에서 도박을 하게 되면 도박죄로 처벌될 수 있습니다. 다만, 갑이 카지노에 가게 된 경위, 도박을 하게 된 동기, 도박을 한 시간, 도박의 판돈 등을 감안할 때, 카지노에서 한 도박이 일시오락에 불과하다면, 형법 제246조에 따라 도박죄로 처벌되지 않을 수 있습니다.

참고로, 폐광지역 개발 지원에 관한 특별법 등에 따라 카지노에 출입이 허용된 경우에는 위 카지노에서 도박을 하더라도 도박죄로 처벌되지 않습니다.

<출처: 대한법률구조공단(2017.2.22.),
https://www.klac.or.kr/legalinfo/counselView.do?folderId=018020&caseId=case-018-00253>

뉴스1

홈 ﹥ 사회 ﹥ 법원·검찰

베트남서 '카지노 적법 운영' 50대 2심도 실형…"형법 속인주의"

"우리 경제 건전한 도덕법칙 해쳐…처벌 가능"

(서울=뉴스1) 이균진 기자 | 2018-06-14 16:54 송고 | 2018-06-14 16:55 최종수정

© News1 방은영 디자이너

해외에서 적법한 절차에 따라 도박장을 개설해 운영했더라도 국내법에 따라 처벌할 수 있다는 법원의 판단이 나왔다.

서울고법 형사2부(부장판사 차문호)는 14일 특정경제범죄 가중처벌 등에 관한 법률 위반(공갈) 등 혐의로 기소된 김모씨(54)에게 징역 2년6개월을 선고한 원심을 파기하고 징역 1년을 선고했다.

김씨는 지난 2009년 12월에서 2010년 1월 사이 불법 대출 혐의를 들어 오모 저축은행 대표이사를 협박해 해당 저축은행으로부터 약 10억원을 대출받은 혐의(공갈)를 받는다. 또 2010년 6월부터 2015년 7월까지 베트남에서 '시저스 팔레스 클럽' 카지노를 운영하면서 한국인 관광객 등을 상대로 바카라 등 도박을 하게 하고, 영리 목적으로 도박장을 개설한 혐의도 있다.

출처: 이균진, "베트남서 '카지노 적법 운영' 50대 2심도 실형… '형법 속인주의'", 뉴스1, 2018.06.14., https://www.news1.kr/articles/?3345628

꼭 알아야 할 베트남 생활법률 가이드

朝鮮日報

베트남서 4년 넘게 불법 도박사이트 운영한 40대 실형

베트남에 사무실을 차려놓고 4년 반 동안 불법 스포츠 도박 사이트 운영에 가담한 40대 남성이 징역 2년 실형을 선고받았다.

18일 법조계에 따르면 최근 서울동부지법 형사11단독 정원 부장판사는 국민체육진흥법 위반(도박개장 등)과 형법상 도박공간 개설 혐의로 기소된 40대 남성 A씨에게 징역 2년과 추징금 1억7070만원을 선고했다.

권씨는 2016년 12월~2021년 6월 베트남에 있는 사무실에서 도박사이트 내 배당률을 설정하는 등의 역할을 맡아 A씨, B씨와 함께 불법 도박 사이트를 운영한 혐의로 기소됐다.

판결문에 따르면 A씨는 다른 동업자 둘과 함께 베트남에 있는 사무실에서 인터넷 사설 도박 사이트를 운영했다. A씨는 베트남에 있는 사무실을 총괄 관리하며 숙소와 컴퓨터를 제공하고, 직원들에 대한 급여 지출 등 사이트를 총괄 관리하는 역할을 맡았다.

출처: 구아모, "베트남서 4년 넘게 불법 도박사이트 운영한 40대 실형", 조선일보, 2023.11.19., https://www.chosun.com/national/national_general/2023/11/18/IYJNVIM5RNHHTIRXTAJEH4DNIA/

KEY POINTS

도박은 시간·장소·신분에 따라 합법이 될 수도, 불법이 될 수도 있다.

베트남의 합법적인 카지노에서 한국인이 도박을 한 것은 베트남 법상 처벌 대상이 아니다.

베트남 카지노에서 한국인의 도박 관련 행위가 한국의 질서유지·공공복리를 침해할 때는 속인주의가 적용되어 한국 형법상 한국에서 처벌될 수도 있다.

PART 2.
도박죄에 대한 베트남 판례 분석

Q 최근에 도박죄(카드 게임)으로 입건되어 조사를 받고 있습니다. 판돈은 600만 동 (한화 약 33만 원) 정도입니다. 굉장히 경미해 보이는 사건인데 이를 입건해서 조사를 하고 있어 당황스럽습니다. 형사 조사를 받고 있는 상황이라서, 베트남 관련 형법 조항을 찾아보았습니다. 베트남 형법상 도박죄가 321조에 규정되어 있는데, 의외로 벌금형이 없고 비구금형 교정과 징역형만 규정되어 있는 걸 보고 정말 놀랐습니다. 그렇게 큰 금액으로 도박을 한 것도 아닌데도 감옥에 가는 것인가요?

A 판돈의 규모를 볼 때, 만약 초범이라면 징역형까지는 선고되지 않을 것 보입니다.

도박의 경우, 형사 처벌 기준이 본인이 베팅한 금액만이 아닌, 함께 도박을 한 사람들이 베팅한 모든 금액을 합친 금액이라는 것에 유의해야 합니다. 예를 들어, 내가 베팅한 금액은 미화 1불이라도 함께 게임을 한 5명이 각 십만 불 베팅을 했다면 판돈은 오십만 1불이 됩니다.

이 경우, 관련 정황도 참조는 하겠지만 나에 대한 형사 처벌 기준은 1불이 아닌, 오십만 1불이 됩니다.

형법상 도박죄가 321조 관련, 찾아보신 조항은 개정 전의 옛날 조항을 보신 것 같습니다. 현재 형법상 도박죄 처벌은 사회봉사와 징역형과 함께 벌금형도 명시되어 있습니다.

2015년 형법(Law 100/2015/QH13)의 제321조(도박죄)는 2018년 1월 1일부터 효력을 발생한 '형법 제100/2015/QH13호' (일부) 개정에 관한 법률(Law 12/2017/QH14)에 따라 벌금형이 추가되었습니다. 즉, 2017년까지는 도박죄에 대한 처벌은 비구금형 교정형인 사회봉사나 징역형만 있었으나 현 베트남 개정 형법에서 도박죄에 대한 처벌로, 사회봉사와 징역형 외에도 벌금형이 명시되어 있습니다.

2015년 형법(Law 100/2015/QH13) 제321조 (도박죄)	2017년 일부 개정된 형법(Law 12/2017/QH14) 제321조 (도박죄)
1. 어떠한 행태로든, 불법적으로 5,000,000동 이상 50,000,000동 이하 상당의 돈이나 현품을 걸고 도박한 자, 또는 5,000,000동 이하지만 이러한 행위 또는 본법 제322조에서 규정된 행위에 관하여 행정처분을 받았거나 이러한 범죄 또는 본법 제322에서 규정된 범죄로 유죄판결을 받았고 전과가 말소되지 않았는데도 또 위반한 자는 3년 이하의 비구금형 교정 또는 6개월 이상 3년 이하의 징역에 처한다.	1. 어떠한 행태로든, 불법적으로 5,000,000동 이상 50,000,000동 이하 상당의 돈이나 현품을 걸고 도박한 자, 또는 5,000,000동 이하지만 이러한 행위 또는 본법 제322조에서 규정된 행위에 관하여 행정처분을 받았거나 이러한 범죄 또는 본법 제322조에서 규정된 범죄로 유죄판결을 받았고 전과가 말소되지 않았는데도 또 위반한 자는 20,000,000동 이상 100,000,000동 이하의 벌금, 3년 이하의 비구금형 교정 또는 6개월 이상 3년 이하의 징역에 처한다.

2. 죄를 범하여 다음의 어느 하나에 해당하는 자는 3년 이상 7년 이하의 징역에 처한다.

  a) 전문적인 경우

  b) 도박에 사용된 돈 혹은 현품의 가치가 50,000,000동 이상인 경우

  c) 전산망, 통신망, 전자장치를 사용하여 죄를 범한 경우

  d) 위험한 재범인 경우

3. 죄를 범한 자에 대해서는 10,000,000동 이상 50,000,000동 이하의 <u>벌금을 (추가로)</u> 부과할 수 있다.

여기서, 2017년 일부 개정된 2015년 형법(Law 12/2017/QH14)에 1항의 벌금형과 3항의 벌금형이 중복되어 혼란이 있으실 수 있을 것 같습니다. 3항에 규정되어 있는 벌금형은 1항에서 규정된 형벌을 받은 후, 법원에서 사건이 엄중하다고 판단되면, 여기에 더해 추가로 부과하는 벌금형입니다. 실무적으로 벌금형을 중복으로 처벌받는 사례는 없었고, 엄중한 사건에만 해당되기 때문에 1항의 비구금형 교정 및 징역형을 처벌받았을 때만 3항이 적용된다고 이해할 수 있습니다.

⊘ 도박죄가 적용된 현지 판례

아래의 5가지 사건은 다른 종류의 처벌을 받는 베트남 형법에 따른 도박죄 판례입니다. 이를 바탕으로 예상해 보면, 본 건의 경우, 초범일 경우에는 베트남 형법 제51조(형사책임 감경 사유)에 따라 감경받아 징역형까지는 선고되지 않을 것 보입니다. 다만 현재 입건된 우리 국민의 범죄경력 유무에 관한 확인 등 구체적인 사실관계 확인이 필요합니다.

i) 벌금형이 선고된 경우

- 사건 번호: 03/2022/HS-PT

사건 및 판결 개요: 2020년 9월 On Thi Mai H 외 8명은 도박죄(카드 게임)로 체포되었다. 총도박 금액은 총 10,300,000 베트남 동으로 1심에서 모두 징역 3~7개월이 선고되었다. 하지만 항소 후에 도박 전과가 있는 On Thi Mai H를 제외한 8명은 전원 벌금형이 선고되었다. 법원은 이들은 단순 공범 사건이고 도박 금액이 많지 않으며, 범죄 기록이 없으므로 형법 제51조(형사책임 감경 사유)(제1항 i호, S호, 제2항), 제321조(도박죄) 등에 따라 감형하였다. 이에 따라 On Thi Mai H은 징역 3~7개월, 다른 8명은 벌금형 20,000,000~50,000,000 베트남 동을 선고받았다.

• 사건 번호: 05/2021/HSST

2020년 7월, 4명의 중국 남성이 도박죄(카드 게임)로 체포되었다. 총도박 금액은 11,650,000 베트남 동이며 형법 제321조 1항의 도박죄로 기소되었다. 법원은 중국 남성 전원이 어떠한 선동이나 계획 없이, 도박에 가담한 단순 사건이고, 자신의 불법 행위에 대해 반성하는 태도를 보이고 전과가 없어 형법 제51조(형사책임 감경 사유)에 따른 감형 사유가 있고, 모든 피고인이 주소가 명확하고, 전과가 없고, 형사 조사에서 정직하게 사과하는 모습을 보였다고 밝혔다. 따라서 사회에 해를 끼치거나 그들을 사회로부터 격리할 필요가 없다고 판단하여 형법 제35조(벌금), 제321조(도박죄)(제1항, 제2항), 제51조(형사책임 감경 사유)(제1항 i호, s호, 제2항), 제58조(공범에 대한 형벌 결정)에 따라 피고인들에게 벌금형 25,000,000~30,000,000 베트남 동을 선고하였다.

ii) 비구금형 교정형인 사회 봉사형이 선고된 경우

베트남 형법 제36조(비구금형 교정)에 따르면 비구금형 교정이란 형법에서 규정하는 중대하지 않은 범죄 또는 중대한 죄를 범한 자로서, 일정한 직업을 가지거나 주소가 명확하고 죄를 범한 자를 사회로부터 격리할 필요가 없다고 보았을 때 적용하는 처벌입니다. 비구금형 교정에 처한 자는 현지 기관에 감독 및 교육을 위탁하게 됩니다. 비구금형 교정에 처한 자가 직업이 있으면 수입의 5%에서 20%의 범위에서 공제해 국고에 납부해야 하고, 실업자라면 비구금형 교정 기간 동안 사회봉사를 해야 합니다.

• 사건 번호: 52/2022/HSST

2021년 6월 Nguyen Tai T는 도박죄(카드 게임)로 체포되었으며 총 도박 금액은 1,800,000 베트남 동이다. 그는 2020년 12월에도 도박 혐의로 행정처분을 받았기 때문에 법원은 그의 행동이 사회에 위협이 된다고 판단하였다. 하지만 자신의 행동을 반성하는 모습을 보여 형법 제321조(도박죄)(제1항, 제3항), 제51조(형사책임 감경 사유)(제1항 s호), 제35조(벌금), 제36조(비구금형 교정)에 따라 인민위원회의 감독하에 비구금형 교정 2년, 그리고 벌금 20,000,000 베트남 동을 선고하였다.

*위 판례에서 인민위원회의 감독이란 비구금형 교정에 처한 자가 다른 범죄를 저지르지 않도록 감시하여 범죄를 예방하는 것을 의미합니다.

iii) 징역형이 선고된 경우

- 사건 번호: 40/2022/HS-PT

2021년 9월 Nguyen Thi C는 복권 1등 당첨금의 마지막 두 자리에 베팅하는 형태의 도박으로 체포되었으며, 총도박 금액은 6,215,000 베트남 동이었다. 피고인은 1심에서 형법 제321조(도박죄)(1항)에 따라 징역 9개월 및 벌금 10,000,000 베트남 동을 선고받았다. 항소심에서 법원은 그녀가 도박으로 행정처분을 받았었고, 피고인의 도박 형태가 사회에 위협이 된다고 판단하여 1심 판결과 동일하게 징역 9개월을 선고하였다. 그러나 재판 과정에서 피고인이 진심으로 반성하는 모습을 보여 형법 제321조(도박죄) (제1항, 제3항) 제51조(형사책임 감경 사유)(제1항 s호), 제65조(집행유예)(제1,2,3,5항)에 따라 1년 6개월의 집행유예를 선고하였다.

- 사건 번호: 39/2021/HS-ST

2020년 12월, Nguyen Van C는 도박죄(카드 게임)로 체포되었으며 총도박 금액은 540,000 베트남 동이었다. Nguyen Van C가 도박으로 행정처분을 받았었고, 동일한 범죄로 다시 유죄 판결을 받았다. 그러나 재판 과정에서 피고인이 진심으로 반성하는 태도를 보이고 가족 상황의 어려움, 도박 금액이 많지 않은 점을 고려하여 형법 제321조(도박죄) (제1항), 제38조(징역 결정), 제51조(형사책임 감경 사유)(제1항 s호), 제54조(형량 범위 하한 아래의 판결)에 따라 징역 3개월을 선고하였다 [각주: 실무적으로는 이 기간은 이미 구속 수사 중에 구치소에 수감된 기간이어서, 선고 후 즉시 석방되었을 것으로 보임].

 꼭 알아야 할 베트남 생활법률 가이드

iv) 체포 후 본국으로 송환: 도박으로 체포된 중국인 380명을 중국 공안국으로 인도

2019년 7월 27일 Hai Phong 공안은 수백만 미국 달러 상당 (430,510,000달러)의 온라인 도박에 연루된 중국인 380명을 체포하였으며, 이들 중 다수는 여권이 없는 불법체류자였다. 베트남과 중국이 체결한 조약과 공조법 제32조에 따라 용의자들을 2019년 8월 1일 중국 공안국으로 인도하였다.

출처: Saigon News (2019.8.1.), "380 gamblers of Chinese nationals extradited to China (중국으로 송환된 중국 국적의 도박꾼 380명)", https://en.sggp.org.vn/380-gamblers-of-chinese-nationals-extradited-to-china-post79904.html

☞ '도박조직죄' 관련 베트남 대법원 판례

호찌민시 인민법원 1심은 피고인에게 도박조직죄로 징역 6개월 22일의 형을 선고하고, 부당이득을 환수 및 몰수했다. 검찰의 항소에도 불구하고 2심에서 형량을 가중하지 않았고, 최고인민검찰원장은 감독심(재심) 신청을 했다. 최고인민법원은, 법률에 규정된 최하 처벌 수준보다 더 낮은 형벌로 처벌한 것을 법률 위반으로 보았고, 피고인의 범행에 비해 형량이 너무 가벼운 판결이라며 재심을 위해 원심으로 파기환송 했다.

출처 : "베트남 대법원 판례 제24편 '불법 카지노 도박' 어느 정도 처벌될까?", 베한타임즈, 2024.01.05, http://www.viethantimes.com/news/articleView.html?idxno=17556

INSIDE **VINA**

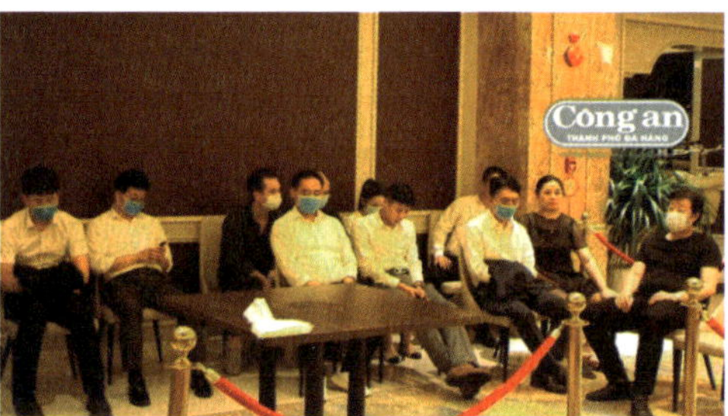

다낭서 한국인 관리자 3명 연루 불법도박장 적발

임용태 기자 | 승인 2020.04.27 16:23 | 댓글 0

다낭시 공안국은 불법도박장을 적발해, 한국인 관리자 3명 등 모두 7명을 구속했다. (사진=다낭시 공안국)

[인사이드비나=다낭, 임용태 기자] 베트남 중부 해안도시 다낭에서 한국인 관리자들이 연루된 도박장이 적발돼 관련자들이 구속됐다.

27일 다낭시(Da Nang) 공안당국에 따르면 올라라니리조트(resort Olalani)에서 불법도박장을 적발해 한국인 관리자 3명을 비롯한 관련자 7명을 구속했다.

지난 22일 자정께 순찰중이던 다낭시 공안국 소속 형사들이 올라라니리조트에서 무허가 불법카지노를 발견하고 수사관을 동원해 급습했다. 불법카지노에서는 주로 바카라 게임이 이뤄지고 있었는데 딜러는 중국인과 베트남인, 게임을 즐긴 이들은 대부분 한국인, 중국인, 미얀마인 등 외국인이었다.

로 운용해온 것으로 드러났다.

출처: 임용태, "다낭서 한국인 관리자 3명 연루 불법도박장 적발", 인사이드비나, 2020.04.27., https://www.insidevina.com/news/articleView.html?idxno=13251

꼭 알아야 할 베트남 생활법률 가이드

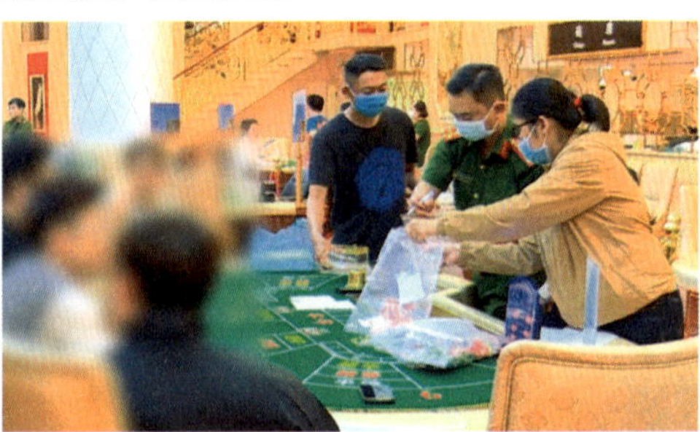

[사건사고] 한국인 2명, 나짱 경찰 도박장 급습 때 체포되었다

이정국 기자 esbaek5187@naver.com · 등록 2023.06.01 15:47:07

2023년 5월 31일, 나짱의 쉐라톤 나짱 호텔 앤 스파 지하에 있는 도박 시설이 경찰에 의해 압수수색을 당했다. 사진 제공: 경찰

나짱의 경찰은 수요일에 알려진 도박장인 게임 클럽 럭키를 급습하여 두 명의 한국인을 포함한 여러 명을 체포했다.

그들은 한국인 조 씨와 신 씨, 남부 동나이성의 룽타우베이, 현지인 용반쭈옌, 그리고 다른 14명의 사람들이 도박을 한 혐의로 조사를 받을 것이라고 말했다. 경찰은 조 씨와 쭈옌이 주모자라고 말했다.

4월에 수십 명의 경찰관들이 쩐푸 거리의 쉐라톤 나트랑 호텔 & 스파 지하에 위치한 게임 클럽 럭키를 급습했고, 몇몇 사람들이 도박에 빠져 있는 것을 발견했다.

경찰은 이번 급습에서 40만8000달러, 1만5000홍콩달러, 1만원 그리고 6억8100만동의 현금과 많은 장비와 도박의 다른 증거물을 압수했다.

출처: 이정국, "한국인2명, 나짱 경찰 도박장 급습 때 체포", 굿모닝베트남, 2023.06.01., http://www.goodmorningvietnam.co.kr/news/article.html?no=64377

KEY POINTS

도박죄의 처벌 기준은 본인이 건 판돈이 아니라 함께 도박한 모든 사람의 베팅 금액 합계로 산정된다.

예전 형법에서는 도박죄 처벌은 사회봉사와 징역형만 있었으나, 현재 형법에서는 사회봉사, 징역형과 함께 벌금형도 규정되어 있다.

고액 도박, 전문적 또는 온라인 등을 통한 도박, 재범은 더 무겁게 처벌된다.

PART 3.
전문 도박꾼

Q 인터넷에 떠돌아다니는 국문 번역본 형법 제321조(도박죄) 2항에 '조직적으로 범행한 경우에는 3년~7년의 징역'으로 규정되어 있는데, 여기서 '조직성'을 어떻게 판단하고 있는지요?

A "조직성"에 대한 정의는 베트남어로 "tính chất chuyên nghiệp", 영어로 "professional manner"라고 표기되며 단체성을 의미하는 것이 아닌 전문성으로 해석하는 것이 맞을 것으로 보입니다(즉. 전문 도박꾼).

📖 **형법(Law 100/2015/QH13 + Law 12/2017/QH14)**

제321조 도박죄

***

2. 죄를 범하여 다음의 어느 하나에 해당하는 자는 3년 이상 7년 이하의 징역에 처한다.

    a) 전문적인 경우

b) 도박에 사용된 돈 혹은 현품의 가치가 50,000,000동 이상인 경우

c) 전산망, 통신망, 전자장치를 사용하여 죄를 범한 경우

d) 위험한 재범인 경우

Criminal Code (Law 100/2015/QH13 + Law 12/2017/QH14)

Article 321. Illegal gambling

***

2. This offence committed in any of the following circumstances carries a penalty of 03 – 07 years' imprisonment:

a) The offence is committed in a professional manner;

b) The stake is assessed at VND ≥ 50,000,000;

c) The offence is committed using the Internet, a computer network, telecommunications network or electronic device;

d) Dangerous recidivism.

Bộ luật hình sự (Law 100/2015/QH13 + Law 12/2017/QH14)

***

2. Phạm tội thuộc một trong các trường hợp sau đây, thì bị phạt tù từ 03 năm đến 07 năm:

a) Có tính chất chuyên nghiệp;

b) Tiền hoặc hiện vật dùng đánh bạc trị giá 50.000.000 đồng trở lên;

c) Sử dụng mạng internet, mạng máy tính, mạng viễn thông, phương tiện điện tử để phạm tội;

d) Tái phạm nguy hiểm.

현행 베트남 형법에는 "전문적으로 범행한 경우"에 대해 직접 규정하거나 자세히 설명된 규정이 없습니다. 따라서 현재는 효력을 상실한 예전 최고인민법원 판사 협의회를 통과한 결의서를 참고해 보면 다음과 같습니다.

현재는 효력을 상실한 2006년 5월 12일 최고인민법원 판사 협의회를 통과한 결의서(Resolution 01/2006/NQ-HDTP) 제5조를 보면 "전문적인 범죄"에 대한 설명이 있습니다. 또, 도박죄 관련, 현재는 효력을 상실한 2010년 10월 22일 최고인민법원 판사 협의회를 통과한 결의서 제1조 제2항 제d호 Resolution 01/2010/NQ-HDTP을 보면, 5회 이상 도박, 매회 형사 처벌 대상인 2백만 동(한화 약 11만 원) 이상으로 도박하고, 도박을 주 수입원으로 하는 경우를 '전문적인 도박 범죄'로 규정했습니다. 이외에 '전문 도박꾼'에 대한 다른 설명이나 규정이 없는 현 상황에서, 실무적으로는 현재까지도 이를 기준으로, 전문 도박꾼 여부를 판단하고 있습니다.

[현재는 효력을 상실한] 결의서(Resolution 01/2006/NQ-HDTP)

형법 여러 조항의 적용에 대한 안내

*각주: 여기에서 '형법'은 현재는 효력을 상실한 구(舊)형법(Law 15/1999/QH10 + Law 37/2009/QH12)임.

5.1. '전문 범죄'의 세부 사항에 대해 다음과 같이 설명한다:
a. 공소시효가 만료되지 않았거나 범죄경력이 말소되지 아니하였을 때 형사 기소 여부와 관계없이 동일한 범죄를 5회 이상 고의로 범한 경우
b. 범죄를 통해 생계를 유지하고 범죄의 결과를 주요 생계 수단으로 삼는 경우

○ **도박**

Guidance on applying some provisions of the criminal code

5.1. The "professional crime" circumstance only applies when all of the following conditions are met:

a. Intentionally committing five or more crimes for the same crime, regardless of whether criminal liability has been prosecuted or not, if the statute of limitations for criminal liability has not yet expired or has not been erased. criminal convictions;

b. Criminals use crime as their livelihood and take the results of crime as their main source of living.

For example: A is a non-professional person who lives on income from crime. During a period of time, A continuously committed five cases of property theft (the property appropriated in each case was worth five hundred thousand dong or more). In this case, A is prosecuted for criminal liability and must apply the penalty framing circumstance of "professional crime".

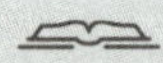 **NGHỊ QUYẾT 01/2006/NQ-HDTP**

HƯỚNG DẪN ÁP DỤNG MỘT SỐ QUY ĐỊNH CỦA BỘ LUẬT HÌNH SỰ

5.1. Chỉ áp dụng tình tiết "phạm tội có tính chất chuyên nghiệp" khi có đầy đủ các điều kiện sau đây:

a. Cố ý phạm tội từ năm lần trở lên về cùng một tội phạm không phân biệt đã bị truy cứu trách nhiệm hình sự hay chưa bị truy cứu trách nhiệm hình sự, nếu chưa hết thời hiệu truy cứu trách nhiệm hình sự hoặc chưa được xóa án tích;

b. Người phạm tội đều lấy các lần phạm tội làm nghề sinh sống và lấy kết quả của việc phạm tội làm nguồn sống chính.

Ví dụ: A là một người không nghề nghiệp, chuyên sống bằng nguồn thu thập từ việc phạm tội. Trong một thời gian, A liên tiếp thực hiện năm vụ trộm cắp tài sản (tài sản chiếm đoạt được trong mỗi vụ có giá trị từ năm trăm ngàn đồng trở lên). Trong trường hợp này, A bị truy cứu trách nhiệm hình sự và phải bị áp dụng tình tiết định khung hình phạt "phạm tội có tính chất chuyên nghiệp".

> 현재는 효력을 상실한 결의서 (Resolution 01/2010/NQ-HDTP)

형법 제248조 및 제249조 조항의 적용에 대한 안내

*각주: 여기에서 '형법'은 현재는 효력을 상실한 구(舊)형법(Law 15/1999/QH10 + Law 37/2009/QH12)이며, 구 형법상 제248조는 '도박죄'임

제1조 형법 제248조(도박죄)의 조항과 관련하여

***

2. 도박자의 형사 책임을 확인할 때, 모든 도박한 시간의 현금 총액 또는 도박에 사용된 물품의 총가액을 계산하는 것은 금지되며, 구체적으로 각 도박 행위는 별개의 행위로 간주하여 판단해야 한다:

***

d) 5회 이상 도박을 하고, 매회 도박에 사용된 금전 및 물품의 총액이 형사처벌 최저액(200만 동 이상) 이상이고, 도박을 주 수입원으로 삼는다면, 그 사람은 형법 248조 2항 a항에 명시된 "직업적 성격 / 전문적으로 범죄를 저지르는 것(committing the crime in a professional manner)"으로 간주하고 도박에 대한 형사적 책임을 심사한다.

○ **도박**

Thời sự • Pháp luật

Quảng Ngãi: Nhiều phụ nữ đánh bạc bằng hình thức xóc đĩa bị bắt quả tang

Hải Phong - lvphong1993@gmail.com   12/03/2024 18:36 GMT+7

Thích 170   Chia sẻ

Nhiều phụ nữ đánh bạc bằng hình thức xóc đĩa bị lực lượng công an ở tỉnh Quảng Ngãi bắt quả tang, đưa về trụ sở để làm rõ.

Chiều 12.3, Phòng Cảnh sát hình sự Công an tỉnh Quảng Ngãi cho biết đã phối hợp với Công an H.Tư Nghĩa và Công an TT.Sông Vệ (H.Tư Nghĩa, Quảng Ngãi) bắt quả tang một tụ điểm đánh bạc bằng hình thức xóc đĩa.

Hiện vụ việc đã được bàn giao cho Cơ quan Cảnh sát điều tra Công an H.Tư Nghĩa tiếp tục điều tra xử lý theo quy định của pháp luật.

Lực lượng công an bắt quả tang tụ điểm đánh bạc bằng hình thức xóc đĩa tại H.Tư Nghĩa (Quảng Ngãi)

ẢNH CHỤP MÀN HÌNH

출처: "동전던지기 현태로 도박을 한 많은 여성들 적발", 탄니엔 매거진, 2024.03.12., https://www.vietnam.vn/ko/nhieu-phu-nu-danh-bac-bang-hinh-thuc-xoc-dia-bi-bat-qua-tang/ (베트남어 기사 원문) https://thanhnien.vn/quang-ngai-nhieu-phu-nu-danh-bac-bang-hinh-thuc-xoc-dia-bi-bat-qua-tang-185240312181410174.htm

한국경제
Since 1964

"50만동 다발을 물 쓰듯"…확산되는 베트남의 도박 문화

입력 2020.07.11 08:24   수정 2020.07.11 08:45

정부, 골프장 내기 금지령까지 내려
사회주의 원칙상 도박은 불법
만연한 '뒷돈' 문화, 손 쉽게 번 돈 도박 확산에 기름
경마,축구 내기 등 스포츠 베팅 합법화 움직임도
코로나19로 위축된 관광산업 부활 명분

'스윙 포 비즈니스(swing for business)' 베트남에서 골프를 지칭할 때 쓰는
표현이다. 신체 단련이나 매너를 위한 것이 아니라 비즈니스를 위한 것이라니,
이 말을 처음 들었을 때 베트남 사람들의 직설적인 표현 방식에 적잖이 놀랐다.
잔디밭 위에서 벌어지는 모든 일들은 설혹 스포츠 정신에 어긋나더라도
용인된다는 의미여서다.

출처: 박동휘, "'50만동 다발을 물 쓰듯'…확산되는 베트남의 도박 문화", 한국경제, 2020.07.11.,
https://www.hankyung.com/article/202007117294i

○ 도박

> 📖 **골프장 투자 및 사업에 관한 시행령(Decree 52/2020/ND-CP)**

제4조 금지 행위

1. 이 법령 및 관련 법령에 규정된 조건을 충족하고 절차를 완료하지 않고 골프장을 건설 및 상업적으로 사용하는 행위.
2. 불법 도박 또는 베팅을 목적으로 골프장 사업을 운영하는 행위.
3. 법령에 따른 관할 관청의 검사를 방해하거나 이에 응하지 않는 경우.
4. 법률에 따른 관할 당국의 정보 제공 또는 신고 요청을 거부하는 경우.

KEY POINTS

베트남 형법상 "전문적인 도박"은 동일 범죄를 반복하고 도박을 주 생계 수단으로 삼을 경우에 해당한다.

전문 도박꾼으로 판단될 경우, 일반 도박보다 훨씬 무거운 형사 처벌을 받는다.

도박죄에서 "조직성"은 단체성보다는 반복성과 생계성에 초점을 두고 판단한다.

골프장 내 내기 행위도 도박으로 간주하며, 관련 사업자는 행정 처분이나 형사처벌을 받을 수 있다.

PART 4.
홀덤(Hold'em) 토너먼트 행사

Q 베트남 하노이에서 홀덤(Hold'em) 토너먼트 행사를 계획하고 있습니다. 이 경우 한국인이라서 도박장 개장을 하면 처벌받나요?

A 우선 베트남에서의 합법 여부는 해당 토너먼트의 승인 여부와 개최 장소에 대한 허가 여부 모두 확인해야 합니다. 이에 더해, 베트남에서는 합법이라도 구체적인 사실 관계에 따라, 한국인은 대한민국 형법상 한국에서 처벌될 수도 있다는 점에 유의해야 합니다.

대한민국 형법은 속지주의 원칙이나 외국에 있는 한국인에 대해서는 대한민국 국내법을 적용하여 처벌합니다(속인주의). 즉, 한국인이 외국에 있더라도 대한민국의 법률을 위반하면 대한민국 형법상 범죄가 성립합니다.

하기 관련 한국 판례에 따르면, 외국법으로 처벌되지 않는 경우라도, 우리나라 법으로는 처벌되는 행위를 해당 외국에서 우리 국민이 행한 경우에는 그 행위가 우리나라의 국가안전보장이나 질서유지, 공공 복리를 침해하는 때에만 처벌될 수 있습니다.

꼭 알아야 할 베트남 생활법률 가이드

- "우리나라 형법은 제3조에서 이른바 절대적 속인주의를 채택하고 있으므로, 내국인이 국외에서 죄를 범한 경우에도 우리 국내 형사처벌 법률이 적용된다"

- "내국인이 외국에서 한 행위가 국내법에 위반되는 것이더라도 그것이 행위지에서 법령이나 사회상규에 의해 당연히 허용되는 행위이고 국내법이 보호하고자 하는 법익을 침해하지 않아 우리나라의 국가안전보장·질서유지 또는 공공복리와는 무관한 경우에는…위법성조각 사유(違法性阻却事由)로 보아, 형식적으로는 범죄행위나 불법행위로서의 조건을 갖추고 있어도 실질적으로는 위법이 아니라고 보아 처벌하지 않는다"

참고자료: "[판결] '내국인의 국외범' 위법성 조각사유 구체적 기준 첫 제시", 법률신문 (2018.6.14.), https://www.lawtimes.co.kr/news/143938?serial=143938

대한민국 형법

제1편 총칙
제1장 형법의 적용범위

***

제3조(내국인의 국외범) 본법은 대한민국영역외에서 죄를 범한 내국인에게 적용한다.

국내법 위반이지만 외국법으로 허용하는 경우 국가안전보장·공공질서 등 침해 때만 처벌 가능

외국에서 카지노 영업을 했을 경우, 설령 해당 국가가 카지노를 허용하고 있다고 해도 한국인 고객을 대상으로 영업을 했다면 처벌대상이 된다는 법원 판결이 나왔습니다.

서울고등법원 형사2부는 오늘(14일) 베트남에서 한국인을 대상으로 카지노를 운영한

54살 김 모 씨에게 도박장소 개장 혐의를 유죄로 판단해 징역 1년을 선고했습니다.

재판에서는 도박장을 허용하는 해외에서의 카지노 운영도 한국 법의 적용을 받아 처벌 대상이 되는지 여부가 쟁점으로 떠올랐습니다.

김 씨는 베트남에서 적법한 허가를 받아 도박장을 운영한만큼 무죄에 해당한다고 주장했습니다.

하지만 1심과 2심 모두 김 씨의 주장을 받아들이지 않았습니다.

항소심 재판부는 김 씨의 베트남 도박장이 주로 한국인 관광객이나 교포를 유치해 운영된 것이기 때문에 설령 도박장이 베트남 법령에 따라 적법하게 운영되는 것이라고 해도 국내법에 따른 처벌 대상이 된다고 판단했습니다.

국내 법망을 피해 해외에 도박장을 개설한 뒤 내국인 관광객을 끌어들여 도박을 하도록 한다면, 국내법이 보호하고자 하는 사회적 도덕법칙을 해치는 결과를 가져온다고 본겁니다.

재판부는 다만, 행위지에서는 죄가 되지 않는 행동까지 국내법을 적용해 처벌한다면 내국인의 기본권을 지나치게 제한하게된다며, 해당 행위가 우리나라의 질서유지·공공복리를 침해하는 경우에 한정해 처벌해야 한다고 설명했습니다.

김 씨는 지난 2010년 6월부터 2015년 7월까지 베트남에서 한국인 골프관광객 등을 대상으로 카지노를 운영한 혐의로 기소됐습니다.

출처: 김민정, "법원 '해외카지노, 현지서 허용되더라도 한국인 대상 운영하면 불법'", KBS뉴스, 2018.06.14., https://news.kbs.co.kr/news/pc/view/view.do?ncd=3664395

KBS 뉴스

KBS   2024.05.26. 일요일

(사회)

법원 "해외카지노, 현지서 허용되더라도 한국인 대상 운영하면 불법"

입력 2018.06.14 (17:14) | 수정 2018.06.14 (17:31)

외국에서 카지노 영업을 했을 경우, 설령 해당 국가가 카지노를 허용하고 있다고 해도 한국인 고객을 대상으로 영업을 했다면 처벌 대상이 된다는 법원 판결이 나왔습니다.

서울고등법원 형사2부는 오늘(14일) 베트남에서 한국인을 대상으로 카지노를 운영한 54살 김 모 씨에게 도박장소 개장 혐의를 유죄로 판단해 징역 1년을 선고했습니다.

재판에서는 도박장을 허용하는 해외에서의 카지노 운영도 한국 법의 적용을 받아 처벌 대상이 되는지 여부가 쟁점으로 떠올랐습니다.

김 씨는 베트남에서 적법한 허가를 받아 도박장을 운영한만큼 무죄에 해당한다고 주장했습니다.

머니투데이

베트남서 카지노 운영 50대 실형 확정…'속인주의' 재확인

뉴스1 제공   2018.09.10 12:05

해외에 도박장을 개설해 한국인 관광객이나 현지 한국 교포 등을 상대로 장사한 업자가 징역형의 실형을 확정받았다.

도박장 개설이 현지에서는 죄가 되지 않아도 한국사회 경제에 관한 건전한 도덕법칙을 해하는 등 국내에 피해를 준다면 형법 3조의 이른바 '절대적 속인주의' 규정에 따라 처벌이 불가피하다는 취지에서다.

대법원 1부(주심 이기택 대법관)는 도박장소 개설 등 혐의로 재판에 넘겨진 김모씨(55)에게 징역 1

출처: 김민정, "법원 '해외카지노, 현지서 허용되더라도 한국인 대상 운영하면 불법'", KBS뉴스, 2018.06.14., https://news.kbs.co.kr/news/pc/view/view.do?ncd=3664395

출처: "베트남서 카지노 운영 50대 실형 확정… '속인주의' 재확인", 머니투데이, 2018.09.10., https://news.mt.co.kr/mtview.php?no=2018091012008267585

⊙ 해당 홀덤(Hold'em) 토너먼트의 승인 여부

테이블이나 기계에 의해 이루어지는 '경품 게임'을 제공하려면 당국의 허가가 있어야 하며, 그 '경품 게임'은 제2조 2항에 따라 "돈을 지불하고 현금이나 현물로 상금을 받을 수 있는 확률 게임 혹은 확률과 실력의 조합으로 이루어진 게임"이라 명시되어 있습니다.

따라서, O월 O일에 진행될 예정인 홀덤 토너먼트의 게임의 위법성 여부를 판단하기 위해서는, 위의 법률의 정의에 따라 '도박'이 아닌 '경품 게임'인지 여부를 구체적으로 검토해야 합니다.

⊙ 개최 장소의 허가 여부

해당 토너먼트가 개최될 장소인 "OO Club"은 그 지역 관할 인민위원회의 허가를 받은 것인지도 확인해야 합니다. 또한 토너먼트를 개최하기 위해서는 지역 인민위원회뿐만 아니라 하노이 문화 체육 관광부로부터도 승인을 받아야 합니다. 따라서 개최 장소의 불법 여부는 관련 승인을 받았는지 여부에 따라 달라집니다.

관련기사: "하노이에서 열리는 최대 10억 달러 규모의 포커 토너먼트가 아직 허가를 받지 못함", Giadinh Xahoi (2017년 12월 28일), http://giadinh.net.vn/xa-hoi/giai-dau-poker-tien-ty-lon-nhat-ha-noi-chua-duoc-cap-phep-to-chuc-20171228175950334.htm

카지노 사업 관련법 제5조에 따르면, 카지노는 법률에 따라 권한 있는 당국이 허가한 시설에서만 카지노 비즈니스를 운영할 수 있다고 명시되어 있습니다.

불법 도박을 하는 행위, 불법 도박을 주선하거나 도박장을 운영하는 등의 위법 행위는 벌금형에서부터 징역형까지 처벌될 수 있습니다.

꼭 알아야 할 베트남 생활법률 가이드

제2조 용어의 해석

이 법령에서 용어의 의미는 다음과 같이 해석한다:

1. "카지노 사업"은 본 법령 제11조(카지노에서 플레이할 수 있는 사람)에 명시된 단체의 오락을 위해 게임기 및/또는 게임 테이블에서 상금이 걸린 게임을 제공하기 위해 관할 기관의 허가를 받아야 하는 조건부 사업이다.

2. "경품 게임"이란 돈을 지불하고 현금 또는 현물로 상품을 획득할 수 있는 플레이어가 경품이 걸린 전자 게임 또는 경품 게임 테이블에서 플레이하는 이길 가능성이 있는 게임 또는 이와 기술이 결합된 게임을 의미한다.

제5조 카지노

1. 카지노 운영 사업자는 법령에 따라 관할 기관의 허가를 받은 시설에서만 카지노 사업을 운영할 수 있다.

(일부 개정) 제321조 도박죄

1. 어떠한 행태로든, 불법적으로 5,000,000동 이상 50,000,000동 이하 상당의 돈이나 현품을 걸고 도박한 자, 또는 5,000,000동 이하이지만 이러한 행위 또는 본법 제322조에서 규정된 행위에 관하여 행정처분을 받았거나 이러한 범죄 또는 본법 제322에서 규정된 범죄로 유죄판결을 받았고 전과가 말소되지 않았는데도 또 위반한 자는 20,000,000동 이상 100,000,000동 이하의 벌금, 3년 이하의 비구금형 교정 또는 6개월 이상 3년 이하의 징역에 처한다.

2. 죄를 범하여 다음의 어느 하나에 해당하는 자는 3년 이상 7년 이하의 징역에 처한다.

    a) 전문적으로 범행한 경우

    b) 도박에 사용된 돈 혹은 현품의 가치가 50,000,000동 이상인 경우

    c) 전산망, 통신망, 전자장치를 사용하여 죄를 범한 경우

○ 도박

d) 위험한 재범

3. 죄를 범한 자에 대해서는 10,000,000동 이상 50,000,000동 이하의 벌금을 부과할 수 있다.

(일부 개정) 제322조 도박조직죄, 도박 장소 제공죄

1. 다음 경우 중 어느 하나에 해당하는 도박조직, 도박 장소를 제공한 자는 50,000,000동 이상 300,000,000동 이하의 벌금 또는 1년 이상 5년 이하의 징역에 처한다.

 a) 10명 이상의 도박꾼이 동시에 5,000,000동 이상의 판돈을 걸고 도박을 하는 경우, 2개 이상의 도박 매트가 동시에 5,000,000동 이상의 판돈을 걸고 도박을 하는 경우;

 b) 자신의 소유 또는 관리하에 있는 장소를 10명 이상의 도박꾼이 동시에 5,000,000동 이상의 판돈을 걸거나, 2개 이상의 도박 매트에 동시에 5,000,000동 이상의 판돈을 걸고 동시에 도박을 하는 경우;

 c) 1번의 도박에 사용된 돈 또는 현품의 가치가 20,000,000동 이상인 경우;

 d) 도박에 참여하는 자를 위해 전당포 서비스를 제공하고, 도박에 필요한 장비를 설치하거나 도박에 참여하는 자를 보호하고 서빙할 사람을 지정하고, 급습할 경우에 대비해 도주 준비를 하고, 도박을 돕기 위한 장비를 사용하는 경우;

 dd) 이러한 행위 또는 본법 제321조의 규정에 정해진 행위에 관하여 행정처분을 받았거나 이러한 범죄 또는 본법 제321조에서 규정된 범죄로 유죄판결을 받았고 전과가 말소되지 않았는데도 또 위반한 경우.

2. 죄를 범하여 다음의 어느 하나에 해당하는 자는 5년 이상 10년 이하의 징역에 처한다.

 a) 전문적으로 범행한 경우;

 b) 50,000,000동 이상의 부당이득을 취득한 경우;

 c) 인터넷, 전산망, 통신망이나 전자장치를 사용하여 죄를 범한 경우;

 d) 위험한 재범.

3. 죄를 범한 자에 대해서는 20,000,000동 이상 100,000,000동 이하의 벌금 또는 재산의 일부나 전부를 몰수 조치할 수 있다.

 꼭 알아야 할 베트남 생활법률 가이드

제28조 불법 도박

1. 복권 기반 도박에 참여하면 200,000동에서 500,000동의 과태료를 부과한다:

2. 다음 위반에 대해 1,000,000~2,000,000동의 과태료를 부과한다:

   a) 현금, 재산 또는 현물로 잃거나 딴 "xoc dia", "ta la", "to tom", "tu lo kho", "tam cuc", "3 cay", "tu sac", "do den", "co the", "binh an do 6 la", "binh xap xam 13 la", "tien len 13 la", "da ga", "tai xiu" 또는 기타 형태 중 하나로 불법 도박을 하는 경우;

   b) 기계 또는 불법 전자 게임을 이용한 도박;

   c) 스포츠 경기, 오락 또는 기타 활동에서 불법적으로 베팅하는 행위.

3. 다음 위반 시 2,000,000동에서 5,000,000동까지의 과태료를 부과한다:

   a) 카지노 또는 기타 도박장에서 불법적으로 예금, 전당포 또는 대출을 받는 경우;

   b) 불법 복권 번호, 복권 시트 또는 불법 복권에 사용된 인쇄물을 판매하거나 수수료를 받기 위해 다른 사람에게 넘기는 행위;

   c) 불법 도박을 지원, 은폐하는 행위;

   d) 불법 카지노 또는 기타 도박 장소를 보호하는 행위;

   dd) 기계 또는 불법 전자 게임의 소유자, 관리자, 전자 게임 또는 기타 사업장의 사업장 책임자가 책임감 부족으로 인해 자신의 사업장에서 불법 도박이 발생하도록 허용하는 경우.

4. 다음과 같은 도박 조직의 행위 중 하나에 대해 5,000,000동에서 10,000,000동의 과태료를 부과한다:

   a) 불법 도박을 위해 사람들을 유인, 선동 또는 모으는 행위;

   b) 불법 도박을 하기 위해 집이나 숙박 시설 또는 기타 수단과 장소를 이용하는 행위;

   c) 도박 또는 전자 게임기를 불법적으로 배치하는 행위;

   d) 불법 베팅 활동을 조직하는 행위;

5. 다음과 같이 불법 복권을 조직하는 행위 중 하나에 대해 10,000,000동에서 20,000,000동의 과태료를 부과한다:

a) 뱅커로서;

b) 불법 복권 시트 또는 불법 복권에 사용되는 기타 인쇄물의 제작 및 배포를 조직하는 행위;

c) 불법 복권 판매를 위한 네트워크 조직;

d) 스포츠 경기 활동, 엔터테인먼트 또는 기타 형태로 돈을 걸고 도박을 하기 위해 베팅을 조직하는 경우;

6. 추가 처벌:

a) 본 조항 1항, 2항, 3항, 4항, 5항에 명시된 행정 위반을 저지르는 데 사용된 증거 및 수단을 몰수;

b) 본 조의 3d에 명시된 위반을 저지른 경우 6~12개월 동안 운영 정지;

c) 본 조의 1, 2, 3, 4, 5항에 명시된 행정 위반을 저지른 외국인을 추방.

7. 시정 조치:

본 조 제1항, 제2항 또는 제3항 a) 및 b), 제4항 및 제5항의 위반 행위를 통해 불법적으로 얻은 이익의 강제 반환.

KEY POINTS

POINT 1

베트남에서의 경품을 건 도박 토너먼트 행사는 베트남 당국이 허가한 시설에서 진행되어야 하며, '경품 게임' 제공에 대한 당국의 허가를 취득하고, 개최 장소에 대해 인민위원회와 문화 체육 관광부에서 모두 허가를 받아야 한다.

POINT 2

베트남에서 한국인의 행위가 한국의 질서유지·공공복리를 침해하는 한국 형법상 위반 행위인 경우에는, 베트남 법상 합법이라고 해도 한국법상 한국에서 처벌될 수도 있다.

COMPLIANCE

10

밀수

PART 1.
관세 포탈과 밀수죄의 구별

Q 최근 베트남 관련 뉴스에서 관세 포탈과 밀수 사건이 종종 보도되고 있는데, 이 두 범죄가 무엇이 다른지 궁금합니다. 관세 포탈죄와 밀수죄는 구체적으로 어떻게 구별되며, 이러한 구별이 실제로 어떤 의미가 있는지 설명해 주실 수 있나요?

A 간략하게 말씀드리면, 신고 여부, 신고의 성실성을 얼마나 갖추었는지 등으로 관세 포탈과 밀수죄의 적용을 구별하고 있습니다.

⊘ 관세 포탈과 밀수죄의 구별

밀수죄는 수출입신고 자체를 하지 않거나 실제 수출입 물품과 다르게 신고하는 경우에 성립합니다.

관세 포탈죄는 수출입 신고는 하였지만 관세를 내지 않거나 적게 내기 위해 세율/과세가격을 거짓으로 신고하는 경우에 성립합니다.

이를 간략하게 도식화하면 다음과 같습니다.

○ 밀수

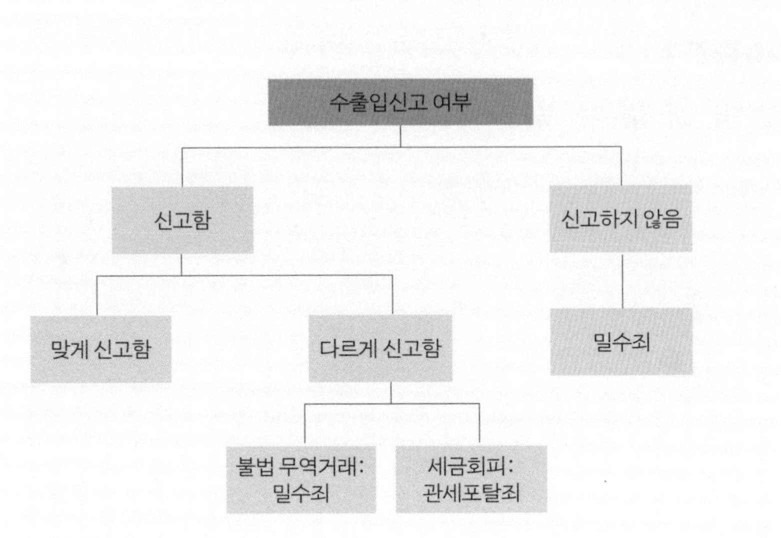

　　다만 밀수죄를 관세 포탈죄의 한 종류로 보는 관점도 있고, 기본적인 범죄의 성격이 같다고 보는 견해도 있습니다.

---

* 　(1) "… 물품이나 제품을 밀수하는 것은 수입 탈세의 한 형태입니다. … 첫째, 물품을 과소 신고하거나 아예 신고하지 않을 수 있습니다."

〈출처: Yubiwini and Arianto Patunru, World Customs Journal, p107, https://worldcustomsjournal.org/Archives/Volume%2012%2C%20Number%202%20 (Sep%20 2018)/1855%2001%20WCJ%20v12n2%20Yubiwini.pdf〉

　(2) "밀수 또는 관세 탈세는 공문서가 없는 물품을 불법적으로 운송하는 것이며, 탈세의 경우 위조 세금계산서 또는 가치를 허위로 신고한 물품, 또는 등록되지 않은 상인이 물품을 반입한 경우입니다. 방법은 좀 다르지만 밀수와 탈세의 성격은 여전히 동일합니다."

〈출처: Misyef Jamil, "Smuggling and Evasion of Custom Duties and Taxes: The Cost to the Palestinian Treasury and Market", Palestine Economic Policy Research Institute (MAS), p2, http://www.mas.ps/files/server/20181612091326-1.pdf〉

실무적으로는 사건을 처음 인지한 곳이 공안인지 관세국인지에 따라밀수죄나 관세 포탈죄를 적용하기도 합니다.

밀수죄에 대한 처벌은 각 사건의 구체적인 사실관계에 따라 다르지만, 일반적으로 형법 제188조 6항에 따라, 법인인 경우에는 벌금이나 영업금지 처분을 받을 수 있습니다. 개인의 경우에는 밀수품 몰수, 취업 제한, 벌금, 징역형 등의 처벌을 받을 수 있습니다.

관세 포탈죄에 대한 처벌은 (i) 어쩔 수 없는 곤경으로 인한 위반 등의 감경 요인과 (ii) 직위와 권한 남용, 대규모/고액 물품 등 가중 처벌 요인을 모두 고려합니다. 이러한 처분은 각 사건의 사실관계와 상황에 따라 달라질 수 있으며, 관세 범죄에 대해 물품 가액 또는 관세 포탈 금액의 몇 배수에 해당하는 벌금형과 징역형의 처분을 받을 수 있습니다.

밀수죄와 관세 포탈죄 비교 및 관련 조항을 간략하게 표로 정리하면 다음과 같습니다.

밀수죄와 관세 포탈죄의 비교

내 용	밀수 Smuggling	관세 포탈 Tax custom evasion
정 의	국경을 넘거나 비관세 지역과 국내 시장 간의 상품, 베트남 통화, 외화, 희귀 금속, 보석의 불법 거래 [형법 188.1조]	- 기타 불법 서류를 사용하여 납부 세액을 위조하거나 면제, 감면, 공제 또는 환급 세액을 늘리는 행위 - 통관이 허가된 후 추가 신고를 하지 않고 수출 또는 수입 물품을 잘못 신고하는 행위 - 수출 또는 수입 물품에 대해 고의로 세금을 누락하거나 잘못된 세금을 신고하는 경우. [형법 200조]
차이점	- 세관 당국 및 기타 관할 당국의 감독, 통제, 검사 및 세금 부과를 피하기 위한 목적 - 밀수 대상에는 유통이 금지된 물품이 포함됨	- 납부할 세액을 줄이거나 면제되는 과세 금액을 늘리기 위한 목적 - 탈세의 대상에서 유통이 금지된 상품은 제외됨
유사점	조세 포탈	
관련 조항	- 형법 제188조 - 위조 및 금지 상품의 생산 및 거래, 소비자 권리 보호 규정의 행정 위반에 대한 처벌을 규정하는 시행령 98/2020/ND-CP 제8조 및 제15조	- 형법 제200조 - 관세 행정 위반 처벌에 대한 시행령 128/2020/ND-CP 제5조
행정 처분	- 과태료: 5십만 동~5천만 동 또는 특정 경우에는 2배 부과하는 등 위반 사항에 따라 다르게 부과 - 추가 처분: 밀수품, 밀수품을 운반하는 차량 압수 - 구제 조치: 밀수품을 강제로 폐기하고 밀수로 얻은 불법 이익 반환	- 과태료: 탈루한 세금 액수의 %, 1백만 동~1억 동 등 위반 사항에 따라 다르게 부과 - 추가 처분: 탈루한 관세 상품의 몰수 - 구제 조치: 물품 폐기, 베트남 영토에서 물품 반출 등 강제 처분

꼭 알아야 할 베트남 생활법률 가이드

개인에 대한 형사 처벌	5천만~50억 동의 벌금 또는 6개월~20년 징역(+2천만 동~1억 동 벌금, 특정 업무 종사 금지, 재산 몰수)	1억 동~45억 동의 벌금 또는 3개월~7년 징역 (+2천만 동~1억 동 벌금, 특정 업무 종사 금지, 재산 몰수)
법인에 대한 형사 처벌	3억 동~150억 동의 벌금또는 6개월~3년 영업정지 또는 폐업 ▶ 위에 더해 아래의 추가 제재 가능 5천만 동~3억 동 또는 1~3년 동안 자본 조달 금지	3억 동~100억 동의 벌금 또는 6개월~3년 영업정지 또는 폐업 ▶ 위에 더해 아래의 추가 제재 가능 5천만 동~2억 동 또는 1~3년 동안 자본 조달 금지

 **형법 (Law 100/2015/QH13 + Law 12/2017/QH14)**

제188조 밀수

1. 물품, 베트남 화폐, 외화, 귀금속, 보석을 불법적으로 국경을 넘어 거래하거나, 자유무역지역으로부터 국내시장에 불법적으로 거래하거나 또는 그 반대로 거래한 자는, 그 불법물이 100,000,000동 이상 300,000,000동 이하에 상당하거나 100,000,000동 이하에 상당하지만, 아래 조건 중 어느 하나에 해당하는 경우, 50,000,000동 이상 300,000,000동 이하의 벌금, 또는 6개월 이상 3년 이하의 징역에 처한다.

　　a) 본법 제189조, 제190조, 제191조, 제192조, 제193조, 제194조, 제195조, 제196조와 제200조의 규정에서 정해진 행위에 관하여 행정처분을 받았거나 이러한 범죄들 중의 하나에 관하여 유죄판결을 받았고 전과가 말소되지 않은 채 또 위반한 자;

　　b) 불법물이 유물, 골동품인 경우.

2. 죄를 범하여 다음의 어느 하나에 해당하는 자는 300,000,000동 이상 1,500,000,000동 이하의 벌금, 또는 3년 이상 7년 이하의 징역에 처한다.

a) 조직적으로 범행한 경우

b) 전문적으로 범행한 경우

c) 불법적인 물품이 300,000,000동 이상 500,000,000동 이하의 가치가 있는 경우

d) 100,000,000동 이상 500,000,000동 이하 상당의 부당이득을 취득한 경우

đ) 불법적인 물품이 국가보물인 경우

e) 직무, 권한을 이용한 경우

g) 기관, 단체의 명의를 이용한 경우

h) 두 번 이상 범행한 경우

i) 위험한 재범

3. 죄를 범하여 다음의 어느 하나에 해당하는 자는 1,500,000,000동 이상 5,000,000,000동 이하의 벌금, 또는 7년 이상 15년 이하의 징역에 처한다.

a) 불법 물품이 500,000,000동 이상 1,000,000,000동 이하의 가치가 있는 경우

b) 500,000,000동 이상 1,000,000,000동 이하 상당의 부당 이득을 취득한 경우

4. 죄를 범하여 다음의 어느 하나에 해당하는 자는 12년 이상 20년 이하의 징역에 처한다.

a) 불법 물품이 1,000,000,000동 이상의 가치가 있는 경우

b) 1,000,000,000동 이상 상당의 부정이득을 취득한 경우

c) 전쟁, 자연재해, 전염병 또는 그 밖에 특별한 곤란상황을 이용한 경우

5. 죄를 범한 자는 20,000,000동 이상 100,000,000동 이하의 벌금, 1년 이상 5년 이하의 기간 동안 일정한 직무의 담당 또는 일정한 일에 종사하는 것의 금지 또는 재산의 일부나 전부를 몰수 처분을 받을 수 있다.

6. 본조에서 규정된 죄를 범한 상업 법인은 다음과 같이 처벌한다. [수정 형법 2017]

a) 200,000,000동 이상 300,000,000동 이하 상당의 물품, 베트남 화폐, 외화, 귀금속, 보석; 200,000,000동 이하의 유물, 골동품에 대하여 본조 1항에서 규정한 행위를 한 상업법인은, 또는 그 불법물이 100,000,000동 이상 200,000,000동 이하 상당의 물품, 베트남 화폐, 외화, 귀금속, 보석이더라도 본조 또는 본법 제189조, 제190조, 제191조, 제192조, 제193조, 제194조, 제195조, 제196조와 제200조의 규정에서 정해진 행위에 관하여 행정처분을 받았거나 이러한 범죄들 중의 하나에 관하여 유죄판결을 받았고 전과가 말소되지 않은 채 또 위반하

   꼭 알아야 할 베트남 생활법률 가이드

면, 300,000,000동 이상 1,000,000,000동 이하의 벌금에 처한다.
b) 죄를 범하여 본조 a, b, c, h, i항에서 규정한 경우에 해당하면 1,000,000,000동 이상 3,000,000,000동 이하의 벌금으로 처벌한다.
c)죄를 범하여 본조 3항에서 규정한 경우에 해당하면 3,000,000,000동 이상 7,000,000,000동 이하의 벌금으로 처벌한다.
d) 죄를 범하여 본조 4항에서 규정한 경우에 해당하면 7,000,000,000동 이상 15,000,000,000동 이하의 벌금, 또는 6개월 이상 3년 이하의 유기 활동정지 처분으로 처벌한다.
dd) 죄를 범하고 본법 제79조에서 규정한 경우에 해당하면 영구 활동정지 처분으로 처벌한다.
e) 상법법인은 50,000,000동 이상 300,000,000동 이하의 벌금, 1년 이상 3년 이하의 기간 동안 일정한 분야에서의 경영 및 활동 금지 또는 자본조달 금지 처분을 받을 수 있다.

형법(Law 100/2015/QH13 + Law 12/2017/QH14)

제200조 탈세

1. 다음의 어느 하나에 해당하는 행위를 행하여 100,000,000동 이상 300,000,000동 이하 상당의 탈세하거나, 또는 100,000,000동 이하 상당의 탈세를 했지만 탈세행위에 관하여 행정처분을 받았거나 이러한 범죄 또는 본법 제188조, 제189조, 제190조, 제191조, 제192조, 제193조, 제194조, 제195조, 제196조, 제202조, 제248조, 제249조 제250조, 제251조, 제252조, 제253조, 제254조, 제304조, 제305조, 제306조, 제309조, 제311조에서 규정한 범죄로 유죄판결을 받았는데 말소가 되지 않았음에도 불구하고 또 위반한 자는 100,000,000동 이상 500,000,000동 이하의 벌금, 또는 3개월 이상 2년 이하의 징역에 처한다.

a) 세무등록신청서류, 세무신고서류를 제출하지 않거나, 세무 신고를 법률의 규정에 의한 기한에 맞게 제출하지 않은 경우

b) 납부해야 할 세금의 확정에 관한 수입을 회계장부에다가 기록하지 않은 경우

c) 상품, 서비스 판매 시 송장을 발급하지 않거나 또는 송장에 상품, 서비

스의 가치를 판매한 상품, 서비스의 실제 가치보다 적게 기록한 경우

d) 납세 의무가 발생하는 활동에 있어서 상품, 원자재의 기록에 위법 송장(청구서), 증서를 사용해서 납세금의 감소, 면세받을 금액의 증가 또는 공제, 환급받을 금액의 증가에 이르게 한 경우

dd) 납세해야 할 금액, 환급받을 금액을 틀리게 계산하기 위해서 그 밖의 위법 증서, 자료를 사용한 경우

e) 수출입 물품에 대하여 틀리게 신고하였는데 세관을 통과한 후에 세금 신고 서류를 추가로 제출하지 않은 경우

g) 수출입 물품에 대하여 고의적으로 세금 신고를 하지 않거나 틀리게 신고한 경우

h) 물품을 수입하기 위해서 수출자와 공모한 경우

i) 비과세 대상, 면세 대상, 조건부 면세 대상에 속하는 물품을 세관 관리 기관에 사용목적 이전을 신고함 없이 규정에서 정해진 사용목적과 맞지 않게 사용한 경우

2. 죄를 범하여 다음 각호의 어느 하나에 해당하는 자는 500,000,000동 이상 1,500,000,000동 이하의 벌금 또는 1년 이상 3년 이하의 징역에 처한다.

a) 조직적으로 범행한 경우

b) 300,000,000동 이상 1,000,000,000동 이하 상당의 탈세를 한 경우

c) 직무, 권한을 이용한 경우

d) 2번 이상 범행한 경우

dd) 위험한 재범

3. 1,000,000,000동 이상 상당의 탈세를 한 경우에 1,500,000,000동 이상 4,500,000,000동 이하의 벌금 또는 2년 이상 7년 이하의 징역에 처한다.

4. 죄를 범한 자에 대해서는 20,000,000동 이상 100,000,000동 이하의 벌금, 1년 이상 5년 이하의 기간 동안 일정한 직무의 담당 또는 일정한 일에 종사하는 것의 금지 처분 또는 재산의 일부나 전부를 몰수할 수 있다.

5. 본조에서 규정한 죄를 범한 상업법인은 다음과 같이 처벌한다.

a) 본조 1항에서 규정한 경우에 해당하는 죄를 범하고, 이러한 행위에 관하여 행정처분을 받았거나 이러한 범죄로 유죄판결을 받았고 전과가 말소되지 않았는데도 또 위반한 상업법인은 300,000,000동 이상 1,000,000,000동 이하의 벌금에 처한다.

b) 죄를 범하여 본조 2항에서 규정한 경우에 해당하는 상업법인은 1,000,000,000동 이상 3,000,000,000동 이하의 벌금에 처한다.

c) 죄를 범하여 본조 3항에서 규정한 경우에 해당하는 상업법인은 3,000,000,000동 이상 10,000,000,000동 이하의 벌금 또는 6개월 이

상 3년 이하의 유기 활동정지 처분으로 처벌한다.

d) 죄를 범하고 본법 제79조에서 규정한 경우에 해당하면 영구 활동정지 처분으로 처벌한다.

dd) 상업법인은 50,000,000동 이상 200,000,000동 이하의 벌금, 1년 이상 3년 이하의 기간 동안 일정한 분야에서의 경영 및 활동 금지 또는 자본조달 금지 처분을 받을 수 있다.

관세 위반 처벌에 대한 시행령(Decree 128/2020/ND-CP)

제14조 탈세에 대한 처벌

1. 탈세 행위는 다음과 같다:

a) 불법 또는 허위 서류를 사용하여 세금 신고를 하는 행위, 납부할 세금을 과소 신고하거나 면제, 감면, 환급 또는 취소된 세금을 과대 신고하는 서류의 삭제 또는 변경 행위;

b) 재무부 또는 세관 당국이 규정된 지침을 제공했음에도 불구하고 상품 코드, 세율 또는 세액을 잘못 신고하는 경우;

c) 제9조 3항 b, c 또는 d의 위반 사항을 위반하였으나 위반 기록이 작성되기 전에 규정된 대로 납부해야 할 세금을 완납하지 않은 경우;

d) 가공품 수출, 국내 수출, 수출 가공 기업의 수출 절차를 따르고 실제로 수출하지 않고 수출하는 경우;

dd) 가공 제품의 수량 또는 품목을 과대 신고하는 경우, 국내 수출, 수출 가공 기업의 수출, 재수출된 상품;

e) 수출용 가공 제품에 통합된 국내 구매 원자재 또는 수출 관세 대상 공급품을 신고하지 않거나, 가공 제품에 통합된 수출 원자재, 공급품 또는 부품의 가치를 잘못 신고하여 해외에서 가공된 후 베트남으로 수입되는 제품에 대해 면세된 세금을 과대 신고하는 경우;

g) 규정된 대로 세관 당국에 신고하지 않고 면세, 면세 대상, 면세 대상 또는 관세 할당량 적용을 받는 것으로 간주되는 상품의 용도를 변경하는 경우;

h) 자유무역지역에서 국내 시장으로 수입되는 상품의 수량, 명칭, 품목, 품질, 가치 또는 원산지를 잘못 신고하는 경우;

i) 납부할 세금의 결정과 관련된 수입 및 지출을 회계 장부에 기록하지

않는 경우;

k) 규정된 허용량을 초과하거나 법에 규정된 조건을 충족하지 않고 부적격 구매자에게 면세품을 판매하는 경우;

l) 탈세를 목적으로 위탁자와 공모하여 물품을 수입하는 경우.

2. 형사 기소의 대상이 아닌 본 조 제1항에 명시된 위반 행위를 한 납세자에게도 다음과 같이 벌금이 부과된다:

a) 가중 정황이 발견되지 않는 경우 탈루한 세액과 동일한 벌금;

b) 가중 상황이 발견될 때마다 벌금은 20%씩 증가하지만 탈루한 세금의 3배를 초과할 수는 없다.

3. 시정 조치:

위반자는 본 조의 위반 사항 중 하나라도 저지른 경우 미납 세금을 전액 납부해야 한다.

4. 본 조에 규정된 규정은 제15조부터 제22조까지에 명시된 경우에는 적용되지 않는다.

5. 본 조 제1항 c 또는 h의 위반을 저지르고 추가 신고를 위한 서류를 제출할 수 없는 경우, 본 조 제8조 제11항에 명시된 과태료가 부과된다.

꼭 알아야 할 베트남 생활법률 가이드

KEY POINTS

밀수죄는 수출입신고 자체를 하지 않거나 실제 수출입 물품과 다르게 신고하는 경우에 적용된다.

관세 포탈죄는 수출입 신고는 하였지만 관세를 내지 않거나 적게 내기 위해 세율이나 과세가격을 거짓으로 신고하는 경우에 적용된다.

밀수는 금지품 거래를 포함하지만, 관세 포탈은 금지품을 제외한 정상 물품의 세금을 탈루하는 데 집중된다.

몰래 들여오면 밀수, 단순히 세금을 적게 내면 관세 포탈이다.

PART 2.
멸종위기 및 희귀종 판단 기준과
희귀 야생동물 보호법 위반죄에 대한 판례

Q 멸종위기 및 희귀종으로 분류되는 동물의 판단 기준은 무엇인가요? 희귀 야생동물 보호법 위반죄와 관련된 판례를 몇 가지 소개해 주실 수 있나요? 특히, 이러한 판례에서 법원이 어떤 기준으로 형량을 결정했는지 알고 싶습니다.

A 멸종위기 및 희귀종 동물의 판단 기준은 주로 국제적 보호 협약(CITES) 및 국가별 보호법에 따라 결정됩니다. 이러한 기준은 종의 개체 수, 서식지 상태, 위협 요인 등을 종합적으로 고려합니다.

희귀 야생동물 보호법 위반죄와 관련된 판례로는 응우옌 반 D (가명) 사건이 있습니다. D는 야생동물 밀매 혐의로 16개월의 징역형을 선고받았습니다. 법원은 동물의 보호 등급, 범죄의 계획성과 반복성, 사회적 피해 등을 고려해 형량을 결정합니다. 다른 판례에서도 유사한 기준이 적용되어, 법원은 해당 동물의 보호 필요성과 범죄의 중대성을 중점적으로 판단합니다.

1. 멸종위기종 및 희귀종 판정 기준

멸종 위기에 처한 동물과 희귀 동물을 결정하는 기준은 멸종 위기에 처한 야생 동식물종의 국제 거래에 관한 협약(CITES)에서 발행한 목록을 기반으로 합니다. 베트남은 1994년부터 CITES 협약에 가입했으며 이 협약을 법제화했습니다.

1.1. 멸종 위기에 처한 동물의 상업적 목적의 착취 및 사용은 엄격히 금지됨

베트남에 자연적으로 분포하는 멸종 위기 및 희귀 산림 동물 목록은 CITES 부록 I의 그룹 IB과 시행령(Decree 06/2019/ND-CP)에 기재되어 있습니다. 등재된 종의 세부 목록은 베트남 이름과 학명을 포함하여 총 105 종으로, 시행령(Decree 84/2021/ND-CP)에 기록된 CITES 부속서 I의 파트 IB에 포함되어 있습니다.

1.2. 멸종 위기에 처해 있지는 않지만 엄격하게 관리하고 상업적 목적의 착취 및 사용을 제한하지 않으면 멸종 위기에 처할 위험이 있는 야생 동물

만약 엄격하게 관리되지 않고 상업적 목적의 착취와 사용을 제한하지 않으면 멸종위기에 처할 수 있는, 베트남에 자연적으로 분포하는 야생 동물 목록은 시행령(Decree 06/2019/ND-CP) CITES 부록 II의 그룹 IIB에 기재되어 있습니다. 세부 목록에 등재된 종은 총 81종으로, 시행령(Decree 84/2021/ND-CP) CITES 부록 IIB에 베트남 이름과 학명이 포함되어 있습니다.

2. 우선 보호종을 결정하는 기준

보호 우선순위 동물종을 식별하는 기준은 다음과 같습니다:

a. 개체 수가 적거나 멸종 위기에 처한 경우

b. 고유종이거나 특별한 과학적 가치, 의학, 경제, 생태, 경관, 환경, 문화, 역사 중 하나를 가진 종인 경우

각종에 대한 자세한 식별 기준은 다음과 같습니다.

보호 우선순위 종 결정 기준	결정된 조건
a. 야생동물 종은 '개체 수가 적거나 멸종 위기에 처한 종'으로 정의됩니다. (5가지의 평가 기준)	1. 평가 시점까지, 지난 10년 또는 지난 3세대 동안 관찰되거나 추정된 개체수가 50% 이상 감소한 경우 - 또는 평가 시점으로부터 향후 10년 또는 3세대 동안 최소 50% 감소할 것으로 예상되는 경우
	2. 추정 거주지 또는 분포 지역이 500㎢ 미만이고 개체수가 심각하게 흩어져 있거나 분포 지역 또는 거주지가 지속적으로 감소하는 경우
	3. 종 개체수가 2,500마리 미만으로 추정되며 다음 조건 중 하나를 충족하는 경우: - 평가 시점까지 개체 수 관찰 또는 추정에 따라, 지난 5년 또는 지난 2세대 동안 20% 이상 지속적으로 감소하고 있는 경우 - 성숙한 개체 수가 지속적으로 감소하고, 개체군 구조가 흩어져 있으며, 성숙한 개체가 250마리 이상으로 추정되는 하위 집단이 없거나 하나의 하위 집단만 존재하는 경우
	4. 이 종의 추정 개체 수가 성인 250마리 미만인 경우
	5. 해당 종의 야생에서 멸종할 확률이 문서 작성 시점으로부터 향후 20년 또는 향후 5세대 이내에 20% 이상인 경우

꼭 알아야 할 베트남 생활법률 가이드

b. 특별한 과학적, 의학적, 경제적, 생태적, 경관적, 환경적, 문화적, 역사적 가치가 있는 종 (5가지의 평가 기준)	1. 보존과 번식을 위해 귀중하고 희귀한 유전자를 보유한 과학적으로 특별한 가치가 있는 종인 경우
	2. 중요한 생물학적 활성 화합물을 함유하고 있어 의료 및 의약품 제조에 직접 또는 원료로 사용되는 특별한 의학적 가치가 있는 종인 경우
	3. 상업화 시 높은 수익 잠재력을 가진 특별한 경제적 가치가 있는 종인 경우
	4. 지역사회의 다른 종의 균형을 유지하는 데 결정적인 역할을 하거나 자연 지리적 지역을 대표하거나 고유하고, 생태적, 경관적, 환경적 가치가 특별한 종
	5. 거주 지역사회의 역사, 문화적 전통, 관습 및 관행과 밀접한 관련이 있고 특별한 문화적-역사적 가치를 지닌 종

보호 요건을 충족하는 멸종 위기, 귀중 및 희귀 종의 세부 목록은 시행령 12/VBHN-BTNMT 제2부 부록 I에 99종의 동물종을 포함하여 명시되어 있습니다. 이 세부 목록은 천연자원 환경부의 권고에 따라 정부가 3년마다 정기적으로 또는 보호 우선순위가 높은 멸종 위기종 및 희귀종 목록을 업데이트할 필요가 있다고 판단 될 때마다 조정 및 보완할 수 있습니다.

3. 희귀 야생동물 보호법 위반죄에 대한 형법 제244조 위반 판례

제244조 희소 야생동물의 보호에 관한 규정 위반

1. 우선순위로 보호받는, 멸종위기, 희귀종 항목 또는 IB 그룹 멸종 위기종 및 희귀종 야생식물·야생동물 항목 또는 멸종위기에 처한 야생 동·식물종의 국제 거래에 관한 협약 부속서 I에 포함된 동물 보호에 관한 규정을 위반하고, 다음 각호의 어느 하나에 해당한 자는 500,000,000동 이상 2,000,000,000동 이하의 벌금, 1년 이상 5년 이하의 징역에 처한다.

　a) 우선순위로 보호받는 멸종위기, 희귀종 항목에 속하는 동물을 불법적으로 사냥, 죽이기, 키우기, 거두기, 운반, 매매를 한 경우;

　b) 본항 a에서 규정한 동물, 그 동물의 생명과 관련되어 불가분한 신체 부위 또는 동물의 상품을 불법적으로 비축, 운반, 매매한 경우;

　c) 2킬로그램 이상 20킬로그램 이하의 코끼리 상아; 50그램 이상 1킬로그램 이하의 코뿔소 뿔;

　d) 포유류류의 경우 3~7개체, 조류류 또는 파충류의 경우 7~10개체, 기타 파충류의 경우 10~15개체를 대상으로 본 조항의 가항에 명시된 동물 이외의 그룹 IB 동물 또는 CITES 부록 I에 포함된 동의 불법 사냥, 살해, 사육, 운송, 거래를 한 경우;

　dd) 포유류 3~7 개체, 조류·파충류 7~10 개체, 그 밖의 동물류 10~15개체로, 본항 d에서 규정한 동물 및 동물의 생명과 관련되어 불가분한 신체 부분을 불법적으로 비축, 운반, 매매한 경우;

　e) 불법 사냥, 죽이기, 키우기, 거두기, 운반, 매매한 동물 또는 불법 비축, 운반, 매매한 동물의 생명과 관련되어 불가분한 신체 부위 및 동물로 생산된 상품의 수량이 본항 c, d, đ에서 정해진 기준보다 적지만 이러한 행위에 관하여 행정처분을 받았거나 이러한 범죄에 관하여 유죄판결을 받았는데 전과가 말소되지 않았음에도 불구하고 또 위반한 경우.

2. 죄를 범하여 다음의 어느 하나에 해당하는 자는 5년 이상 10년 이하의 징역에 처한다.

　a) 포유류 3~7 개체, 조류·파충류 7~10 개체, 그 밖의 동물류 10~15개

체로 본조 1항 a에서 규정된 동물 및 동물의 생명과 관련되어 불가분한 신체 부분에 대하여 범행;

b) 포유류 8~11 개체, 조류 · 파충류 11~15 개체, 그 밖의 동물류 16~20개체로 본조 1항 d에서 규정된 동물 및 동물의 생명과 관련되어 불가분한 신체 부분에 대하여 범행;

c) 1~2개체의 코끼리, 코뿔소 또는 1~2개체의 코끼리, 코뿔소의 생명과 관련되어 불가분한 신체 부분; 3~5개체의 곰, 호랑이 또는 3~5개체의 곰, 호랑이의 생명과 관련되어 불가분한 신체 부분;

d) 20킬로그램 이상 90킬로그램 이하의 코끼리 상아; 1킬로그램 이상 9킬로그램 이하의 코뿔소 뿔인 경우;

dd) 조직적으로 범행한 경우;

e) 직무, 권한 또는 기관이나 단체의 명의를 이용한 경우;

g) 금지된 수렵, 포획의 도구를 사용한 경우;

h) 사냥 금지 지역 또는 사냥 금지 기간에 사냥하는 경우;

i) 불법 물품이 국경을 넘어 거래되거나 운송되는 경우;

k) 위험한 재범.

3. 죄를 범하여 다음의 어느 하나에 해당하는 자는 10년 이상 15년 이하의 징역에 처한다.

a) 포유류 8 개체 이상, 조류 · 파충류 11 개체 이상, 그 밖의 동물류 16 개체 이상으로 본조 1항 a에서 규정된 동물 및 동물의 생명과 관련되어 불가분한 신체 부분에 대하여 범행;

b) 포유류 12 개체 이상, 조류 · 파충류 16 개체 이상, 그 밖의 동물류 21 개체 이상으로 본조 1항 d에서 규정된 동물 및 동물의 생명과 관련되어 불가분한 신체 부분에 대하여 범행;

c) 3 개체 이상의 코끼리, 코뿔소 또는 3 개체 이상의 코끼리, 코뿔소의 생명과 관련되어 불가분한 신체 부분; 6 개체 이상의 곰, 호랑이 또는 6 개체 이상의 곰, 호랑이의 생명과 관련되어 불가분한 신체 부분;

d) 90킬로그램 이상의 코끼리 상아; 9킬로그램 이상의 코뿔소 뿔인 경우.

4. 죄를 범한 자에 대하여 5,000,000동 이상 20,000,000동 이하의 벌금, 1년 이상 5년 이하의 기간 동안 직무 담당 또는 일정한 직업 또는 업무에 종사하는 것을 금지 조치할 수 있다.

본조에서 규정한 죄를 범한 상업 법인은 다음과 같이 처벌한다.

a) 본조 1항에서 규정한 경우에 해당하는 죄를 범한 상업법인은

1,000,000동 이상 5,000,000,000동 이하의 벌금에 처한다.

b) 죄를 범하여 본조 2항 a, b, c, d, đ, g, h, i, k에서 규정된 경우 중의 어느 하나에 해당하면, 5,000,000,000동 이상 1,000,000,000동 이하의 벌금에 처한다.

c) 죄를 범하여 본조 3항에서 규정한 경우에 해당하는 상업법인은 10,000,000,000동 이상 15,000,000,000동 이하의 벌금 또는 6개월 3년 이하의 영업정지에 처한다.

d) 죄를 범하여 본법 제79조에 해당하는 자는 폐업에 처한다.

dd) 상업법인은 300,000,000동 이상 600,000,000동 이하의 벌금, 1년 이상 3년 이하의 기간 동안 일정한 분야에서의 경영 및 활동 금지 또는 자본조달 금지 처분을 받을 수 있다.

판례 1

CASE NO. 58/2023/AL 1 형법 제 244.3c조의 형벌 결정에 대한 세부 사항 관련, 꽝닌성 하롱시 인민법원이 2018년 9월 14일에 발행한 사건 번호 179/2018/HSST 1심 형사 판결 "멸종 위기, 희귀 동물 및 귀중한 동물 보호 규정 위반"범죄에 관한 판례 58/2023/AL1

사건 개요

응우옌 반 T(가명)는 많은 사람들이 물품 운송을 위탁하는 V시에서 M시로 가는 노선의 보조 버스 기사로 일하고 있었습니다. 체포되기 이틀 전, S라는 남성이 T에게 전화를 걸어 호랑이, 원숭이, 개미핥기, 곰 쓸개, 동물 이빨 등 살아있는 동물을 포함한 다양한 물품을 운송해 달라고 요청했습니다. 운송료는 2,000,000 동이었습니다. S는 T에게 응에안성의 D 및 Q 지역과 V시의 N 고가도로에서 물품을 수거하도록 지시했습니다.

2018년 1월 6일, T는 N 고가도로에 도착해 S가 보낸 것으로 추정되는 2,000,000 동의 돈과 함께 검은색 가방 3개를 받았습니다. T는 이 물품들을 수령하고 도시로 이동했습니다. 차량이 응에안성 D 지구에 도착했을 때, S에게서 또 다른 전화가 와서 추가 물품이 있다는 소식을 들었습니다. T는 상자 3개를 받았는데, 그중 하나는 이미 열려 있었고, 그 안에는 새끼 원숭이 3마리가 들어 있었습니다.

오후 8시 20분경, 차량이 응에안성 Q 지역에 도착했을 때 또 다른 전화가 걸려 왔고, T는 차량을 정차하고 스티로폼 상자와 작은 검은색 소포를 받았습니다. 이 물품들은 S에게 추가로 보내는 것이었습니다.

2018년 1월 7일, 차량이 L시의 B 지역에 도착했을 때 경찰이 검문을 실시했습니다. 경찰은 T에게 상자를 열어보라고 요구했고, 상자 안에는 다음과 같은 물품들이 들어 있었습니다:

- 천산갑 비늘이 들어 있는 검은색 나일론 가방 3개, 총무게 50kg
- 죽은 호랑이 새끼 5마리와 수컷 호랑이 생식기가 들어있는 상자 1개
- 새끼 원숭이 3마리가 들어있는 상자 1개
- 곰 담즙이 여러 봉지 들어있는 작은 상자 1개
- 호랑이 고기 조각이 들어있는 스티로폼 상자 1개
- 다양한 동물 이빨이 들어있는 작은 패키지 1개

경찰은 위의 물품들과 함께 T가 가지고 있던 2,000,000 동의 돈과 휴대전화 2대도 압수했습니다. T는 S의 배경이나 주소에 대해 전혀 알지 못했고, 모든 거래는 전화로 이루어졌으며 S를 직접 만난 적은 없었습니다.

관련 법률

형법 제244조 및 야생동물 보호 규정 위반에 관한 형법 제234조 및 멸종 위기에 처한 희귀 동물 보호 규정 위반에 관한 형법 제244조의 적용을 안내하는 결의안 제05/2018/NQ-HĐTP 제4조

선고

피고인 응우옌 반 T는 '멸종 위기, 희귀 동물 및 귀중한 동물 보호 규정 위반죄'로 징역 10년을 선고받았습니다(형법 제244.3 c조). 징역 기간은 2018년 1월 7일 T가 체포된 날부터 계산됩니다.

> **판례 2**
>
> '멸종 위기, 귀중 및 희귀 동물 보호 규정 위반' 사건에 관한 하노이 롱비엔구 인민법원의 2021년 7월 21일 자 1심 형사 판결 번호 184/2021/HSST.

사건 개요

2020년 9월 22일, 롱비엔구 응옥투이 지역에서 응우옌 반 D(가명)가 합법적인 원산지 증명서 없이 야생동물을 종이 상자에 넣어 운반하다가 적발되어 체포되었습니다. 경찰은 상자 안에서 살아있는 수달 한 마리와 사향고양이 한 마리, 그리고 냉동된 사향고양이 두 마리를 발견했습니다. 이 동물들은 모두 희귀종, 멸종위기종, 거래 금지 종으로 분류되어 법적 보호 대상임이 확인되었습니다.

D는 법정에서 검찰의 기소 내용과 자신의 모든 범죄 행위가 일치한

다고 인정했습니다. 검찰에 따르면, D는 2020년 초부터 인터넷을 통해 야생동물을 사고파는 일에 관여해 왔습니다.

이번 사건과 관련, D는 신원을 알 수 없는 개인으로부터 (a) 살아있는 수달 한 마리당 4,000,000 동, (b) 살아있는 사향고양이 한 마리에 킬로그램당 1,550,000 동, (c) 냉동 사향고양이 한 마리당 1,400,000 동 주문을 받았습니다. 2020년 9월 22일, 하노이에서 배송을 진행하던 중 D는 온라인에서 (d) 살아있는 수달 한 마리당 3,500,000 동, (e) 살아있는 사향고양이 한 마리당 6,000,000 동, (f) 냉동 사향고양이 한 마리당 1,100,000 동의 추가 주문을 받았습니다:

관련 법률

형법 제244조 제1항 a, 제51조 제1항 s, 제51조 제2항, 제38조 (2017년 개정 및 보완됨)

선고

피고인 응우옌 반 D의 행위는 '멸종 위기, 귀중 및 희귀 동물 보호 규정 위반죄'에 해당합니다. 이 범죄에 대한 처벌은 형법 제244조 1항 a에 명시되어 있습니다. D는 16개월의 징역형이 선고되었습니다.

KEY POINTS

개체 수가 적거나 멸종 위기에 처한 경우와 고유종이거나 특별한 과학적 가치, 의학, 경제, 생태, 경관, 환경, 문화, 역사 중 하나를 가진 종인 경우는 법적으로 보호한다.

멸종위기 및 희귀 동물을 사냥, 사육, 포획, 운반, 매매하면 징역형의 형사 처벌을 받을 수 있다.

희귀 야생동물 보호법 위반에서 우선보호종의 불법 사냥·운반·매매 등 행위는 벌금 및 1년 이상의 징역이 기본형이다.

위반 개체 수·중대성·조직성 등에 따라 형량이 가중되며, 법인은 벌금과 함께 영업정지·폐업 처분을 받을 수 있다.

에피소드 5

친구와 계약서

꼬깃꼬깃한 달러를 들고 상담을 받으러 오신 분이 계셨다. 베트남에서 사업을 하는 15년 지기 친구가 일시적으로 금전적인 어려움을 겪으면서 높은 이자로 돈을 빌려달라고 부탁을 해 전 재산을 빌려주었다고 한다. 처음에는 꼬박꼬박 이자를 지급하던 친구가 언제부터인가 연락이 안 되기 시작했다. 알아보니 친구는 회사를 다른 사람에게 넘기고, 다른 사람에게 또 돈을 빌려 다른 곳에서 사업을 하고 있었다. 친구는 네가 '투자'한 돈은 모두 날렸다면서 돌려줄 돈이 없다고 한다. 전 재산을 잃고, 돈을 받기 위해 한국에서 대리운전을 하며 돈을 모아 베트남에서 와서 친구를 찾고, 돈이 떨어지면 한국으로 돌아갔다가 또 베트남으로 오는 생활을 반복하고 있었다. 만나주지도 않아 친구의 공장 한구석에서 새우잠을 자면서 며칠씩 친구를 기다린 것도 부지기수였다. 친한 사이라서 그 흔한 차용증도 없었고 증거자료도 전혀 없는, 법적으로는 참 어려운 상황이었다. 돈도 잃고 친구도 잃고 어깨가 축 늘어진 그분을 통해 친한 사이일수록 계약서를 꼭 작성하라는 말이 틀린 말이 아님을 확인할 수 있었다.

베트남 투자·창업자가 꼭 알아야 할 베트남 법
(김유호 저, 도서출판 참)

* 제목을 '계약서'라고 해도 내용이 계약이 아니라면 계약으로 인정받지 못할 것이며 '이것은 계약서가 아님'이라고 해도 내용이 충분히 계약 내용이라면 법적 구속력이 있는 계약으로 볼 수 있다.

* 부동산 계약 등 반드시 서면 계약을 해야 하는 일부 거래를 제외하면 일반적으로 구두 계약도 서면 계약과 동일한 법적 효력이 있다. 단, 구두 계약의 경우, 당사자들의 의도를 제삼자에게 증명하는 것이 서면 계약보다 훨씬 어렵다는 점을 염두에 두어야 한다.

* 인터넷에서 떠도는 계약서 양식을 사용할 때에는 매우 유의해야 한다. 예를 들어 물건 구매자는 물건에 하자가 없는지, 물건에 대한 보증 조건 등에 관심이 있지만, 판매자의 경우는 물품 대금을 제때 받는 데 관심이 있을 것이다. 이때 구매자가 인터넷에 떠도는 매매계약서 양식을 사용해 계약을 체결했는데 그 계약서가 구매자를 법적으로 보호하는 내용이 빠진, 판매자의 관점에서 작성된 것이었다면 그 계약서가 구매자를 법적으로 보호해 주기는 어려울 것이다.

* 불가항력(Force Majeure)의 경우, 일반적으로 계약을 지키지 못한 당사자의 책임을 면제해 주거나 계약을 해지할 수 있게 해주므로 당사자의 이해관계에 따라 계약 시 무엇이 불가항력에 해당하는지 구체적으로 열거하거나 제외해야 한다. 특히 베트남에서는 정부 업무처리의 지연, 원료 부족, 파업 등의 사유가 불가항력에 포함되었는지 여부를 유의해 살펴보아야 할 것이다.

11

SNS 명예 훼손

PART 1.
SNS상 초상권 침해 및 명예 훼손

Q 제가 거주하는 아파트 단지에서 강아지와 산책할 때, 이웃 베트남 사람이 몰래 제 사진을 찍어 자신의 Facebook과 베트남에서 많이 사용하는 Zalo 메신저 단체방에 게시했습니다. 그와 함께 '몰상식한 사람'이라고 저를 특정해 비난하는 글을 올렸습니다. 이에 대해 Facebook에 글을 올린 사람에게 항의했지만, 그는 자신의 Facebook에 올린 글에 간섭하지 말라고 했습니다. 저의 얼굴 사진을 무단으로 올려 초상권을 침해한 것과, SNS에서 저를 특정해 욕설 및 비하 발언을 한 것에 대해 베트남 법상 처벌이 가능한지요?

A 네, 명예훼손과 초상권 침해에 대해서는 민사, 형사, 행정처분 모두 가능합니다. 형사 처벌은 정도에 따라 경고부터 징역까지 가능합니다.

(1) 초상권 침해와 관련된 민사 책임

타인의 사진을 당사자의 동의 없이 Facebook에 게시하는 행위에 대해서는 손해배상 청구를 할 수 있습니다.

Bị Toà tuyên phạt hơn 23 triệu đồng vì xúc phạm người khác trên mạng xã hội

V.Vũ | 30/09/2024 - 21:21

TAND huyện Nhà Bè đã tuyên buộc bị đơn là bà L.N.N.L (SN 1992, thường trú tại quận Ba Đình, Hà Nội) phải gỡ bỏ các bài đăng, bồi thường cho nguyên đơn số tiền 23.400.000 đồng...

Hôm nay (30/9), TAND huyện Nhà Bè, TP.HCM đã mở phiên tòa xét xử vụ tranh chấp thiệt hại ngoài hợp đồng giữa nguyên đơn là bà Phan Thanh Bảo Ngọc (SN 1993, huyện Nhà Bè, TP.HCM, tên gọi trên các nền tảng xã hội là "Tuệ Nghi") và bị đơn là bà L.N.N.L (SN 1992, quận Ba Đình, Hà Nội).

Trụ sở TAND huyện Nhà Bè, TP.HCM

출처: "소셜 네트워크에서 다른 사람을 모욕한 혐의에 대해 법원에서 2,300만 동 이상의 손해배상 판결", Congly 뉴스, 2024.09.30., https://congly.vn/bi-toa-tuyen-phat-hon-23-trieu-dong-vi-xuc-pham-nguoi-khac-tren-mang-xa-hoi-452996.html

제32조 자신의 이미지에 대한 개인의 권리

1. 각 개인은 자신의 초상에 관한 권리를 가진다. 개인의 이미지를 사용하려면 해당 개인의 동의가 있어야 한다. 개인의 이미지가 상업적 목적으로 사용되는 경우, 별도의 동의가 없는 한 해당 개인은 배상을 받을 권리를 가진다.

***

3. 이미지의 사용이 본 조에 규정된 규정을 위반하는 경우, 이미지 소유자는 법원에 위반자 또는 관련 단체에 이미지 사용의 취소, 파기 또는 종료, 손해배상 및 기타 법에 규정된 구제를 요청할 권리가 있다.

제34조 명예, 존엄성 및 위신 보호에 대한 권리

1. 개인의 명예, 존엄성 및 위신은 불가침하며 법으로 보호된다.

2. 각 개인은 자신의 명예, 존엄성 및/또는 위신에 부정적인 영향을 미치는 정보에 대해 법원에 삭제 요청할 권리가 있다.
사망한 사람의 명예, 존엄성 및 위신은 법률에 달리 규정되지 않는 한, 배우자 또는 성년 자녀, 배우자나 자녀가 없는 경우 부모의 요청에 따라 보호된다.

3. 개인의 명예, 존엄성 및 위신에 부정적인 영향을 미치는 정보가 대중매체에 게시된 경우, 해당 정보는 해당 매체에 의해 삭제 또는 정정되어야 한다. 해당 정보를 기관, 단체 또는 개인이 보관하고 있는 경우 해당 기관은 해당 정보를 삭제해야 한다.

4. 개인의 명예, 존엄성 및/또는 위신에 부정적인 영향을 미치는 정보를 제공한 사람을 식별할 수 없는 경우, 해당 사람은 법원에 해당 정보가 잘못되었음을 공지하도록 요청할 권리가 있다.

5. 개인의 명예, 존엄 및/또는 위신에 부정적인 영향을 받은 사람은 해당 정

보의 거부를 요청할 권리가 있으며 정보 제공자에게 공개 사과와 정정 및 배상을 요구할 권리가 있다.

제38조 사생활, 개인 비밀 및 가족 비밀에 대한 권리

1. 개인의 사생활, 개인적 비밀 및 가족의 비밀은 불가침하며 법으로 보호된다.

2. 개인의 사생활에 관한 정보의 수집, 보존, 사용 및 공표는 해당 개인의 동의가 있어야 하며, 가족의 비밀에 관한 정보의 수집, 보존, 사용 및 공표는 법률에 달리 규정되어 있지 않는 한, 가족 구성원 모두의 동의가 있어야 한다.

3. 개인의 우편, 전화, 전보, 기타 형태의 전자 정보의 안전이 보장되고 비밀이 유지되어야 한다. 개인의 메일, 전화, 전보, 기타 형태의 전자 정보의 열람, 통제 및 보관은 법률에 규정된 경우에만 수행될 수 있다.

4. 계약 당사자는 별도의 합의가 없는 한 계약의 성립 및 이행 과정에서 알게 된 서로의 사생활, 개인 또는 가족의 비밀에 관한 정보를 공개해서는 안 된다.

---

(2) 초상권 보호를 위한 행정적 대응

행정 위반 처벌에 관한 시행령에 따라 1,000만 동(한화 약 55만 원)~2,000만 동(한화 약 109만 원)의 행정 과태료가 부과됩니다. [시행령 Decree 15/2020/ND-CP) 제102조 제3항]

 꼭 알아야 할 베트남 생활법률 가이드

LÂM ĐỒNG Online

CƠ QUAN CỦA ĐẢNG BỘ ĐẢNG CSVN TỈNH LÂM ĐỒNG ● TIẾNG NÓI CỦA ĐẢNG BỘ, CHÍNH QUYỀN, NHÂN DÂN LÂM ĐỒNG

PHÁP LUẬT

Bị phạt 7,5 triệu đồng vì đăng hình người khác lên mạng để "bốc phốt"

CHÍNH PHONG | 17:34, 02/02/2024

(LĐ online) - Ngày 2/2, Công an huyện Đức Trọng cho biết vừa ban hành Quyết định xử phạt vi phạm hành chính bà P.T.T.Q (31 tuổi, ngụ xã Liên Hiệp) 7,5 triệu đồng vì hành vi vi phạm trong lĩnh vực bưu chính, viễn thông, công nghệ thông tin, an toàn thông tin mạng và giao dịch điện tử.

Theo Công an huyện Đức Trọng, qua công tác tiếp nhận và xử lý đơn thư liên quan đến an ninh mạng, ngày 25/1, Công an huyện đã mời làm việc với bà P.T.T.Q do đăng tải thông tin, hình ảnh của bà N.T.T (chủ cơ sở làm đẹp T.Y) lên mạng xã hội facebook sai sự thật.

Tại cơ quan Công an, bà Q. thừa nhận có sử dụng hình ảnh của bà T. nhưng chưa được sự đồng ý nhằm mục đích "bốc phốt" cơ sở làm đẹp của bà T. bằng cách bình luận vào một bài viết của bà T.T.H vào ngày 3/1.

Những bình luận của bà Q. đã tạo nên nhiều dư luận khác nhau, ảnh hưởng đến hoạt động kinh doanh của cơ sở làm đẹp T.Y. Sau đó, bài viết trên đã được gỡ bỏ khỏi trang facebook.

Theo Công an huyện Đức Trọng, qua công tác tiếp nhận và xử lý đơn thư liên quan đến an ninh mạng, ngày 25/1, Công an huyện đã mời làm việc với bà P.T.T.Q do đăng tải thông tin, hình ảnh của bà N.T.T (chủ cơ sở làm đẹp T.Y) lên mạng xã hội facebook sai sự thật.

Tại cơ quan Công an, bà Q. thừa nhận có sử dụng hình ảnh của bà T. nhưng chưa được sự đồng ý nhằm mục đích "bốc phốt" cơ sở làm đẹp của bà T. bằng cách bình luận vào một bài viết của bà T.T.H vào ngày 3/1.

Những bình luận của bà Q. đã tạo nên nhiều dư luận khác nhau, ảnh hưởng đến hoạt động kinh doanh của cơ sở làm đẹp T.Y. Sau đó, bài viết trên đã được gỡ bỏ khỏi trang facebook.

출처: "스캔들 유포를 위해 온라인에 다른 사람의 사진을 올린 사안에 대해 750만 동 과태료 부과", Lam Dong 뉴스, 2024.02.02., https://baolamdong.vn/phap-luat/202402/bi-phat-75-trieu-dong-vi-dang-hinh-nguoi-khac-len-mang-de-boc-phot-6e418f5/

제102조 정보의 보관, 임대, 전송, 제공, 접근, 수집, 처리, 교환 및 활용에 관한 규정 위반

***

3. 다음 위반 중 하나를 범한 경우 10,000,000동~20,000,000동 사이의 과태료가 부과된다:

***

e. 다른 조직/개인의 정보를 동의 없이 또는 규정된 목적 이외의 용도로 수집, 처리 및 사용하는 행위;

g. 다른 조직이나 개인의 명성, 명예, 존엄성을 위협, 방해, 왜곡, 비방 또는 훼손하기 위해 디지털 정보를 제공, 교환, 전송 또는 저장 및 사용하는 행위;

---

(3) 명예훼손에 대한 형사 처벌 가능성

Facebook에 게시한 내용의 심각성에 따라 1,000만 동(한화 약 55만 원)~3,000만 동(한화 약 164만 원)의 벌금이 부과되거나 최대 3년의 사회봉사형에 처해질 수 있습니다. 또한, 게시된 내용으로 인해 개인의 명예가 훼손된 경우에는 3,000만 동(한화 약 164만 원)~2억 동(한화 약 1,091만 원)의 벌금이 부과되거나 3년 이하의 사회봉사형 또는 3~6개월의 징역형에 처해질 수 있습니다.

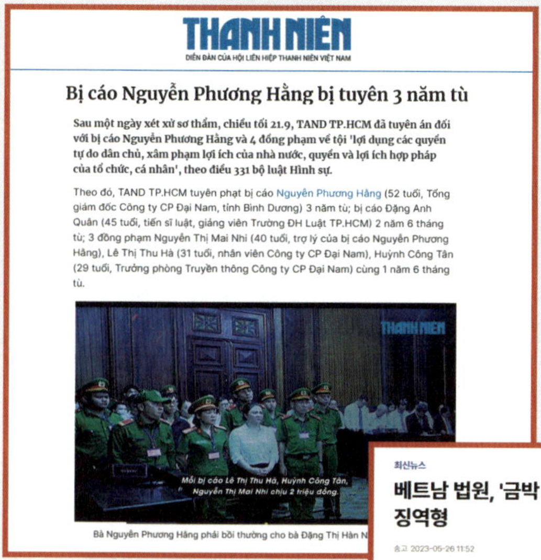

THANH NIÊN

DIỄN ĐÀN CỦA HỘI LIÊN HIỆP THANH NIÊN VIỆT NAM

Bị cáo Nguyễn Phương Hằng bị tuyên 3 năm tù

Sau một ngày xét xử sơ thẩm, chiều tối 21.9, TAND TP.HCM đã tuyên án đối với bị cáo Nguyễn Phương Hằng và 4 đồng phạm về tội 'lợi dụng các quyền tự do dân chủ, xâm phạm lợi ích của nhà nước, quyền và lợi ích hợp pháp của tổ chức, cá nhân', theo điều 331 bộ luật Hình sự.

Theo đó, TAND TP.HCM tuyên phạt bị cáo Nguyễn Phương Hằng (52 tuổi, Tổng giám đốc Công ty CP Đại Nam, tỉnh Bình Dương) 3 năm tù; bị cáo Đặng Anh Quân (45 tuổi, tiến sĩ luật, giảng viên Trường ĐH Luật TP.HCM) 2 năm 6 tháng tù; 3 đồng phạm Nguyễn Thị Mai Nhi (40 tuổi, trợ lý của bị cáo Nguyễn Phương Hằng), Lê Thị Thu Hà (31 tuổi, nhân viên Công ty CP Đại Nam), Huỳnh Công Tân (29 tuổi, Trưởng phòng Truyền thông Công ty CP Đại Nam) cùng 1 năm 6 tháng tù.

Bà Nguyễn Phương Hằng phải bồi thường cho bà Đặng Thị Hàn N

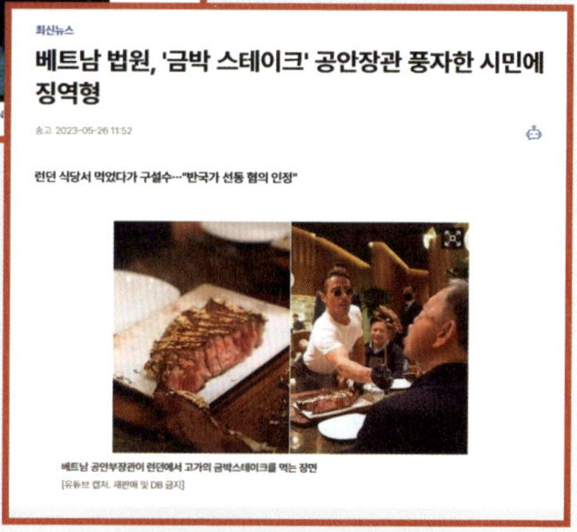

베트남 법원, '금박 스테이크' 공안장관 풍자한 시민에 징역형

송고 2023-05-26 11:52

런던 식당서 먹었다가 구설수…"반국가 선동 혐의 인정"

출처: "유명인 10명의 개인 비밀, 가족 비밀, 사생활과 관련된 정보를 사이버 공간에 생중계하고 게시한 혐의, 징역 3년 선고", Thanh Nien 뉴스, 2023.09.22., https://thanhnien.vn/bi-cao-nguyen-phuong-hang-bi-tuyen-3-nam-tu-185230922002430661.htm

출처: "베트남 법원, '금박 스테이크' 공안 장관 풍자한 시민에 징역형", 연합뉴스, 2023.05.26., https://www.yna.co.kr/view/AKR20230526070200084

제155조 다른 사람에 대한 모욕

1. 다른 사람을 심각하게 모욕한 사람은 경고, 10,000,000동
~30,000,000동의 벌금을 부과하거나 최대 3년의 사회봉사형에 처한다.

2. 다음 중 하나에 해당하는 상황에서 이 위반을 저지른 경우 2~3년의 징역
에 처한다:

    a) 두 번 이상 범죄를 저지른 경우;

    b) 2명 이상의 사람을 대상으로 범죄를 저지른 경우;

    c) 범죄자의 지위 또는 권한을 남용한 경우;

    d) 공무 수행 중인 법 집행관을 대상으로 범죄를 저지른 경우;

    dd) 가해자를 돌보고, 가르치고, 양육하거나 치료를 제공하는 사람에 대
해 범죄를 저지른 경우;

    e) 컴퓨터 네트워크, 통신 네트워크 또는 전자 장치를 사용하여 범죄를
저지른 경우;

    g) 피해자가 범죄로 인해 31%~60%의 정신 및 행동 장애가 발생한 경우.

3. 다음 상황 중 하나에 해당하는 범죄는 2~5년의 징역형에 처한다:

    a) 범죄로 인해 피해자가 46% 이상의 정신 및 행동 장애가 발생한 경우;

    b) 범죄로 인해 피해자가 자살한 경우.

4. 가해자는 1년~5년 동안 특정 직위, 직업 또는 특정 업무 수행이 금지될
수 있다.

**제288조 컴퓨터 네트워크 또는 전기통신망에 대한 불법적인 정보 제공 또
는 사용**

1. 다음 중 어느 하나에 해당하는 행위를 하여 50,000,000동에서
200,000,000동 미만의 불법 이익을 얻거나, 100,000,000동에서

500,000,000동 미만의 재산상 손해를 입히거나, 단체 또는 개인의 명예를 훼손한 사람은 30,000,000동에서 200,000,000동의 벌금을 부과하거나 3년 이하의 사회봉사형 또는 3~36개월의 징역에 처한다:

    a) 제117조, 155조, 156조 및 326조에 명시된 경우를 제외하고, 법률 규정을 위반하여 컴퓨터 또는 통신 네트워크에 정보를 올리는 행위

    b) 정보 소유자의 동의 없이 컴퓨터 또는 통신 네트워크에서 조직 또는 개인의 합법적인 개인 정보를 거래, 교환, 제공, 변경 또는 게시하는 행위;

    c) 기타 컴퓨터 또는 통신 네트워크에서 정보의 불법적인 사용과 관련된 행위.

2. 다음 중 어느 하나에 해당하는 위반 행위는 200,000,000동에서 1,000,000,000동의 벌금 또는 2~7년의 징역에 처한다:

    a) 범죄가 조직화한 집단에 의해 저질러진 경우;

    b) 범죄자가 컴퓨터 또는 통신 네트워크 관리자의 지위를 오용한 경우;

    c) 불법적으로 얻은 이익이 200,000,000동 이상인 경우;

    d) 위반 행위로 인한 재산 피해가 500,000,000동 이상으로 평가되는 경우;

    dd) 위반 행위가 피해자의 자살을 초래하는 사생활 침해와 관련된 경우;

    e) 위반 행위가 사회 보장, 질서 또는 안전 또는 베트남의 외교 관계에 부정적인 영향을 미치는 경우;

    g) 위반 행위가 시위로 이어진 경우.

3. 또한 위반자는 20,000,000동에서 200,000,000동의 벌금을 부과하거나 1년에서 5년 동안 특정 직책을 맡거나 특정 직무를 수행하는 것이 금지될 수 있다.

KEY POINTS

명예훼손과 초상권 침해는 민사, 형사, 행정 처분이 가능하다.

개인의 초상권은 민법상 보호되며, 동의 없이 사진을 사용하면 이미지 파기와 손해배상을 법원에 청구할 수 있다.

동의 없는 개인 정보 수집·처리나 명예 훼손 디지털 정보 유통에 대해서는 행정 과태료가 부과된다.

심각한 명예 훼손은 형법상의 모욕죄로 경고·벌금 또는 사회봉사형이 부과되거나, 반복·집단·전자망 이용 시에는 징역 처벌될 수 있다.

컴퓨터·통신망을 통해 불법 개인정보 유통 또는 명예 훼손 시 징역형과 고액 벌금이 부과된다.

PART 2.
악성 유튜버 관련 문의

Q 베트남에서 활동하는 유튜버들이 AI 낭독 기능을 활용해 한국 피해자를 대상으로 허위 연예 뉴스를 제작하여 유포할 경우, 베트남 법률상 이러한 행위를 처벌할 수 있나요? 이와 관련된 법적 절차는 어떻게 진행될 수 있나요?

A 유튜버가 AI 낭독 기능을 활용해 허위 뉴스를 제작 · 유포하는 행위는 베트남 법률에 의해 처벌될 수 있으며, 피해자는 수사 기관에 신고하여 법적 절차를 밟을 수 있습니다.

베트남, '삼성 직원이 HIV 퍼뜨렸다' 허위사실 유포범 검거·기소

입력 : 2024.08.13 14:31   수정 : 2024.08.13 15:14   김서영 기자

베트남 삼성전자에 근무하는 현지 직원에 관해 거짓 소문을 퍼뜨린 이들이 경찰에 붙잡혀 기소됐다. 베트남 포옌시 경찰 제공

출처: 김서영, "베트남, '삼성 직원이 HIV 퍼뜨렸다' 허위 사실 유포범 검거·기소", 경향신문, 2024.08.13., https://khan.co.kr/world/asia-australia/article/202408131431001

1. 법적 근거

베트남에서 정보통신망을 통한 명예훼손은 여러 법률로 규제됩니다. 특히, 사이버 보안법은 인터넷상에서 타인의 명예를 훼손하거나 권리를 침해하는 행위를 명예훼손으로 규정하고 있으며, 해당 콘텐츠는 사이버보안 전문요원의 요청에 따라 삭제해야 합니다. *[사이버 보안법 제16조 제3항]*

또한, 인터넷 서비스 및 온라인 정보의 관리, 제공 및 사용 시행령 (Decree 72/2013/ND-CP)은 허위 정보 제공 및 타인의 명예를 훼손하는

행위를 금지하고 있으며, 이를 위반한 자는 법적 제재를 받습니다. 베트남의 정보통신 관련 법은 정보통신과 관련된 새로운 기술이 계속 개발되면서, 이를 이용한 범죄를 형법의 영역으로 포함해 처벌하는 규정이라기보다는 일반적으로 지켜야 할 행동강령이나 금지된 행위 등을 안내하는 개별법이라고 보는 편이 맞을 것 같습니다. 다만 명시적으로 악성 유튜버의 가짜뉴스 유포 등을 금지하고 있으므로, 형사 처벌 과정에서 관련 위반에 대한 법적 가이드는 줄 수 있을 것으로 보입니다.

형사 처벌 측면에서는 온라인에서 허위 정보를 퍼뜨려 개인의 평판을 훼손하는 행위를 명예훼손으로 다룹니다. *[형법 제156조]* 또한 불법 정보를 게시해 타인의 명예를 훼손하는 자에게 금전적 벌금과 징역형을 부과할 수 있으며, 그 범위는 피해의 정도에 따라 다릅니다. *[형법 제288조]*

출처: "음란 딥페이크 영상 제작·유포한 2명 체포", Tuoi Tre 뉴스, 2024.10.8, https://tuoitre.vn/bat-giu-2-ke-tao-va-phat-tan-cac-video-deepfake-khieu-dam-20241008182108524.htm

사이버 보안법 (Law 24/2018/QH114)

제16조 베트남 사회주의 공화국 정부에 반대하거나 폭동을 일으키거나 평화를 방해하거나 모욕 또는 비방하거나 경제 관리법을 위반한 사이버 정보의 예방 및 처리

＊＊＊

3. 사이버 공간의 정보는 다음과 같은 경우 <u>모욕 또는 비방으로</u> 간주한다:

 a) 타인의 품위 또는 명예를 심각하게 훼손하는 경우;

 b) 타인의 품위 또는 명예를 훼손하거나 다른 조직 또는 개인의 합법적인 권익을 침해하기 위해 조작된 경우.

＊＊＊

9. 본 조 제1항부터 제5항까지에 언급된 정보를 고안, 게시 또는 유포한 조직 또는 개인은 사이버 보안 전문 인력의 요청에 따라 이를 삭제하고 법적 책임을 져야 한다.

 인터넷 서비스 및 온라인 정보의 관리, 제공 및 사용에 관한 시행령 (Decree 72/2013/ND-CP)

제5조 금지 행위

1. 다음과 같은 목적으로 인터넷 서비스나 온라인 정보를 제공하거나 사용하는 것은 금지된다:

 a) 베트남 사회주의 공화국을 반대하거나, 국가 안보와 사회 질서를 위협하고, 국가 간의 우호 관계를 해치거나, 전쟁 및 테러를 조장하는 행위.

 b) 폭력, 외설, 음란물, 범죄, 사회적 혼란, 미신, 또는 국가의 전통과 문화를 해치는 내용을 전파하거나 선동하는 행위.

 c) 국가 기밀, 군사, 경제, 외교와 관련된 기밀 및 기타 국가에서 정한 비

밀을 누설하는 행위.

d) 허위 정보를 퍼뜨리거나 조직의 명예와 개인의 품위를 훼손하거나 비방하는 행위.

dd) 금지된 상품 또는 서비스에 대한 광고, 홍보, 거래, 또는 금지된 출판물을 유포하는 행위.

e) 다른 조직이나 개인을 사칭하여 그들의 합법적인 권리나 이익을 침해하는 허위 정보를 퍼뜨리는 행위.

형법 (Law 100/2015/QH13+Law 12/2017/QH14에 의해 부분적으로 수정됨)

제156조 비방죄

1. 다음 어느 하나의 행위를 한 자는 10,000,000동 이상 50,000,000동 이하의 벌금, 2년 이하의 비구금형 교정, 또는 3개월 이상 1년 이하의 징역에 처한다.

a) 타인의 명예를 손상하거나 또는 타인의 합법적인 권리나 이익을 손상하기 위하여 허위임을 알면서도 소문을 낸 행위

b) 타인이 죄를 범했다는 소문을 날조하여 관할기관에 고발한 행위

2. 죄를 범하여 다음의 어느 하나에 해당하는 자는 1년 이상 3년 이하의 징역에 처한다.

a) 조직적인 경우

b) 직무, 권한을 이용한 경우

c) 2인 이상에 대하여 범행한 경우

d) 조부모, 부모, 또는 자신을 교육, 양육, 보살피거나 치료하는 자에 대하여 범행한 경우

dd) 공무 집행 중인 자에 대하여 범행한 경우

e) 전산망, 통신망 또는 전자장치를 이용하여 죄를 범한 경우

g) 피해자가 정신 및 행동 장애를 입고 그 신체 상해율이 31%~60%인 경우

h) 피해자가 지극히 중대한 죄 또는 특히 지극히 중대한 죄를 범했다고 비방한 경우

3. 죄를 범하여 다음의 어느 하나에 해당하는 자는 3년 이상 7년 이하의 징역에 처한다.

a) 야비한 동기로 범행한 경우

b) 피해자가 정신 및 행동 장애를 입고 그 신체 상해율이 61% 이상인 경우

c) 피해자를 자살하게 한 경우

4. 죄를 범한 자에 대해서는 10,000,000동 이상 50,000,000동 이하의 벌금, 1년 이상 5년 이하의 기간 동안 일정한 직무의 담당 또는 일정한 일에 종사하는 것을 금지하는 조치를 취할 수 있다.

제288조 컴퓨터 네트워크 또는 통신망에 대한 불법적인 정보 제공 또는 사용

1. 다음 중 어느 하나에 해당하는 행위를 하여 50,000,000동에서 200,000,000동 미만의 불법 이익을 얻거나 100,000,000동에서 500,000,000동 미만의 재산상 손해를 입히거나 단체 또는 개인의 명예를 훼손한 사람은 30,000,000동에서 200,000,000동의 벌금에 처하거나 3년 이하의 사회봉사형 또는 3~36개월의 징역에 처한다:

a) 제117조, 155조, 156조 및 326조에 명시된 경우를 제외하고 법률 규정에 반하여 컴퓨터 또는 통신 네트워크에 정보를 업로드하는 행위.

b) 정보 소유자의 동의 없이 컴퓨터 또는 통신 네트워크에서 조직 또는 개인의 합법적인 개인 정보를 거래, 교환, 제공, 변경 또는 게시하는 행위.

c) 기타 컴퓨터 또는 통신 네트워크에서 정보의 불법적인 사용과 관련된 행위.

2. 다음 중 어느 하나에 해당하는 위반 행위는 200,000,000동에서 1,000,000,000동의 벌금 또는 2~7년의 징역형에 처한다:

a) 범죄가 조직화한 집단에 의해 저질러진 경우,

b) 범죄자가 컴퓨터 또는 통신 네트워크 관리자의 지위를 오용한 경우,

c) 불법적으로 얻은 이익이 200,000,000동 이상인 경우,

d) 범죄로 인한 재산 피해가 500,000,000동 이상언 경우,

dd) 범죄가 사생활 침해와 관련되어 피해자가 자살한 경우,

e) 범죄가 사회 안보, 질서 또는 안전 또는 베트남의 외교 관계에 부정적인 영향을 미치는 경우,

g) 시위를 초래한 경우.

3. 또한 위반자는 20,000,000동에서 200,000,000동의 벌금형에 처하거나 1년에서 5년 동안 특정 직책을 맡거나 특정 직무를 수행하는 것이 금지될 수 있다.

---

2. 법적 절차

피해자는 수사 당국, 정보통신부, 방송전자정보국(ABEI), 검찰 등 관련 기관에 서면으로 신고할 수 있습니다. 특히, 방송전자정보국은 허위 정보를 탐지하고 처리할 의무가 있으며, 인지 수사 및 선제 대응의 책임이 있습니다. 관련 신고가 접수되면 정보통신부는 범죄 사실을 확인하고 공안 등과 협력해 법적 절차를 진행할 수 있습니다.

베트남 각 도시의 정보통신국은 온라인에서 허위 정보를 지속적으로 탐지하며, 필요시 수사에 착수합니다. 예를 들어:

• 코로나19 관련 가짜 뉴스를 유포한 17건의 사례가 법적 처리되었고, 300개 이상의 게시물과 동영상이 삭제되었습니다.

출처: Tuoi Tre 뉴스, 2021.08.28, https://tuoitre.vn/tp-hcm-xu-ly-17-nguoi-phat-tan-tin-sai-ve-dich-benh-go-hon-300-bai-viet-video-20210828190935004.htm

출처: Vietnam Plus 뉴스, 2022.01.21, https://www.vietnamplus.vn/ca-mau-xu-phat-2-truong-hop-cung-cap-tin-sai-su-that-tren-youtube-post769524.vnp

• 코로나19에 대한 허위 정보를 게시한 자가 체포되었습니다.

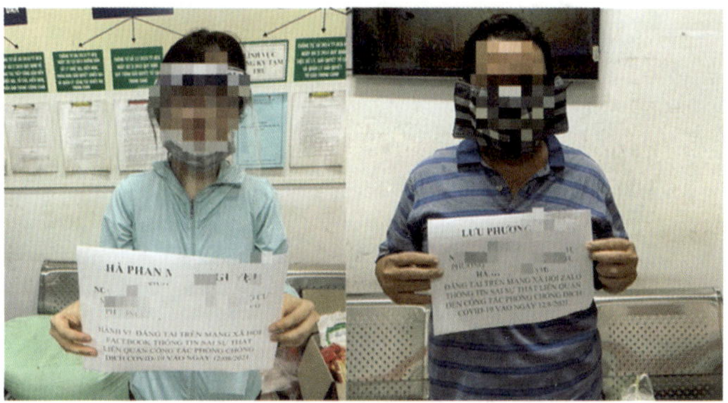

Xử lý chủ tài khoản Facebook Ngân Hà Trần vụ
'bác sĩ Khoa'

TTO - Thanh tra Sở Thông tin - truyền thông TP.HCM đã ban hành quyết định xử phạt với mức phạt 5 triệu đồng đối với từng chủ tài khoản có hành vi vi phạm.

Nguyệt (trái) và Hiệp tại cơ quan công an - Ảnh: Công an cung cấp

Từ ngày 9-8 đến 19-8, Sở Thông tin - truyền thông phối hợp với Công an TP.HCM phát hiện, xử lý các hành vi cung cấp thông tin sai sự thật liên quan đến công tác phòng, chống dịch COVID-19 tại TP.HCM đối với 3 chủ tài khoản: Hà Phan Minh Nguyệt, Hiệp Lưu về thông tin "BT TP chỉ đạo… 7 ngày" và Ngân Hà Trần liên quan đến vụ "bác sĩ Khoa".

출처: Tuio Tre 뉴스, 2021.08.20, https://tuoitre.vn/xu-ly-chu-tai-khoan-facebook-ngan-ha-tran-vu-bac-si-khoa-20210814082616498.htm

○ SNS 명예 훼손   467

• 유튜브에 허위 정보를 올린 2건에 대해 과태료가 부과되었습니다.

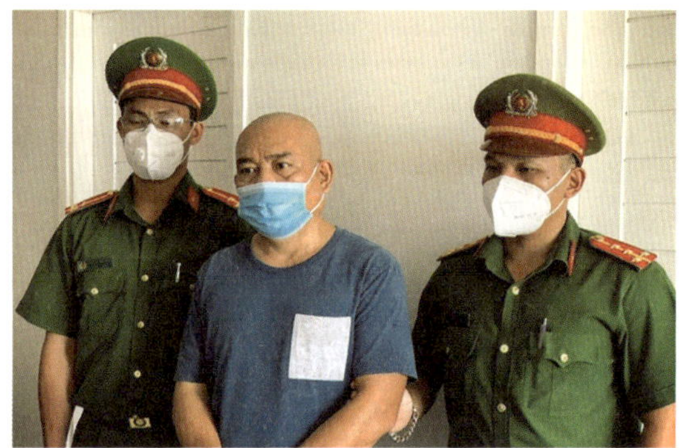

Vietnam+

XÃ HỘI / PHÁP LUẬT

Bà Rịa-Vũng Tàu: Bắt tạm giam kẻ đưa thông tin sai sự thật lên mạng

Các đơn vị nghiệp vụ của Công an tỉnh Bà Rịa-Vũng Tàu phát hiện tài khoản Facebook "Nghia Nguyen Thien" đăng tải, chia sẻ nhiều bài viết sai sự thật về công tác phòng, chống dịch COVID-19.

Đối tượng Nguyễn Thiên Nghĩa bị bắt. (Nguồn: Tuổi Trẻ)

Ngày 21/10, Cơ quan Cảnh sát điều tra (Công an thành phố Vũng Tàu, tỉnh Bà Rịa-Vũng Tàu) khởi tố bị can, bắt tạm giam Nguyễn Thiên Nghĩa (50 tuổi, trú quán tại Thành phố Hồ Chí Minh, sinh sống tại tòa nhà chung cư Vũng Tàu plaza trên đường Lê Hồng Phong, phường 8, thành phố Vũng Tàu) về hành vi đưa hoặc sử dụng trái phép thông tin trên mạng máy tính, mạng viễn thông.

Theo thông tin ban đầu, các đơn vị nghiệp vụ của Công an tỉnh Bà Rịa-Vũng Tàu phát hiện tài khoản Facebook "Nghia Nguyen Thien" đăng tải, chia sẻ nhiều bài viết sai sự thật về công tác phòng, chống dịch.

출처: Vietnam Plus 뉴스, 2021.10.21, https://www.vietnamplus.vn/ba-riavung-tau-bat-tam-giam-ke-dua-thong-tin-sai-su-that-len-mang/748169.vnp

이처럼, 허위 정보가 발견되면 베트남 당국은 신속하게 수사에 착수하며, 외국 단체나 개인에게 협조 요청을 보낼 수도 있습니다. 협조 요청에 응답이 없으면 기술적 조치를 통해 불법 콘텐츠를 차단할 수 있습니다.

3. 형사 처벌과 민사 소송

허위 사실 유포로 피해자가 발생한 경우, 형사 처벌과 민사 소송이 가능합니다. 피해자는 형사 고소와 함께 민사 소송을 통해 손해 배상을 청구할 수 있으며, 유튜버는 명예훼손에 대해 형사 책임을 질 수 있습니다. 형사 처벌로는 금전적 벌금과 더불어 비구금형 교정 또는 징역형이 선고될 수도 있습니다.

Xã hội   Media   Thế giới   Kinh doanh   Bạn đọc   Pháp luật   Thể thao   Thời sự   Sức khỏe   …

PHÁP LUẬT

An ninh hình sự   -   Tư vấn pháp luật

12 tháng cải tạo không giam giữ vì tung tin giả vụ nữ sinh viên bị xâm hại

 ANH TÚ · Thứ tư, 26/07/2023 16:38 (GMT+7)

Ngày 26.7, Tòa án Quân sự Quân khu 7 đã tuyên phạt bị cáo N.L.T.T 12 tháng cải tạo không giam giữ về tội đưa lên mạng máy tính, mạng viễn thông những thông tin trái với quy định của pháp luật.

Bị cáo N.L.T.T tại tòa. Ảnh: Anh Dũng

출처: "군관 학교 허위 성폭행 유포자, 12개월 사회봉사형 선고", Lao Dong 뉴스, 2023.07.26., https://laodong.vn/phap-luat/12-thang-cai-tao-khong-giam-giu-vi-tung-tin-gia-vu-nu-sinh-vien-bi-xam-hai-1221303.ldo

VIDEO THỜI SỰ THẾ GIỚI PHÁP LUẬT KINH DOANH CÔNG NGHỆ XE DU LỊCH NHỊP SỐNG TRẺ VĂN HÓA GIẢI TRÍ

Pháp luật   10/12/2015 16:16 GMT+7

Cựu người mẫu Ngọc Thúy thắng kiện Báo Đời sống và Pháp luật

TTO - Cho rằng báo đăng bài viết khi chưa xác minh, tòa đã tuyên báo Đời sống và Pháp luật thua kiện, buộc gỡ bài và cải chính, xin lỗi cựu người mẫu Ngọc Thúy.

Cựu người mẫu Ngọc Thúy - Ảnh: Tư liệu Tuổi Trẻ

Chiều 10-12, sau hai ngày xét xử và nghị án, TAND quận Cầu Giấy, TP. Hà Nội đã tuyên án vụ kiện tranh chấp liên quan đến hoạt động báo chí giữa nguyên đơn là bà Phạm Thị Ngọc Thúy (siêu mẫu Ngọc Thúy) và bị đơn là báo điện tử Đời sống và Pháp luật (Tầng 4, Tòa tháp Ngôi Sao, P. Yên Hòa, quận Cầu Giấy).

Tòa đã tuyên chấp nhận yêu cầu khởi kiện của bà Ngọc Thúy, buộc Báo Đời sống và Pháp luật

출처: "슈퍼모델 Ngoc Thuy, Life and Law 뉴스 상대 오보 소송 승소", Tuoi Tre 뉴스, 2015.12.10., https://tuoitre.vn/cuu-nguoi-mau-ngoc-thuy-thang-kien-bao-doi-song-va-phap-luat-1018258.htm

꼭 알아야 할 베트남 생활법률 가이드

제155조 다른 사람에 대한 모욕

1. 다른 사람을 심각하게 모욕한 사람은 경고를 받고 10,000,000동
~30,000,000동의 벌금에 처하거나 최대 3년의 사회봉사형에 처한다.

2. 다음 중 하나에 해당하는 상황에서 이 위반을 저지른 경우 2~3년의 징역
형에 처한다:
  a) 범죄가 두 번 이상 저질러진 경우;
  b) 범죄가 2명 이상의 사람을 대상으로 저질러진 경우;
  c) 범죄자의 지위 또는 권한을 남용한 경우;
  d) 범죄가 공무 수행 중인 법 집행관을 대상으로 저질러진 경우;
  dd) 가해자를 돌보고, 가르치고, 양육하거나 치료를 제공하는 사람에 대
해 범죄를 저지른 경우;
  e) 컴퓨터 네트워크, 통신 네트워크 또는 전자 장치를 사용하여 범죄를
저지른 경우;
  g) 피해자가 범죄로 인해 31%~60%의 정신 및 행동 장애를 앓고 있는 경우.

3. 다음 상황 중 하나에 해당하는 범죄는 2~5년의 징역형에 처한다:
  a) 범죄로 인해 피해자가 61% 이상의 정신 및 행동 장애를 입은 경우;
  b) 범죄로 인해 피해자가 자살한 경우.

4. 가해자는 1년~5년 동안 특정 직위, 직업 또는 특정 업무 수행이 금지될
수 있다.

제156조 비방죄

제592조 명예, 존엄성 또는 평판에 대한 해로 인한 피해

1. 명예, 존엄 또는 명성에 대한 해로 인한 피해는 다음과 같이 구성된다:

   a) 피해를 완화하고 구제하기 위한 합리적인 비용;

   b) 실제 수입의 손실 또는 감소;

   c) 기타 법에서 규정하는 피해.

2. 타인의 명예, 존엄 또는 명예를 훼손한 자는 본 조 제1항에 규정된 손해배상금과 함께 피해자의 정신적 고통에 대한 보상으로 다른 금액을 지급해야 한다. 정신적 고통에 대한 배상액은 당사자가 합의한 금액으로 하되, 당사자가 합의하지 못한 경우에는 국가가 정하는 10개월분의 기본급을 초과할 수 없다.

제4조 조직 및 개인 행동 강령

***

5. 베트남 사람들의 도덕적 가치관 문화와 전통에 따라 행동하고 대응하며, 침략, 증오, 출신 차별, 성차별, 종교 차별을 선동하지 않는다.

6. 규정 및 법률을 위반하는 콘텐츠 또는 명예를 훼손하는 정보를 업로드하지 않으며 다른 조직, 개인의 법적 권리 및 이익에 영향을 미치고 민감한 언어를 사용하지 않으며 미풍양속을 위반하고 허위 정보를 배포하지 않으며 광고, 불법 사업 운영 등 사회 토론에서 공격성을 유발하여 사회 질서 및 안전에 영향을 미치지 않는다.

***

KEY POINTS

SNS나 유튜브를 통해 가짜 뉴스를 게시하거나 전송하는 행위는 사이버 보안법과 정보통신 시행령 위반으로 행정처분 또는 형사처벌을 받을 수 있다.

피해자는 수사기관이나 정보통신부에 신고하여 행정 제재 및 형사처벌을 요청하고, 민사소송으로 손해배상을 청구할 수 있다.

소셜미디어 사용자나 콘텐츠 제작자는 허위 정보, 모욕적 표현, 명예훼손 등 온라인상 위법 행위를 금지해야 하며, 위반 시 법적 책임을 진다.

PART 3.
몰래카메라

Q 베트남 숙박업소 사장이 객실에 몰래카메라를 설치해 여성 투숙객을 몰래 촬영한 사건이 발생했습니다. 베트남에서 이러한 행위를 처벌할 수 있는 법적 근거가 있나요?

A 네, 있습니다. 개인 정보를 동의 없이 수집하거나 유포에 대해서는 행정 과태료가 부과되고, 불법적으로 수집된 정보는 강제 삭제됩니다. 또한 민법에 따라 손해배상과 이미지 파기를 요구할 수 있습니다. 사안에 따라, 불법 촬영 행위는 최대 10억 동(한화 약 5,450만 원)의 벌금 또는 7년 이하의 징역형 등 형사 처벌도 가능합니다.

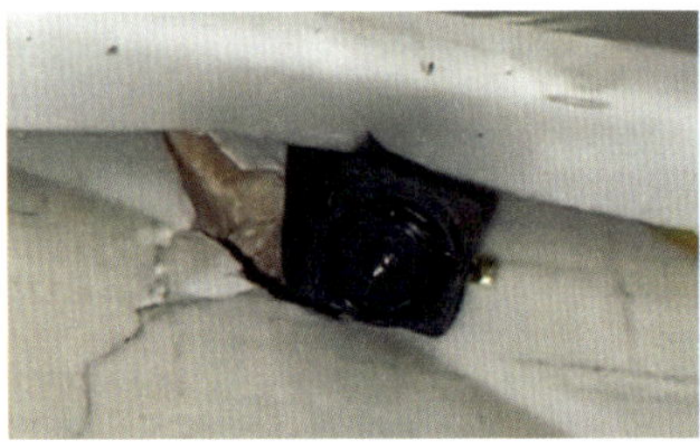

INSIDE **VINA**

하노이서 여대생 자취방 화장실 '몰카' 설치한 50대 男 적발

· 집주인 A씨, 피해학생 신고로 붙잡혀…"씻는 모습 보려고"
· 공안당국 "형사처벌 수준 아냐"…과태료 1250만동(490달러), '솜방이 처벌' 여론

하노이시에서 여대생들의 자취방 화장실에 몰래카메라를 설치했던 50대 남성이 피해학 … 안당국은 형사처벌 수준이 아니라며 과태료만 부과해 '솜방망이 처벌'이라는 비판이 쏟 … =VnExpress)

[인사이드비나=하노이, 떤 풍(Tan phung) 기자] 하노이시에서 여대생… 카메라를 설치했던 현지 50대 남성이 공안당국에 적발됐다. 다만 단순… 지에서는 '솜방망이 처벌'이라는 비판이 쏟아지고 있다.

하동군(Ha Dong) 공안경찰국은 26일 "자취방 집주인 A씨에 대한 조사… 이룰만큼의 위법은 확인되지 않았다"고 밝혔다. 같은날 하동군 인민우… 불법수집에 따른 행정위반으로 과태료 1250만동(490달러) 처분과 함… 영물의 삭제를 명령했다.

공안당국에 따르면 A씨는 지난해 2월부터 20대 초반 여대상 3명이…

연합뉴스

베트남서 유명인 '화장실 몰카' 피해…불법 촬영 우려 확산

| 20대 패셔니스타, 카메라 발견 신고

베트남 유명인 '화장실 몰카' 피해에 불법촬영 우려 확산
베트남 유명 패셔니스타인 퍼우 부이(27)가 최근 베트남 호찌민의 한 스튜디오 화장실에서 발견한 불법 촬영 카메라
[퍼우 부이 페이스북 캡처, 재판매 및 DB 금지]

(하노이=연합뉴스) 박진형 특파원 = 베트남에서 유명인이 불법 촬영 피해를 본 사실이 알려지면서 불법 촬영 카메라에 대한 공포가 현지 소셜미디어 등에 퍼지고 있다.

28일(현지시간) 현지 매체 VN익스프레스에 따르면 유명 여성 패셔니스타인 퍼우 부이(27)는 지난 23

출처: "하노이서 여대생 자취방 화장실 '몰카' 설치한 50대 男 적발", 인사이드비나, 2024.06.27., https://www.insidevina.com/news/articleView.html?idxno=27924
출처: "베트남서 유명인 '화장실 몰카' 피해…불법 촬영 우려 확산", 연합뉴스, 2024.06.28., https://www.yna.co.kr/view/AKR20240628138500084

　카메라 등을 사용해 개인 정보를 동의 없이 수집하는 경우 1,000만 동(한화 약 55만 원)~2,000만 동(한화 약 109만 원) 사이의 과태료가 부과되고, 불법적으로 수집된 개인정보는 강제 삭제됩니다.

　이를 유포하면 4,000만 동(한화 약 218만 원)에서 6,000만 동(한화 약 327만 원)의 과태료가 부과되며, 불법적으로 수집된 정보는 강제 삭제됩니다. [시행령 Decree 15/2020/ND-CP 및 개정된 시행령 Decree 14/2022/ND-CP 제84조]

> 우편 서비스, 통신, 무선 주파수, 정보 기술 및 전자 거래 규정에 대한 행정 위반 처벌에 관한 시행령 Decree 15/2020/ND-CP (시행령 Decree 14/2022/ND-CP에 의해 부분적으로 수정됨)

제102조 정보의 보유, 임대, 전송, 제공, 접근, 수집, 처리, 교환 및 활용에 관한 규정 위반 행위

1. 사이버 공간에서 수집한 타인의 개인정보를 법에서 규정하거나 양 당사자가 합의한 보존 기간을 초과하여 보관하는 경우 2,000,000동에서 5,000,000동 사이의 과태료가 부과된다.

2. 다음 위반 행위 중 하나에 대해 5,000,000동에서 10,000,000동 사이의 과태료가 부과된다:

***

3. 다음 위반 행위 중 하나에 대해 10,000,000동에서 20,000,000동 사이의 과태료가 부과된다:

　a) 정보/정보 시스템에 불법적으로 액세스, 사용, 공개, 중단, 변경 또는 파기하는 행위;

b) 디지털 정보 저장 공간을 전송하거나 임대할 때 관할 기관의 요청에 따라 위반 정보에 대한 접근 방지 또는 제거를 위해 필요한 조치를 이행하지 않는 경우;

c) 디지털 정보 저장을 위해 공간을 임대하는 소유자 목록에 대한 관할 기관의 요청에 응하지 않는 경우;

d) 관할 기관의 요청에 따라 정보를 제공해야 하는 경우를 제외하고 디지털 정보 저장 공간을 임대하는 조직/개인의 정보에 대한 기밀을 유지하지 않는 경우;

dd) 사이버 공간에서 타인의 개인정보를 수집, 처리 및 사용할 때 개인정보의 분실, 도난, 공개, 변경 또는 제거로부터 개인정보를 보호하기 위해 필요한 관리적/기술적 조치를 이행하지 않는 경우;

e) 다른 기관/개인의 정보를 동의 없이 또는 규정된 목적 외의 용도로 수집, 처리, 이용하는 경우;

g) 다른 조직이나 개인의 위신, 명예, 존엄성을 위협, 방해, 왜곡, 비방 또는 훼손하기 위해 디지털 정보를 제공, 교환, 전송 또는 저장 및 사용하는 행위;

h) 금지된 상품/서비스의 광고 또는 판촉을 위해 디지털 정보를 제공, 교환, 전송 또는 저장 및 사용하는 경우;

i) 사이버 공간에서 정보의 온라인 전송을 불법적으로 방해하거나, 개입, 접근, 손상, 제거, 변경, 복제 및 위조하는 행위;

k) 관할 당국의 요청에 따라 다른 조직/개인의 디지털 정보를 모니터링하거나 감독하지 않는 경우;

l) 관할 기관의 요청에 따라 다른 조직/개인의 디지털 정보를 전송 또는 저장하는 과정에서 법 위반에 대한 조사에 협조하지 않는 경우;

m) 국가 기밀, 개인 및 가족 비밀로 분류된 정보를 형사 기소 대상이 아님에도 공개하는 경우;

n) 다른 조직/개인을 사칭하여 다른 조직/개인의 합법적인 권리와 이익을 침해하는 허위 또는 거짓 정보를 유포하는 행위;

o) 사이버 공간에서 전송되는 타인의 우편, 전신, 텔렉스, 팩스 또는 기타 문서를 어떠한 형태로든 도용하는 행위;

p) 사이버 공간에서 전송된 타인의 우편, 전신, 팩스 또는 기타 문서의 정보/내용을 고의로 취득하는 행위;

q) 법률을 위배하여, 대화를 듣거나 녹음하는 행위;

r) 법률에 위배되는 우편물 또는 전보를 압수하는 행위.

4. 다음 위반 행위 중 하나를 범한 경우 30,000,000동에서 50,000,000동 사이의 과태료가 부과된다:

a) 공중 통신망에서 전송된 개인 정보의 기밀을 유지하지 않거나 통신 서비스 이용자와 관련된 개인 정보를 공개하는 행위;

b) 도박 또는 도박 행위와 관련된 정보/서비스 또는 음란물, 미신 또는 국가의 선량한 풍속과 관습에 반하는 정보/서비스를 제공, 교환, 전송, 저장 또는 이용하는 행위.

***

8. 추가

a) 본 조 제5항, 제6항, 제7항의 위반 행위를 한 경우, 소셜 네트워크 사이트 개설 허가는 22~24개월의 일정 기간 동안 정지된다;

b) 본 조 제3항, 제4항 및 제7항의 위반을 저지르는 데 사용된 전시물 및 도구는 몰수된다.

9. 시정 조치:

a) 본 조의 4b항 또는 5a항의 위반 행위를 통해 불법적으로 얻은 이익의 강제 반환;

b) 본 조의 4b항 위반을 저지른 경우 전화번호/통신 번호의 강제 취소;

c) 다음 위반을 저지른 경우 도메인의 강제 취소

***

우편, 통신, 무선 주파수, 정보 기술 및 거래 분야의 행정 위반 처벌 규제에 관한 개정 시행령(Decree 14/2022/ND-CP)

제1조: 우편 서비스, 통신, 무선 주파수, 정보 기술 및 전자 거래 분야의 행정 위반 처벌에 관한 정부의 2020년 2월 3일 자 시행령 Decree 15/2020/ND-CP의 특정 조항을 수정 및 보완한다:

1. 시행령의 제목을 다음과 같이 수정하고 보완한다: "우편 서비스, 통신, 무선 주파수, 정보 기술, 네트워크 정보 보안 및 전자 거래 분야의 행정 위반 처벌에 관한 시행령"

제84조 개인정보 수집 및 이용에 관한 규정 위반 사항

1. 다음 중 하나의 위반 행위를 한 경우 10,000,000동에서 20,000,000동까지의 과태료가 부과된다:

 a) 개인정보의 수집 및 이용 범위와 목적에 대해 소유자의 동의를 얻지 않고 개인정보를 수집하는 경우;

 b) 소유자의 요청에 따라 개인정보를 제삼자에게 제공하지 않는 경우.

2. 다음 위반 행위 중 하나에 해당하는 경우 40,000,000동에서 60,000,000동 사이의 과태료가 부과된다:

 a) 수집한 개인정보를 동의한 목적에 사용하지 않거나 소유자의 동의 없이 동의한 목적 이외의 용도로 사용하는 경우;

 b) 수집, 접근 또는 관리하고 있는 개인정보를 소유자의 동의 없이 제삼자에게 제공하거나 공유 또는 유포하는 경우;

 c) 타인의 개인정보를 불법적으로 수집, 사용, 유포 또는 거래하는 경우.

3. 구제 조치: 본 조 제1항 b 또는 제2항 b의 위반행위를 한 경우 해당 개인정보의 강제 삭제.

조롱, 놀림, 모욕, 굴욕감을 주는 행위도 200만 동(한화 약 11만 원)에서 300만 동(한화 약 16만 원) 사이의 과태료가 부과됩니다. [시행령 Decree 144/2021/ND-CP 제7조]

제7조 공공질서에 관한 규정 위반

***

3. 다음 위반 행위에 대해서는 2,000,000동에서 3,000,000동 사이의 과태료가 부과된다:

   a) 본 시행령 제21조 2항 b 및 제54조에 명시된 경우를 제외하고, 다른 사람을 조롱, 놀림, 모욕하는 행위;

---

(2) 민사: 손해배상 및 영상 파기

타인의 이미지 및 사생활을 당사자의 동의 없이 수집 및 소지하는 행위는 민법에 위배되며, 이미지의 파기 및 손해배상을 요청할 수 있습니다. [민법 제32조, 제38조, 제592조]

제32조 자신의 이미지에 대한 개인의 권리

1. 각 개인은 자신의 이미지에 대한 권리를 가진다. 개인의 이미지를 사용하려면 해당 개인의 동의가 있어야 한다. 개인의 이미지가 상업적 목적으로 사

용되는 경우, 별도의 동의가 없는 한 해당 개인은 보상을 받을 권리가 있다.

2. 다음 중 어느 하나에 해당하는 목적으로 이미지를 사용하는 경우 이미지 소유자 또는 법정 대리인의 동의가 필요하지 않다:
    a) 국가 및 공공의 이익을 위한 경우,
    b) 컨벤션, 세미나, 스포츠 활동, 아트쇼 및 이미지 소유자의 명예, 존엄성 또는 명성을 침해하지 않는 공공 활동의 경우.

3. 이미지 사용이 본 조에 규정된 규정을 위반하는 경우 이미지 소유자는 법원에 위반자 또는 관련 단체에 이미지 사용의 취소, 파기 또는 종료, 손해 배상 및 기타 법에 규정된 조처를 하도록 강제하는 결정을 내릴 것을 요청할 수 있는 권리가 있다.

제38조 사생활, 개인 비밀 및 가족 비밀에 대한 권리
1. 개인의 사생활, 개인적 비밀 및 가족 비밀은 불가침하며 법으로 보호된다.

2. 개인의 사생활에 관한 정보의 수집, 보존, 사용 및 공표는 해당 개인의 동의가 있어야 하며, 가족의 비밀에 관한 정보의 수집, 보존, 사용 및 공표는 법률에 달리 규정되어 있지 않는 한 가족 구성원 모두의 동의가 있어야 한다.

3. 개인의 우편, 전화, 전보, 기타 형태의 전자 정보의 안전이 보장되고 비밀이 유지되어야 한다.
개인의 메일, 전화, 전보, 기타 형태의 전자 정보의 열람, 통제 및 보관은 법률에 규정된 경우에만 수행될 수 있다.

4. 계약 당사자는 별도의 합의가 없는 한 계약의 성립 및 이행 과정에서 알게 된 서로의 사생활, 개인 비밀 또는 가족 비밀에 관한 정보를 공개해서는 안 된다.

제592조 명예, 존엄 또는 평판의 해로 인한 피해

1. 명예, 존엄 또는 평판의 해로 인한 피해 보상은 다음과 같이 구성된다:

　a) 피해를 완화하고 구제하기 위한 합당한 비용;

　b) 실제 수입의 손실 또는 감소;

　c) 법률에 규정된 기타 피해.

2. 타인의 명예, 존엄 또는 평판을 훼손한 자는 본 조 제1항에 규정된 보상/배상금과 함께 피해자의 정신적 고통에 대한 위자료로 별도의 금액을 지급해야 한다. 정신적 고통에 대한 보상/배상액은 당사자가 합의한 금액으로 하되, 당사자가 합의하지 못한 경우에는 국가가 정하는 10개월분의 기본급을 초과할 수 없다.

---

(3) 형사: 벌금 및 징역형

음란물을 배포할 목적으로 몰래카메라를 촬영한 경우 사안에 따라 1,000만 동(한화 약 55만 원)~1억 동(한화 약 545만 원)의 벌금 또는 3년 이하의 사회봉사형 또는 최소 6개월에서 15년의 징역형에 처해질 수 있습니다. [형법 제155조 및 제326조].

또한, 몰래카메라를 사용하여 불법적인 정보를 제공하거나 사용하여 단체 또는 개인의 명예를 훼손한 경우, 최대 10억 동(한화 약 5,450만 원)의 벌금 또는 7년의 징역형을 포함한 다양한 처벌을 받을 수 있습니다. [형법 제288조]

추가로, 특정 직책을 맡거나 특정 직무를 수행하는 것이 1~5년 동안 금지될 수 있습니다.

제155조 다른 사람에 대한 모욕

1. 다른 사람을 심각하게 모욕한 사람은 경고를 받고 10,000,000동~30,000,000동의 벌금에 처하거나 최대 3년의 사회봉사형에 처한다.

2. 다음 중 하나에 해당하는 상황에서 이 위반을 저지른 경우 2~3년의 징역에 처한다:

    a) 범죄가 두 번 이상 저질러진 경우;

    b) 2명 이상의 사람을 대상으로 위반을 저지른 경우;

    c) 범죄자의 지위 또는 권한을 남용한 경우;

    d) 위반 행위가 공무 수행 중인 법 집행관을 상대로 저질러진 경우;

    dd) 범죄자를 돌보고, 가르치고, 양육하거나 의료 서비스를 제공하는 사람을 상대로 범죄를 저지른 경우;

    e) 컴퓨터 네트워크, 통신 네트워크 또는 전자 장치를 사용하여 범죄를 저지른 경우;

    g) 피해자가 해당 범죄로 인해 31%~60%의 정신 및 행동 장애가 생긴 경우.

3. 다음 상황 중 하나에 해당하는 범죄는 2~5년의 징역형에 처한다:

    a) 범죄로 인해 피해자가 61% 이상의 정신 및 행동 장애가 생긴 경우,

    b) 범죄로 인해 피해자가 자살한 경우.

4. 가해자는 1년~5년 동안 특정 직위, 직업 또는 특정 업무 수행이 금지될 수 있다.

제326조 음란물 배포

1. 음란물을 배포할 목적으로 음란물이 포함된 도서, 잡지, 그림, 영화, 음악 또는 기타 물품을 제작, 복제, 출판, 운반, 거래 또는 소지하거나 다음 중 하나에 해당하는 경우 음란물을 배포한 자는 10,000,000동에서 100,000,000동의 벌금 또는 3년 이하의 사회봉사형 또는 6~36개월의 징

역에 처한다:

  a) 해당 위반이 1GB에서 5GB 미만의 디지털 데이터와 관련된 경우;

  b) 범죄에 100~199개의 실제 사진이 포함된 경우;

  c) 50~99권의 실제 책, 잡지 또는 기타 인쇄물이 포함된 경우;

  d) 음란물이 10~20명에게 배포된 경우;

  dd) 위반자가 동일한 위반으로 행정 처분을 받았거나 유죄 판결을 받지 않은 경우.

2. 다음 중 어느 하나에 해당하는 범죄를 저지른 경우 3년 이상 10년 이하의 징역에 처한다:

  a) 범죄가 조직화된 집단에 의해 저질러진 경우;

  b) 위반에 5GB에서 10GB 미만의 디지털 데이터가 포함된 경우;

  c) 범죄에 200~499개의 실제 사진이 포함된 경우;

  d) 100~199권의 실제 책, 잡지 또는 기타 인쇄물이 포함된 경우;

  dd) 음란물이 21~100명에게 배포된 경우;

  e) 음란물이 18세 미만에게 배포된 경우;

  g) 인터넷, 컴퓨터 네트워크, 통신 네트워크 또는 전자 장치를 사용하여 범죄를 저지른 경우;

  h) 재범의 위험성이 있는 경우.

3. 다음 중 하나에 해당하는 경우 7~15년의 징역에 처한다:

  a) 위반에 10GB 이상의 디지털 데이터가 포함된 경우;

  b) 범죄에 500개 이상의 실제 사진이 포함된 경우;

  c) 200권 이상의 실제 책, 잡지 또는 기타 인쇄물이 포함된 경우;

  d) 101명 이상의 사람들에게 음란물이 배포된 경우;

4. 또한 위반자는 5,000,000동에서 30,000,000동의 벌금이 부과되거나 1년에서 5년 동안 특정 직위를 보유하거나 특정 직무를 수행하는 것이 금지될 수 있다.

제288조 컴퓨터 네트워크 또는 전기통신망에 대한 불법적인 정보 제공 또는 사용

1. 다음 중 어느 하나에 해당하는 행위를 하여 50,000,000동에서 200,000,000동 미만의 불법 이익을 얻거나 100,000,000동에서 500,000,000동 미만의 재산상 손해를 입히거나 단체 또는 개인의 명예를 훼손한 사람은 30,000,000동에서 200,000,000동의 벌금에 처하거나 3년 이하의 사회봉사형 또는 3~36개월의 징역에 처한다:

    a) 117조, 155조, 156조 및 326조에 명시된 경우를 제외하고 법률 규정에 반하여 컴퓨터 또는 통신 네트워크에 정보를 업로드하는 경우;

    b) 정보 소유자의 동의 없이 컴퓨터 또는 통신망에서 조직 또는 개인의 합법적인 개인정보를 거래, 교환, 제공, 변경 또는 게시하는 행위;

    c) 컴퓨터 또는 통신 네트워크상의 정보를 불법적으로 사용하는 기타 행위.

2. 다음 중 어느 하나에 해당하는 범죄 행위는 200,000,000동에서 1,000,000,000동의 벌금 또는 2~7년의 징역에 처한다:

    a) 범죄가 조직화된 집단에 의해 저질러진 경우;

    b) 범죄자가 컴퓨터 또는 통신 네트워크 관리자의 지위를 오용한 경우;

    c) 불법적으로 얻은 이익이 200,000,000동 이상인 경우;

    d) 범죄 행위로 인한 재산 피해가 500,000,000동 이상으로 평가되는 경우;

    dd) 범죄 행위가 피해자의 자살을 초래하는 사생활 침해와 관련된 경우;

    e) 범죄 행위가 사회 보장, 질서 또는 안전 또는 베트남의 외교 관계에 부정적인 영향을 미치는 경우;

    g) 범죄 행위가 시위로 이어진 경우.

3. 또한 위반자는 20,000,000동에서 200,000,000동의 벌금이 부과되거나 1년에서 5년 동안 특정 직책을 맡거나 특정 직무를 수행하는 것이 금지될 수 있다.

POINT 1

동의 없이 수집하거나 유포한 영상에 대해서는 행정 과태료가 부과되고, 영상은 강제 삭제된다.

POINT 2

불법 촬영물에 대해서는 민사상 손해배상과 촬영물의 파기를 요구할 수 있다.

POINT 3

불법 촬영은 촬영물의 내용에 따라, 벌금 또는 7년 이하의 징역 등 형사 처벌도 가능하다.

12

기타 형사 범죄

PART 1

공무집행 방해죄

Q COVID-19 통제 기간 중 길을 걷는데 숨어 있던 베트남 공안(경찰)이 갑자기 튀어나와서 마스크 착용을 요청했습니다. 제가 화가 나서 공안에게 큰 소리를 내며 살짝 밀치며 무시하고 지나갔습니다. 이런 경우 베트남 법에 따라 처벌을 받을 수 있나요? 만약 공안이 법을 어기면서 직무 수행을 하는 경우에도 이러면 안 되나요?

A 공안의 적법한 직무 수행을 방해하면 공무집행방해죄로 처벌될 수 있습니다.

1. 공무집행방해죄

직무를 집행하는 공무원을 폭행 또는 협박하여 직무 집행을 방해하거나 불법 행위를 강요한 자에게 3년 이하의 사회봉사 명령 또는 6개월 이상 3년 이하의 징역형에 처해 질 수 있습니다. [형법 제330조(공무집행 방해죄)]

제330조 공무집행 방해죄

1. 폭력의 사용, 폭력을 사용하겠다는 협박, 그 밖의 수단을 이용하여 공무집행 중인 자를 방해하거나 공무를 집행 중인 자에게 법에 위배되는 행위를 강요한 자는 3년 이하의 비구금형 교정 또는 6개월 이상 3년 이하의 징역에 처한다.

2. 죄를 범하여 다음의 어느 하나에 해당하는 자는 2년 이상 7년 이하의 징역에 처한다.

    a) 조직적으로 범행한 경우

    b) 두 번 이상 범행한 경우

    c) 타인에게 범죄에 가담하도록 부추기거나 선동한 경우

    d) 재산에 50,000,000동 이상의 손해를 일으킨 경우

    dd) 위험한 재범

2. 공무집행방해죄 처벌 사례

⊘ 사례 1: 카페에서의 공무집행 방해 사건

공안 두 명이 COVID-19 예방을 위한 공무집행 중, 마스크 없이 손님들이 모인 카페를 발견, 카페의 주인에게 의료법 위반 행정 처분에 대한 시행령 위반임을 고지했습니다. 당시 음주 상태였던 카페 주인의 남편과 친구가 위반 내용이 기록된 공안의 서류를 빼앗아 구기고 찢었으며, 공안의 얼굴을 가격하여 넘어지게 하였습니다.

위 경우는 형법 제330조 공무집행방해죄가 적용되어 해당 가해자 두 명 모두 공무집행방해죄로 9개월 징역형이 선고되었습니다.

출처: Case code 47/2020/HS-PT, https://thuvienphapluat.vn/banan/ban-an/ban-an-472020hspt-ngay-18062020-ve-toi-chong-nguoi-thi-hanh-cong-vu-134100

⊘ 사례 2: COVID-19 검문소에서의 폭력 사건

마스크와 헬멧을 미 착용한 오토바이 운전자가 COVID-19 예방 검문소에서 체온 측정 등의 검문에 불응하며, 검문을 시도하는 공안의 얼굴과 몸을 여러 차례 가격하였습니다. 해당 공안은 얼굴과 팔에 멍과 출혈이 생겼습니다.

이 경우 또한 형법 제330조에 따라 가해자는 공무집행방해죄로 6개월 징역형이 선고되었습니다

출처: Case code 32/2020/HS-ST, https://thuvienphapluat.vn/banan/ban-an/ban-an-322020hsst-ngay-29042020-ve-toi-chong-nguoi-thi-hanh-cong-vu-129353

3. 공무 집행이 위법한 경우, 피의자의 행위가 공무집행 방해죄의 외형을 이룬 경우 해당 죄의 성립 여부

현재까지 베트남에서 위법한 공무집행에 대항한 공무집행방해에 대한 공식적인 사례는 없는 것으로 보입니다. 하지만, 형법 제330조(공무집행방해죄)는 공무집행이 적법해야 한다는 것을 전제로 두고 있습니다. 즉, 공무집행의 적법성은 공무원의 행위가 공무 집행에 관한 요건과 방식을 준수하는지 여부에 따라 결정됩니다. 따라서, 만약 공무원의 직무 집행이 공무 집행의 요건과 방식에 반하는 경우, 위법성 조각 사유(違法性阻却事由)*에 해당되어 공무집행방해죄 자체가 성립되지 않을 것으로 보입니다.

*범죄의 구성요건에는 해당하지만 그 행위가 실질적으로는 위법이 아니라고 인정할 만한 특별한 사유

KEY POINTS

공안 등 공무집행 중인 자에게 폭력·협박·기타 수단으로 방해하면 징역에 처할 수 있다.

공무집행 중인 자에게 언행이나 행동으로 방해하는 것 모두 처벌 대상이 된다.

조직적·반복적 범행, 타인 선동, 5천만 동(한화 약 270만 원) 이상 재산 피해, 위험한 재범이면 형량이 가중된다.

공무원이 법적 절차·방식에 반해 직무를 수행했다면 공무집행방해죄 성립이 어려울 수 있다.

PART 2.
협박

Q. A씨는 베트남에서 작은 카페를 운영하고 있었습니다. 어느 날, B씨와 음료 공급 계약을 맺었지만, B씨가 계약 조건을 제대로 이행하지 않아 A씨는 대금 지급을 중단했습니다. 그러자 어느 날, B씨는 폭력배들을 데리고 A씨의 집에 찾아와 협박을 시작했습니다. 주거 침입을 암시하며 문을 두드리는 소리가 점점 커졌고, 마침내 B씨는 "죽여버리겠다"는 말까지 하며 A씨를 위협했습니다. 이러한 상황에서 B씨는 베트남 법에 따라 형사 처벌을 받을 수 있나요?

A. 네, B씨는 형사 처벌을 받을 수 있습니다.

　B씨가 한 협박은 베트남 형법 제170조에 의거 처벌 될 수 있는 행위입니다. 이 조항은 타인의 재산을 강제로 빼앗기 위해 폭력이나 정신적 위협을 가하는 행위를 금지하고 처벌하는 내용을 담고 있습니다. B씨는 "죽여버리겠다"는 말로 A씨에게 협박을 했기 때문에, 이 협박이 실현될 가능성이 없더라도 B씨는 형사처벌을 받을 수 있습니다.

처벌의 정도는 구체적인 상황에 따라 다릅니다. 즉, 협박을 통해 실제로 금품을 탈취했는지 여부와 그 금액, 협박의 방식 및 상황에 따라 처벌이 달라집니다. 또한, 만약 이 협박이 여러 명에 의해 조직적으로 이루어졌다면, 보다 엄격한 형사 처벌을 받을 수 있습니다.

추가로, 만약 A씨가 협박을 받았을 때 이를 실현될 가능성으로 느꼈다면, 이 행위는 베트남 형법 제133조에 따른 살해 협박죄로 간주될 수 있습니다. 이 경우, B씨는 최대 7년의 징역형을 받을 수도 있습니다.

실제로 비슷한 사건에서도 이러한 협박과 관련하여 형사처벌을 받은 사례들이 다수 있습니다.

⊘ 사례

- 피고인 Nguyen Hoang V는 연인인 Nguyen Hoai N이 이별을 통보하자 그녀를 살해하겠다고 위협했다. 2023년 9월 19일, 피고인은 N에게 휘발유를 뿌리고 화해하지 않으면 불을 지르겠다고 협박하였다. 그 결과, 징역 9개월의 형을 선고받았다. [2024년 1월 15일, 판결 번호 06/2024/HS-ST]

- 피고인 Truong Phuoc T는 연인과의 이별 후 Nguyen Thanh L을 반복적으로 온라인에서 괴롭혔다. 그는 L의 어머니와 친구들에게 살해 위협, 황산 및 폭탄 테러를 포함한 협박 메시지를 보냈다. 또한, L의 연락처 제공을 거부한 선생님도 협박하였다. 이로 인해 징역 3년을 선고받았으며, 감형 요청은 기각되었다. [2022년 9월 16일, 판결 번호 45/2022/HS-PT]

- 피고인은 2016년에 피해자에게 돈을 빌려주었다. 그러나 2017년까지 피해자가 빚을 갚지 않자, 피고인은 공범들과 함께 허위 대출 계

약서를 작성하였다. 그는 신체적 위협과 재산 피해를 포함한 협박을 통해 상환을 강제하였다. 이에 징역 9년을 선고받았다. [2019년 10월 9일, 판결 번호 159/2019/HS-PT]

• 피고인 Bui Ngoc T는 채무자인 Nguyen Van G의 아들을 칼로 위협하였다. 그는 G의 아들을 방에 가두고 사진을 찍어 G에게 보냈으며, 3억 VND의 빚 상환을 강요하였다. 그 결과, 징역 5년을 선고받았다. [2024년 3월 14일, 판결 번호 89/2024/HS-PT]

형법(Law 100/2015/QH13 + Law 12/2017/QH14에 의해 부분적으로 수정됨)

제133조 살해의 협박죄

1. 살해한다고 협박한 자는 협박을 받은 자가 그 협박이 실현된다고 생각할 근거가 있는 경우, 3년 이하의 비구금형 교정 또는 6개월 이상 3년 이하의 징역에 처한다.

2. 다음의 어느 하나에 해당하는 죄를 범한 자는 2년 이상 7년 이하의 징역에 처한다.

   a) 2인 이상에 대한 협박

   b) 직무, 권한을 이용한 경우

   c) 공무집행 중인 자에 대한 협박, 또는 피해자의 공무를 이유로 협박한 경우

   d) 16세 이하의 자에 대한 협박

   dd) 다른 범죄에 관여하고 있는 것을 은폐하거나 또는 그 책임을 회피하기 위하여 협박한 경우

제170조 협박에 의한 재산탈취죄

1. 재산을 탈취하기 위해서 타인에게 폭력을 사용하겠다는 협박 또는 그 밖의 방법으로 타인을 협박하여 그 사람의 재산을 취득한 자는 1년 이상 5년 이하의 징역에 처한다.

2. 죄를 범하여 다음의 어느 하나에 해당하는 자는 3년 이상 10년 이하의 징역에 처한다.

    a) 조직적인 경우

    b) 전문적인 경우

    c) 16세 미만의 자, 여성이 임산부임을 알면서도 그 여성에 대하여 범행한 경우, 또는 노인, 병약자, 자기 방위를 할 수 없는 자에 대하여 범행한 경우

    d) 50,000,000동 이상 200,000,000동 이하 상당의 재산을 탈취한 경우

    dd) 치안, 사회 안전에 나쁜 영향을 준 경우

    e) 위험한 재범

3. 죄를 범하여 다음의 어느 하나에 해당하는 자는 7년 이상 15년 이하의 징역에 처한다.

    a) 200,000,000동 이상 500,000,000동 이하 상당의 재산을 탈취한 경우

    b) 자연재해, 전염병을 이용한 경우

4. 죄를 범하여 다음의 어느 하나에 해당하는 자는 12년 이상 20년 이하의 징역에 처한다.

    a) 500,000,000동 이상 상당의 재산을 탈취한 경우

    b) 전쟁, 긴급사태를 이용한 경우

5. 죄를 범한 자에 대해서는 10,000,000동 이상 100,000,000동 이하의 벌금, 또는 재산의 일부나 전부를 몰수할 수 있다.

     꼭 알아야 할 베트남 생활법률 가이드

재산을 빼앗기 위해 폭력이나 정신적 위협을 가한 경우 형사 처벌을 받을 수 있다

협박이 조직적으로 이루어진 경우, 처벌이 더 무겁게 적용될 수 있다.

살해 협박을 한 경우, 협박을 받은 사람이 실현될 가능성을 느꼈다면 일반적인 협박죄보다 더 무거운 형사 처벌을 받을 수 있다.

Q 김 씨는 오래간만에 베트남에 방문한 친구들과 함께 즐거운 시간을 갖고자 노래방에 갔습니다. 하지만 김 씨와 친구들은 노래방에서 도우미 변경 이유로 시비에 휘말리게 되었습니다. 상대편은 두 명의 남자였고, 다소 격렬한 말싸움 끝에 결국 물리적인 충돌이 벌어졌습니다. 김 씨는 목숨이 위험한 정도의 큰 부상은 아니었지만, 코피가 나는 상황에서도 폭행은 계속되었고, 결국 코뼈가 다쳐 두 번의 수술을 받게 되었습니다. 그런데도 공안(베트남 경찰)은 상해율이 11%를 넘지 않아 형사 기소는 어렵다는 입장입니다.

김 씨는 상황을 곰곰이 생각하던 중 몇 가지 법률적인 궁금증이 생겼습니다.

Q (1) "여러 명이 나를 동시에 공격했는데, 이럴 때도 상해율이 11% 미만이면 형사 처벌이 안 되는 걸까?" 한국에서는 여러 명이 가해자로 참여하면 '특수'라는 혐의로 더 강력히 처벌된다고 하던데, 베

트남에서도 이런 규정이 있는지 궁금합니다.

여러 명이 서로 치고받는 상황이었는데, 각 피해자의 상해율이 11% 미만이어도, 만약 한명의 가해자가 여러 사람을 상대로 폭행을 저질렀다면 형사 처벌이 가능한지 궁금합니다.

Q (2) "상해율을 산정할 때 코뼈가 부러지고 수술까지 했는데, 이걸 어떻게 계산할까?" 코뼈가 휘어 두 번의 수술을 했는데, 이와 같은 부상이 상해율에 어떻게 반영되는지 궁금합니다.

Q (3) "이 사건에서 민사 소송이 가능한가?" 코뼈가 휘어 두 번의 수술을 받았고, 이에 따른 수술 비용과 기타 손해에 대해 민사 소송을 통해 보상받을 수 있는지 알고 싶습니다.

Q (1) 2인 이상이 타인에게 상해를 가했지만, 상해율(WPI)이 11% 미만인 경우 형사 처벌 규정

A (1) 베트남의 형법에 따르면, 피해자의 상해율이 11% 이하인 경우에는 가해자가 여러 명이어도 특별히 정해진 명시적인 형사 처벌 규정은 없습니다. 형법 제134조 1항이 이러한 상황에 대한 처벌 조항을 명시하고 있지 않기 때문입니다. 이는 모든 상해 사건을 형사 처벌할 수 없으므로, 일정 기준을 설정할 필요가 있어 11%라는 기준을 정한 것으로 보입니다.

하지만 예외적인 경우도 있습니다. 만약 가해자가 흉기를 사용하거나 폭력적이고 조직적인 형태의 범행을 저지른 경우 등에는 상해율이 11% 미만일지라도 형사 처벌이 가능합니다. 이런 상황에서는 법이 더

욱 엄격하게 적용될 수 있습니다.

또한 피해자의 건강 상태나 상해의 심각성에 따라 상해율(WPI)이 11% 이상으로 산정될 수도 있습니다. 만약 피해자의 부상, 예를 들어 코뼈 골절과 같은 상황이 수술을 요하고 호흡 기능에 문제를 야기하는 등 장기적인 건강 문제를 초래한다면, 상해율이 11% 이상으로 평가되어 형사 처벌할 수 있습니다.

따라서 폭행 사건에서 처벌 여부는 단순히 상해율뿐만 아니라 다양한 요소에 따라 달라질 수 있습니다.

⊘ 폭행의 상황과 형사 처벌 규정

만약, 본 사건의 가해 행위가 형법 134조1(i)에 명시된 것처럼 조폭과 유사한 정도의 폭력적 (gangster-like nature)이었을 경우 형사 처벌이 가능합니다.

폭력적(gangster-like nature) 범죄는 하기와 같은 성질을 가집니다. *[1976년 1월 6일 자 인민법원 공문 제38호/NPL 및 1995년 법원 회의에서 인민법원 대법원장의 결론].*

(a) 법을 무시하는 행위

(b) 가해자의 행동이 매우 공격적이고, 피해자의 건강 상태를 무시하는 경우

(c) 이유가 없거나 사소한 이유로도 폭력을 사용

본 사건에서 폭행의 이유가 단순한 '(노래방 도우미) 직원 교체 거부'로, 이는 폭력 없이 다른 방법으로 해결될 수 있었을 것으로 보입니다. [(c)조건 충족]. 가해자들은 피해자가 코피를 흐르는데도 이를 무시하

꼭 알아야 할 베트남 생활법률 가이드

고 계속 폭력적 행동을 저질러서 코뼈 골절로 인한 두 차례 수술을 초래하였습니다. [(b)조건 충족]. 또한, 물리적인 폭행은 타인의 건강을 침해하는 행위로, '법을 무시하는 행위'로 간주할 수 있습니다. [(a) 충족]. 따라서, 본 사건의 구체적인 사실관계에 따라, 2인 이상이 고의로 타인에게 상해를 입히는 행위는 상해율이 11% 미만이라도 "폭력적 범죄"로 간주해 형사 처벌이 가능할 것으로 보입니다.

⊘ 여러 명을 상대로 한 상해와 형사 처벌 규정

베트남 형법에 따르면, 1명의 가해자가 여러 명에게 상해를 가했더라도 각 피해자의 상해율이 11% 미만인 경우에는 별도의 처벌 규정이 없습니다. 형법 제134조 1항은 상해율이 11% 미만인 경우에도 처벌이 가능한 조건들을 명시하고는 있지만, 1명이 2명 이상에게 상해를 가한 상황에 대한 특별한 규정은 없습니다.

형사 처벌이 가능한 경우는 다음과 같습니다:
• 피해자의 상해율이 11% 이상일 때
• 상해율이 11% 미만이어도 흉기 사용, 조직적 범행, 임산부나 아동 대상 범죄 등 특정한 경우

참고로, 이전의 형법(Law 100/2015/QH13)에서는 상해율이 11% 미만이더라도 2명 이상에게 상해를 입힌 경우 형사 처벌 조항이 있었습니다. 그러나 개정된 형법(Law 12/2017/QH14)에서는 이러한 규정이 삭제되었습니다. 따라서, 현재는 각 피해자의 상해율이 11% 이상이거나, 형법 제134조 1항에 해당하는 예외적인 상황일 때에만 형사 처벌이 가능합니다.

제134조 고의 상해죄

1. 고의로 타인의 건강에 상해 또는 피해를 가하여 그 상해율이 11% 이상 30% 이하의 상해를 야기한 자, 또는 11% 미만의 상해이더라도 아래의 어느 하나에 해당하는 죄를 범한 자는 3년 이하의 비구금형 교정 또는 6개월 이상 3년 이하의 징역에 처한다:

   a) 무기, 폭발물, 위험한 흉기 또는 수단을 사용하여 여러 사람에게 피해를 준 경우;

   b) 위험한 산성 물질 또는 다른 유해화학물질을 사용한 경우;

   c) 16세 미만의 자, 여성이 임산부임을 알면서도 그 여성에 대하여, 또는 노인, 병약자, 자기 방위를 할 수 없는 자에 대하여 범죄를 범한 경우;

   d) 조부모, 부모, 부양자, 교사, 자신의 질병을 치료해 준 자에 대하여 범죄를 범한 경우;

   d) 조직적으로 범죄를 범한 경우;

   e) 직무, 권한을 이용한 경우;

   g) 일시 구금 중, 구속 중, 복역 중 또는 교육시설에서 교육 사법 조치를 집행 중, 또는 양육학교, 갱생원에 보내는 행정위반 처리 조치를 집행 중인 경우;

   h) 상해 실행범을 고용하거나 또는 고용되어 상해 실행을 한 경우;

   i) 갱스터 같이(gangster–like nature) 폭력적으로 죄를 범한 경우;

   k) 공무집행 중인 자에 대하여 죄를 범하거나, 또는 피해자의 공무를 이유로 죄를 범한 경우.

***

4. 다음의 어느 하나에 해당한 죄를 범한 자는 7년 이상 14년 이하의 징역에 처한다:

   a) 사람을 사망에 이르게 한 경우;

   b) 타인의 얼굴 부위를 변모하게 만드는 상해를 가하고, 그 상해율이 61% 이상인 경우;

***

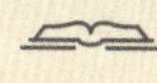

제134조 타인에게 고의로 신체적 상해를 가하는 행위

1. 고의로 타인의 건강에 상해 또는 피해를 가하여 그 상해율이 11% 이상 33% 이하의 상해를 야기한 자, 또는 11% 미만의 상해이더라도 아래의 어느 하나에 해당하는 상황에서 죄를 범한 자는 최대 3년의 사회봉사형 또는 6~36개월의 징역형에 처한다:

    a) 위험한 무기 또는 방법을 사용하여 2명 이상의 사람을 해친 경우;

    b) 다른 사람에게 신체적 상해를 입히기 위해 황산(H_2SO_4) 또는 기타 유해 화학 물질을 사용한 경우;

    c) 해당 행위로 인해 피해자에게 경미한 장애가 발생한 경우; [삭제됨]

    d) 위반 행위가 두 번 이상 저질러진 경우; [삭제됨]

    dd) 2명 이상의 사람을 대상으로 범죄를 저지른 경우; [삭제됨]

    e) 피해자가 16세 미만인 사람, 가해자가 임신 사실을 알고 있는 여성, 노약자, 병자 또는 무방비 상태인 사람인 경우;

    g) 피해자가 가해자의 조부모, 부모, 보호자 또는 교사인 경우;

    h) 범죄가 조직화한 집단에 의해 저질러진 경우;

    i) 가해자의 지위 또는 권한을 남용한 경우;

    k) 범죄자가 교도소나 교정 기관 또는 재활 센터에서 형기를 마치고 임시 구금되어 있는 동안 범죄를 저지른 경우;

    l) 가해자가 다른 사람을 고용하거나 피해자에게 신체적 상해를 입히기 위해 고용된 경우;

    m) 범죄의 성격이 갱스터와 유사한 경우(gangster–like nature);

    n) 위험한 재범; [삭제됨]

    o) 법 집행관이 공무 수행 중이거나 공무로 인해 법 집행관을 상대로 범죄를 저지른 경우;

○ **기타 형사 범죄**

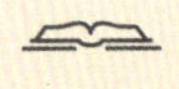 (2) 베트남 형법상 상해율(WPI) 산정 방식 (코뼈 골절로 인한 두 차례 수술에 관하여)

(2) 피해자의 상태에 따라 상해율(WPI)이 11% 이상으로 계산될 수도 있습니다. 이 경우 형사처벌이 가능합니다.

베트남 형법상 상해율 산정은 신체 총손상 비율에 관한 시행규칙 (circular 22/2019/TT-BYT)에 따라 이루어지며, 총 상해율(WPI)은 각 병변의 상해율을 취합해 계산합니다. 단, 같은 신체 부위에 여러 번의 부상이 있더라도 WPI 계산은 한 번만 적용됩니다. 본 사건에서 두 차례 수술이 있었지만, 부상 부위가 코뼈 한 곳이므로 하나의 병변/상해로 간주합니다.

> **법의학적 조사 및 정신의학 평가에 사용되는 신체 총손상 비율에 관한 시행규칙(Circular 22/2019/TT-BYT)**

제3조 신체 상해 비율을 결정하는 원칙

손상된 각 신체 부위는 총 신체 상해 비율 계산에 있어서 한 번만 계산한다. 한 신체 부위가 다쳤으나 합병증을 일으키는 경우, 합병증을 얻은 후속 신체의 신체 상해 비율 또한 더한다.

제4조 신체 상해 비율 계산 방법

신체 총상해 비율은 하기의 방법으로 계산한다:

$$총상해 비율 (\%) = T_1 + T_2 + T_3 + \cdots + T_n$$
$$T_n = n\ 병변의\ 상해비율$$

꼭 알아야 할 베트남 생활법률 가이드

코뼈 부상에 대한 상해율은 부상이 호흡 기능에 미치는 영향에 따라 결정됩니다. 코뼈 부상은 호흡 기능에 미치는 영향에 따라 그 상해율은 7~9% 또는 11~15% 두 구간 중에서 책정합니다. 호흡 기능이 눈에 띄게 영향을 받을 시 상해율이 11% 이상으로 평가되어 형사 처벌이 가능할 수 있습니다.

상해율의 산정은 사법전문가법 제7조 및 제11조, 시행규칙(circular 22/2019/TT-BYT)에 따라 법의학적 전문 지식을 갖춘 사법 전문가가 결정합니다. 코 부상의 구체적인 상해율 기준은 시행규칙(circular 22/2019/TT-BYT) 표 1, 12장 섹션 II-3에 명시되어 있습니다.

Table 1, 12장. 각 병변에 관한 상해율

3. 비골 (코뼈) 부상 (골절; 주골 붕괴, 코중격의 엽굽이증)	%
3.1. 호흡 기능에 영향을 주지 않음	7~9
3.2. 호흡 기능에 눈에 띄게 영향을 줌	11~15

Q (3) 민사 소송

A (3) 형사 처벌 여부와 별개로 민사 소송이 가능합니다.

피해자가 근무하거나 거주하는 지역을 관할하는 인민법원 민사재판소에서 민사 소송을 제기할 수 있습니다.

민법 제33조는 모든 개인은 생명과 신체를 침해받지 않고 건강이 보호될 권리가 있음을 명시하고 있습니다. 또한, 민법 제584조는 고의로 타인의 건강을 해친 자는 그에 대한 손해를 배상하여야 한다고 명시하고 있고, 이에 대한 배상은 건강이 침해당한 수준에 따라 제590조에 명시된 구성 항목들을 포함해야 합니다. 이는 치료 및 재활 비용, 실소득 손실액 또는 정신적 고통에 대한 배상금을 포함합니다. 덧붙여, 민법 제587조에 따라 다수의 사람이 가해자인 경우에는 공동 배상을 하며 과실 정도에 비례하여 각각 배상합니다.

민법(Law 91/2015/QH13)

제33조 생명권, 건강, 신체의 안전권
1. 각 개인은 생명에 대한 권리, 생명과 신체에 대한 침해할 수 없는 권리, 법에 의한 건강 보호에 대한 권리가 있다. 아무도 불법으로 살해당해서는 안 된다.

제584조 손해 배상에 대한 근거
1. 고의적 또는 비고의적으로 타인의 생명, 건강, 명예, 존엄성, 평판, 재산 또는 그 밖의 법적 권리나 이익을 해치는 자는 이 법령 또는 관련 법률에 달리 규정되지 않는 한 이에 따른 손해를 배상해야 한다.
2. 별도의 합의나 달리 법률에 규정되지 않는 한 손해가 불가항력적 사건 또는 자기 과실로 인하여 피해가 발생한 경우에는 배상책임을 면제한다.
3. 재산으로 인해 손해가 발생한 때에는 그 소유자는 본 조 2항에서 정한 손해를 제외하고는 그 손해를 배상하여야 한다.

제587조 다중의 위력에 의한 손해 배상
다수의 가해자가 공동으로 피해를 줬을 경우, 피해자에게 공동 배상해야 한다. 공동으로 손해를 입힌 경우 배상책임은 각 개인의 과실 정도에 비례하여 정한다. 과실의 정도를 파악할 수 없는 경우, 피해를 준 사람들은 동등하게

꼭 알아야 할 베트남 생활법률 가이드

배상해야 한다.

제590조 건강·신체 상해로 인한 손해배상

1. 건강·신체 상해로 인한 손해배상은 하기와 같이 구성된다.

   a) 치료 및 재활, 신체의 기능적 손실 및 손상 배상을 위한 합리적 비용

   b) 피해자의 실제 소득 손실에 대한 배상. 피해자의 실제 소득이 불규칙하여 결정될 수 없는 경우에는 피해자 직종의 평균 소득 수준을 적용한다.

   c) 치료기간 동안 피해자의 보호자 실제 소득 손실에 대한 합리적인 비용. 피해자가 근로 능력을 상실하여 영구 보호를 해야 하는 경우에는 피해자를 돌보기 위한 합리적인 비용도 피해액에 포함되어야 한다.

   d) 법률로 규정된 기타 손해배상

2. 타인의 건강을 해치는 자는 본 조 제1항의 규정에 의한 항목에 대한 금액과 함께 피해자의 정신적 고통에 대한 배상금 또한 지급하여야 한다. 정신적 고통에 대한 배상 금액은 당사자의 합의대로 하며, 합의할 수 없는 경우에는 국가가 정한 기본급에 50개월을 초과해서는 안 된다.

민사소송법(Law 92/2015/QH13)

제465조 외국인, 외국 기관 및 단체, 지사 또는 외국 기관, 국제기관의 대표 사무소 또는 베트남 지점, 그 대리인의 절차적 권리와 의무

1. 베트남에 있는 외국인, 외국기관 및 국제기구, 국제기구 대표사무소는 베트남 법원에서 침해당하거나 분쟁 중인 정당한 권익에 대해 보호를 요청하는 소송을 제기할 수 있다.

제469조 베트남 법원의 외국인 관련 민사 사건 해결을 위한 공통 관할권

1. 베트남 법원은 다음 각호의 경우 외국인과 관련된 민사사건에 대한 관할권을 가진다.

   a) 피고가 베트남에서 장기간 거주, 근무 또는 생활하는 개인인 경우

b) 피고가 베트남에 본사를 둔 기관 또는 베트남에 지점 또는 대표 사무소를 두고 있는 기관 또는 단체로서, 해당 사건이 기관/단체의 베트남 지사 또는 대표 사무소 운영과 관련된 경우

c) 피고가 베트남에 부동산을 가지고 있을 경우

d) 이혼 사건 중 원고 또는 피고가 베트남 시민이거나 원고와 피고 모두가 베트남에 장기 거주, 근무 또는 거주하는 외국인인 경우

dd) 베트남에서 시작, 변경 또는 종료된 민사 관계 관련 민사사건, 그 대상인 베트남 내 재산 또는 베트남에서 행해지는 행위인 경우

e) 베트남 영토 밖에서 시작, 변경 또는 종료되지만 베트남에 본사가 있거나 위치하고 있는 베트남 기관, 단체 및 개인, 단체 및 개인의 권리와 의무를 수반하는 민사 사건의 경우

2. 본 장의 규정에 따라 베트남 법원의 관할권이 결정된 경우, 법원은 외국의 요소를 포함하는 민사 사건을 해결하기 위한 특정 관할권을 결정하기 위해 본 법 제3장(Chapter III. 법원의 관할권)의 규정에 근거해야 한다.

제39조 법원의 관할

1. 민사소송 해결을 위한 법원의 관할은 다음과 같이 정한다.

a) 본법 제26조, 제28조, 제30조, 제32조에 따라 <u>피고가 개인인 경우 피고가 거주하거나 일하는 지역</u>, 피고가 기관 또는 단체인 경우 본사가 있는 지역의 법원은 민사, 결혼 및 가족 관련, 사업, 무역, 노동 관련 분쟁에 있어서 첫 번째 절차에 따라 합의를 진행할 관할권을 가진다.

 꼭 알아야 할 베트남 생활법률 가이드

KEY POINTS

POINT 1

상해율이 11% 미만이더라도 흉기 사용, 조직적 폭행, 폭력적 범행 등 특정한 조건을 충족하면 형사 처벌이 가능하다.

POINT 2

동일한 신체 부위의 반복 수술은 상해율 산정 시 한 번만 계산되나, 호흡 기능에 영향을 미칠 때는 11% 이상으로 평가되어 형사 처벌이 가능하다.

POINT 3

피해자는 형사 처벌과는 별개로 민사소송을 통해 치료비, 소득 손실, 정신적 피해 등에 대해 손해배상을 청구할 수 있다.

POINT 4

다수의 가해자가 공동으로 피해를 준 경우에는 각자의 과실 정도에 따라 공동으로 손해를 배상해야 한다.

에피소드 6

폭탄 돌리기

국방부 소유의 부동산 개발 사업을 위해 설립된 회사의 실사를 한 적이 있다. 대상 부지는 위치도 좋고, 가격도 근방의 비슷한 부지에 비해 저렴했다. 게다가 건설 허가 등 사업에 필요한 모든 허가를 이미 취득한 상태라서 프로젝트를 인수한 후 바로 진행이 가능하다고 했다.

군인들이 오고 가는 군부대 내에 위치한 회사를 보니 일단 국방부 소유의 부동산 프로젝트는 맞는 것 같다는 생각이 들었다. 그런데 막상 브로커를 보는 순간 눈이 번쩍 띄었다. 그는 예전에 다른 건물 거래에서 베트남어를 모르는 한국 투자자에게 그 건물과 관련이 없는 서류를 정부의 허가 서류라고 보여주었던 바로 그 사람이었다. 왠지 느낌이 안 좋았다. 아니나 다를까 이미 모든 허가를 취득했다며 그가 내민 베트남어 서류는 원래 군인 화장터로 계획되었던 토지의 용도를 상업 용도로 변경 신청하는 신청서에 대한 답변서로, 부족한 서류 제출을 요구하는 공문이었다. 설상가상으로 토지 사용권자의 이름도 달라 프로젝트 진행 자체가 법적으로 불가능했다. 브로커에게 법적으로 불가능한 거래 구도임을 지적하자 얼버무리는데 뻔뻔하기 그지 없었다.

해당 토지가 화장터 부지임을 알고 있는 베트남인들은 심리적인 이유로 그 땅을 꺼리는 상황이었다. 이런 곳은 아무도 사려고 하지 않아 사실 시세도 의미가 없다.

그 후로도 이 브로커는 사기행각을 멈추지 않아 여러 명의 한국인이 필자의 로펌에 방문하였다. 여러 회사의 직함으로 된 명함을 가지고 다니며 순진한 한국인을 상대로 폭탄 돌리기를 하는 이런 사람을 주의해야 할 것이다.

베트남 투자·창업자가 꼭 알아야 할 베트남 법
(김유호 저, 도서출판 참)

*선(先)분양 후(後)시공 하는 경우, 분양 계약을 체결할 때 분양자는 주택 인도 의무 불이행으로 인한 기(已)납부금 환불 등의 보증을 위해 피분양자에게 은행이 발행한 보증서를 함께 제공해야 한다.

*주택 완공 전에 이를 분양하는 경우, 분양자가 피분양자로부터 받을 수 있는 최초 분할납부금(보증금)은 최대 30%이다. 주택 분양자가 피분양자에게 인도하기 전까지 받을 수 있는 납부금(보증금+중도금)은 분양자가 베트남 법인인 경우는 70%, 외국 투자법인인 경우는 50%이다. 또 피분양자 명의로 주택소유권 증서가 발급되기 전까지의 최대 납부금(보증금+중도금+잔금)은 최대 95%이다.

*일반적으로 구두 계약도 유효하다. 그러나 부동산 관련 계약은 반드시 서면 계약을 해야 하고 구두계약은 원칙적으로 인정되지 않는다. 또, 거래대금 지급 방식과 기한, 당사자 권리와 의무, 계약 위반 등 부동산 사업법(Law 66/2014/QH13)에 따라 부동산 관련 계약서에 필수적으로 포함되어야 하는 사항이 있다.

*토지사용권 증서와 건물·아파트·주택 소유권 증서는 증서 겉표지 색상 때문에 일반적으로 레드북과 핑크북으로 알려져 있다. 지금까지 관련법이 여러 번 변경되어 어느 기간에 발행된 증서인지에 따라 증서의 성격이 다르니 유의해야 한다.

13

사회 안전 및
공공 질서

PART 1.
소음

Q 김 씨는 같은 아파트에 사는 이웃이 아침저녁 가리지 않고 피아노와 드럼을 치고 큰 소리로 노래를 불러 집에서 편히 쉬지 못하고 큰 스트레스를 받고 있습니다. 김 씨는 여러 번 관리실에 항의했지만, 소음 문제는 개선되지 않았습니다. 이런 상황에서 법적으로 이웃의 소음을 제재하거나 처벌할 방법이 있을까요?

A 소음의 데시벨(dB) 수준에 따라 행정 과태료가 부과될 수 있습니다.

소음 기준은 시간대에 따라 다릅니다. 개인이 아파트 단지 내에서 소음을 발생시키는 경우, 소음 기준은 다음과 같습니다:

· 오전 6시부터 저녁 9시까지: 최대 70dBA (소형 청소기 소리 정도)

· 저녁 9시부터 오전 6시까지: 최대 55dBA (정원의 약한 바람 소리 정도)

이 소음 기준을 초과하면, 처음에는 경고를 받을 수 있으며, 계속 위반할 경우 최대 1억 6천만 동(한화 약 873만 원)의 과태료가 부과될 수 있습니다. 참고로, 90dBA는 소음이 심한 공장 안에서 발생하는 소리, 100dBA는 열차가 지나갈 때 철도 주변에서 나는 소리, 110dBA는 자동차 경적 소리, 120dBA는 전투기가 이착륙할 때 발생하는 소음 수준입니다.

BẠN ĐỌC

Điều tra theo đơn thư - Chính sách - Ý kiến · Hồi âm

TPHCM: 3 quán bia bị xử phạt vì mở nhạc gây ồn sau 22h

AN NGUYÊN · Thứ hai, 08/03/2021 18:10 (GMT+7)

Mở nhạc gây tiếng ồn tại khu vực dân cư sau 22h đêm, 3 quán bia trên đường Phạm Văn Đồng (phường 11, quận Bình Thạnh, TPHCM) đã bị cơ quan chức năng địa phương lập biên bản với mức phạt từ 100.000 đến 300.000 đồng/trường hợp.

Một trong 3 quán bia tại đường Phạm Văn Đồng (phường 11, quận Bình Thạnh) bị lập biên bản vi phạm quy định về tiếng ồn. Ảnh: quận Bình Thạnh

출처: "밤 10시 이후 시끄러운 음악을 틀은 맥주 바 3곳에 과태료 부과", Lao Dong 뉴스, 2021.03.08., https://laodong.vn/ban-doc/tphcm-3-quan-bia-bi-xu-phat-vi-mo-nhac-gay-on-sau-22h-887016.ldo

 꼭 알아야 할 베트남 생활법률 가이드

환경 보호 위반에 대한 행정 처분에 관한 시행령 (Decree 45/2022/ND-CP)

제22조 소음 관련 규정 위반

1. 소음이 소음에 관한 기술 규정에 규정된 허용 소음 노출 수준보다 2dBA 미만인 경우 경고를 한다.

2. 소음이 소음에 관한 기술 규정에 규정된 소음 허용 노출 수준보다 2dBA 이상 5dBA 미만인 경우 1,000,000동에서 5,000,000동 사이의 과태료를 부과한다.

3. 소음이 소음에 관한 기술 규정에 규정된 소음 허용 노출 수준보다 5dBA 에서 10dBA 미만인 경우 5,000,000동에서 20,000,000동 사이의 과태료를 부과한다.

4. 소음이 소음에 관한 기술 규정에 규정된 허용 소음 노출 수준보다 10dBA에서 15dBA 미만인 경우 20,000,000동에서 40,000,000동 사이의 과태료를 부과한다.

5. 소음이 소음에 관한 기술 규정에 규정된 소음 허용 노출 수준보다 15dBA에서 20dBA 미만인 경우 40,000,000동에서 60,000,000동 사이의 과태료를 부과한다.

6. 소음이 소음에 관한 기술 규정에 규정된 소음 허용 노출 수준보다 20dBA에서 25dBA 미만인 경우 60,000,000동에서 80,000,000동 사이의 과태료를 부과한다.

7. 소음이 소음에 관한 기술 규정에 규정된 소음 허용 노출 수준보다 25dBA에서 30dBA 미만인 경우 80,000,000동에서 100,000,000동 사이의 과태료를 부과한다.

8. 소음이 소음에 관한 기술 규정에 규정된 소음 허용 노출 수준보다 30dBA에서 35dBA 미만인 경우 100,000,000동에서 120,000,000동 사이의 과태료를 부과한다.

9. 소음이 소음에 관한 기술 규정에 규정된 소음 허용 노출 수준보다 35dBA에서 40dBA 미만인 경우 120,000,000동에서 140,000,000동 사이의 과태료를 부과한다.

10. 소음이 소음에 관한 기술 규정에 규정된 소음 허용 노출 수준보다 40dBA 이상 높은 경우 140,000,000동에서 160,000,000동 사이의 과태료를 부과한다.

11. 추가 처벌:

    a) 본 조항 4, 5, 6, 7항에 명시된 위반을 저지른 경우, 3~6개월 동안 소음 공해를 유발하는 사업장의 운영을 정지한다;

    b) 본 조항 8, 9, 10항에 명시된 위반 행위를 저지른 경우, 6~12개월 동안 사업장의 운영을 정지한다.

12. 시정 조치:

    a) 본 조에 규정된 행정 위반에 대한 과태료 부과 결정에서 과태료 부과 권한을 가진 자는 규정한 기간 내에 기술 규정에 따라 의무적으로 소음을 줄이기 위한 조치를 해야 한다;

    b) 환경 기술 규정에 규정된 소음의 허용 노출 수준을 초과하는 소음을 발생시키거나 본 조에 규정된 위반을 저지른 경우, 현행 규범 및 비용 정도에 따라 소음 공해를 유발하는 환경 샘플의 평가, 검사, 측정 및 분석 요청 비용을 의무적으로 지불해야 한다.

     꼭 알아야 할 베트남 생활법률 가이드

1.3.   용어의 해석

1.3.1.   특수 지역

의료 시설, 도서관, 유치원, 학교, 교회, 사찰, 탑 및 기타 특별 규정이 있는 구역의 경계 내에 있는 구역을 말한다.

1.3.2.   일반 지역

아파트 건물, 단독주택 또는 계단식 주택, 호텔, 게스트 하우스, 행정기관 등이 포함된다.

제2조 기술 규정

2.1. 생산, 건설, 거래, 서비스 제공 및 생활에서 발생하는 소음은 표1에 제시된 값을 초과해서는 안 된다.

표 1 – 허용 소음에 대한 제한
(데시벨 단위) dBA

번호	지역	오전 6시~저녁 9시	저녁 9시~오전 6시
1	특수 지역	55	45
2	일반 지역	70	55

KEY POINTS

아파트 단지 내 소음은 55~70데시벨까지 허용되며, 초과 시 최대 1억 6천만 동(한화 약 870만 원)의 과태료가 부과된다.

주간과 야간 소음 허용 기준이 다르게 적용된다.

허용 기준 초과 시 초과 정도에 따라 단계별 과태료가 부과된다.

심각한 위반 시 사업장 운영 정지 등 추가 제재가 가능하다.

기술 규정에 따른 소음 측정 및 위반 시 개선 조치가 의무화된다.

PART 2.
시설 관리 소홀로 인한 사고 책임

Q 베트남의 한 놀이공원에서 한국인 관광객이 대형 놀이기구를 타다가 안전바 고정 불량으로 인한 사고를 당해 오른발 발가락 3개를 절단하는 큰 부상을 입었습니다. 피해자는 사고 당시 안전 점검이나 놀이기구 근처에 주의 경고표지판이 없었다고 주장하고 있습니다. 한국에서는 이러한 시설물 관리 소홀로 인한 사고가 업주의 주의의무 위반으로 간주하여 업무상 과실치사상죄가 적용될 수 있다고 하던데, 베트남에서도 이와 같은 경우 업주에게 형사 처벌이 가능한가요?

A 법의학 검사에 사용되는 신체 상해의 비율에 대한 시행규칙(circular 22/2019/TT-BYT)에 따르면, 발가락 3개 상실은 신체 상해의 11~20%로 간주합니다.

신체 상해율이 31% 이상이어야 형사상 과실치상죄 처벌 대상이 되는데, 본 사건의 경우 신체 상해율(Whole Person Impairment; WPI)이 31% 미만이라서 시설물 관리 책임이 있는 자에 대한 형사 처벌은 어려울 것으로 보입니다. 그러나 놀이공원의 관리자와 소유자에게는 행정적 과징금이 부과되고, 놀이공원에는 영업정지 처분이 내려질 수 있습니다. 또한, 형사 처벌과 별개로 민사적 책임(병원비, 재활, 간병인 비용, 실제 소득 감소 등에 대한 손해배상)도 물을 수 있습니다.

⊘ 놀이공원 레이싱 게임 사고

관광지에서 놀이기구 사고로 장 파열 등 중상을 입은 관광객의 손해 배상 소송에서 9,300만 동 배상금 지급 판결을 받음.

DÂN TRÍ

Du khách bị đứt ruột khi chơi trò chơi được bồi thường 93 triệu đồng

(Dân trí) - Khách chơi trò chơi bị tai nạn đứt ruột vì lỗi kỹ thuật không an toàn nhưng đơn vị quản lý chỉ... hỗ trợ nhân đạo. Nạn nhân không chấp nhận nên khởi kiện ra tòa đòi bồi thường.

Ngày 28/6, TAND TP Vũng Tàu mở phiên tòa xét xử về việc yêu cầu bồi thường thiệt hại về tính mạng, sức khỏe, tinh thần giữa nguyên đơn là anh Phạm Minh Luân (sinh năm 1991 tại Cần Thơ) và bị đơn là công ty kiện cố phần Du lịch cáp treo Vũng Tàu.

Kết quả, HĐXX chấp nhận yêu cầu khởi kiện của nguyên đơn và tuyên buộc công ty cố phần Du lịch cáp treo Vũng Tàu bồi thường cho anh Luân số tiền 93 triệu đồng. Số tiền này bao gồm chi phí nằm viện, tốn thất tinh thần cũng như tốn thất thu nhập thực tế của nguyên đơn.

출처: "관광객의 게임 중 사고에 대해 9,300만 동 배상 판결", Dan Tri 뉴스, 2017.06.28., https://dantri.com.vn/phap-luat/du-khach-bi-dut-ruot-khi-choi-tro-choi-duoc-boi-thuong-93-trieu-dong-20170628141513714.htm

 베트남 북부의 놀이공원에서 롤러코스터 탈선 사고로 1명이 사망하고 2명이 부상당했으며, 사고 후 놀이공원은 운영 정지 명령을 받음.

출처: "베트남 북부의 치명적인 롤러코스터 사고로 놀이공원 운영 중단", Tuoi Tre 뉴스, 2021.01.15., https://tuoitrenews.vn/news/society/20210115/amusement-park-suspended-following-fatal-roller-coaster-accident-in-northern-vietnam/58808.html#:~:text=A%20roller%20coaster%20previously%20derailed,trip%20organized%20by%20their%20school

제128조 과실치사죄

1. 과실로 사람을 사망에 이르게 한 자는 3년 이하의 비구금형 교정 또는 1년 이상 5년 이하의 징역에 처한다.

2. 과실로 2인 이상을 사망에 이르게 한 자는 3년 이상 10년 이하의 징역에 처한다.

제129조 직업 또는 행정상의 규정 위반으로 인한 과실치사죄

1. 직업 또는 행정상의 규정 위반에 의해 과실로 타인을 사망에 이르게 한 자는 1년 이상 5년 이하의 징역에 처한다.

2. 범죄로 2인 이상을 사망에 이르게 한 자는 5년 이상 15년 이하의 징역에 처한다.

3. 죄를 범한 자에 대해서 1년 이상 5년 이하의 기간 동안 일정한 직무를 담당하는 것 또는 일정한 직업에 종사하는 것을 금지할 수 있다.

제138조 과실치상죄

1. 과실에 의해서 타인에게 상해율 31% 이상 60% 이하의 상해 또는 건강에 위해를 가한 자는 5,000,000동 이상 20,000,000동 이하의 벌금, 또는 1년 이하의 비구금형 교정에 처한다.

2. 다음의 어느 하나에 해당하는 죄를 범한 자는 1년 이상 2년 이하의 비구금형 교정 또는 3개월 이상 2년 이하의 징역에 처한다.

   a) 2인 이상에 대하여 죄를 범하고, 각자의 상해율이 31% 이상 60% 이하인 경우

   b) 타인의 건강에 상해 또는 손해를 입히고 그 상해율이 61% 이상인 경우 2인 이상에게 상해율 61% 이상의 상해 또는 건강에의 해를 가한 자는 2년 이상 3년 이하의 비구금형 교정 또는 1년 이상 3년 이하의 징역에 처한다.

제139조 직업 또는 행정상의 규정 위반으로 인한 과실치상죄

1. 직업 또는 행정상의 규정 위반으로 인하여 과실로 타인에게 상해율 31% 이상 60% 이하의 상해 또는 건강에의 해를 가한 자는 20,000,000동 이상 100,000,000동 이하의 벌금, 또는 2년 이하의 비구금형 교정, 또는 3개월 이상 1년 이하의 징역에 처한다.

2. 다음의 어느 하나에 해당하는 죄를 범한 자는 2년 이상 3년 이하의 비구금형 교정 또는 6개월 이상 3년 이하의 징역에 처한다.

    a) 2인 이상에 대하여 죄를 범하고, 각자의 상해율이 31% 이상 60% 이하인 경우

    b) 타인의 건강에 상해 또는 손해를 입히고 그 상해율이 61% 이상인 경우

3. 2인 이상에게 상해율 61% 이상의 상해 또는 건강에의 해를 가한 자는 2년 이상 5년 이하의 징역에 처한다.

4. 죄를 범한 자에 대해서는 1년 이상 5년 이하의 기간 동안 일정한 직무를 담당하거나 또는 일정한 직업에 종사하는 것을 금지할 수 있다.

제360조 직무 태만으로 인하여 중대한 피해를 일으킨 죄

1. 직무, 권한을 가진 자가 직무태만으로 인하여 주어진 임무를 수행하지 않거나 올바르게 진행하지 않아 다음의 어느 하나에 해당한 자는, 본법 제179조(*직무태만으로 인해 국가, 기관, 조직, 회사의 재산에 중대한 피해를 입힌 죄*), 제308조(*무기, 폭발물, 보조도구의 관리에 관한 업무 태만으로 중대한 피해를 야기한 죄*), 제376조(*과실로 인한 구금자 또는 수감자의 탈옥*)에서 규정된 경우에 해당하지 않는 한, 3년 이하의 비구금형 교정 또는 6개월 이상 5년 이하의 징역에 처한다.

    a) 사람을 사망에 이르게 한 경우;

    b) 타인에게 상해율 61% 이상의 상해를 야기한 경우;

    c) 2인 이상에게 상해 또는 건강에의 해를 가하며 그들의 신체 상해율이 총 61~121%인 경우;

    d) 재산에 100,000,000동 이상 500,000,000동 이하의 손해를 입힌 경우.

X.	발가락	%
1.	다섯 발가락 모두 절단	26-30
2.	네 발가락 절단	
2.1.	4개 발가락 절단(II, III, IV, V; 첫 번째 발가락은 그대로 유지됨)	16-20
2.2.	4개 발가락 절단(I, II, III, IV; 다섯 번째 발가락은 그대로 유지됨)	21-25
2.3.	4개 발가락 절단(I, II, III, V; 네 번째 발가락은 그대로 유지됨)	21-25
2.4.	4개 발가락 절단(I, II, IV, V; 세 번째 발가락은 그대로 유지됨)	21-25
3.	발가락 3개 절단	
3.1.	첫 번째 발가락을 제외한 세 발가락의 절단	11-15
3.2.	첫 번째 발가락을 포함하여 세 발가락의 절단	16-20
4.	두 발가락 절단	
4.1.	두 발가락 절단(III+IV, III+V, 또는 IV+V)	6-10
4.2.	두 번째 발가락과 다른 발가락 한 개(첫 번째 발가락 제외)의 절단	11-15
4.3.	첫 번째 발가락과 다른 발가락 한 개 절단	16-20
5.	첫 번째 발가락 절단	11-15
6.	다른 발가락 한 개 절단	3-5
7.	첫 번째 발가락의 원위지골(발가락 끝부분) 절단	6-10
8.	다른 발가락의 원위지골 절단(발가락 끝)	1-3

9.	다른 발가락의 두 개의 원위지골 절단	2-4
10.	첫 번째 발가락의 지간관절 강직	
10.1.	유리한 위치	3-5
10.2.	불리한 위치	7-9
11.	첫 번째 발가락의 중족지절관절 강직	7-9
12.	다른 발가락의 중족지절관절 또는 지절간관절의 강직	
12.1.	유리한 위치에서의 강직	1-3
12.2.	불리한 기능적 위치의 강직	4-5
13.	발가락뼈 하나 골절	1

신체 상해율이 31% 이상이어야 형사상 과실치상죄 처벌 대상이 된다.

시설물 관리 소홀로 사고가 발생하면, 해당 관리자와 소유자에게 행정적 과징금이 부과되고 영업 정지 처분이 내려질 수 있다.

형사 처벌 여부와 별개로, 피해자는 민사상 손해배상 청구가 가능하다.

집회, 1인 시위

Q 베트남에 거주 중인 한국인입니다. 요즘 여러 가지 어려움에 직면해 있는데요, 저에게 돈을 빌려 간 사업 파트너는 사업이 성공적임에도 불구하고 돈을 갚지 않고 있습니다. 게다가 최근에는 집 앞 베트남 이웃의 공사로 인해 저와 가족들이 수면 부족을 겪고 있습니다. 이로 인해 저 혼자, 혹은 가족들과 함께 사업파트너 집 앞과 공사 현장 앞에서 시위를 하고 싶은 충동이 생기기도 합니다. 하지만 베트남의 사회주의 체제 때문에 주저하게 됩니다. 베트남에서 1인 시위 또는 여러 명이 모여서 집회가 가능한지, 그리고 이에 대한 법적 규정은 무엇인지 알고 싶습니다.

A 베트남에서 1인 시위는 원칙적으로는 별도의 집회신고가 필요하지 않습니다. 그러나 베트남은 공공질서를 유지하기 위해 집회 및 시위에 대한 엄격한 규정을 두고 있으며, 외국 국적을 가진 사람들 또한 이러한 규정의 적용을 받습니다. 허가 없이 집회나 시위에 참여하거나, 집회 신고가 필요하지 않은 1인 시위라도 공공질서를 위반하면 체포나 추방의 대상이 될 수 있습니다. 참고로, 5인 이상

의 시위는 사전 등록이 필요합니다. [공공질서를 보장하기 위한 몇 가지 조치를 규정하는 시행령(Decree 38/2005/ND-CP) 제7조와 시행규칙(Circular 09/2005/TT-BCA) 제4조]

베트남은 ICCPR(1982), ICESCR(1982), UDHR(2013)의 회원국으로, 이 협약에 따라 베트남은 집회 및 시위에 대한 보호 의무가 있습니다. 이에 따라 모든 사람은 원칙적으로 평화적 집회의 자유를 누릴 권리가 있습니다. 베트남 헌법 제25조 역시 베트남 국민에게 언론, 출판의 자유와 집회, 결사의 자유를 보장하며, 이러한 권리의 행사는 법률로 규정된다고 명시합니다.

하지만 문제는 집회 및 시위 권리에 대한 법률이 존재는 하지만 현실적으로 이러한 권리를 보호할 효과적인 방법이 부족하다는 점입니다. 집회나 시위는 통상 단체로 이루어지는데, 이런 단체 활동은 "무질서를 유발하는 공공장소에서의 단체화"로 간주될 수 있습니다. 이에 따라 행정 과태료가 부과될 수 있으며, 외국인의 경우 추방될 위험도 있습니다. [사회 안전, 보안, 질서 위반 행위에 대한 행정 처분; 사회악, 화재 예방 및 진압; 구조; 가정폭력 예방 및 통제에 관한 시행령 Decree 144/2021/ND-CP. 제7조]

베트남 형법에서는 언론의 자유, 출판의 자유, 종교의 자유, 단체 결사의 자유, 민주적 자유를 악용하여 국가의 이익, 시민/단체의 합법적인 권리와 이익을 침해하는 자는 징역형을 받을 수 있도록 규정하고 있습니다. 또, 베트남에 적대적인 정보, 자료, 물품을 제작, 보관, 유포하거나 치안을 방해할 경우에는 징역형을 포함한 처벌을 받을 수 있다는 것도 염두에 두시기 바랍니다.

⊘ 관련 법령

- 세계인권선언

- 헌법

- 형법 (Law 100/2015/QH13, Law 12/2017/QH14에 의해 일부 수정됨)

- 사회 안전, 보안, 질서 위반 행위에 대한 행정 처분; 사회악, 화재 예방 및 진압; 구조; 가정폭력 예방 및 통제에 관한 시행령 (Decree 144/2021/ND-CP)

- 공공질서를 보장하기 위한 조치를 규정하는 시행령 (Decree 38/2005/ND-CP)

- 공공질서를 보장하기 위한 조치를 규정하는 시행규칙 (Circular 09/2005/TT-BCA)

📖 세계인권선언

제20조

1. 모든 사람은 평화적인 집회 및 결사의 자유에 대한 권리를 가진다.

📖 베트남 헌법

제14조

***

2. 인권과 시민의 권리는 국방, 국가 안보, 사회 질서 및 안전, 사회도덕 및 공동체 복지를 위해 필요한 경우에 한하여 법률의 규정에 따라서만 제한될 수 있다.

제25조

모든 국민은 언론의 자유와 출판의 자유를 가지며, 정보에 대한 접근권, 집회 및 결사의 권리, 시위의 권리를 가진다. 이러한 권리의 행사는 법률로 정한다.

제117조 베트남 사회주의 공화국에 대항하기 위한 정보, 자료, 물품의 제작, 보관, 유포

1. 베트남 사회주의 공화국에 대항하기 위해서 다음의 행위 중에서 하나를 행한 자는 5년 이상 12년 이하의 징역에 처한다:

   a) 인민정권을 역선전하여 모욕하는 내용이 있는 정보, 자료, 물품을 제작, 보관 또는 유포

   b) 인민 사이에 혼란을 유발하기 위해서 날조한 내용이 있는 정보, 자료, 물품을 제작, 보관 또는 유포

   c) 심리 전쟁을 일으키는 정보, 자료, 물품을 제작, 보관 또는 유포

2. 특히 지극히 중대한 경우에는 10년 이상 20년 이하의 징역에 처한다.

3. 범죄예비자는 1년 이상 5년 이하의 징역에 처한다.

제118조 치안 교란죄

1. 치안을 어지럽게 하여 공무 중인 공무원을 방해하거나, 기관, 조직의 활동을 방해하기 위해서 다수의 공인을 선동, 관여, 집합하게 하여 국민 공민의 통치를 방해하는 의도를 가지는 자로서, 본 형법 제112조 해당하지 않을 때는 5년 이상 15년 이하의 징역에 처한다.

2. 다른 공범자는 2년 이상 7년 이하의 징역에 처한다.

3. 범죄예비자는 6개월 이상 3년 이하의 징역에 처한다.

제331조 자유권리를 이용하여 국가의 이익, 조직, 공민의 합법인 권리를 침해하는 죄

1. 언론자유, 신문 기사의 자유, 신앙·종교의 자유, 집회의 자유, 결사의 자유, 그 밖의 민주적 자유의 권리를 이용하여 국가의 이익, 조직, 공민의 권리, 이익을 침해한 자는 경고, 3년 이하의 비구금형 교정 또는 6개월 이상 3년 이하의 징역에 처한다.

2. 죄를 범하여 사회 안전, 치안에 나쁜 영향을 준 경우에는 2년 이상 7년 이하의 징역에 처한다.

사회 안전, 보안, 질서 위반 행위에 대한 행정 처분; 사회악, 화재 예방 및 진압; 구조; 가정폭력 예방 및 통제에 관한 시행령 (Decree 144/2021/ND-CP)

제7조 공공질서에 관한 규정 위반

***

2. 다음 위반에 대해서는 1,000,000 동에서 2,000,000 동의 과태료가 부과된다:

***

b) 공공장소에서 공공질서를 방해하는 방식으로 군중을 모으거나 군중에 합류하는 행위;

***

4. 다음 위반 시 3,000,000 동에서 5,000,000 동의 과태료가 부과된다:

a) 다른 사람을 고용, 선동, 유인, 유혹하여 공공질서를 방해하는 행위;

b) 냉병기(冷兵器), 전투 장비 또는 상해를 입힐 수 있는 기타 물품을 휴대하거나 저장하거나 숨기는 행위; 공공질서를 방해하거나 다른 사람에게 상해를 입히기 위한 물품 및 운송수단;

c) 민주주의, 종교 및 신앙의 자유를 악용하여 다른 사람을 조직, 고용, 유인, 유혹하여 국가의 이익 또는 다른 조직이나 개인의 합법적인 권리와 이익을 침해하는 행위;

***

13. 추가 처벌:

***

d) 본 조 제4항 c, e 및 g호에 명시된 위반을 저지른 외국인을 추방한다.

공공질서를 보장하기 위한 조치를 규정하는 시행령
(Decree 38/2005/ND-CP)

제7조 공공 집회에 관한 규정

공공 집회는 활동이 이루어지는 관할 인민위원회에 사전에 등록해야 하며 등록된 내용을 준수해야 한다. 이 규정은 당, 국가, 베트남 조국전선 기관 및 사회정치 조직이 주관하는 활동에는 적용되지 않는다.

공공질서를 보장하기 위한 조치를 규정하는 시행규칙
(Circular 09/2005/TT-BCA)

4. 공공 집회에 관한 규정

4.1. 시행령 Decree 38호 및 본 시행규칙의 지침에 규정된 공공 집회는 인도, 도로, 광장, 경제 및 문화 시설, 커뮤니티 활동, 국가 기관, 사회 정치 단체의 본부 또는 기타 공공장소에서 개인, 가족, 단체의 권리 및 합법적 이익과 관련된 문제에 대한 요청 또는 권고를 하거나 정치 및 사회 생활, 다른 단체 및 개인의 권리 및 합법적 이익과 일반적으로 관련된 문제에 대한 요청 및 권고를 목적으로 5인 이상의 모임을 조직하는 경우를 말한다.

4.2. 시행령 Decree 38호 및 본 시행규칙의 지침에 규정된 공공장소에서의 모든 대중 집회 활동은 본 시행규칙 6조에 규정된 대로 구 급의 인민위원회 또는 성 급의 인민위원회에 사전에 등록해야 한다. 이러한 활동을 수행하는 시간은 법률에서 달리 규정하지 않는 한 매일 8:00~17:00 사이에만 허용된다.

4.3. 시행령 Decree 38호에 규정된 공공장소에서의 대중 집회 활동 등록에 관한 규정과 본 시행규칙의 지침은 당, 국가, 베트남 조국전선 및 사회 정치 단체의 기관이 주최하는 활동에는 적용되지 않는다.

KEY POINTS

외국인도 베트남의 집회 및 시위 관련 규정의 적용을 받으며, 허가 없이 시위에 참여할 경우 처벌 대상이 될 수 있다.

베트남에서는 1인 시위는 원칙적으로 집회 신고가 필요하지 않지만, 공공질서를 위반하면 체포나 추방될 수 있다.

5인 이상의 집회나 시위는 사전 등록이 필요하며, 이를 위반하면 행정 처분이 될 수 있다.

집회나 시위가 베트남 형법에 따라 언론, 출판, 결사의 자유 등을 악용해 국가나 시민의 이익을 침해한다고 간주되는 경우에는 징역에 처해질 수 있다.

PART 4.
호객 행위

Q 베트남을 방문한 친구들과 함께 저녁을 먹고, 이후 노래방이 많은 거리로 이동했습니다. 그곳에서 여러 업소의 직원들이 나와 심하게 팔을 잡아끌며 자기 업소로 오라고 호객 행위를 했습니다. 결국 한 곳을 선택해 친구들과 시간을 보낸 후, 청구서를 확인하니 지나치게 비싼 요금이 청구되었습니다. 저는 그 가격에 동의하지 않았지만, 강제로 결제를 요구받아서 어쩔 수 없이 지불하였습니다. 이러한 상황에서 베트남에서는 외국인에 대한 호객 행위나 과도한 요금 청구에 대해 어떤 처벌 규정이 있는지, 그리고 제가 법적으로 어떻게 대응할 수 있을지 궁금합니다.

A 상식적인 선을 넘는 정도의 심한 호객 행위는 행정 처분으로 과태료가 부과될 수 있습니다. 또한, 노래방에서 지나치게 높은 요금을 청구하는 사안은 상황에 따라 행정적 처벌뿐만 아니라 형사적 처벌도 받을 수 있습니다.

   꼭 알아야 할 베트남 생활법률 가이드

⊘ 구두닦이 사건

구두닦이가 관광객 동의 없이 강제로 신발을 닦고 10,000동을 받은 뒤, 추가로 20,000동을 요구하였음. 경찰 조사 후 자신의 잘못을 인정함.

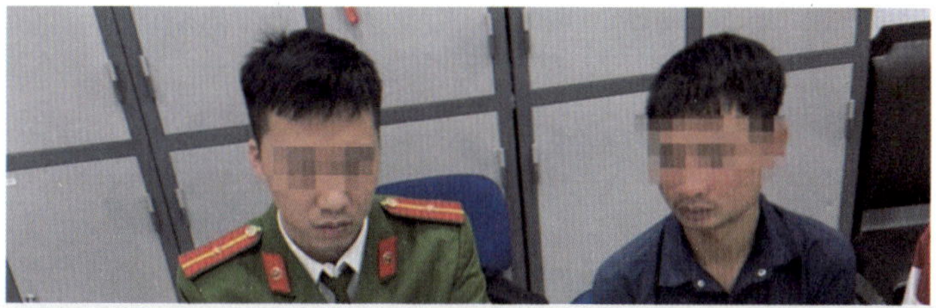

tuổi trẻ THỦ ĐÔ

THỜI SỰ XÃ HỘI NHỊP SỐNG TRẺ VĂN HÓA THỂ THAO **PHÁP LUẬT** KINH TẾ QUỐC TẾ BẤT ĐỘNG SẢN BẠN ĐỌC SỨC KHỎE NHỊP ĐIỆU CUỘC SỐNG CHUYỂN ĐỔI SỐ XE•• MULTIMEDIA …

Pháp luật

Tin tức ANTT   Ký sự pháp đình   Tư vấn pháp luật   Phòng cháy chữa cháy

Ngăn chặn, xử lý nghiêm hiện tượng chèo kéo, ép buộc du khách

Pháp luật · 13/02/2023 19:09

Thanh Hà

TTTĐ - Ngày 13/2, Công an quận Hoàn Kiếm (Hà Nội) đã triệu tập đối tượng Đ.V.H (sinh năm 1987; Hộ khẩu thường trú tại tỉnh Hưng Yên) là lao động tự do để làm rõ hành vi chèo kéo khách du lịch nước ngoài đánh giày và lăng mạ, đe dọa người quay clip ghi lại sai phạm này.

Trước đó, vào sáng 12/2, trên mạng xã hội xuất hiện bài đăng kèm clip ghi lại hình ảnh một người đàn ông đánh giày quanh khu vực bờ hồ Hoàn Kiếm cố tình chèo kéo khách du lịch nước ngoài. Bài viết nêu: "Chứng kiến khách du lịch nước ngoài đang đi bộ thì ông đánh giày cố chạy theo để dán keo. Dù người khách đã xua tay và nói liên tục "This is my old shoes..." nhưng anh đánh giày vẫn miệt mài dán giày...".

"Sau khi tự ý dán giày xong thì du khách đưa cho người đánh giày 10.000 đồng, nhưng người này không đồng ý và chạy theo đòi 20.000 đồng. Thậm chí khi biết bị quay clip, người đàn ông này đã chửi bới người quay mình".

출처: "관광객 호객 행위 근절 및 엄정 처리", Tuổi Trẻ Thủ Đô 뉴스, 2023.02.13., https://tuoitrethudo.vn/ngan-chan-xu-ly-nghiem-hien-tuong-cheo-keo-ep-buoc-du-khach-217340.html

두 명의 호주 관광객이 300,000동에 이동 서비스를 계약했으나, 자전거 운전사가 약속된 장소로 이동하지 않고 여러 곳을 돌아다니며 800,000동을 요구함. 운전사는 행정적 제재를 받고 부당 이익을 반환하고 관광객에게 사과함.

Xử phạt xích lô "nài ép khách du lịch mua dịch vụ" nhằm chiếm đoạt tài sản

Thứ Tư, 17/5/2023 10:44

VHO- Ngày 17.5, Công an TP.Huế và Sở Du lịch tỉnh Thừa Thiên Huế đã trao trả số tiền mà 2 du khách Australia bị xích lô thu chênh lệch so với thỏa thuận. Cơ quan chức năng cũng xử lý vi phạm hành chính về hành vi "nài ép khách du lịch mua dịch vụ" nhằm chiếm đoạt tài sản của lái xe xích lô.

Lãnh đạo Công an TP.Huế và Sở Du lịch trao trả lại tiền cho hai du khách

출처: "관광객에게 서비스를 강매하여 재산을 갈취한 자전거 택시 처벌", Báo Văn Hóa 뉴스, 2023.05.17., https://baovanhoa.vn/du-lich/xu-phat-xich-lo-nai-ep-khach-du-lich-mua-dich-vu-nham-chiem-doat-tai-san-29439.html

⊘ Minh Phi 1 레스토랑 사건

한 가족이 레스토랑에서 식사 후 세부 내역이 명확하지 않은 청구서에 대해 항의하자, 직원들이 위협과 폭언을 하며 쫓아냄. 해당 레스토랑에는 6,500,000 동의 과태료를 부과하고, 명확하지 않은 청구서로 고객에게 혼란을 준 행위에 대해 사과 명령을 받음.

Quảng Ninh: Xử phạt nhà hàng "chặt chém" giá, xúc phạm du khách

Du khách yêu cầu nhà hàng kiểm tra lại hóa đơn bữa ăn vì cho rằng quá đắt, đồng thời dùng điện thoại quay lại thì bị nhân viên nhà hàng dọa tác động vật lý và đuổi du khách ra khỏi nhà hàng.

Thanh Vân - 22/06/2024 21:02

Đoàn kiểm tra liên ngành của thành phố Hạ Long (Quảng Ninh) làm việc với nhà hàng Minh Phi 1 về hành vi xúc phạm du khách. (Ảnh: TTXVN phát)

Ngày 22/6, Ủy ban Nhân dân thành phố Hạ Long (Quảng Ninh) chỉ đạo xử lý vi phạm đối với nhà hàng Minh Phi 1 (phường Hà Khẩu) có hành vi ứng xử thiếu văn hóa với khách du lịch.

출처: "꽝닌성: 바가지요금과 관광객 모욕 행위로 레스토랑 처벌", VietnamPlus뉴스, 2024.06.22., https://www.vietnamplus.vn/quang-ninh-xu-phat-nha-hang-chat-chem-gia-xuc-pham-du-khach-post960563.vnp

한 관광객이 가격표보다 높은 요금을 청구받았다고 SNS에 폭로. 현장 조사 결과, 일부 음식이 가격표보다 비싸게 판매된 것이 확인됨. 해당 레스토랑에 15,000,000 동의 과태료가 부과됨.

Tienphong
CƠ QUAN TRUNG ƯƠNG CỦA ĐOÀN TNCS HỒ CHÍ MINH

Vụ khách tố bị "chặt chém" ở Đà Nẵng: Phạt nhà hàng 15 triệu

Đĩa thịt ram có giá 120 ngàn bị du khách tố cáo "chặt chém".

TPO - Sáng 29/7, ông Trần Phước Trí, Chi cục Trưởng Chi cục Quản lý thị trường Đà Nẵng, cho biết đã ra quyết định xử phạt hành chính nhà hàng Mười Đô (đường Trần Bạch Đằng, quận Sơn Trà) 15 triệu đồng vì hành vi bán cao hơn giá niêm yết.

Cụ thể, bảng niêm yết giá món thịt ram mặn là 100.000 đồng/đĩa, trứng chiên là 30.000 đồng/đĩa. Nhưng nhà hàng đã tính tiền cho đoàn khách Hà Nội 120.000 đồng/đĩa thịt và 50.000 đồng/đĩa trứng. Ngoài việc xử phạt hành chính theo Luật giá, Chi cục cũng yêu cầu nhà hàng Mười Đô trả lại 240 nghìn đồng tiền bán quá giá niêm yết cho do khách.

Như Tiền Phong đã đưa tin, ngày 23/7, một nữ du khách đến từ Hà Nội đăng tải trên trang facebook cá nhân và các trang mạng xã hội về việc bị quán ăn Mười Đô tính tiền một bữa ăn với giá "cắt cổ". Những thông tin này, lập tức gây thu hút sự quan tâm, chia sẻ của nhiều người.

출처: "다낭 바가지요금 고발 사건: 레스토랑에 1,500만 동 과태료 부과", Tiền Phong 뉴스, 2017.07.29., https://tienphong.vn/vu-khach-to-bi-chat-chem-o-da-nang-phat-nha-hang-15-trieu-post966809.tpo

 하롱베이의 크루즈에서 일부 음식의 양이 부족하거나 고의로 가격 계산을 틀리게 함. 관광객들에게 9,000,000 동 이상의 과도한 청구서가 발행됨. 해당 크루즈는 1,500,000 동의 과태료가 부과되었고, 운영 일시 중단 명령을 받음.

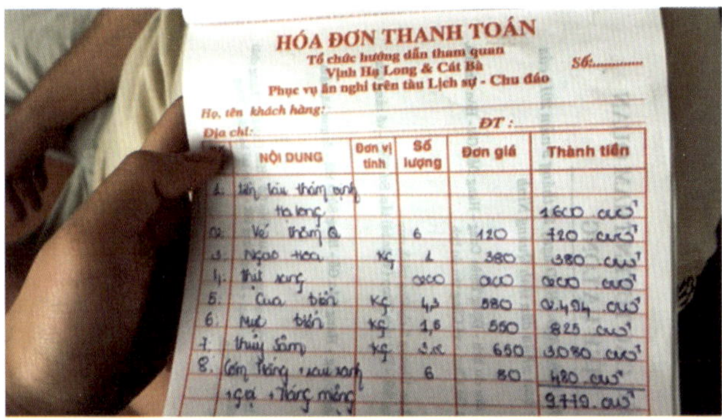

DÂN TRÍ

Những vụ "chặt chém" khách tai tiếng làm xấu hình ảnh du lịch Việt

(Dân trí) - Nhiều du khách đã "một đi không trở lại" bởi vấn nạn "chặt chém", bán không đúng giá thực tế tại các điểm du lịch.

Không chỉ khách nước ngoài bị "chặt chém" thổi giá gấp nhiều lần mà ngay cả khách nội địa cũng không ít lần tái mặt khi thanh toán hóa đơn tại các địa điểm du lịch. Lợi dụng tâm lý khách ngại hỏi giá hoặc quên hỏi giá, nhiều quán ăn, nhà hàng đã tính thê, các khoản tiền vô lý. Chuyện phải thanh toán quả dừa giá vài trăm nghìn, con cá tiền triệu không phải là hiếm. Thậm chí, nhiều du khách còn phải truyền tay nhau những bí kíp tránh chặt chém khi đi du lịch.

Nhà hàng cân thiếu, chặt chém 9 triệu đồng/ bữa ăn

Hóa đơn với nhiều món ăn bị đắt gấp nhiều lần thực tế

출처: "관광객을 상대로 한 바가지요금 사건들, 베트남 관광 이미지 훼손", Dân Trí뉴스, 2017.07.10., https://dantri.com.vn/du-lich/nhung-vu-chat-chem-khach-tai-tieng-lam-xau-hinh-anh-du-lich-viet-20170710075345152.htm

1. 호객 행위에 대한 처벌 규정

관광 분야의 행정 위반 처벌에 대한 시행령에 따르면, 관광객을 대상으로 과도한 호객 행위는 금지되어 있습니다. 이를 위반할 경우, 1,000,000~3,000,000 베트남 동 (한화 약 55,000~165,000원)의 과태료가 부과될 수 있습니다. 또한, 외국인을 대상으로 한 호객 행위가 공공질서를 해친다고 판단되면, 300,000~500,000 베트남 동 (한화 약 16,000~27,000원)의 과태료가 부과될 수 있습니다.

호객 행위 자체를 규제하는 명시적인 형사법 조항은 없습니다. 그러나, 호객 행위가 공공질서를 방해하여 사회에 악영향을 미치는 정도라면 형사 처벌이 가능합니다. 특히, 과거에 공공질서 관련 행정처분을 받았거나 전과가 있는 사람이 재차 위반할 경우에는 징역형에 처해질 수도 있습니다.

따라서, 단순한 호객 행위 자체에 대한 명확한 형사법 조항은 없지만, 이러한 행위가 반복적으로 공공질서를 심각하게 해친다면 공공질서 교란죄로 형사 처벌을 받을 수도 있습니다.

 **관광 분야의 행정 위반 처벌에 대한 시행령 (Decree 45/2019/ND-CP)**

제6조 관광 사업에 대한 일반 규정 위반

***

3. 다음 위반 중 하나에 대해 1,000,000 베트남 동에서 3,000,000 베트남 동의 과태료가 부과된다.

   a) 관광객을 대상으로 호객 행위를 하거나 관광객에게 상품 및 서비스 구매를 강요하는 행위;

 꼭 알아야 할 베트남 생활법률 가이드

제7조 공공질서에 관한 규정 위반

1. 다음 행위 중 하나에 해당하면 경고 또는 300,000 베트남 동에서 500,000 베트남 동의 과태료가 부과된다:

　　a) 본 조의 제2항 a, 제5항 b에 명시된 경우를 제외하고 공연장, 문화, 스포츠, 상업 활동 장소, 기관, 단체의 본부, 주거 지역 또는 기타 공공장소에서 공공질서를 문란하게 하는 행위;

제318조 공공질서 문란죄

1. 공공질서 문란을 일으켜 치안, 사회 안전에 나쁜 영향을 끼치거나, 이러한 행위에 관하여 행정처분을 받았거나 이러한 범죄로 유죄판결을 받았고 전과가 말소되지 않았음에도 불구하고 또 위반한 자는 2년 이하의 비구금형 교정 또는 3개월 이상 2년 이하의 징역에 처한다.

2. 죄를 범하여 다음의 어느 하나에 해당하는 자는 2년 이상 7년 이하의 징역에 처한다.

　　a) 조직적으로 범행한 경우

　　b) 무기를 사용하거나 난폭 행위를 행한 경우

　　c) 교통에 중대한 방해가 되거나 공공 활동에 정체를 일으킨 경우

　　d) 타인에게 문란을 일으키도록 사주한 경우

　　dd) 공공질서 보호를 위하여 개입한 자에게 폭행한 경우

　　e) 위험한 재범

2. 바가지요금에 대한 처벌 규정

노래방에서 바가지요금을 청구하는 행위에 대해서는 행정 처분 및 형사 처벌이 가능합니다. 행정적 제재는 서비스 가격이 명시되지 않았거나 혼동을 일으키는 경우에 적용될 수 있습니다.

가격법에 따르면, 서비스 가격에 대한 명시가 되어 있었는지, 가격 명시가 되어있었더라도 혼동을 야기할 수 있었는지, 바가지를 씌운 행위가 사기 등에 해당할 정도였는지, 가격이 명시되어 있었고 통상적인 경우보다 비싼 가격이었지만 고객이 동의하고 지불했는지 등에 따라 행정제재가 이루어질 수 있습니다.

결국, 이러한 행위가 실제로 법에 명시된 위반 사항에 해당하는지 여부는 가격 게시 여부, 가격의 명확성, 고객의 동의 여부와 같은 요소들이 중요하게 고려될 것입니다. 위반할 경우 최소 500,000 베트남 동(한화 약 27,000원)에서 최대 80,000,000 베트남 동(한화 약 438만 원)의 과태료가 부과될 수 있습니다.

형사적 제재는 사기행위로 간주될 경우 액수나 구체적인 상황에 따라 최대 7년의 징역형에 처해질 수 있습니다.

가격법 (Law 16/2023/QH15)

제7조 가격 및 평가에 관한 금지 행위

***

2. 단체 및 개인 관련
   a) 시장 정보 및 상품과 서비스의 가격을 교란하는 사회 경제적 상황에 대한 허위 및 부정확한 정보를 유포하거나 유포하는 행위;
   b) 상품 배송 또는 서비스 제공 시 구매 및 판매의 시기, 장소, 조건, 운송

꼭 알아야 할 베트남 생활법률 가이드

및 결제 방법, 품질, 수량, 특징, 기능, 상품 및 서비스에 대해 고객에게 미리 알리지 않고 거래에서 약속한 내용을 고의로 변경하여 부당한 가격 책정을 하는 행위;

c) 비상사태, 사건, 비극, 자연재해 또는 전염병 등을 이용하여 사익 추구를 목적으로 총비용의 변동에 반하는 상품 또는 서비스의 판매 가격을 정상 조건과 비교하여 인상하는 행위;

d) 관할 국가 기관의 가격 관리, 규제 또는 평가 업무를 방해하는 행위;

dd) 위조된 감정평가서를 작성·제공하거나, 이 법 제55조 제4항에 규정된 목적을 위하여 위조된 감정평가서를 사용하는 행위;

e) 감정평가 서비스를 제공할 자격이 없는 자가 감정평가 증명서를 작성 또는 제공하거나, 이 법 제4조 제55항에 규정된 목적으로 해당 증명서를 사용하는 행위, 감정평가사가 아닌 자가 감정평가 증명서 또는 감정평가에 관한 보고서에 서명하는 행위;

g) 사익 추구를 목적으로 상품 및 용역의 가격 또는 평가 대상 자산의 가치를 위조하기 위해 뇌물 수수, 담합 또는 합의하는 행위, 가격 및 평가 담합 행위.

제9조 상품 및 서비스 공급자는 다음을 수행해야 한다:

1. 이 법에 따른 가격 책정 또는 기타 가격 관리 및 규제 조치의 적용을 위한 관할 국가 기관의 요청에 따라 상품 및 서비스 가격 결정 요인에 대한 가격 체계 또는 세부 평가 보고서를 작성하거나 관련 데이터 및 문서를 신속하고 정확하며 적절하게 제공해야 한다.

2. 관할 국가 기관의 가격 책정 및 가격 안정화 조치에 관한 문서를 준수한다.

3. 법률이 정하는 바에 따라 상품 및 서비스의 가격을 신고한다.

4. 법률이 정하는 바에 따라 상품 및 서비스의 가격을 표시한다.

5. 소비자를 지원하기 위해 세금 및/또는 수수료의 감면 또는 면제 정책에 따

라 상품 및 서비스 가격을 낮춘다.

6. 법률이 정하는 바에 따라 상품 및 서비스에 대한 정보를 공개한다.

7. 상품 및 서비스에 대한 불만을 신속히 해결하고, 법률이 정하는 바에 따라 가격 관련 법률 위반으로 인한 피해를 보상한다.

 **가격 분야의 행정 위반에 대한 시행령 (Decree 87/2024/ ND-CP)**

제13조 상품 및 서비스 가격 게시 규정 위반에 대한 제재

1. 다음 행위 중 하나에 대해 500,000 베트남 동에서 1,000,000 베트남 동의 과태료가 부과된다:

　a) 법에서 규정하는 양식 중 하나로 상품 및 서비스 가격을 게시하지 않은 경우;

　b) 상품 및 서비스 가격을 불분명하게 게시하여 고객에게 혼란을 야기하는 경우;

　c) 관할 국가 기관이나 단체 및 개인이 결정한 특정 가격이 아닌 상품 및 서비스 가격을 게시하는 행위.

2. 단체 및 개인이 본 조 3항에 명시되지 않은 가격을 결정하거나 표시한 가격보다 높은 가격으로 상품 및 서비스를 판매하는 행위에 대해서는 5,000,000 베트남 동에서 10,000,000 베트남 동의 과태료가 부과된다.

3. 국가가 가격 안정화를 시행하는 동안 가격 안정화 목록에 있는 상품 및 서비스, 상품 및 서비스를 표시한 가격보다 높은 가격으로 판매하는 행위에 대해 20,000,000 베트남 동에서 30,000,000 베트남 동의 과태료가 부과된다.

4. 시정 조치:

 꼭 알아야 할 베트남 생활법률 가이드

a) 본 조 제1항의 위반에 대한 규정에 따라 가격 게시를 강제한다;

b) 본 조 제2항 및 제3항의 위반에 대해 표시된 가격보다 높은 가격으로 수취한 금액을 고객에게 반환하도록 강제한다.

상품 및 서비스를 거래하는 단체 및 개인은 위 시정 조치의 내용을 30일 이내에 대중매체를 통해 공개적으로 공표해야 한다. 고객을 확인할 수 없거나 고객이 수령을 거부하는 경우에는 정가보다 높은 가격으로 판매하여 발생한 차액 전액을 국가에 납부해야 한다.

제15조 기타 가격 관리 위반에 대한 제재

1. 사회경제 상황에 대한 부정확하거나 사실이 아닌 정보를 유포하거나 보도하여 시장 정보, 상품 및 서비스 가격에 혼란을 야기하는 행위에 대해서는 15,000,000 베트남 동에서 20,000,000 베트남 동의 과태료가 부과된다.

2. 다음 행위 중 하나에 대해 20,000,000 베트남 동에서 30,000,000 베트남 동의 과태료가 부과된다:

a) 배송 또는 서비스 제공 시점에 고객에게 구매, 판매, 운송, 결제, 품질, 수량, 특징, 용도, 상품 및 서비스의 시간, 장소, 조건, 운송 방법, 지급 방법, 품질, 수량, 특징, 용도, 상품 및 서비스에 대해 사전에 알리지 않고 거래에서 약속한 내용을 고의로 변경하여 가격에 대한 사기 행위;

b) 국가 기관이 가격 관리, 규제 및 가격 감정 활동을 수행하는 과정에 행동이나 말을 통해 직간접적으로 영향을 미쳐 법 집행에 어려움을 초래하는 방해 행위.

3. 개인적 이득 또는 이익을 위해 상품 및 서비스의 가격을 왜곡하기 위한 담합 또는 합의 행위, 개인적 이득을 위해 가격을 담합하는 행위에 대해 30,000,000 베트남 동에서 50,000,000 베트남 동의 과태료가 부과된다.

4. 비상 상황, 사건, 재해, 자연재해 및 전염병을 이용하여 개인적 이익을 위해 총비용의 변동과 일치하지 않게 상품 및 서비스의 판매 가격을 정상 조건과 비교하여 인상하는 행위에 대해 50,000,000 베트남 동에서 80,000,000

베트남 동의 과태료가 부과된다.

시장 지배적 지위 남용 행위 및 독점적 지위 남용 행위에 대해서는 경쟁 분야 행정 제재 조항을 적용한다.

5. 시정 조치:

　a) 본 조 제1항에 명시된 위반 행위로 인한 정보의 강제 수정;

　b) 본 조의 2항 a, 제3항, 제4항에 명시된 행정 위반으로 인해 얻은 금액을 고객에게 강제로 반환한다. 상품 및 서비스를 거래하는 단체 및 개인은 위 시정 조치의 내용을 30일 이내에 대중 매체에 공개적으로 공표해야 한다. 고객을 확인할 수 없거나 고객이 수령을 거부하는 경우 위반으로 인한 차액 전액을 국가에 지급해야 한다.

형법 (Law 100/2015/QH15 + Law 12/2017/QH14)

제174조 재산 편취 사기

1. 2,000,000 베트남 동 이상 50,000,000 베트남 동 이하의 가치를 가지는 타인의 재산을 사기 수단으로 탈취하거나, 또는 2,000,000 베트남 동 이하 상당의 타인의 재산을 탈취하더라도 다음 경우의 어느 하나에 해당하는 자는 3년 이하의 비구금형 교정, 또는 6개월 이상 3년 이하의 징역에 처한다.

　a) 재산 탈취 행위에 관하여 행정처분을 받았음에도 불구하고 죄를 범한 경우

　b) 이러한 범죄 또는 본 법 제168조, 제169조, 제170조, 제171조, 제172조, 제173조, 제175조와 제290조에서 규정한 범죄로 유죄판결을 받았고 전과가 말소되지 않았음에도 불구하고 죄를 범한 경우

　c) 치안, 사회 안전에 나쁜 영향을 주는 경우

　d) 재산이 피해자와 그 가족의 주요 생계, 또는 피해자에게 정신적인 특별한 가치를 가진 기념물, 유물, 제수 물품인 경우

2. 죄를 범하여 다음의 어느 하나에 해당하는 자는 2년 이상 7년 이하의 징역
에 처한다.

   a) 조직적인 경우

   b) 전문적인 경우

   c) 50,000,000 베트남 동 이상 200,000,000 베트남 동 이하 상당의 재산
을 탈취한 경우

   d) 위험한 재범

   dd) 직무, 권한 또는 기관이나 조직의 명의를 이용한 경우

   e) 기만적 수단을 사용한 경우

KEY POINTS

베트남 관광진흥법에 따라 관광객에게 과도한 호객 행위는 금지되어 있으며, 행정 과태료가 부과될 수 있다.

외국인에 대한 호객 행위 자체를 규제하는 명시적인 형사법 조항은 없지만, 공공질서를 심각하게 저해할 경우 형사 처벌의 대상도 될 수 있다.

바가지요금은 서비스 가격의 명시 여부와 명확성, 고객의 동의 여부 등이 행정제재 및 형사 처벌의 주요 고려 요소이다.

심각한 수준의 바가지요금 행위는 사실관계에 따라 사기죄로 간주하여 형사 처벌을 받을 수도 있다.

에피소드 7

아무 데나 찍으면 안 돼?!
– 베트남식으로 인감 날인, 간인, 이니셜 하기에 대해

베트남에서 법인을 설립하기 위해 정부 기관에 서류를 제출한 홍길동 대리는 투자자인 한국 회사의 법인 인감도장만 찍고 서류를 제출했다가 대표의 서명이 없다고 반려되었다. 다시 대표의 서명을 받고 법인 인감도 찍어 제출했는데 이번에는 인감 부분이 대표자 서명과 떨어져 있다는 이유로 또다시 서류를 보완하라는 통보를 받았다. 다시 서류를 보완해 제출하니 이번에는 서류 내용의 오타 때문에 또 서류를 보완해야 했다. 법인 설립은 그만큼 지연되었고, 홍 대리는 여러 번 회사 대표에게 서명을 받으며 질책을 당했다.

베트남에서 법률 실무를 하다 보면 정부 기관에 서류를 제출할 때나 계약서를 체결할 때, 사소한 것으로 보이는 간인과 법인 인감 날인에 대한 질의가 의외로 많다. 또, 베트남에 법인을 설립하고 세금 관련 서류에 실제 서명을 하지 않고 서명 도장을 찍었다가 세무감사에서 지적을 받고 밤새워 서명한 경우도 있고, 회사의 대표자가 아닌 실무 담당자가 서명한 문서의 효력에 대해 소송에서 하나의 사안으로 다투기도 한다.

한국은 서명 없이 법인 인감만 날인하고, 미국은 법인 인감 도장 없이 서명만 하는 등, 법적 또는 관행적으로 서류에 인감 날인, 간인, 이니셜을 하는 것은 나라별로 다르다. 이렇게 법인 인감만 날인하거나, 서명만 하거나, 법인 인감과 서명을 하더라도 서로 겹치게 하지 않아서 다시 해외에서 베트남으로 문서를 재송부해야 경우도 발생하니 베트남식 날인과 간인에 대해 미리 숙지해야 하기를 권한다. 또, 인도와 중국 등에서는 수분~수 시간 후 글씨가 사라지는 펜(기화펜, 자동 퇴색 펜)으로 작성한 계약서의 숫자나 서명이 변경되어 피해를 본 한인 기업의 사례도 있으니, 이를 반면교사 삼아 직접 펜을 준비하는 것도 좋을 것 같다.

베트남 투자·창업자가 꼭 알아야 할 베트남 법
(김유호 저, 도서출판 참)

- 계약 체결 당사자가 회사인 경우는 그 회사에 대한 대표권을 가진 자의 행위를 통해 계약행위를 하는 것이다. 특히 베트남에서는, 대표권을 가진 자의 서명만을 기재하는 것은 회사와의 거래가 아닌 서명을 한 개인과의 계약으로 간주될 위험이 있고, 법인 인감만 찍는 경우도 계약의 효력에 문제가 있을 수 있다.

- 회사가 당사자인 계약서에는 대표자의 서명과 함께 법인인감도 찍는데, 인감은 서명 왼쪽 기준 $\frac{1}{3}$을 걸치게 찍는다. [정부 기관의 사무 업무 관리를 위한 세부 안내 시행령(Decree 30/2020/ND-CP) 제33.1조]

- 종이 문서에 서명 시 파란색 잉크 펜을 사용하고, 바래기 쉬운 잉크를 사용하면 안 된다. [정부 기관의 사무 업무 관리를 위한 세부 안내 시행령(Decree 30/2020/ND-CP) 제13.6조]

- 정부 기관의 사무 업무 관리를 위한 세부 안내 시행령(Decree 30/2020/ND-CP)은 사기업의 문서가 아닌 정부 기관, 국영기업, 정치·

사회단체에만 적용된다. 정부 기관의 문서는 법적인 근거에 의해서이기도 하고, 쉽게 사본과 구분이 되어, 베트남에서 민·관 모두 오랜 기간 관행적으로 계약서, 영수증 등 문서의 서명은 거의 대부분 파란색 펜으로 한다. (사실 적지 않은 나라에서 검은색이 아닌 컬러 펜으로 서명한다). 다른 색깔로 서명하는 경우 다시 파란색으로 서명할 것을 요구하는 경우도 있으니, 서명은 파란색으로 하는 것이 좋다.

• 이니셜을 하는 이유는 (i) 내부 규정상 각 단계별 검토자의 확인이 필요해서[예: 재무부 실무 규정에 대한 결정문(Decision 688/2020/QD-BTC) 제13조]; (i) 여러 장의 문서를 하나의 계약서로 특정하거나; (ii) 좀 더 명확하게 각 장을 검토하였다는 것을 보여주기 위해서 등 여러 목적이 있다.

- 간인(間印): 함께 묶인 서류의 종잇장 사이에 걸쳐서 도장을 찍음.

- 날인(捺印): 도장을 찍음.

- 기명날인(記名捺印): 자기 이름을 쓰고 도장을 찍음.

- 서명날인(署名捺印): 법률 문서에 이름 또는 상호를 직접 쓰고 도장을 찍는 일.

- 이니셜(initial)/약자(略字): 여러 글자로 된 말의 일부를 생략하여 만든 글자.

[출처: 표준국어대사전, 네이버 사전]

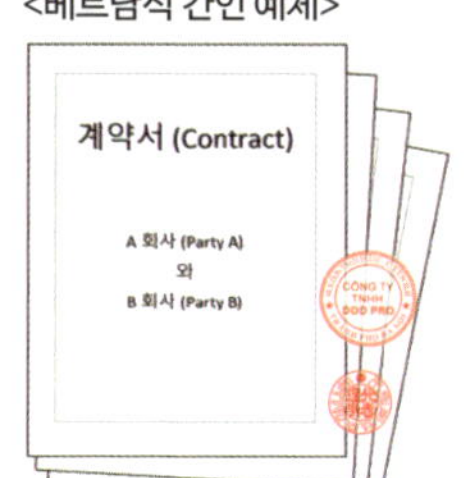

<베트남식 간인 예제>

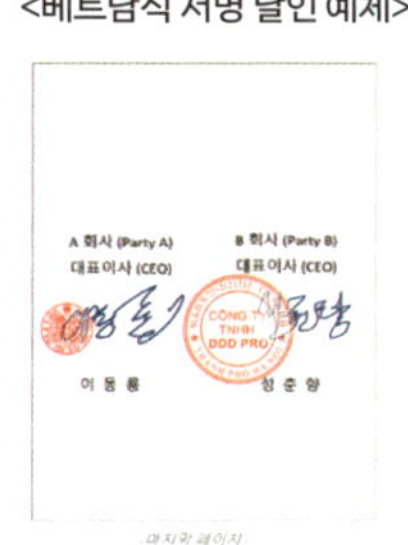

<베트남식 서명 날인 예제>

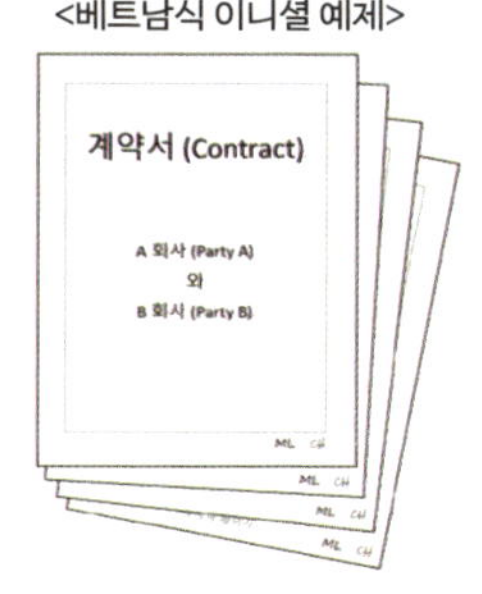

<베트남식 이니셜 예제>

꼭 알아야 할 베트남 생활법률 가이드

꼭 알아야 할 베트남 생활법률 가이드

초판인쇄 | 2026년 1월 30일
초판발행 | 2026년 2월 06일

지은이 | 김유호
발행인 | 오세형

디자인 | 보스코
편집 | 이계섭

발행처 | (주)도서출판 참
등록일자 | 2014년 10월 12일
등록번호 | 제319-2014-52호
주소 | 서울특별시 구로구 디지털로27 701호
전화 | (02) 6347-5071
팩스 | (02) 6347-5075

ISBN   979-11-88572-30-4 (03360)
가격   27,000원

※ 도서출판 참은 참 좋은 책을 만듭니다.
※ 이 책의 내용을 사전 허가 없이 전재하거나 복제할 경우 법적인 제재를 받게
   됨을 알려 드립니다.
※ 잘못된 책은 구입처에서 교환해 드립니다.

이 책을 선택해 주신 독자님께 진심으로 감사드립니다. 독자님의 안전하고 편안한 베트남 여행과 생활, 그리고 성공적인 사업 활동을 지원하기 위해, 저자 로투비(Law2B) 김유호 대표와의 상담 시 사용 가능한 특별 할인 혜택을 마련했습니다.

1. 쿠폰 혜택 안내

하단의 절취선을 따라 오려내어 사용할 수 있는 두 가지 쿠폰이 제공됩니다. 상황에 맞는 쿠폰 하나를 선택해 주십시오.

- 쿠폰 A ($20 할인): 본 서적(신간) 1권만 구매하신 고객 대상
- 쿠폰 B ($35 할인): 본 서적과 저자의 기존 저서『베트남 투자·창업자가 꼭 알아야 할 베트남 법』을 함께 구매하신 고객 대상

※ 주의: 두 쿠폰은 중복 사용이 불가하며, 최초 1회 상담 또는 자문 계약 시에만 적용됩니다.

2. 사용 방법

원활한 혜택 적용과 부정 사용 방지를 위해 아래 절차를 반드시 준수해 주십시오.

STEP 1. 쿠폰 작성

하단의 쿠폰을 오려낸 후, 기입란에 상담자 본인의 성명과 연락처를 볼펜으로(지워지지 않게) 정확히 기재해 주십시오. (미기재 시 사용이 제한됩니다.)

STEP 2. 상담 신청 및 증빙

상담 예약 시 쿠폰 사용 의사를 밝혀 주십시오. 상담 방식에 따라 필요한 증빙 절차가 다릅니다.

- [대면 상담 시]

작성된 실물 쿠폰과 도서 구매 영수증을 지참하여 사무실로 방문해 주십시오. (쿠폰 B 사용 시, 두 권 모두에 대한 영수증이 필요합니다.)

- [화상/유선 상담 시]

상담 진행 전, 담당자에게 아래 두 가지 사진을 전송해야 할인이 적용됩니다.

1) **구매 인증 사진:** 작성된 실물 쿠폰, 영수증, 그리고 실물 도서를 함께 나오게 촬영한 사진

2) **쿠폰 파기 인증 사진:** 담당자의 안내에 따라, 쿠폰 실물에 볼펜으로 크게 'X' 표시를 하거나 '사용 완료'라고 적어 재사용이 불가능한 상태로 만든 사진

3. 유의 사항

본 혜택은 새 책을 구매하여 베트남에서의 생활, 여행, 그리고 비즈니스를 진지하게 계획하시는 독자님들을 위한 것입니다.

- 중고 서적 구매 영수증으로는 혜택 적용이 불가능합니다.
- 이미 타인의 정보가 기재된 쿠폰은 사용할 수 없습니다.
- 비대면 상담 시 요구되는 '파기 인증 사진'을 보내지 않으시면 할인이 적용되지 않습니다.

여러분의 베트남 여정에 든든한 조력자가 되겠습니다. 감사합니다.

[상담 문의처]

휴대전화(베트남): +84 (0)90 438 7074 | **인터넷폰(한국):** +82 (0)70 4645 2449

이메일: CEO@LAW2B.KR | **카카오톡:** WQ7620874 | **Zalo:** yhrkim

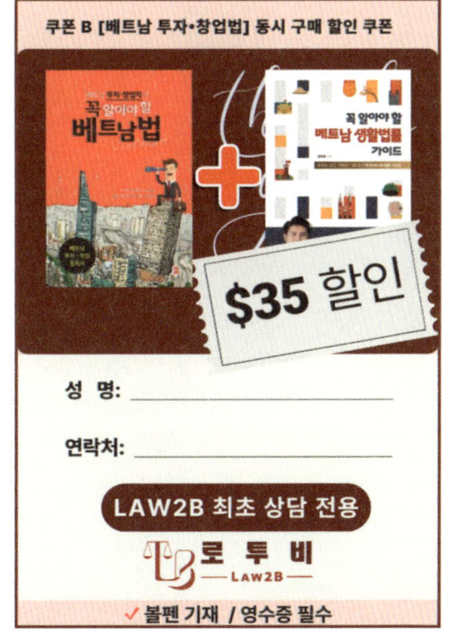